les grandes dates

de la Russie et de l'U.R.S.S.

les grandes dates de la Russie et de l'U.R.S.S.

sous la direction de
Francis Conte
professeur de civilisation
russe et soviétique
à l'université de Paris-Sorbonne

assisté de
Michel Koszul
agrégé de l'université

avec la collaboration de
Catherine Gousseff
Yves Sansonnens

mise à jour par
Isabelle Facon et Christine Maraud

RÉFÉRENCES Larousse

17, RUE DU MONTPARNASSE - 75298 PARIS CEDEX 06

Responsabilité éditoriale
Anne Leclerc – Emmanuel de Waresquiel

Secrétariat de rédaction
Isabelle Margerin

Secrétariat d'édition
Joëlle Narjollet

Correction-révision
Annick Valade

Mise en pages
Michel Cabaud

Cartographie
Michèle Bézille

Fabrication
Michel Paré

Distributeur exclusif au Canada : les Éditions Françaises Inc.

ISBN 2-03-720262-8

PRÉFACE

L'histoire de la Russie est celle d'un grand peuple. Elle est aussi l'histoire d'une nation à la recherche d'elle-même, dont les percées relèvent plus d'un phénomène de discontinuité que d'un développement homogène et continu. Des lignes de faille se découvrent à de multiples niveaux : un territoire immense, à cheval entre l'Europe et l'Asie ; un système politique dominant et une société civile pulvérisée ; des élites très restreintes face à l'océan des villages russes ; des capacités de production inégales et, de façon générale, des éléments de modernité trop souvent exogènes et des capacités internes très largement étouffées. Ces antinomies se retrouvent dans les rapports douloureux que la Russie a entretenus avec le monde extérieur mais aussi avec elle-même.

Dans le cadre de la *perestroïka,* Mikhaïl Gorbatchev propose de laisser les historiens de son pays commencer l'inventaire d'un passé que le pouvoir soviétique a façonné depuis 1917 pour l'utiliser à ses fins. Les pages blanches devraient maintenant être écrites, les dates se remettre à leur place, les personnages anathèmes renaître des poubelles de l'histoire. Le pluralisme d'opinions qui se dégage aujourd'hui, à travers le démantèlement du système en place, pourrait conduire à une « désidéologisation » qui finirait par englober l'histoire – non plus celle de commentateurs courageux, mais celle de spécialistes enfin rendus à eux-mêmes.

Un premier regard sur le cheminement de la Russie nous donne l'impression de deux grandes périodes : un très long Moyen Âge, qui se prolonge jusqu'à l'époque de Pierre le Grand, puis une lutte pour la modernité qui va permettre la formation de l'Empire russe et soviétique. À y regarder de plus près, une dizaine de grandes séquences apparaissent comme autant de ruptures que symbolisent les changements de capitale.

L'État novgorodo-kiévien s'affirme avec éclat à partir du xe siècle, en raison de sa propre croissance, de l'influence des Varègues puis de la transplantation du modèle byzantin grâce à l'action éminente de l'église orthodoxe. Cet État se divise trop vite en principautés rivales et s'effondre définitivement lors des invasions tataro-mongoles de 1237-38 et de 1240. L'éclatement des terres russes caractérise les XIIIe et XIVe siècles avec, en réaction, une volonté de reconstituer un État centralisé autour de capitales princières comme Vladimir et Tver. La montée en puissance d'une Moscovie forte, unificatrice, appuyée par l'Église orthodoxe, représente la réponse qu'apportent le XVe et le XVIe siècles ; après de graves troubles internes, qui déclenchent des interventions étrangères menaçant son existence propre, la Russie se replie sur elle-même au siècle suivant. C'est à Pierre le Grand qu'il reviendra, à l'aube du XVIIIe siècle, d'ouvrir son pays sur l'Occident. Il fonde alors les bases de l'Empire de Saint-Pétersbourg, qui s'affirme au XIXe siècle, avant de subir des blocages majeurs, exacerbés par les confrontations armées – guerre de Crimée, guerre russo-japonaise, Première Guerre mondiale. Le temps des révolutions, amorcé dès 1905, voit l'effondrement du tsarisme en février 1917 et la prise du pouvoir par les bolcheviks en octobre ; il culmine avec la période de collectivisation forcée et d'industrialisation à outrance, symbolisée par l'année 1929 – celle du « grand tournant ». Le système stalinien et néostalinien règne alors en maître pendant près de 60 ans : il fera de l'U.R.S.S. une grande puissance, essentiellement dans le domaine militaire, mais en entraînant une série de contradictions internes qui l'amèneront au bord d'une faillite globale, finalement reconnue par les autorités.

Aujourd'hui, et de façon très symptomatique, on s'interroge pour savoir si Moscou doit seulement rester la capitale russe ou si elle peut être aussi le centre d'une éventuelle confédération ; dans le même temps, tous les efforts de Mikhaïl Gorbatchev et de son équipe visent à débarrasser le pays de son carcan afin de reconstruire sa dynamique. Comme le tsar Alexandre II l'avait fait par le biais des grandes réformes des années 1860, Gorbatchev s'attaque aux structures mêmes du système : pour créer les conditions de l'essor économique, il met en mouvement les forces politiques, libère les campagnes, réorganise l'armée.

Il essaie à son tour de sortir le pays du cercle où l'enfermait son histoire : alors que l'Europe occidentale se libérait du servage au XVIe siècle, la Russie l'étendait pour l'accroître encore au XVIIIe siècle ; par le biais de la Renaissance, l'Europe recueillait l'héritage de l'Antiquité, tandis que la Russie s'en voyait privée ; lors de la crise de la conscience européenne, puis à l'époque des Lumières, la société russe n'allait connaître, au même degré, ni la sécularisation des esprits ni la découverte du bonheur individuel ; enfin, la Russie était la victime de son mode d'industrialisation : contrainte de s'y attaquer sous Pierre le Grand puis sous Catherine II, de nouveau à la fin du XIXe siècle avec Witte et sous la férule stalinienne dans le courant des années 1930, elle ne s'y livra jamais que par décision d'en haut.

Chaque fois, elle le fit sous la pression du contexte international, pour rattraper ses concurrents ou tenter de les dépasser. D'un point de vue tant politique qu'économique et culturel, le volontarisme des autorités renforçait un pouvoir déjà très centralisé, tout en refoulant cet apprentissage de la liberté individuelle auquel ont contribué en Occident le libre-arbitre et l'esprit d'entreprise.

L'U.R.S.S. cherche désormais à se dégager d'un second décalage, qui s'est creusé, paradoxalement, après son adoption d'une des grandes hérésies occidentales – le marxisme. Dans sa version russe, cette idéologie arrivée au pouvoir a fini par stériliser les capacités du pays tout en l'aiguillonnant sur la voie d'une confrontation irascible et brutale. L'U.R.S.S. se trouve maintenant à la croisée des chemins. Elle s'attache de nouveau aux « valeurs communes de l'humanité », et il faut espérer, pour elle comme pour nous, que le passé ne prenne pas sa revanche.

C'est pour essayer de mieux cerner ces enjeux que ce précis a été composé. Chaque chapitre comprend des chronologies commentées de la vie politique et institutionnelle, de l'évolution économique et sociale, des relations extérieures et de la vie culturelle. Les limites imposées par la collection nous ont contraints à des choix et à des sacrifices que nous avons essayé de compenser par les introductions qui ouvrent chaque grande période, par les bibliographies qui les terminent, par les tableaux, les cartes et le glossaire qui complètent l'ensemble. Que mes amis Pierre Contal et Jean-Louis Van Regemorter, qui ont bien voulu relire et amender ce texte, trouvent ici l'expression de ma très vive reconnaissance.

Il reste à espérer que ce travail d'équipe sera utile à tous ceux qui veulent mieux connaître l'histoire d'un pays qui se tourne vers nous, après trop d'années de rupture, car il est à la fois l'Europe et plus que l'Europe.

Francis Conte
Professeur de civilisation russe et soviétique
à l'université de Paris-Sorbonne

À l'usage du lecteur

La double datation : jusqu'au 5 octobre 1582, le *calendrier julien* est en usage dans toute la chrétienté. La double datation commence à cette date avec l'instauration par l'Église catholique d'un nouveau calendrier. Celui-ci avance de 10 jours par rapport au calendrier julien. Il est appelé *grégorien,* car il est dû au pape Grégoire XIII. Dans la double datation, le calendrier julien – qui est dit « ancien style » – est toujours indiqué en premier par rapport au calendrier grégorien – dit « nouveau style ». Tel est le principe que nous avons adopté dans cette chronologie.

L'évolution du décalage : le décalage entre les deux calendriers, qui était de 10 jours à la date de la réforme (le vendredi 5 [15] octobre 1582), n'augmente pas en 1600. Les deux premiers chiffres de cette année séculaire étant un multiple de 4, l'année a été bissextile dans les deux calendriers. En revanche, le retard du calendrier julien est de 11 jours entre février 1700 et février 1800 ; de 12 jours entre février 1800 et février 1900 ; de 13 jours au XXe siècle. Ces trois années séculaires – 1700, 1800, 1900 – furent en effet bissextiles dans le calendrier julien, mais non dans le calendrier grégorien.

Le changement du début d'année en Russie : jusqu'en 1492, l'année civile commence en Russie le 1er mars ou le 1er septembre. À partir de 1492, en accord avec la tradition de l'Église byzantine, le début de l'année est fixé au 1er septembre. Par décret du 15 décembre 1699, Pierre le Grand transfère le début de l'année civile au 1er janvier, à compter du 1er janvier 1700.

Le changement d'ère : par le même oukase, Pierre change la chronologie qu'utilisait la Russie : il substitue l'ère chrétienne à l'ère byzantine biblique, qui partait de la création du monde, fixée au 1er septembre 5509 av. J.-C. Pour la correspondance avec l'ère chrétienne, on doit donc retrancher 5 509 ans pour les dates situées entre le 1er septembre et le 31 décembre, et 5 508 ans entre le 1er janvier et le 31 août. D'autre part, dans les textes de cette époque, on indique rarement le millénaire.

Le changement de calendrier : en revanche, Pierre ne touche pas au calendrier julien. Jusqu'au 1er février 1918, le calendrier julien reste le calendrier officiel de l'Église et de l'État russe. Le gouvernement soviétique adopte à cette date le calendrier grégorien, mais l'Église russe orthodoxe (à la différence de l'Église grecque) conserve le calendrier julien.

Translittération et transcription : on sait combien le passage de l'alphabet cyrillique à l'alphabet latin est délicat si l'on n'adopte pas systématiquement la translittération dite internationale, qui est souvent déconcertante pour un public large (ainsi Trockij pour Trotski ou Xruščev pour Khrouchtchev). Dans la mesure où il n'était pas possible d'adopter un système double (la translittération internationale suivie de la transcription phonétique entre parenthèses), nous avons adopté le pis-aller traditionnel qui est celui d'une transcription de caractère approximativement phonétique. Par ailleurs les incohérences sont inévitables puisqu'un certain usage impose, par exemple, Lermontov face à Bielinski, Rublev face à Soloviev, Feodor face à Ogoniok, sans parler du respect nécessaire des transcriptions anglo-saxonnes ou allemandes lors de citations de textes ou de travaux dans ces langues. Les signes mous et les signes durs n'ont pas été indiqués.

SOMMAIRE

ZONES DE VÉGÉTATION DE L'U.R.S.S.

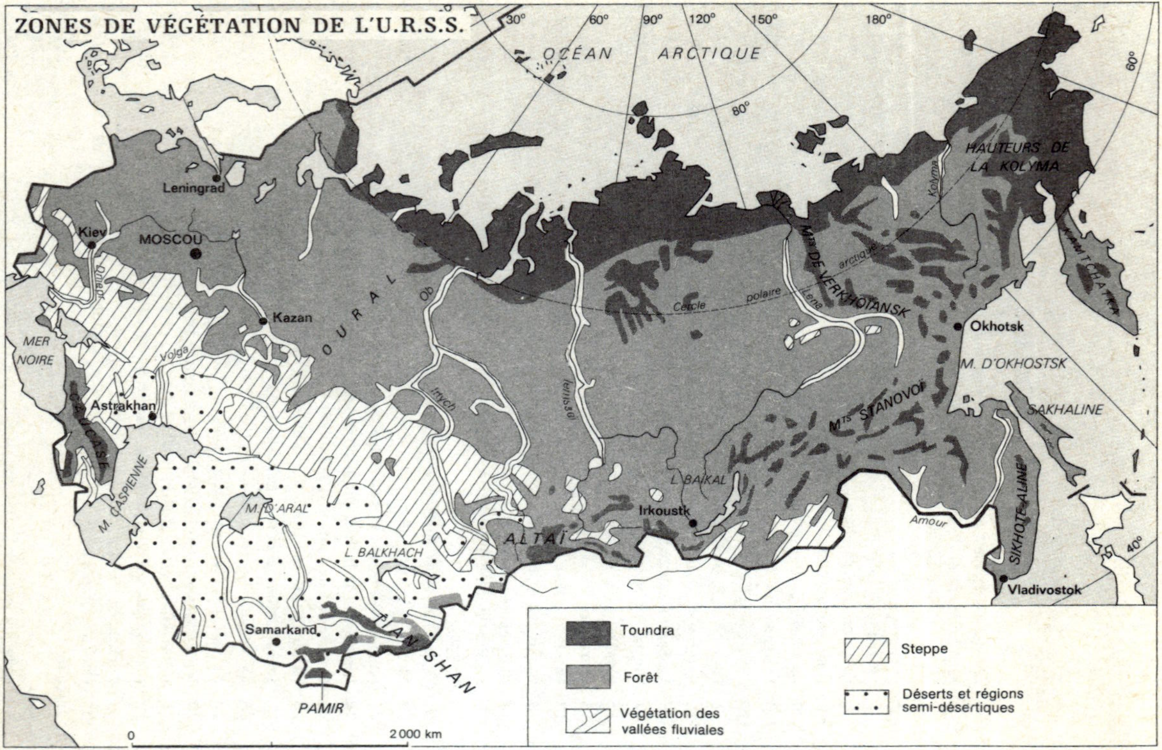

Chapitre 1 **Jusqu'en 979**

Les Slaves de l'Est avant la christianisation

> *Askold et Dir descendirent le Dniepr et virent une ville sur la colline et demandèrent : quelle ville est-ce ? Et les habitants leur répondirent : Ils étaient trois frères, Kiy, Chtchok et Khoriv, qui fondèrent cette ville (Kiev) et périrent, et nous appartenons à leur clan. Askold et Dir commencèrent alors à rassembler beaucoup de Varègues et gouvernèrent le pays des Polianes.*
>
> *Chronique des temps passés*, trad. René Marichal.

D'origine indo-européenne, les Slaves ont progressivement colonisé l'Europe centrale et orientale, probablement à partir du flanc nord-est des Carpates, sur une large bande allant de la haute Vistule au Dniepr moyen. Dès le milieu du premier millénaire, ils se divisent en prenant part aux Grandes Invasions, ces vastes mouvements de peuples qui ont bouleversé l'ensemble de notre continent, sonnant le glas du monde antique pour ouvrir la porte de l'espace européen tel que nous le connaissons aujourd'hui.

Jusqu'alors enracinées dans les pays du Dniepr, certaines tribus slaves sont restées sur place, tandis que d'autres se sont dispersées aux quatre vents – vers les steppes du Sud, vers les forêts de la haute Volga, vers les rivages de la Baltique. Dans la seconde moitié du IXe siècle, à l'époque où se constitue l'État de Kiev, les Slaves de l'Est se cristallisent en deux pôles : d'un côté, le Dniepr moyen, de l'autre, la région de Novgorod. Au sud, ils sont au contact des peuples d'origine iranienne ; au nord, ils se mêlent aux populations baltes, finnoises et scandinaves.

Au sein des tribus slaves, les Varègues, venus de Scandinavie, ont joué un rôle de ferment qui fut essentiel : au plan politique, ils contribuèrent à l'unification des tribus sous l'égide d'un prince ; dans le domaine économique, ils mirent en œuvre l'exploitation des principaux axes fluviaux du pays, qui, de la mer du Nord à la mer Noire, allaient constituer la fameuse « route des Varègues aux Grecs ». Après s'être implantés à Novgorod, les Varègues se lancent à la conquête de Kiev. La prise de la ville par Oleg marque la naissance de l'État de Kiev, dont le développement est, dès lors, continu jusqu'à la fin du XIe siècle. Il est largement déterminé par la proximité de l'Empire byzantin qui offre un débouché commercial et un modèle de civilisation. Au contact de Byzance, Slaves et Varègues prennent conscience d'une configuration géo-politique qu'ils utilisent à leur profit en devenant des intermédiaires entre l'Europe du Nord et l'Empire. Les successeurs du prince Oleg consolident l'État de Kiev en soumettant les populations voisines et en créant une administration, en particulier pour la collecte du tribut. Dans la seconde moitié du Xᵉ siècle, la politique conquérante des princes de Kiev s'affirme. Sviatoslav étend son territoire au détriment de l'Empire khazar et des Bulgares de la Volga. Lorsque Vladimir, son fils, accède au pouvoir, il se trouve à la tête d'un État avec lequel l'Occident comme l'Orient doivent compter.

Données chronologiques

IIIᵉ-VIIᵉ s.
Sous la pression des mouvements de peuples et des grandes invasions qui déferlent sur l'Europe orientale (les Goths, les Huns puis les Avars), les tribus slaves se déploient pour former un ensemble divisé en trois groupes :
- les Vénèdes (ou Vénètes), dont le territoire constitue un vaste triangle qui s'allonge le long du flanc est des Carpates et qui le déborde : à l'ouest, il atteint la haute Vistule, à l'est le Dniepr, au sud le Prout ;
- les Antes (formés de Slaves et de Sarmates iraniens), aux abords de la mer Noire, entre le Dniestr et le Dniepr ;
- les Sclavènes, qui passent le Danube pour s'infiltrer dans la péninsule balkanique.

VIIIᵉ-IXᵉ s.
À la veille de former de grand États, les peuples slaves occupent déjà la moitié du continent européen : au nord et à l'est, ils ont atteint la région de Novgorod et la Volga ; à l'ouest, ils ont parfois poussé jusqu'à Kiel, Bamberg et Linz ; au sud, jusqu'en Crète. Les Slaves du Sud donneront les Yougoslaves et les Bulgares. Les Slaves de l'Ouest, les Polonais, les Tchèques et les Slovaques. Les Slaves du Nord et de la Baltique seront progressivement absorbés par les Germains. Quant aux Slaves de l'Est, ils se scinderont en Russes, Ukrainiens et Biélorusses, les trois peuples slaves vivant aujourd'hui en U.R.S.S..

Les tribus slaves (IIIᵉ – VIIIᵉ s.)

Ces tribus ont une vie fruste et mobile. Parlant une langue qui est sensiblement uniforme, le slave commun, elles habitent des hameaux égrenés le long des rivières. Les caractères fondamentaux de leur civilisation ne peuvent être précisés que grâce aux recherches archéologiques qui retiennent trois éléments stables : une poterie simple et sans décor ; des rites funéraires liés à l'incinération ; un habitat fait de petites huttes carrées, à demi enfouies dans la terre. Ce sont les *ziemlianki* que l'on trouve dans la steppe boisée ; elles se modifieront pour donner la *khata* dans la steppe et l'*izba* dans les forêts.

Les Slaves de cette époque pratiquent essentiellement l'agriculture pour assurer leur subsistance, même si l'élevage, la chasse, la pêche et le troc constituent pour eux un apport non négligeable.

☐ **v. 750-800**
Pénétration des Scandinaves, ou « Varègues », jusqu'à la moyenne Volga.

☐ **v. 800**
Des contacts directs s'établissent entre l'Empire des Khazars (dont la capitale, Itil, est située sur la Volga en bordure du Delta) et les Scandinaves, qui exploitent l'axe fluvial Volkhov-Ilmen-Lovat-Volga.

839
Les *Annales de saint Bertin* mentionnent l'arrivée d'une ambassade varègue à la cour de Louis le Pieux et précisent que « ces inconnus disaient s'appeler Rhos ». Plus tard, la *Chronique des temps passés* indiquera que « les Slaves et les Russes sont un même peuple et c'est des Varègues que les Russes tirèrent leur nom alors que, primitivement, ils étaient slaves ».

v. 850-900
Des tribus slaves et finnoises invitent trois Varègues, Riourik, Sinéous et Trouvor, à régner respectivement sur Novgorod, Beloozéro et Izborsk (d'après le récit de la *Chronique des temps passés*).

856-860
Les Varègues Askold et Dir s'emparent de Kiev.

860
Avec le concours des Slaves de Kiev, les Varègues organisent une première expédition maritime contre Constantinople. En l'absence de l'empereur Michel III, la ville, démunie, est facilement assiégée, mais une forte tempête éloigne les envahisseurs. Les Byzantins attribuent cette circonstance fortuite à l'intercession de la Vierge et l'épisode sera commémoré dans la tradition de l'Église sous le nom de fête du *Pokrov* (voile).

867
Le patriarche Photius fonde un évêché pour les Slaves et les Varègues qui, au contact de Byzance en 860, se sont convertis au christianisme.

878-882
Arrivé de Novgorod, le Varègue Oleg s'empare de la ville de Kiev et y fonde un premier État. Son pouvoir s'étend bientôt depuis Novgorod jusqu'au bassin du Pripiat et jusqu'au cours du Dniestr au sud-ouest (d'après les indications fournies par les perceptions de redevances).

883-885
Oleg soumet les Drevlianes, les Sévérianes et les Radimitches, tribus slaves établies au nord de Kiev.

898
Passage sous les murs de Kiev des Magyars, venus du nord-ouest.

907
Expédition contre Constantinople d'Oleg, qui prépare une double attaque de la ville par la terre et la mer (avec 2 000 embarcations). L'issue de la bataille est favorable aux Byzantins.
Ils signent avec les Slavo-Varègues un premier traité, qui définit les modalités des échanges commerciaux. Les Russes, qui exportent essentiellement de la cire, du miel, des fourrures et des esclaves, sont affranchis de taxes et reçoivent l'autorisation de séjourner dans la ville en obtenant des subsides mensuels.

911
Le traité conclu en 907 avec les Byzantins est complété par les obligations que doivent les Russes à l'empereur. Ils signent notamment un pacte de non-agression.

913
Mort du prince Oleg, auquel succède Igor.

915
La *Chronique des temps passés* mentionne l'arrivée dans la steppe des

Petchenègues, peuple nomade d'origine turque qui s'allie à Byzance.

941
Igor attaque Constantinople et subit une sévère défaite, la flotte russe ayant été repoussée par le feu grégeois.

943
Les Russes mènent une campagne victorieuse dans les provinces transcaspiennes de la Perse.

944
Les Byzantins concluent un nouveau traité avec les Russes. Les clauses

Le paganisme des Slaves de l'Est au Xᵉ siècle

Au Xᵉ siècle, l'ensemble des pratiques multiséculaires et des rites diffus, qui se rapportaient essentiellement au culte de la nature et des défunts, laisse progressivement place à un culte plus organisé où apparaît une hiérarchie de divinités supérieures, dont on peut retrouver les noms et les attributs grâce aux sources russes et byzantines. En effet, le « panthéon des Slaves », mentionné dans la *Chronique des temps passés*, et les traités commerciaux signés avec l'Empire byzantin (où les Slavo-Varègues prêtaient serment au nom de leurs dieux) permet une première reconstitution de la mythologie slave à travers les grandes figures qui la dominaient.

Peroun, dont le prince Vladimir officialisa le culte, est présent aussi bien à Kiev qu'à Novgorod, en Pologne et dans les Balkans. Les Lituaniens connaissaient ce dieu sous le nom de Perkunas, dieu de la Foudre. Il représente en effet la foudre et le tonnerre et semble être le protecteur des guerriers. Il apparaît dans les traités byzantins aux côtés de Volos, dieu du *skot* (« bétail »), également dieu des marchands. Ces deux divinités principales (les seules figurant dans les traités) se rapportent à des activités essentielles, la guerre et le commerce. Leur culte prit un nouvel essor sous l'influence des Varègues.

Le panthéon des Slaves, tel que le présente la *Chronique des temps passés* vers l'année 980, se compose, outre Peroun, de cinq divinités.

Khors, que l'on retrouve chez les Perses sous le nom de Khores, serait l'une des incarnations du Soleil.

Dajbog (« dieu donateur »), fait mûrir les moissons. À ce titre, il s'apparente à Khors comme divinité solaire.

Stribog, dont l'existence est signalée dans des textes tardifs, comme le *Dit de la troupe d'Igor* (XIIᵉ siècle), est le dieu du Vent et, plus généralement, le dieu du Souffle considéré comme une émanation de l'esprit.

Le dieu Simargl est plus difficile à identifier. On le rapproche de l'oiseau magique iranien Simurg, qui, en volant, répandait la semence qui tombait en pluie fécondant la Terre.

Mokoch, la dernière divinité mentionnée dans le panthéon, est une incarnation de l'Amour ou, du moins, de la Fécondité. Comme telle, cette divinité féminine peut être associée au culte voué à « Notre mère la terre humide », une expression qui revient fréquemment dans les textes et qui témoigne, chez ces tribus d'agriculteurs, de l'importance accordée à la terre, source de vie.

relatives au commerce sont plus restrictives que celles du traité de 907 (nouvelle législation commerciale définie par Romain Lécapène). Les Russes s'engagent à assister militairement les Byzantins, tant pour la protection de la Chersonèse – possession byzantine aux confins de l'État de Kiev –, que face à d'éventuelles attaques bulgares.

945
Les Drevlianes assassinent le prince Igor, qui exigeait une augmentation du tribut. Olga, son épouse, assure la régence à Kiev et établit un réseau administratif pour la collecte du tribut.
La *Chronique des temps passés* atteste à cette date la présence d'une église Saint-Élie à Kiev.

957
Olga est reçue à Constantinople par l'empereur Constantin VII Porphyrogénète. Elle arrive avec une importante délégation (dont 22 marchands).

957?
Conversion d'Olga au christianisme sous le nom d'Hélène (la *Chronique des temps passés* mentionne l'événement au cours de l'année 955, mais cette date paraît peu crédible, car les Byzantins ne la connaissent en 957 que sous le nom d'Olga).

959
Olga dépêche une ambassade à Francfort-sur-le-Main, auprès d'Otton Ier, sans doute dans le but de développer les échanges commerciaux avec l'Europe centrale.

959-960
Une intense activité diplomatique se déploie entre Kiev et Byzance, qui fait appel aux Russes pour organiser une expédition contre la Crète (reconquise sur les Arabes en 961).

960
Otton Ier envoie l'évêque Adalbert à Kiev.

961-962
Réaction païenne à Kiev menée par l'aristocratie varègue groupée autour du prince Sviatoslav, fils d'Olga. Celle-ci lui cède le pouvoir.
Échec de la mission d'Adalbert, mal reçu à Kiev.

963
Campagnes de Sviatoslav contre les Khazars, auxquels il prend la ville de Sarkel, le Kouban et les contreforts du Caucase ; il étend son pouvoir sur la principauté de Tmoutarakan et soumet les Viatitches, dernière tribu slave tributaire des Khazars.

v. 965
Expédition de Sviatoslav contre les Bulgares de la Volga et mise à sac de leur capitale, Bolgary. Nouvelle campagne contre les Khazars, dont la capitale, Itil, est ravagée (désagrégation de l'Empire khazar peu après).

967
À leur retour d'expédition, les Russes contrôlent désormais toute la voie commerciale Volga-Caspienne et deviennent les nouveaux maîtres des Ossètes du Don ainsi que des Tcherkesses du Kouban.

968
À la demande de Nicéphore Phocas, Sviatoslav entreprend une grande campagne contre les Bulgares du Danube. Les Russes prennent leur capitale et font prisonnier le khagan Boris. Sviatoslav envisage de transférer sa capitale à Peréiaslavets.

969
Siège de Kiev par les Petchenègues.
Mort d'Olga. Sviatoslav confie l'administration de Kiev à son fils aîné Iaropolk, Novgorod à Vladimir et le gouvernement des Drevlianes à Oleg.

970
Après avoir combattu les Bulgares pour le compte de l'Empire byzantin, les

Russes se retournent contre l'empereur et ravagent les environs de Constantinople, mais ils sont vaincus par Jean Tzimiskès et doivent évacuer les Balkans.

971
Les Byzantins signent un nouveau traité d'assistance et de non-agression avec Sviatoslav. Ils reconduisent les clauses du traité de 944 relatives au commerce.

972
En revenant vers Kiev, Sviatoslav est assassiné par les Petchenègues, son fils aîné, Iaropolk, devient prince de Kiev.

973
Iaropolk envoie une ambassade en Haute-Saxe, auprès d'Otton Ier.

977
La mort de Sviatoslav provoque une guerre civile entre ses trois fils pour sa succession à la tête de l'État de Kiev. Oleg est tué et Vladimir doit s'exiler en Scandinavie, où il trouve refuge auprès d'Olaf Tryggvasson.

979
Avec l'aide de mercenaires varègues, Vladimir revient à Kiev et fait assassiner son demi-frère Iaropolk.

Biographie

Olga (v. 890-969). Première princesse chrétienne de Kiev, Olga serait originaire de Pskov. Vraisemblablement fille du conquérant de Kiev Oleg, elle épouse Igor, premier grand-prince de Kiev (913-945) et assure à la mort de ce dernier la régence pendant la minorité de son fils Sviatoslav. Intelligente et énergique, Olga fait preuve de rares qualités de gouvernement. Elle crée une première administration de l'État, lutte habilement contre les Drevlianes, une tribu voisine qui menaçait fréquemment sa principauté, et cherche à étendre les liens de la *Rous* avec les grandes puissances de l'époque, Byzance et l'Empire d'Otton Ier. Néanmoins, c'est plutôt sa conversion au christianisme qui a retenu l'attention des chroniqueurs. Les circonstances dans lesquelles Olga se fit baptiser restent sujettes à controverses, les différentes sources se contredisant. La princesse était-elle déjà chrétienne lorsqu'elle visita l'empereur à Constantinople en 957 ? Les sources grecques la mentionnant sous son nom païen, tout porte à croire qu'Olga reçut le baptême à une date postérieure et non en 955, comme l'indique la *Chronique des temps passés*. Il est alors probable qu'elle se convertit à Kiev même, où se trouvait déjà un premier noyau chrétien, attesté par l'existence de l'église Saint-Élie. À son baptême, Olga reçut le nom d'Hélène, choix qui se réfère à Hélène, mère de Constantin le Grand. Les panégyristes allaient utiliser abondamment le rapprochement entre Hélène, mère du premier empereur chrétien de Byzance, et Olga, grand-mère du premier prince chrétien de Kiev, Vladimir. Les restes de la princesse furent recueillis dans l'église de la Dîme, à l'initiative de Vladimir, mais la canonisation d'Olga ne date sans doute que du XIIIe siècle, longtemps après sa mort.

Bibliographie

F. Conte, *les Slaves. Aux origines des civilisations d'Europe centrale et orientale* (Paris, 1986).

L. Nierderlé, *Manuel de l'Antiquité slave* (Paris, 1923-1926).

A. Soloviev, *Byzance et la formation de l'État russe* (Londres, rééd., 1979).

Z. Vaña, *le Monde slave ancien* (Paris, 1983).

Chapitre 2 980-1174

Rayonnement et déclin de l'État de Kiev

Vladimir voyant l'église achevée, y entra et pria Dieu en ces termes : « Seigneur Dieu, jette ton regard du haut des cieux, regarde et visite cette vigne, rends parfait ce qu'a planté Ta dextre, ce peuple nouveau dont Tu as converti le cœur et l'intelligence ».

Chronique des temps passés.

Le règne de Vladimir inaugure une nouvelle étape dans l'édification de la *Rous* de Kiev qui, en devenant un État chrétien, entre dès lors dans l'*oikouménê* byzantine et assimile la vieille culture judéo-chrétienne. Comme il en fut pour l'ensemble des États slaves récemment christianisés, l'initiative de la conversion revient au prince. Aussi la dimension politique du choix religieux apparaît-elle primordiale. Elle répond à la nécessité de créer, au sein d'un État ethniquement et culturellement peu homogène, une cohésion idéologique permettant au pouvoir princier de s'affirmer. L'introduction du christianisme dans la *Rous* a en particulier hâté la fusion des Varègues et des Slaves. Par sa conversion, le prince de Kiev obtient la reconnaissance des puissances occidentales et confirme son alliance avec Byzance, qu'il a sollicitée pour l'édification de son Église.

L'essor rapide du christianisme à Kiev est l'un des traits les plus remarquables du XIe siècle russe. Il a grandement contribué au rayonnement de l'État de Kiev et à la diffusion d'une nouvelle culture qui s'exprime surtout par la construction d'églises et la diffusion de l'écriture. Dans ce domaine, la présence de lettrés bulgares, réfugiés à Kiev après l'annexion de leur pays par Byzance, fut déterminante. En introduisant la pratique de l'écriture cyrillique, ils ont transmis la connaissance. Le rayonnement de Kiev aux XIe et XIIe siècles s'est traduit par son expansion, en particulier vers le nord-est, et par le renforcement de son contrôle en direction de la Baltique. Mais cet essor est resté partiel et n'a pu s'affirmer en raison de la vulnérabilité des structures étatiques. L'histoire de l'État de Kiev est marquée par les nombreuses luttes princières qu'encourage la complexité des règles dynastiques : le système de succession de frère à frère – où les droits du fils de l'aîné sont juridiquement les mêmes que ceux du troisième de ses oncles – a provoqué des conflits endémiques pour le titre de grand-prince de Kiev, qui symbolisait l'autorité de celui-ci sur l'ensemble du territoire. Les problèmes de succession ont favorisé l'émergence de nouvelles principautés, même si ce phénomène résulte surtout d'un mouvement important de colonisation de nouvelles terres.

Au cours du XIIe siècle, un nouveau centre se constitue autour des principautés de Rostov, Vladimir et Souzdal. Son accroissement rapide favorise les ambitions de ses princes, qui s'affirment bientôt en rivaux du grand-prince de Kiev. En 1169, André Bogolioubski s'empare du centre historique de la *Rous*. Kiev, pillée et ravagée, ne peut restaurer son ancienne puissance avant l'arrivée d'une nouvelle invasion, celle des Mongols.

Vie politique

980
Vladimir, grand-prince de Kiev. Il y instaure un culte païen officiel.

981
Vladimir s'empare de Czerwen et de Przemysl, en Russie rouge, accroissant son pouvoir à l'ouest.

983
Campagne contre les Iatvigues (tribu lituanienne), qui ouvre aux Russes les voies fluviales du Niémen, du Boug et de la Vistule en direction de la Baltique.

985
Nouvelle expédition russe contre les Bulgares de la Volga, sans résultat décisif, mais qui aboutit à la signature d'un traité d'amitié et de commerce, précieux pour les Russes car les Bulgares ont développé des échanges réguliers avec les Arabes, dont peut profiter Kiev.
Au retour de ses campagnes, Vladimir fait élever des idoles sur les collines de Kiev et offre un sacrifice solennel au dieu Peroun.

987
Pourparlers russo-byzantins. Basile II sollicite Vladimir pour combattre la rébellion de Bardas Phocas et Bardas Skléros en Asie Mineure. Le prince accepte à la condition d'obtenir la main d'Anne, sœur de l'empereur. Requête accordée, mais Vladimir doit recevoir le baptême.

fin 987- début 988
Date probable de l'initiation chrétienne et du baptême de Vladimir.

988
Envoi d'une flotte russe à Constantinople pour soutenir les armées de Basile II.
Baptême collectif des Kiéviens.

hiver 988-989
Vladimir assiège Khersôn, ville byzantine dont il s'empare grâce à la trahison de l'évêque. L'expédition a peut-être pour but de décider l'empereur à envoyer sa sœur Anne en Russie.

989
Après une première défaite à Chrysopolis, Bardas Phocas est vaincu à Abydos par l'armée impériale et les troupes russes.
Mariage d'Anne et de Vladimir.

992-997
Invasions petchenègues dans les environs de Kiev ; elles sont toutes repoussées.

Fin du Xe s.
Création de Tourov sur le Pripiat, capitale d'une principauté créée par Vladimir pour son fils adoptif Sviatopolk.

1000-1001
Échange d'ambassades entre le pape Sylvestre II et le prince Vladimir.

1006
Nouveau traité avec les Bulgares de la Volga.

1007-1014
Nouveau soutien militaire des troupes russes à l'empereur dans ses campagnes contre les Bulgares des Balkans.

1014
Iaroslav, fils de Vladimir et prince de Novgorod, refuse de payer le tribut qu'il doit à l'État de Kiev.

1015
Vladimir envoie son fils Boris combattre les Petchenègues et part en campagne contre Iaroslav. Malade, il meurt à Berestovo le 15 juillet.
Sviatopolk s'empare du pouvoir avec l'aide de Boleslas Ier de Pologne, son beau-frère et allié (en échange, il lui accordera le sud-ouest du pays). Il fait assassiner ses demi-frères Boris et Gleb. Un culte se développe très vite autour des deux princes martyrs, qui ont accepté la mort sans résistance (modèle de la soumission à la volonté de l'aîné).

1018
Intervention des Polonais à Kiev, pour soutenir Sviatopolk contre Iaroslav.

1019
Iaroslav bat définitivement Sviatopolk et devient maître de Kiev.

1024
Fondation de la ville de Iaroslav, sur la Volga.

1025 ou 1026
Accord entre Iaroslav et son frère Mstislav le Brave, prince de Tmoutarakan, pour le partage de la principauté. Iaroslav gouverne Kiev et l'ouest du Dniepr, et Mstislav Tchernigov et l'est.

v. 1030
Création d'une ligne de fortifications le long de la rivière Ros, avant-poste des Slaves de Kiev face aux nomades de la steppe.

1031
Iaroslav part en guerre contre la Pologne pour reconquérir le sud-ouest du pays concédé par Sviatopolk à Boleslas.

1032
Le roi de Norvège, Harald Sigurdsson, se rend à Kiev et épouse Élisabeth, une fille de Iaroslav. Traité entre le prince de Kiev et son nouveau gendre pour la défense des frontières du nord.

1036
Mort de Mstislav le Brave, qui rend Iaroslav souverain de tout le pays.

1037
Victoire des Russes sur les Petchenègues, qui assure la paix dans l'État de Kiev pendant près de 25 ans, jusqu'à l'arrivée des Kyptchaks, ou Coumans, que les Russes appellent « Polovtsy ».

1038
Le futur roi de Hongrie, André Ier, trouve refuge à Kiev, où il épouse une fille de Iaroslav, Anastasie.

1043
Mariage d'Iziaslav, fils de Iaroslav, avec Élisabeth, fille du roi de Pologne Mieszko II.

1043-1046
Dernière guerre entre Kiev et Byzance. Elle s'achève par un traité qui renouvelle les clauses commerciales des accords de 944 et prévoit l'engagement de nouveaux mercenaires russes.

1048
Henri Ier de France envoie une ambassade à Kiev pour demander la main d'Anne, fille de Iaroslav.

1051
□ **Mai** Mariage à Reims d'Henri Ier de France et d'Anne de Kiev.

1052
L'alliance byzantino-russe est renforcée par le mariage du fils de Iaroslav, Vsevolod, avec la princesse byzantine Anne, fille de Constantin IX Monomaque.

1054
Mort de Iaroslav le Sage. Son fils, Iziaslav, lui succède à Kiev. Le testament de Iaroslav écarte Vseslav de Polotsk, son petit-neveu, et Rostislav de Novgorod, son petit-fils, qui, outragés, fomentent des troubles.

v. 1060
L'indépendance politique du prince Vseslav est concrétisée par la création d'un diocèse à Polotsk.

1061
Victoire des Kiéviens contre les Coumans.

1066
Vladimir Monomaque, petit-fils de Iaroslav, épouse la princesse anglo-saxonne Gyda, fille d'Harold II.

1067
Rostislav de Novgorod est empoisonné à Tmoutarakan par un agent byzantin.

1068
Les troupes du prince de Kiev sont défaites par les Coumans.
Scandalisée par l'attitude d'Iziaslav face aux Coumans, la population de Kiev se révolte et proclame Vseslav de Polotsk prince de Kiev. Mais il est capturé par ses cousins et écarté par les Polonais, qu'Iziaslav a appelés à l'aide.

1073
Iziaslav est chassé de Kiev par ses frères et se réfugie en Pologne, puis en Allemagne où il demande, sans succès, l'aide du pape Grégoire VII.

1076
La mort de Sviatoslav (fils de Iaroslav) permet le retour à Kiev d'Iziaslav.

1078
Iziaslav est assassiné par son neveu, Oleg Sviatoslavitch de Tchernigov.

1078-1093
Vsevolod (troisième fils de Iaroslav), prince de Kiev.

1091
La région de Tmoutarakan échappe désormais au pouvoir des princes de Kiev.

1093-1113
Sviatopolk, fils d'Iziaslav, prince de Kiev.

1096
Attaque de Kiev par les Coumans, qui l'emportent.

1097-1098
Guerre entre les princes au cours de laquelle Vassilko Rostislavitch, prince de Terebovle (principauté de Galitch) est aveuglé.

1097-1100
En 1097, à Lioubetch, et en 1100, à Vititchev, congrès des princes, dirigés par Vladimir Monomaque (fils de Vsévolod) pour mettre un terme aux conflits de succession : la passation des pouvoirs de père en fils sera systématiquement adoptée sauf pour le titre de grand-prince de Kiev qui sera toujours attribué selon l'ancienne règle.

1103
Congrès des princes pour définir une défense commune des frontières de la steppe.

1111
Grande victoire de Vladimir Monomaque sur les Coumans.

1113
Révolte populaire à Kiev contre la politique fiscale du prince et appel à Vladimir Monomaque, qui est fait grand-prince de Kiev. Il prend des

mesures législatives pour organiser la levée des impôts.
Le fils de Vladimir, Mstislav, devient prince de Novgorod.

1115
Mort d'Oleg Sviatoslavitch de Tchernigov, ennemi de Vladimir.

1116
Nouvelle victoire des Kiéviens sur les Coumans.

1117
Vsevolod (fils de Mstislav) est fait prince de Novgorod.

1125
Mort de Vladimir Monomaque.

1125-1132
Mstislav (fils de Vladimir) est reconnu grand-prince de Kiev.

1130-1136
Tensions très fortes entre l'oligarchie novgorodienne et l'État de Kiev.

1132-1139
Iaropolk II (fils de Vladimir), grand-prince de Kiev.

1136
Vsevolod Mstislavitch est expulsé de Novgorod par décision du *vietché* (assemblée du peuple). Début de l'indépendance de Novgorod.

1139-1146
Vsevolod II Olgovitch, petit-fils de Sviatoslav, prend le titre de grand-prince de Kiev, après avoir évincé Viatcheslav, qui devait succéder à son frère Iaropolk II : début du conflit entre les descendants de Sviatoslav et ceux de Vladimir Monomaque.

1146-1154
Iziaslav II (fils de Mstislav) grand-prince de Kiev. Les Kiéviens l'ont choisi pour succéder à Vsevolod II, rejetant Igor Olgovitch, frère de ce dernier.

1147
Igor Olgovitch, devenu moine, est assassiné par les Kiéviens.
Première mention de Moscou, fondée par Iouri Dolgorouki, fils de Vladimir Monomaque et prince apanagé de Souzdal.

1149-1151
Lutte entre Iziaslav II et son oncle Iouri Dolgorouki, prince de Rostov-Souzdal, pour le titre de grand-prince de Kiev.

1151
Guerre entre Iziaslav II, grand-prince de Kiev, allié à la Hongrie, et Vladimirko de Galitch.

1154-1157
Iouri Dolgorouki devient grand-prince de Kiev. Son fils, André Bogolioubski, prend le titre de prince de Rostov-Souzdal, puis renforce sa nouvelle capitale, Vladimir, sur la Kliazma.

1167-1169
Mstislav II Iziaslavitch de Volhynie, grand-prince de Kiev.

1169

□ **Mars** André Bogolioubski prend Kiev, la pille et place son plus jeune frère, Gleb, à la tête de la cité. Il enlève au pouvoir princier de Kiev sa suprématie politique, symbolisée par le titre de grand-prince, qu'il reprend à son compte pour sa principauté de Vladimir. Début du déclin de l'État de Kiev.

1170
Défaite des Souzdaliens devant Novgorod.

1171
À la mort de Gleb, André donne Kiev aux Rostislavitch de Smolensk ; Romain devient prince de Kiev.

1173
Mstislav le Brave, prince de Smolensk, se révolte contre André Bogolioubski.

1174
Meurtre d'André Bogolioubski tué par ses boyards dans son palais de Bogolioubovo, à cause de la rivalité entre la nouvelle capitale, Vladimir, et les anciens centres de la principauté, Rostov et Souzdal.

Religion et culture

988
Baptême des Kiéviens à la demande de Vladimir.
Nomination probable du Grec Théophylacte comme métropolite de Kiev.

990-996
Construction de l'église de la Dormition (dite « de la Dîme ») à Kiev.

996
Vladimir inaugure l'église de la Dormition de la Dîme, à qui il donne « le dixième de [ses] biens et de [ses] revenus dans [ses] villes ». Il y affecte les prêtres venus de Khersôn et y fait déposer les restes de sa grand-mère, la future sainte Olga.

v. 1000
Création du diocèse de Belgorod et du diocèse de Novgorod.

début du XIe s.
Création du diocèse de Tchernigov lorsque la ville devient la résidence de Mstislav, frère de Iaroslav.

1007
Vladimir accueille chaleureusement Bruno de Querfurt (futur saint Boniface), qui passe par Kiev pour aller visiter les Petchenègues.

1018
Après la conquête de la Bulgarie par l'Empire byzantin, de nombreux lettrés bulgares trouvent refuge à Kiev, où ils apportent leurs livres liturgiques et jouent un rôle essentiel dans la diffusion de l'écriture chez les Slaves de l'Est par l'emploi de l'alphabet cyrillique.

v. 1023
École à Koursk.

1024
Manifestations païennes en Souzdalie (nombreux meurtres de femmes).
Fondation de la ville de Iaroslav sur la Volga.

v. 1030
Iaroslav crée, à Novgorod, une école pour les clercs et les laïcs.

1030-1035
Édification à Tchernigov de l'église du Saint-Sauveur, où est enterré son fondateur, Mstislav, en 1036.

1034
Traité entre Iaroslav et Byzance : reconnaissance de la juridiction du patriarche de Constantinople sur l'Église russe (existence de ce traité contestée par certains historiens).

v. 1035-1039
Nomination de Théopempte, premier métropolite de Kiev attesté par les sources.

1036
Iaroslav nomme le lettré russe Luc Jidiata évêque de Novgorod, lorsqu'il installe son fils Vladimir comme prince de la ville.

apr. 1036
Création du diocèse de Iouriev (Kaniev).

1037-1041
Construction de l'église Sainte-Sophie à Kiev.

v. 1040
La compilation de premières *Chroniques* est attestée dès cette époque.

1045-1050
Construction de l'église Sainte-Sophie à Novgorod.

1049
Le moine et théologien russe Hilarion

rédige son sermon sur *La loi et la Grâce* : panégyrique de Vladimir.

1051-1054
Hilarion, métropolite de Kiev, grâce à Iaroslav mais sans l'accord de Constantinople.
Fondation des monastères Saint-Georges, Sainte-Irène et Saint-Démétrios à Kiev.
Rédaction des parties les plus anciennes de la *Justice russe*.

apr. 1051
L'ermite Antoine, originaire de Tchernigov, s'installe dans l'une des grottes de la colline de Kiev, après un long séjour au mont Athos.

1052-1053
À Vychgorod, construction de l'église des Saints-Romain-et-David pour abriter les restes de Boris et de Gleb.

apr. 1054
Création du diocèse de Péréïaslav.

1055
Le métropolite Éphrem, nommé par Constantinople à la place d'Hilarion, suspend pour trois ans Luc Jidiata, à Novgorod.

1056-1057
Calligraphie de l'évangéliaire d'Ostromir, le plus ancien manuscrit russe.

v. 1060
Les évêchés de Tchernigov et de Pereïaslav sont nommés métropoles d'honneur par le patriarche, du fait de leur rôle dans la lutte contre les Coumans.
Création du diocèse de Polotsk, où est élevée une église dédiée à sainte Sophie.
Les ermitages situés dans les grottes de Kiev se transforment en une première communauté cénobitique sous la direction de Barlaam.

1065
Nommé supérieur de la communauté, Théodose fonde le monastère des Catacombes.

1068
Le moine Antoine est chassé de Kiev par le prince Iziaslav, pour avoir encouragé la révolte qui a obligé le prince à fuir momentanément sa ville.

1070
Fondation du monastère Saint-Michel-de-Vydoubitch au sud de Kiev.

1071
Révoltes dirigées par les sorciers *(volkhvy)* à Souzdal ; elles sont sévèrement réprimées par le prince.

1072
Promulgation de la *Justice russe* (rédaction brève).
Canonisation de Boris et de Gleb à Vychgorod. Elle est précédée de la rédaction du *Dit sur les martyrs*.

1073
Mort d'Antoine des Grottes, fondateur spirituel du premier monastère russe.
Premier recueil de Sviatoslav.

1076
Martyr de Léonce, évêque de Rostov, assassiné au cours d'une révolte païenne.
Second recueil de Sviatoslav.

1076-1089
Sous le mandat du métropolite Jean II Prodrome, les cadres de l'Église russe sont renforcés.

1077
Achèvement de l'abbatiale des Catacombes à Kiev.

1079-1085
Lectio de Nestor, un moine des Catacombes, sur la mort de Boris et de Gleb.

1082
Dans ses *Réponses canoniques*, le métropolite Jean déplore que l'on ignore encore la communion dans les marches frontières.

1086
À Kiev, fondation d'un monastère de femmes, dédié à saint André, dont le culte commence à se développer en Russie.

1086-1088
Création des diocèses de Vladimir, en Volhynie, et de Tourov, en Poliésie, à la demande des princes Iaropolk et Sviatopolk.

v. 1088
Rédaction de la *Vie de Théodose* par le moine Nestor.

1089
Rédaction de la *Constitution de l'Église* par le métropolite Jean II.

1089-1090
Achèvement de la cathédrale Saint-Michel de Pereïaslav, ville avant-poste des Russes dans la steppe.

1091
Dernière révolte païenne (à Rostov) attestée par les sources russes.
Translation du corps de Théodose dans la nouvelle abbatiale de Kiev ; début d'un culte local.

1096
Nouvelle compilation des *Chroniques*.
Fermeture provisoire du diocèse de Rostov à la mort de son évêque Isaïe.

1104-1109
Voyage de l'abbé Daniel en Palestine.

1108
Canonisation de Théodose, appelé « chef de tout l'ordre des moines en Russie ».
Fondation, à Kiev, du monastère Saint-Michel « au toit d'or » par le prince Sviatopolk qui s'y fera inhumer.
Mort de Nicétas, évêque de Novgorod.

1113
Fondation de la collégiale Saint-Nicolas à Novgorod par le prince Mstislav.

1115
Translation des reliques des saints Boris et Gleb dans la nouvelle collégiale de Vychgorod.

1116
Refonte de la *Chronique des temps passés* par le moine Sylvestre du monastère Saint-Michel de Vydoubitch, Vladimir Monomaque ayant retiré au monastère des Catacombes le soin de la rédiger.

1117-1119
À Novgorod, construction d'un monastère dédié à la nativité de la Vierge.

1119-1120
Construction de l'abbatiale Saint-Georges à Novgorod.

av. 1128
Fondation du monastère du Sauveur, à Polotsk, par Euphrosyne, petite-fille du prince Vseslav de Polotsk, devenue moniale.

v. 1130
Premières chartes princières attestées en faveur des monastères de Novgorod.

1136
Création du diocèse de Smolensk, à l'initiative de Rostislav, fondateur de la ville.

v. 1136
Iouri Dolgorouki fait restaurer le siège de Rostov, vacant depuis Isaïe.

1140
Fondation du monastère Saint-Cyrille-de-Dorogojitch à Kiev.

1147
Schisme entre la métropole de Kiev et les diocèses de Novgorod, Smolensk, Polotsk et Souzdal, Iziaslav II Mstislavitch ayant fait élire Klim Smoliatitch métropolite de Kiev sans le consentement du patriarche de Constantinople.

1149-1151
Klim doit quitter Kiev.

1150
Translation à Tchernigov des reliques d'Igor Olgovitch, tué en 1147 par les Kiéviens, alors qu'il avait revêtu l'habit de moine.

av. 1152
Construction de l'église varègue Saint-Olaf à Novgorod.

1155
Klim est définitivement chassé de Kiev par Iouri Dolgorouki, qui demande au patriarche un nouveau métropolite : désignation de l'évêque Constantin Ier. Autonomie ecclésiastique de Novgorod obtenue grâce à la fidélité de son évêque, Niphon, au patriarcat de Constantinople lors du schisme de Kiev.

1156
Arcade, successeur de Niphon, est le premier évêque élu par le *vietché* de Novgorod.

1158-1160
Construction de la cathédrale de Vladimir.

1158-1169
Conflit entre André Bogolioubski et la chaire métropolitaine pour la création

Les premières chroniques russes

La *Chronique des temps passés* (expression qui pourrait être traduite plus exactement par « Annales pour les années des chroniques ») est aussi appelée *Chronique de Nestor*, du nom d'un de ses compilateurs (vers 1110-1113). Elle est connue sous deux versions :

– la *Chronique laurentine* (manuscrit de 1377), qui porte le nom de son copiste, le moine Laurent, et qui la complète par une chronique de la Russie du Nord jusqu'à l'année 1305 ;

– la *Chronique hypatienne,* plus tardive (début du XVe siècle), qui provient du monastère Saint Hypace de Kostroma. Celle-ci comprend aussi la *Chronique des temps passés* à laquelle elle ajoute une chronique des événements survenus à Kiev, en Galicie et en Volhynie jusqu'en 1292.

Selon la thèse du grand linguiste A.A. Chakhmatov, la *Chronique des temps passés* est un ensemble composite qui réunit :

– une première chronique de Kiev datant des années 1037-1039 ;

– une suite due à l'abbé Nikon du monastère des Catacombes de Kiev (vers 1073) ;

– un récit relatant la conversion de Vladimir et de son peuple au christianisme, le *Dit du baptême de la Russie* ;

– une refonte de l'ensemble faite dans ce même monastère vers 1093-1095 ;

– la rédaction fondamentale de Nestor.

Après la mort du prince Sviatopolk Iziaslavitch en 1113, c'est le moine Sylvestre, du monastère de Vydoubitch, protégé par Vladimir Monomaque, qui met au point une deuxième rédaction de la *Chronique des temps passés* et qui conduit le récit jusqu'en 1117.

Les lacunes chronologiques ont été comblées par des emprunts aux chronographes byzantins (Georges dit Harmatole) et aux traditions populaires (par exemple la vengeance d'Olga sur les Drevlianes).

d'une métropole à Vladimir. Le prélat byzantin réaffirme l'unicité de Kiev comme « métropole de toute la Russie », et autorise seulement l'institution d'un siège épiscopal à Vladimir.

1164
André Bogolioubski apporte à Vladimir l'icône de la Vierge de Tendresse qui avait été déposée au monastère de femmes de Vychgorod.

1165
Novgorod devient un archevêché titulaire suffrageant.

v. 1165
Construction de l'église de l'Intercession sur la Nerl.

1166
Instruction de l'archevêque Élie de Novgorod (sur le rite et la discipline liturgiques).

1168
Condamnation de l'abbé Polycarpe des Grottes par le métropolite Constantin II à propos d'une querelle sur l'obligation de faire maigre les jours de fête.

1169
Le patriarche rappelle Constantin II, qui avait eu une attitude maladroite envers le clergé russe. Soutenu par André Bogolioubski, Polycarpe devient archimandrite.
Fondation du monastère russe de Saint-Pantéléimenon au mont Athos.

1170
Début du culte de la Vierge du Signe à Novgorod.

Biographie

Vladimir, grand-prince de Kiev. Fils du prince Sviatoslav, Vladimir commence sa carrière politique vers 970 à Novgorod, où il partage le pouvoir avec son oncle Dobrynia. En 975, il entre en conflit avec son frère Iaropolk, maître de Kiev, et doit fuir en Scandinavie. Deux ans plus tard, il revient dans sa terre natale et entreprend la conquête de Kiev. Après avoir vaincu Iaropolk, il devient grand-prince de Kiev en 980. Il s'affirme alors comme un fervent partisan du paganisme : il fait ériger de nouvelles idoles sur les collines de la ville et aurait, à cette occasion, provoqué le sacrifice de deux Varègues chrétiens. Il cherche à solenniser le culte païen pour instituer une religion d'État ; cet effort ne sera qu'une étape vers l'adoption d'une religion monothéiste : sous l'influence de Byzance, Vladimir se convertit en 988 au christianisme, qu'il institue religion officielle de son jeune État. Ce choix est en partie déterminé par des motifs politiques, puisque Vladimir sollicite alors la main de la sœur du basileus, à laquelle il ne pouvait prétendre en demeurant païen. Il est également conscient de la valeur du christianisme en tant qu'instrument d'unification de son État.

Sur le plan intérieur, l'œuvre de Vladimir reste importante ; il améliore l'administration du pays par la création de nouvelles divisions territoriales, il impose la prééminence de la justice princière sur la justice tribale et il fait édifier les premières fortifications, au sud de l'État de Kiev, pour prévenir les attaques des peuples de la steppe.

Bibliographie

F. Dvornik, *les Slaves, histoire et civilisation* (Paris, 1970).

M. Laran et J. Saussay, *la Russie ancienne* (Paris, 1975).

la Christianisation de la Russie ancienne, textes révisés par Y. Hamant (Paris, 1989).

V. Vodoff, *Naissance de la chrétienté russe* (Paris, 1988).

Chapitre 3 **1174-1389**

La Russie des apanages et la domination mongole

> *La discorde entre les princes, c'est le massacre par les païens, car le frère dit au frère : « Ceci est à moi, et cela m'appartient aussi ». À propos de vétilles, les princes ont commencé à dire : « C'est très important », et ils ont forgé des discordes l'un contre l'autre. Et les païens, victorieux, ont envahi de toute part la terre russe.*
>
> *Dit de la Troupe d'Igor (1185).*

Le déclin de Kiev, sensible dès la deuxième moitié du XIIe siècle, s'accentue jusqu'à l'invasion du pays par les Mongols. Outre les rivalités politiques qui l'affaiblissent profondément, la principauté de Kiev perd sa prospérité économique, qui reposait largement sur son négoce avec Byzance : l'insécurité des voies qui relient les deux pays – constamment menacées par la présence des Coumans – et le déclin de l'activité commerciale de l'Empire auront dans ce domaine une incidence déterminante.

L'effacement politique et économique de Kiev favorise le développement des migrations et l'émergence de nouveaux centres (Volhynie et Galicie au sud-ouest, Smolensk et Novgorod au nord, Tver et Vladimir-Souzdal au nord-est) pratiquement dégagés de leur dépendance à l'égard d'un État qui a perdu son ancienne puissance. À la fin du XIIe siècle, le centre de gravité politique de l'État de Kiev se déplace au nord-est, à Vladimir-Souzdal, devenue l'une des plus puissantes principautés. Gouvernée par les descendants de Vladimir Monomaque, qui ont conquis sur Kiev le titre de grand-prince, elle doit en partie son essor à son contrôle de la voie commerciale de la Volga.

Malgré la volonté hégémonique de ses princes, Souzdal ne parvient pas à se substituer à l'État de Kiev, dont la désagrégation accentue les clivages politiques entre les principautés apanagées. Les compétitions d'intérêts et les oppositions qui en découlent faciliteront la conquête du pays par les Mongols. Après une première expédition jusqu'à la Kalka (près de la mer d'Azov) en 1223, les Tatars – ainsi les nomment alors les Russes, en appliquant à l'ensemble le nom d'une ethnie mongole – ravagent l'ensemble du pays entre 1237 et 1240. L'invasion, perçue comme un cataclysme, l'est effectivement. Elle consacre la ruine de toutes les régions, à l'exception de Novgorod, provoque de nouveaux mouvements de population de Kiev vers les territoires moins menacés de l'ouest et isole le nord du pays.

Novgorod et Pskov, qui n'ont pas été occupées par les Mongols, sont en revanche attaquées par les Suédois puis par les chevaliers allemands de Livonie. Ces envahisseurs occidentaux sont battus grâce à Alexandre, prince de Vladimir, surnommé Nevski à cause de sa victoire sur les Suédois au bord de la Neva. Au sud-ouest, les principautés de Galicie et de Volhynie, tantôt unies, tantôt séparées, sont en pleine expansion sous la dynastie de Daniel et de Romain et s'imprègnent de plus en plus d'influences occidentales. Les distinctions ethniques entre les Slaves de l'Est – les futurs Ukrainiens, Biélorusses et Grands-Russes – s'en trouveront d'autant accentuées.

Pendant un siècle et demi, l'État fondé par les Mongols sur la basse Volga – la Horde d'Or – exerce son pouvoir sur les principautés. Elle exploite à son profit les rivalités princières, utilise la terreur qu'elle inspire pour exercer sa domination et percevoir le tribut. Cette période, caractérisée par une régression générale des activités et des institutions, reste, pour cette raison, fort mal connue. Seule l'Église s'affirme alors comme un ferment d'unité et réussit à préserver le sentiment d'un patrimoine culturel commun.

La principauté de Moscou supplante peu à peu celle de Vladimir-Souzdal dont elle s'est détachée dans la première moitié du XIIIe siècle. La création d'une dynastie qui s'avèrera stable, celle de Daniel, l'extension de la principauté grâce à la colonisation de nouvelles terres au nord sont à l'origine de son essor dès le milieu du XIVe siècle. Il se concrétise d'abord par les revendications de ses princes, rivaux de ceux de Tver, qui intriguent auprès de la Horde d'Or pour obtenir le titre de grand-prince. Après avoir ménagé les Tatars pendant un siècle, les Moscovites sont devenus suffisamment puissants pour passer à l'offensive et, avec le soutien actif de l'Église, ils battent les Mongols du khan Mamaï en 1380 à Koulikovo (près du Don). Cette victoire du prince Dimitri (surnommé Donskoï) marque l'apparition d'un nouveau rapport de forces et brise le mythe de l'invincibilité mongole. Symbolique et sans lendemain, cette victoire reste néanmoins fondamentale dans la naissance d'une conscience nationale associée au prestige de Moscou.

La principauté de Vladimir-Souzdal

1174-1176
Rostov et Souzdal entrent en conflit avec Vladimir et Péréïaslav : les deux premières cités font appel aux neveux d'André Bogolioubski, les secondes à ses frères cadets et elles finissent par l'emporter. Vsevolod III Iouriévitch « la Grande Nichée » prend le titre de grand-prince de Vladimir. De fait, la principauté de Vladimir affirme sa prépondérance sur Kiev.

1200
La principauté de Vladimir se trouve renforcée par la création du siège épiscopal de Riazan, ville que Vsevolod

détache de l'immense diocèse de Tchernigov.

1207
Vsevolod fait emprisonner à Vladimir les princes de Riazan et leur famille qui se sont rebellés contre son autorité. La population de Riazan, après avoir résisté au grand-prince, est déportée et la ville brûlée.

1212
Mort de Vsevolod III qui, dans son testament, désigne le plus jeune de ses fils, Georges, pour lui succéder. Son fils aîné, Constantin, ne reconnaît pas la décision du défunt et engage une guerre contre Georges.

1214
Les dissensions au sein de la principauté de Vladimir entraînent la création de deux diocèses séparés, celui de Rostov et celui de Vladimir-Souzdal.

1216
Constantin, soutenu par Mstislav Mstislavitch « le Hardi » et les Novgorodiens, remporte une victoire décisive sur ses frères au bord de la Lipitsa (en Pologne) et prend le titre de grand-prince.

1219
Mort de Constantin auquel succède Georges II.

L'invasion mongole

1223
□ **31 mai** Première manifestation des Mongols aux confins de l'État de Kiev. Les Coumans font appel aux princes des territoires méridionaux pour repousser les armées du Mongol Subutay. Leur coalition est battue sur la Kalka, près de la mer d'Azov, mais les Mongols rebroussent chemin.

1237
Nouvelle invasion des Mongols. Ils franchissent la moyenne Volga avant d'attaquer la Russie centrale.

□ **21 déc.** L'armée mongole de Batu prend Riazan : la population est exterminée et la ville incendiée.

1238
Après le ravage de Moscou par les Mongols, la principauté de Vladimir est menacée. Le grand-prince Georges II se retire vers le nord-est, au-delà de la Volga, mais laisse la plus grande partie de sa garnison dans la ville.
□ **7 févr.** Siège de Vladimir ; les Mongols prennent la ville d'assaut et massacrent la population.
□ **8 févr.** Souzdal occupée par les Mongols.
□ **4 mars** Les Mongols se lancent à la poursuite du grand-prince Georges II et anéantissent son armée sur la rivière Sit. Georges meurt au combat.
□ **5 mars** Batu marche sur Tver et Torjok, qu'il assiège, et pénètre sur le territoire de Novgorod, mais le dégel arrête l'offensive. Novgorod est épargnée.

1239
Jonction de l'armée de Batu avec le détachement méridional de Mongka, dans la vallée du Don où les Mongols passent l'année.

1240
Reprise de l'offensive mongole au début de l'été. Batu met à sac Péréïaslav, Tchernigov et des principautés de la Russie méridionale.
□ **6 déc.** Kiev est prise et détruite ; massacre de tous ses habitants.
Après le siège de Kiev, les Mongols ravagent la Volhynie et la Galicie ; tout le sud de la Russie est dévasté.
Une fois les Mongols maîtres des principautés, les évêchés de Péréïaslav, Belgorod et Iouriev disparaissent.

1242
Averti de la mort du grand khan Ogoday, Batu retourne en Mongolie.

1243
Prince de Vladimir depuis 1238, Iaros-

lav, fils de Vsevolod, reçoit à la Horde d'Or l'investiture de grand-prince de Vladimir.

1246-1252
André II, fils de Iaroslav, grand-prince de Vladimir.

1252-1263
Alexandre Iaroslavitch « Nevski », grand-prince de Vladimir.

1257-1259
Recensement des Russes par les Mongols (à l'exception du clergé) pour évaluer le tribut *(vykhod)* dû à la Horde d'Or.
Plusieurs révoltes des Slaves contre l'occupation mongole, en particulier contre les fonctionnaires *(basmaks)* percevant les tributs.

1263-1272
Iaroslav II Iaroslavitch de Tver, grand-prince de Vladimir.

1272-1276
Basile Iaroslavitch de Kostroma, grand-prince de Vladimir.

1276-1281
Dimitri Alexandrovitch de Péréïaslav, grand-prince de Vladimir.

1281-1283
André III Alexandrovitch de Gorodets, grand-prince de Vladimir.

La conquête mongole vue par un voyageur italien

Disciple de François d'Assise, Jean du Plan Carpin fut envoyé en Russie par Innocent IV avec la mission de rencontrer les Mongols, que le pape voulait convertir. Il y séjourna de 1245 à 1247 et rassembla ses observations dans son Histoire des Mongols, *document précieux sur l'invasion de la Russie par la horde de Batu, petit-fils de Gengis Khan.*

Sachez qu'ils [les Mongols] ne font la paix avec personne qui ne se soumette à eux, parce que, comme on l'a dit, ils ont reçu de Chingiscan [Gengis Khan] l'ordre d'assujettir toutes les nations qu'ils peuvent. Et ce qu'ils leur demandent, c'est d'aller en campagne avec eux contre n'importe qui, comme bon leur semble, et de leur donner la dîme de tout, gens et biens. Car s'ils dénombrent dix garçons, ils en prennent un, et ils font de même pour les filles ; ils les emmènent dans leur pays et les gardent comme esclaves ; ils dénombrent les autres et les organisent selon leurs usages [...].

Mais quand ils ont plein pouvoir sur eux, ils ne respectent pas les promesses qu'ils ont faites ; au contraire, ils savent toutes les occasions possibles d'abuser d'eux [...]. [Un] fonctionnaire prenait un garçon à tout homme qui en avait trois [...] et il emmenait tous les hommes qui n'avaient pas d'épouse, et il faisait de même des femmes qui n'avaient pas de mari légitime ; il déportait également les pauvres, ceux qui cherchaient leur subsistance dans la mendicité ; les autres furent dénombrés, comme à l'habitude, avec l'ordre pour chacun, petit ou grand, même l'enfant d'un jour, pauvre ou riche, de payer tel tribut, c'est-à-dire de donner une peau d'ours blanc, un castor noir [...]. Qui ne les donne pas doit être conduit chez les Tartares et réduit en esclavage.

Jean du Plan Carpin, *Histoire des Mongols.*

1283-1293
Dimitri Alexandrovitch de Péréïaslav à nouveau grand-prince de Vladimir.

1293-1304
André III Alexandrovitch de Gorodets lui succède une nouvelle fois.

Les principautés de Moscou et de Tver

1147 *(rappel)*
Première mention de Moscou dans une chronique régionale.

1263
Alexandre Nevski donne Moscou en apanage à son fils Daniel (1261-1303).

1301
Enlevée à la principauté de Riazan, Kolomna (territoire correspondant au cours inférieur de la Moskova et à son confluent avec l'Oka) est rattachée à Moscou.

1303-1325
Le fils de Daniel, Georges Danilovitch, devient prince de Moscou et annexe le territoire de Mojaïsk, conquis sur le prince de Smolensk.

1304-1318
Michel Iaroslavitch de Tver, grand-prince de Vladimir.

1317 ou 1318
Georges de Moscou épouse la sœur du Grand Khan ; celui-ci lui accorde le titre de grand-prince.

1318
Le grand-prince Michel de Tver écrase les Moscovites et capture la femme de Georges.

1319
Accusé par Georges de l'empoisonnement de la sœur du Grand Khan, Michel de Tver comparaît à la cour de la Horde ; il est exécuté. Le titre de Georges est confirmé.

1322
Le khan de la Horde d'Or donne le titre de grand-prince à Dimitri Mikhaïlovitch de Tver (« les Yeux redoutables »).

1324
Georges se rend à la Horde d'Or pour obtenir la rétrocession de ce titre.

1325
Georges est tué à la Horde d'Or par Dimitri de Tver, qui est exécuté sur-le-champ. Alexandre de Tver (frère de Dimitri) devient grand-prince et Ivan Ier Danilovitch, dit Ivan Kalita, est reconnu prince de Moscou.

1326
Pierre, métropolite de Kiev et de toute la Russie, s'installe à Moscou qui devient capitale religieuse.

1327
Tver est dévastée par les Mongols, aidés par les Moscovites. Alexandre fuit à Pskov, puis en Lituanie.

1328-1341
Ivan Ier Kalita, grand-prince de Moscou. Il est chargé de percevoir les tributs auprès des autres princes russes pour le compte de la Horde.

1337
Alexandre est autorisé par les Mongols à revenir dans sa ville de Tver.

1338
Alexandre de Tver est exécuté à la Horde d'Or.

1341-1353
Siméon « le Fier », fils d'Ivan Kalita, grand-prince de Moscou.

1353
Siméon « le Fier » meurt de la peste, son testament exhorte ses héritiers à obéir à Alexis Plechtchéev, futur métropolite.
Le frère de Siméon, Ivan II Ivanovitch

« le Doux », prend le titre de grand-prince de Moscou.

1359
À la mort d'Ivan II, le titre de grand-prince échoit à Dimitri de Souzdal. Le métropolite Alexis assure la régence dans la principauté.

1363
Soutenu par les boyards moscovites, Alexis obtient de la Horde d'Or le titre de grand-prince pour le jeune Dimitri, fils d'Ivan II. La dynastie de Daniel n'est pas interrompue.

1368
Olgerd de Lituanie, allié à Michel de Tver, qui a reçu le titre de grand-prince, ravage les environs de Moscou, mais ne parvient pas à prendre la ville.

1372
Nouvel échec d'Olgerd.

1374
Moscou annexe Rostov.

1375
Michel de Tver capitule devant Dimitri et reconnaît la prééminence de Moscou.

1377
Les Mongols d'Arab Chah battent les Russes sur la Piana. Ils pillent Riazan et Nijni-Novgorod.

1378

□ **11 août** Victoire de Dimitri sur les Mongols sur la Voja. Encouragé par ce succès, le prince cherche à liguer les principautés russes contre l'occupant.

1380

□ **8 septembre** Dimitri, soutenu par les troupes d'une vingtaine de principautés, inflige une sérieuse défaite à l'armée du khan Mamaï au « champ des Bécasses » *(Koulikovo Polié)*. Fin du mythe de l'invincibilité des Mongols et naissance d'un sentiment national. Cette victoire remportée près du Don vaut à Dimitri le surnom de « Donskoï ».

1382
Dimitri Donskoï doit se soumettre au nouveau khan Tokhtamych, qui a pris et détruit Moscou.

1389
Mort de Dimitri Donskoï.

Novgorod

1195
Traité avec les Allemands.

1206
Vsievolod III place son fils aîné, Constantin, à la tête de Novgorod.

1209
Révolte contre le *possadnik* Dimitri (premier magistrat civil de Novgorod), fidèle serviteur de Vsevolod III.

1216
Victoire de Novgorod sur Souzdal, au bord de la Lipitsa.

1222
Iaroslav Vsievolodovitch prend Novgorod à son frère Constantin.

1233
Traité avec les Allemands.

1236
Alexandre, fils de Iaroslav, devient prince de Novgorod.

1240
Alexandre défait les Suédois sur la Neva, ce qui lui vaut le surnom de « Nevski ». Il est peu après chassé par le *vietché* de Novgorod.

1241
Les chevaliers Porte-Glaive prennent Izborsk et Pskov et menacent Novgorod.

1242
Alexandre Nevski est rappelé par

le *vietché* de Novgorod pour combattre les chevaliers Porte-Glaive.

□ **5 avr.** Victoire définitive d'Alexandre Nevski sur les chevaliers Porte-Glaive à la bataille des Glaces sur le lac des Tchoudes (Peïpous), près de Pskov.

1245
Alexandre Nevski chasse les Lituaniens du territoire de Novgorod.

1259
Révolte des Novgorodiens contre le recensement imposé par les Mongols ; jugeant ceux-ci moins dangereux que les envahisseurs de l'Ouest, Alexandre Nevski protège les envoyés de la Horde d'Or.

1286
La Hanse établit un comptoir à Novgorod.

1348
Pskov se détache de Novgorod et devient une autre République marchande.

Les principautés de Volhynie, de Galicie et de Kiev

1153-1187 *(rappel)*
En Galicie, règne de Iaroslav « Osmomysl » Vladimirovitch de Galitch, seul prince du Sud-Ouest qui parviendra à mater les boyards.

1173, 1180-1181, 1194-1201, 1203-1204
Riourik Rostislavitch, prince puis grand-prince de Kiev.

1185
Campagne malheureuse du prince Igor de Novgorod-Severski contre les Coumans (qui inspira l'épopée *le Dit de la Troupe d'Igor*).

1187
Mort de Iaroslav Osmomysl ; André de Hongrie tente de s'emparer de la Galicie.

1187-1197
Vladimir Iaroslavitch, prince de Galitch (malgré les prétentions d'André de Hongrie qui, à la mort d'Osmomysl, avait tenté de régner sur la Galicie).

1197
Romain (prince de Volhynie depuis 1172) réunit la Galicie et la Volhynie sous son sceptre.

1202
Les Kiéviens accueillent Romain de Volhynie ; Riourik Rostislavitch s'enfuit.

1203
Aidé par les Coumans, Riourik Rostislavitch prend Kiev et la met à sac.

1203-1204
Campagne victorieuse de Romain de Galicie-Volhynie contre les Coumans.

1205
Assassinat de Romain de Galicie-Volhynie par les Polonais. Ses fils étant trop jeunes pour lui succéder, la Galicie est déchirée par les guerres civiles. Interventions polonaise et hongroise.

1214-1218
André II de Hongrie tente de soumettre à l'influence hongroise et catholique la principauté de Galicie qu'il destine à son fils Koloman. Pour ce faire, il propose de placer le territoire sous la juridiction de Rome, élaborant ainsi pour la première fois la notion d'uniatisme.

1221
Daniel, en âge de gouverner la principauté, devient prince de Volhynie.

1223
Les dominicains venus en Russie sont expulsés de Kiev par le prince Vladimir (une forte réaction anti-latine s'y manifeste depuis le sac de Constantinople par les croisés en 1204).

1238
La Galicie passe sous l'autorité de Daniel de Volhynie.

1240
Fuyant les Mongols, Michel de Kiev et Daniel de Volhynie passent en Hongrie. Échec de la tentative de Daniel pour monter une croisade contre les Mongols. Après la dévastation de la Russie occidentale par les Mongols, Daniel tente de repeupler la région en y installant des colons hongrois, polonais et allemands. Fondation de Lvov, qui remplacera Kiev comme plaque tournante du commerce est-ouest.

1253
Daniel accepte l'union avec Rome et reçoit du pape Innocent IV la couronne royale ; son fils, Léon, épouse Constance de Hongrie.

1264-1301
Léon, prince de Volhynie.

1301
Mort de Léon, suivie d'une décadence de la Volhynie et de la Galicie : la Volhynie est progressivement intégrée à la Lituanie, la Galicie est disputée entre Polonais et Hongrois.

1349
Les Polonais prennent Galitch. Début de la dépendance de la Galicie vis-à-vis du royaume de Pologne.

1387
Les Polonais s'emparent définitivement de toute la Galicie lors de leur victoire sur les Hongrois.

Religion et culture

1173 Mort à Jérusalem d'Euphrosyne, qui devient la sainte protectrice de sa ville natale, Polotsk, et, plus tard, de toute la Biélorussie.

1184 Fondation de l'église allemande Saint-Pierre à Novgorod.

1190 Canonisation locale, par son lointain successeur, Jean, de Léonce de Rostov, victime d'une révolte païenne en 1076.

1192 Barlaam fonde à Novgorod le monastère de la Transfiguration.

V. 1200 Création du diocèse de Riazan. Compilation de la *Chronique de Kiev* par Moïse, abbé de Saint-Michel-de-Vydoubytch.

1202-1206 Vsevolod la Grande Nichée fait construire le monastère de la Nativité de la Vierge, à Vladimir.

1206 L'épouse de Vsevolod la Grande Nichée prend le voile dans le monastère de la Dormition de Vladimir qu'elle a fondé avec son mari.

1214 Détachement définitif de Souzdal et de Vladimir du diocèse de Rostov.

v. 1220 Création des diocèses de Przemysl et d'Uhrusk-Chelm. Antoine, archevêque de Novgorod, doit, sur l'ordre du métropolite Mathieu, quitter son siège archiépiscopal pour prendre la tête de l'évêché de Przemysl.

1226 Mort de Siméon, évêque de Souzdal, l'un des auteurs du *Paterikon de Kiev* (anthologie des vies des saints du monastère des Catacombes).

1228 Lettre du patriarche Germain II au métropolite de Kiev, Cyrille Ier, rappelant l'interdiction faite aux princes russes de porter atteinte au temporel ecclésiastique.

1230 Dépôt solennel dans la cathédrale de la Dormition, à Vladimir, du corps d'Abraham de Smolensk.

1230-1260 Sermons de Sérapion, évêque de Vladimir, qui interprètent l'invasion des Mongols comme le juste châtiment infligé aux principautés par la faute des nombreuses luttes fratricides entre princes.

1241 L'évêque de Przemysl, Memmon, doit fuir la ville pour avoir complоté contre le prince. Rattrapé par les troupes de Daniel, il est arrêté en possession de nombreuses richesses : exemple des abus de puissance dont les prélats étaient souvent accusés.

1245-1247 Mission du franciscain Jean du Plan Carpin en Russie et en Mongolie pour tenter de convertir les Mongols et de préparer une éventuelle croisade contre eux.

av. 1250 Création du diocèse de Loutsk, en Volhynie.

apr. 1250 Création du diocèse de Tver.

1261 Création du diocèse de Saraï (capitale de la Horde d'Or).

1263 Mort d'Alexandre Nevski considéré déjà comme l'un des saints du pays. Début d'un culte local et rédaction de sa vie. (Sa canonisation officielle aura lieu en 1547.)

1273 Synode de l'Église russe à Vladimir. Règles du métropolite de Kiev Cyrille II, établi à Vladimir ; elles fixent en particulier les conditions du recrutement des prêtres.

1299 L'abbé du monastère Saint-Georges à Novgorod reçoit désormais le titre d'archimandrite, qui consacre la prééminence du monastère dans la hiérarchie ecclésiastique locale.

v. 1300 Le métropolite Maxime (1287-1305) quitte définitivement Kiev pour Vladimir. Déclin de la métropole de Kiev.

1311 Consécration à Novgorod d'une chapelle dédiée à Vladimir, « l'Apôtre de la Russie ». Expression tardive du culte voué au premier prince chrétien, mais qui, à l'avenir, ne cessera de se développer.
Concile condamnant un prêtre de Novgorod qui refusait l'institution monastique.

1326 Le métropolite de Kiev, Pierre, s'installe à Moscou, où il meurt et sera vénéré comme un saint. Désormais, tous les métropolites, dits « de Kiev et de toute la Russie », résideront à Moscou. Kiev ne redeviendra le siège d'un métropolite qu'au siècle suivant, sous la domination lituanienne.

1328 Théognoste établit la métropole de Kiev à Moscou.

V. 1335 Serge de Radonège fonde un monastère à 70 km au nord de Moscou : future laure de la Sainte-Trinité.

Seconde moitié du XIVe s. Première grande hérésie attestée en Russie : développement de la secte des *Strigolniki* à Pskov et à Novgorod, réprimée et anéantie au début du XVe siècle.

1355 Alexis est sacré métropolite.

1356 Le synode, convoqué par le patriarche Callistos Ier, confirme Alexis comme métropolite de Kiev, bien que sa chaire métropolitaine soit officiellement à Moscou. Le patriarche attribue à Romain le titre de métropolite de Lituanie.

1361 À la mort de Romain, Alexis obtient du patriarche la suppression de la métropole de Lituanie.

1370 Fresques de l'église Saint-Théodore-le-Stratilate, à Novgorod.

1377 *Chronique Laurentine.*

1378 Mort du métropolite Alexis.
Théophane le Grec : fresques de l'église de la Transfiguration, à Novgorod.

Biographies

Alexandre Iaroslavitch Nevski (1220-1263). Né en 1220 à Péréïaslav-Zaleski, enclave dans la principauté de Vladimir-Souzdal, Alexandre est le fils de Iaroslav, devenu prince de Novgorod et grand-prince de Vladimir. Personnalité brillante, il est appelé par le *vietché* de Novgorod pour gouverner la principauté à un moment où celle-ci se trouve menacée par les envahisseurs occidentaux. En 1240, Alexandre doit faire face à l'incursion des armées suédoises, qu'il vainc sur les bords de la Neva. De cette première victoire, il tient le surnom de « Nevski ». En 1242, il repousse les chevaliers Porte-Glaive venus des pays Baltes sur le lac des Tchoudes, près de Pskov. Fin stratège sur les champs de bataille, Alexandre s'affirme aussi comme un habile diplomate et préfère pactiser avec les Mongols qu'il juge invincibles. En 1252, il obtient du Grand Khan l'investiture de grand-prince de Vladimir. Dès lors, il témoigne d'une fidélité absolue à la Horde, dont il tente de limiter les actes arbitraires par de fréquentes négociations. En 1263, lors d'un voyage à Saraï pour essayer de prévenir une nouvelle expédition punitive contre la Russie, il meurt d'épuisement sur le chemin du retour. Très populaire de son vivant, Alexandre est, dès sa mort, l'objet d'un culte local à Vladimir. En 1547, il est canonisé par l'Église et ses reliques seront transportées à Saint-Pétersbourg en 1723. Il deviendra l'un des héros nationaux de la Russie impériale.

Dimitri IV Donskoï (1350-1389). Fils du prince de Moscou Ivan II, Dimitri succède, non sans difficulté, à son père ; confronté, selon l'ancienne règle kiévienne, aux prétentions de son oncle, le prince de Souzdal, il parvient à obtenir, en 1359, le titre de grand-prince grâce au soutien des Moscovites et à l'entremise du métropolite Alexis auprès de la Horde d'Or. Ainsi s'impose la règle de succession directe de père en fils dans la Russie du Nord-Est, au détriment des anciens principes définis à Kiev. Devenu prince, Dimitri, qui est encore enfant, se trouve sous la tutelle politique du métropolite Alexis, qui conservera jusqu'à la fin de sa vie un grand ascendant sur la politique de la principauté. À sa majorité, Dimitri veut étendre son autorité sur de nouveaux territoires. Sous son règne, la principauté s'agrandit considérablement, notamment par l'acquisition, sur la rive gauche de la Volga, des villes de Kostroma, Galitch, Ouglitch, auxquelles s'ajoutent, plus près de Moscou, celles de Dmitrov, Starodoub et, au sud, Medyn et Kalouga. L'épanouissement de la principauté s'exprime également par l'évolution de ses structures : ainsi, Moscou commence à battre monnaie.

Comme ses prédécesseurs, Dimitri doit faire face aux puissances rivales, notamment celle de Tver, soutenue par les Lituaniens, qu'il repousse à deux reprises (1372 et 1375). L'accroissement de la principauté moscovite s'affirme comme un défi face à la puissance mongole et elle révèle pour les Russes l'urgence de recouvrer leur indépendance. En septembre 1380, Dimitri, avec l'aide de quelques principautés, combat victorieusement les troupes du khan Mamaï au champ des Bécasses *(Koulikovo Polié),* près du Don supérieur. Dimitri est désormais surnommé « *Donskoï* ». Cette première victoire rencontre un important écho dans la conscience collective russe, mais son bénéfice est vite perdu en raison de l'offensive de Tokhtamych qui pille Moscou en 1382.

À sa mort, Dimitri lègue à ses descendants la principauté de Moscou et celle de Vladimir, considérée dès lors comme un bien héréditaire de la dynastie moscovite.

Bibliographie

J. Fennell, *The Crisis of Medieval Russia, 1200-1304* (Londres, 1983).

B. Grekov et A. Iakoubovski, *la Horde d'Or et la Russie* (Paris, 1961).

C. Lemercier-Quelquejay, *la Paix mongole,* (Paris, 1970).

Chapitre 4 **1389-1533**

L'ascension de Moscou

> *Viens à moi, mon frère, à Moscou*
>
> *Chronique russe*

Après la victoire remportée par Dimitri Donskoï sur les Mongols, le prestige de Moscou confère à son prince une autorité morale sur l'ensemble de la Russie du Nord, qui contribue à faire de la principauté le centre du futur État moscovite. Le XVe siècle est caractérisé par le processus de « rassemblement des terres russes » réalisé sous l'égide de Moscou, dont l'ascension rapide suscite l'étonnement des contemporains. Pourtant, la principauté bénéficie dans cette entreprise d'une conjoncture favorable : l'effondrement progressif de la Horde d'Or à l'extérieur et la stabilité dynastique de Moscou servent le dessein des princes moscovites. L'accroissement de leur pouvoir entraîne la disparition des apanages au profit d'un nouvel État centralisé.

Durant la première moitié du XVe siècle, les ambitions moscovites s'affirment sans résultats vraiment décisifs. Le duché de Lituanie et la principauté de Tver restent des rivaux de première importance, et les fréquentes incursions mongoles maintiennent un climat d'insécurité dans la principauté. En revanche, les règnes d'Ivan III et de Basile III marquent le début des grandes offensives moscovites. La conquête de Tver et de Novgorod par Ivan, ses expéditions victorieuses contre la Lituanie lui permettent de contrôler les principautés d'Amont, sur le cours supérieur de l'Oka. Confirmées par Basile III, ces acquisitions favorisent l'assujettissement volontaire de nombreux apanages à la nouvelle puissance. La volonté hégémonique de Moscou s'en trouve confortée et s'exprime par les prétentions de ses princes à l'entière souveraineté sur l'ensemble de la Russie.

Une nouvelle idéologie politique vient renforcer les prétentions de Moscou. Elle s'appuie sur les modèles légués par Byzance, dont la chute en 1453 a fait de la Russie l'héritière de l'orthodoxie. Étroitement associée au pouvoir des princes, l'Église soutient la politique centralisatrice de Moscou et favorise le développement du cérémonial de cour inauguré par Ivan III. Au cours du long règne de ce prince, qui, dès 1493, se fait nommer *gosoudar* (souverain), le prestige de Moscou se concrétise par la construction monumentale du Kremlin sous la direction d'architectes italiens. Basile III, en succédant à Ivan, parachève son œuvre.

Politique intérieure et extérieure

1389
Basile Ier Dimitrievitch, grand-prince de Moscou.

1392-1393
Basile Ier achète Nijni-Novgorod à la Horde d'Or.

1395
Les armées du Turc Tamerlan, après avoir vaincu celles du Mongol Tokhtamych, menacent Moscou et ravagent Riazan.

v. 1400
Expédition victorieuse des Moscovites contre les Bulgares de la Volga et prise de leur capitale, Bolgar.

1404
Vitovt, grand-duc de Lituanie, annexe à sa principauté Smolensk et Viazma.

1408
Paix russo-lituanienne. Basile Ier s'entend avec Vitovt pour fixer la frontière entre les deux États sur l'Ougra.
De nombreux princes apanagés des provinces occidentales transfèrent leur allégeance du grand-duc de Lituanie au grand-prince de Moscou, en raison de sa nouvelle puissance.
Yédigué, khan de la Horde d'Or, se retourne contre Moscou pour châtier Basile Ier qui a refusé de lui payer le tribut. La principauté est ravagée, mais Moscou est épargnée et Basile se soumet aux volontés du khan.

1425
Mort de Basile Ier. Vitovt, grand-duc de Lituanie et beau-père du prince défunt, devient tuteur de son fils et successeur, Basile II, qu'il défend contre les prétentions de Georges de Galitch, frère de Basile Ier.
Les princes de Riazan, Péréïaslav-Riazanski, Pronsk, Tver et Smolensk, ainsi que ceux des principautés d'Amont (Novossielsk, Odoïev, Vorotynsk...) jurent obéissance au grand-duc de Lituanie.

1428
Le prince de Pskov renouvelle son allégeance au grand-duc de Lituanie.

1430
La mort de Vitovt, grand-duc de Lituanie, provoque un conflit armé entre Basile II et Georges de Galitch, qui revendique le titre de grand-prince de Moscou au nom de l'ancien droit d'aînesse, tel qu'il était défini à Kiev.
Début du morcellement de la Horde d'Or, avec la création du khanat de Crimée, indépendant du Grand Khan.

1432
Novgorod accepte la protection de Svidrigaïlo, grand-duc de Lituanie.

1434
Mort de Georges de Galitch. Ses fils, Basile « le Louche » et Dmitri Chemiaka, poursuivent la guerre avec Basile II pour la possession de Moscou.

1436
Création du khanat de Kazan.

1445
Basile II, vaincu par les Mongols de Kazan, est fait prisonnier et doit payer une très forte rançon pour sa libération. Importantes concessions territoriales à de nombreux princes tatars.

1446
Dmitri Chemiaka profite du mécontentement des Moscovites révoltés par les dotations faites par Basile II aux princes mongols, et par le poids de la rançon, pour s'emparer du grand-prince et l'aveugler.

1448
Soutenu par les princes mongols Kazim et Iakoub, Basile II reprend Moscou à Dmitri Chemiaka.

1449
Sur la demande de Basile II, les prélats de l'Église russe exhortent Dmitri Chemiaka à abandonner ses prétentions sur Moscou, sous peine d'excommunication.
Casimir de Pologne, menacé par Michel, fils du grand-duc de Lituanie Sigismond, signe un traité d'amitié avec Basile II.

1450
Dernière offensive de Dmitri Chemiaka contre Moscou ; elle est repoussée avec l'aide des armées de la principauté de Tver. Dmitri Chemiaka se réfugie à Novgorod.

1451
Les contingents mongols au service de Basile II aident le grand-prince à repousser les assauts des hordes de Kazan, Saraï et du Dniepr contre la principauté de Moscou.

1451, 1455 et 1461
Vaines expéditions du khan Ahmed de la Horde d'Or contre la principauté de Moscou, qui refuse de payer le tribut.

1452
Pour le récompenser de ses services dans sa lutte contre Dmitri Chemiaka, Basile II offre au Mongol Kazim une principauté, qui prend le nom de Kassimov. Pour la première fois, reconnaissance de la suzeraineté russe par un Mongol de la dynastie régnante.

1453
Dmitri Chemiaka est empoisonné à Novgorod.

1456
Alliance entre Moscou et Novgorod.

1462
Ivan III succède à son père, Basile II, et devient grand-prince de Moscou. Il était déjà co-souverain, secondant son père aveugle.

1463
Ivan III achète les possessions des princes de Iaroslavl.

1465 et 1472
Vaines expéditions punitives des Mongols contre Ivan III, qui n'a pas été confirmé dans son titre par le Grand Khan et refuse de payer le tribut.

1466
Création du khanat d'Astrakhan.

1471
Campagne d'Ivan III contre Novgorod qui vient de signer une alliance avec Casimir IV, roi de Pologne et grand-duc de Lituanie. Vaincus sur la Chélon, les Novgorodiens doivent payer un énorme tribut. Exécution du *possadnik* Boretski et déportation d'une partie des boyards.

1472
Remariage d'Ivan III avec Sophie (Zoé) Paléologue, la nièce du dernier empereur byzantin, Constantin XI. Par cette alliance, Ivan III hérite des droits impériaux.
Ivan III acquiert la ville de Dmitrov, apanage de son frère Georges (mort sans enfants). Il s'empare du territoire de Perm, peuplé par des tribus finno-ougriennes, les Permiaks, qui reconnaissaient jusque-là la suzeraineté de Novgorod.

1473
Ivan III s'allie avec le khan de Crimée Mengli-Ghirei, dans l'intention de combattre la Horde d'Or.

1474
Ivan III rachète les dernières terres indépendantes de Rostov.

1475
Révolte de Novgorod contre sa dépendance à l'égard d'Ivan III : nouvelle intervention des troupes moscovites.
Ivan III envoie une ambassade en Perse dans le but de sonder d'éventuels alliés sur l'opportunité d'une action contre la Horde d'Or.

1478
Capitulation définitive de Novgorod ; exil de nombreuses familles.
Création du *pomiestié :* une fois le patrimoine des boyards de Novgorod confisqué, Ivan III leur concède le bénéfice de terres *(pomiestié)* dans la région de Moscou, en échange de leurs services militaires et de leur loyauté politique.

1480
Fin de la domination mongole sur la Russie. Ivan III annonce officiellement son refus d'allégeance à la Horde d'Or et s'allie au khan de Crimée pour combattre le Grand Khan qui s'assure lui-même du soutien des Lituaniens. Rencontre sur les rives opposées de l'Ougra, mais l'affrontement n'a pas lieu ; retour des Mongols à Saraï.

1483
Pour mettre fin aux incursions mongoles, le prince Théodore Kombski, nommé voïévode de Nijni-Novgorod, est chargé d'arrêter le passage de tribus mongoles sur le territoire de la principauté de Moscou.

1485
Après avoir reconnu la suzeraineté de Moscou, Michel de Tver signe un traité d'alliance secret avec Casimir IV, roi de Pologne et grand-duc de Lituanie. Ivan III découvre l'existence du pacte et part en guerre contre la principauté, provoquant la fuite de Michel en Lituanie. Tver, assiégée, se rend sans résistance.

1487
Ivan III place Mehmet-Amin à la tête du khanat de Kazan et obtient de lui un serment d'allégeance.

1489
Ivan III annexe, au nord, l'État de Viatka, fondé par des émigrants de Novgorod et gouverné par un *vietché.*

1491
Ivan III fait arrêter son frère André, qui a refusé de marcher contre des hordes mongoles ; annexion de ses domaines.

1492
Ivan III profite des troubles entre la Lituanie et la Pologne, après la mort de Casimir, pour déclarer la guerre à Alexandre, grand-duc de Lituanie, dont il envahit le pays avec l'aide du khan de Crimée, Mengli-Ghirei.

1493
Ivan III prend le titre de souverain *(gosoudar)* de toute la Russie.

1494
Traité entre Ivan III et le grand-duc de Lituanie, Alexandre. Celui-ci reconnaît Ivan III « souverain de toute la Russie » et épouse sa fille Hélène.

1495
Ivan III expulse de Novgorod les marchands de 49 villes hanséatiques et confisque leurs magasins.

v. 1500
Ivan III hérite d'une partie des terres de la principauté de Riazan et reçoit l'autre partie en tutelle.

1500
Ralliement à Moscou des princes de Novgorod-Severski et de Tchernigov.
Nouvelle campagne d'Ivan III contre la Lituanie, sous prétexte de vouloir faire respecter la foi orthodoxe de l'épouse d'Alexandre, Hélène.

1503
Trêve de dix ans entre Ivan III et le grand-duc de Lituanie, qui lui reconnaît les possessions de Tchernigov, Briansk, Poutivl, Gomel, et la plus grande partie des districts de Smolensk et Vitebsk.
Victoire de Moscou sur les chevaliers Porte-Glaive qui s'étaient attaqués à Pskov.

1505
Mort d'Ivan III. Son fils, Basile III,

devient grand-prince de Moscou. Il hérite de son père les trois quarts des propriétés de l'État et obtient seul les droits souverains.

1510
Basile III annexe Pskov.

1514
Basile III enlève Smolensk au grand-duc de Lituanie.

1517-1524
Grâce à une trahison, Basile III conquiert les dernières terres indépendantes de l'ancienne principauté de Riazan.
L'empereur Maximilien envoie son ambassadeur, Sigismond von Herberstein, en Russie pour tenter une médiation entre le grand-duc de Lituanie et Basile III.

1519
Message du grand-maître de l'ordre Teutonique à Basile III, lui proposant de se joindre à la ligue anti-turque projetée par les puissances occidentales. Refus de Basile III.

1522
Trêve entre la Lituanie et Moscou, aux termes de laquelle l'acquisition de Smolensk par Basile III est confirmée.

1523
Annexion des apanages *(oudiels)* des princes de Seversk.

1526
Deuxième séjour à Moscou de Sigismond von Herberstein et prolongement de la trêve avec la Lituanie. De son voyage, l'ambassadeur de Maximilien laisse un précieux témoignage dans ses *Commentaires.*

1531
Basile III s'empare de Kazan et y place un khan fidèle à Moscou.

1533
Mort de Basile III.

Religion

1390-1406
Le Bulgare Cyprien, métropolite de Moscou.

1392
Mort de Serge de Radonège, fondateur du monastère de la Trinité-Saint-Serge et initiateur du renouveau monastique en Russie.

1395
Transfert à Moscou de l'icône de la Vierge dite « de Vladimir » au moment où Tamerlan, qui s'était avancé vers Moscou, fait un brusque demi-tour et épargne la ville : l'icône est désormais considérée comme la protectrice de Moscou.

1396
Mort d'Étienne de Perm, l'évangélisateur des Zyrianes et des Permiaks, peuples d'origine finnoise.

1406
Première compilation hagiographique attestée. Elle est réalisée par un ancien moine du monastère des Catacombes, Arsène, devenu évêque de Tver.

1415
Intervention de Vitovt, grand-duc de Lituanie, pour faire élire à la chaire de Kiev le Bulgare Grégoire Tsamblak. Protestation de Photius, métropolite de Moscou, et excommunication de Grégoire par Constantinople.

1419
Départ de Grégoire. Les Lituaniens orthodoxes dépendent à nouveau du métropolite de Moscou.

1439
Union de Florence : le patriarche de Constantinople reconnaît l'obédience de Rome. Le métropolite de Moscou, Isidore, adhère à l'union au nom de l'Église russe.

1443
Le concile des Églises russes condamne l'Union de Florence et fait déposer Isidore.

1448
Un synode de l'Église russe désigne Jonas, évêque de Riazan, pour succéder à Isidore, passant ainsi outre à l'autorité de Constantinople. Début, *de facto,* de l'autocéphalie de l'Église russe.

v. 1450
Fondation du monastère des îles Solovki par Barlaam et Germain, disciples de Serge de Radonège.

1451
Constantinople confirme Jonas comme métropolite de Russie.

1456
Casimir IV de Pologne cherche à affaiblir la puissance moscovite en divisant l'Église russe : il fait reconnaître un disciple d'Isidore, Grégoire, comme métropolite de Kiev.

1459
Un synode de l'Église russe condamne Grégoire : début de la séparation ecclésiastique entre la Russie occidentale et méridionale et la Russie du Nord. Bientôt le métropolite de Moscou abandonnera le titre de « métropolite de Kiev et de toute la Russie » pour celui de « métropolite de Moscou ».
Le synode reconnaît au souverain le droit de confirmer le métropolite élu par les évêques.

1470
Hérésie rationaliste des « judaïsants » à Novgorod : négation de la souveraineté du Christ et refus de la puissance temporelle de l'Église.

1499
Première traduction intégrale de la Bible en slavon. Elle est réalisée par l'archevêque de Novgorod, Guennadi, surtout dans le but d'en faire un instrument de lutte contre la secte des « judaïsants ».

1503
Querelle entre Nil de la Sora, un ermite préconisant l'abandon par l'Église des biens matériels, et l'abbé du monastère de Volokolamsk, Joseph, partisan d'un rôle prépondérant de l'Église en Russie et défenseur de ses possessions au nom de son œuvre sociale. Le concile tranche finalement en faveur de Joseph de Volokolamsk.

1504
Le concile de l'Église russe condamne la secte des judaïsants.

1508
Mort de Nil de la Sora.

1515
Mort de Joseph de Volokolamsk.

1516
À l'invitation de Basile III, Maxime le Grec quitte le mont Athos pour Moscou, afin de mettre en ordre les manuscrits grecs et de revoir les traductions en slavon de textes liturgiques grecs.

1525
Accusé de prêcher à tort la réforme de l'Église et d'outrepasser les fonctions qui lui avaient été attribuées, Maxime le Grec est éloigné de Moscou.

Société et culture

1395 Fresques de Théophane le Grec à l'église de l'Archange, à Moscou.

1399 Théophane le Grec peint les fresques de l'église de la Nativité de la Vierge, à Moscou.

v. 1400 *Récit de la bataille de Mamaï,* décrivant l'expédition de Dimitri Donskoï contre les Mongols (auteur anonyme).

1405 Théophane le Grec et André Roublev décorent l'église de l'Annonciation, au Kremlin de Moscou.

1408 André Roublev et Daniel le Noir peignent les fresques de l'église de la Dormition, à Vladimir.

v. 1410 Icône de la Sainte-Trinité, d'André Roublev, destinée au monastère de Saint-Serge.

v. 1420 Rédaction de la *Chronique hypatienne.*

1422-1427 André Roublev décore l'église principale du monastère de la Trinité-Saint-Serge.

1428-1430 Décoration de l'église du monastère Saint-Andronic, à Moscou, par André Roublev.

1430 Mort d'André Roublev.

1442 Le Serbe Pacôme le Logothête, réfugié à Moscou, rédige *le Polychron de la ville de Vladimir ;* il y exprime sa sympathie pour le projet d'unification de la Russie autour de Moscou.

1455 Rédaction de la *Chronique de Tver.* L'auteur s'en prend à l'ambition de la principauté de Moscou.

1466-1472 Voyage en Inde d'Athanase Nikitine, marchand de Tver. Il en fera le récit dans son *Voyage au-delà des trois mers.*

1474 Ivan III invite à Moscou des architectes et des artisans italiens : Aristote Fioravanti, Pietro Solario, Alevisio Nuovo, Marco Ruffo.

1474-1479 Aristote Fioravanti construit la cathédrale de la Dormition à Moscou.

1490 Construction de la collégiale de l'Annonciation, à Moscou, par des architectes de Pskov.

1497 Promulgation d'un Code de lois pour tout le pays. (Sources : *la Russkaïa Pravda* et le *Soudebnik* [code de Pskov].)

1505-1509 Alevisio Nuovo reconstruit la collégiale de l'Archange, à Moscou.

1510 Philothée, abbé de Saint-Éléazar à Pskov, développe la thèse de « Moscou, troisième Rome » dans une lettre à Basile III.

1532 Construction de l'église de l'Ascension à Kolomenskoïe, près de Moscou.

Biographie

Maxime le Grec, Michel Trivolis, dit (v. 1480-1556). Né à Arta, en Épire, Michel Trivolis fait de solides études en Italie, notamment à Florence, où il se lie avec Savonarole. Témoin de la révolution humaniste de la Renaissance, cet érudit devient moine au mont Athos, sous le nom de Maxime. En 1513, Basile III le convie à Moscou pour traduire des commentaires grecs des Écritures et corriger les versions slavonnes tardives des livres liturgiques. Tout en menant ces travaux, Maxime participe à la vie intellectuelle et religieuse russe et prône ouvertement un retour à une plus grande authenticité spirituelle. Il blâme l'obscurantisme russe et prend parti pour les disciples du moine Nil de la Sora, ces fervents ascètes qui souhaitent voir l'Église abandonner les biens temporels pour devenir un réel modèle de pauvreté et d'humilité, tel que le préconise l'Évangile. Cette prise de position est à l'origine de la disgrâce de Maxime, qui, dès 1525, est exilé de Moscou et assigné à résidence au monastère de Volokolamsk, puis à Tver. Il retrouve sa liberté en 1551, alors que sa popularité au sein du monachisme russe est déjà bien assise. Ses *Discours,* ses lettres et ses *Dialogues platoniques* sont aussi des mises en garde contre la tentation d'enfermer l'Église dans un nationalisme illégitime. Il meurt au monastère de la Trinité-Saint-Serge et sera canonisé en 1988, à l'occasion du millénaire du baptême de la Russie.

Bibliographie

A. Eck et M. Szeftel, *le Moyen Âge russe* (Paris-La Haye, 1968).

V.V. Nazarevski *Histoire de Moscou* (Paris, 1932).

Chapitre 5 **1533-1584**

La Russie moscovite à l'époque d'Ivan le Terrible

À l'autorité du tsar, en raison de la folie des méchants et des fourbes, conviennent la terreur, les punitions, la répression et le châtiment suprême...

Première épître d'Ivan IV au prince Kourbski, 1565.

Lorsque meurt Basile III, son fils Ivan IV n'a que trois ans. Sa mère, Hélène Glinskaïa, assume la régence avec fermeté, mais sa disparition prématurée ouvre un long interrègne de neuf ans, pendant lesquels les boyards se rendent maîtres de l'État (« régence des boyards »).

Malgré sa jeunesse, Ivan IV parvient à s'imposer, met un terme au gouvernement des boyards et, à seize ans, se fait couronner et prend le pouvoir. Entouré de conseillers éclairés, son précepteur Macaire, le prince A. Kourbski, et A. Adachev, il entreprend une politique de réformes et convoque les premiers « états généraux » de l'histoire russe *(Zemski Sobor)*. Il organise l'administration centrale, jusqu'alors rudimentaire et chaotique, en créant les directions unifiées *(prikazy)* de la Guerre, des Finances et des Affaires étrangères. Dans les provinces, des assemblées élues sont chargées de contrôler l'action du gouverneur. Cette phase « libérale » prend fin brutalement par l'instauration d'un régime d'exception (l'*Opritchnina*) dont la noblesse de service devient l'instrument docile, et par la mise au pas de la vieille aristocratie. Ivan IV, qui se proclame autocrate de droit divin, use systématiquement de la terreur pour asseoir son autorité.

À l'extérieur, l'expansion orientale et la tentative pour conquérir des débouchés maritimes sur la Baltique sont les deux grands axes du règne. Avec la prise triomphale de Kazan et d'Astrakhan, la Volga est ouverte à la colonisation et redevient une voie commerciale. Plus au nord, l'Oural est franchi et l'épopée de Iermak prélude à l'annexion de la Sibérie occidentale. À l'ouest, en revanche, les revers se succèdent. Voulant profiter de l'affaiblissement de l'ordre des Porte-Glaive en Livonie, Ivan IV se heurte aux ambitions de la Pologne et de la Suède. Son grand adversaire, le roi de Pologne Étienne Bathory lui impose la paix de Jam Zapolski, qui donne la Livonie à la Pologne, tandis que les Suédois s'emparent de l'Estonie et du golfe de Finlande. Jusqu'à Pierre le Grand, la Baltique restera fermée aux Russes.

Vie politique et institutionnelle

1533
À la mort de Basile III, son fils Ivan IV n'a que trois ans. Sa mère, Hélène Glinskaïa, exerce la régence en s'appuyant sur son favori, Telepnev-Obolenski. Elle tente de pratiquer la même politique que Basile III et réagit avec fermeté aux intrigues des boyards. Pour assurer les droits de son fils, elle fait emprisonner ses deux beaux-frères.

1538
La mort d'Hélène Glinskaïa (Chouïski et Bielski sont soupçonnés de l'avoir empoisonnée) ouvre une période d'interrègne, la « régence des boyards », dominée par la rivalité des familles et des clans.

1539
Les Chouïski sont évincés par les Bielski.

1542
Ivan Chouïski s'empare à nouveau du pouvoir et contraint Ivan Bielski à l'exil.

1543
☐ **Déc.** Ivan IV fait étrangler André Chouïski par ses valets de chiens.

1547
☐ **7 janv.** Couronnement d'Ivan IV, qui ajoute au titre de grand prince celui de tsar. Il s'entoure de conseillers de valeur : son ancien précepteur, le métropolite Macaire, le prêtre Sylvestre, le prince André Kourbski et Alexis Adachev, tous partisans de grandes réformes.

1550
Convocation du *Zemski Sobor*, les premiers « états généraux » de l'histoire russe. Les députés conviennent de revoir avec le tsar l'ensemble du système administratif et judiciaire et de préparer la rédaction d'un nouveau Code. Création de directions unifiées *(prikazy)* pour les Finances, la Guerre, les Affaires étrangères.
Limitation des pouvoirs des gouverneurs des provinces (voïévodes), qui seront soumis au contrôle d'assemblées élues et remplacés progressivement par des starostes, également élus.
Premier recensement des terres afin de mieux établir l'assiette de l'impôt.
☐ **Oct.** Oukase organisant le service du tsar : attribution de domaines autour de Moscou à 1 000 fils de boyards, qui formeront la noblesse de la capitale, au service du souverain.

1551
La douma des boyards n'est plus convoquée que de façon intermittente. Elle est remplacée par un conseil de cabinet restreint, composé d'hommes de confiance du tsar.

1553
Crise politique à l'occasion d'une maladie du tsar. Songeant à sa succession, il fait prêter serment à son fils, mais son cousin germain, le prince Vladimir, invoquant ses droits au trône, entraîne derrière lui une partie des boyards : Sylvestre et Adachev eux-mêmes semblent hésiter.

1555
Abolition des bénéfices des boyards, en particulier des taxes qu'ils prélèvent sur les impôts levés pour le tsar. Réforme de l'administration locale et du système fiscal.

1560
☐ **Juill.** Disgrâce des conseillers d'Ivan IV. Adachev est éloigné de la Cour et réintègre l'armée de Livonie ; Sylvestre doit se retirer dans un monastère.

☐ **Sept.** Mort de la tsarine Anastasia Romanovna.
Procès d'Adachev et de Sylvestre ; le premier est emprisonné, le second relégué à Solovki.

1562
Modification du régime successoral. Les domaines princiers, en l'absence d'héritiers mâles, et ceux des boyards, en l'absence de testament ou d'héritiers proches, reviendront à l'État.

1564
Après la disgrâce d'Adachev et de Sylvestre et après la mort de Macaire (1563), le prince Kourbski, dernier des conseillers des débuts du règne, se sent menacé à son tour et choisit l'exil en passant du côté des Lituaniens.

☐ **24 nov.** Comédie de l'abdication. Le tsar, accompagné de sa seconde femme et d'une partie de la Cour, quitte Moscou pour Alexandrov, au nord-ouest de Vladimir.

☐ **25 déc.** Ivan envoie deux lettres à Moscou ; la première, adressée au peuple, l'assure de son amitié ; la seconde, destinée au métropolite, fait le procès des boyards et du clergé et annonce son intention d'abdiquer. Une manifestation populaire supplie le tsar de revenir.

1565.

☐ **Avr.** Création de l'*Opritchnina*. Le pays est divisé en deux parties : la première conserve son organisation ancienne, la seconde constitue un domaine réservé à la noblesse de service (les anciens propriétaires seront indemnisés ou entreront dans le système). Réforme accompagnée d'une répression sanglante (exécution de 3 500 boyards).

1566
Extension géographique du système de l'*Opritchnina*.
Deuxième session du *Zemski Sobor*, convoqué pour décider de la poursuite de la guerre contre la Lituanie.

1568

☐ **Juill.** Procès du métropolite Philippe (Kolytchev), qui s'était élevé contre l'*Opritchnina* et avait refusé de bénir le tsar.

1569
Ivan IV fait étrangler le métropolite Philippe.

1571
Nouvelle extension de l'*Opritchnina*.

1572
Testament politique d'Ivan IV : conseils sur l'art de gouverner destinés à ses successeurs ; il recommande la fermeté et justifie ses violences par la nécessité.

1575
Épisode du faux tsar Siméon. Un certain Siméon Bekboulatovitch, Tatar de Kazan, est proclamé « tsar de toute la Russie » et installé au Kremlin, tandis qu'Ivan IV, renonçant à ses titres et dignités, se fait appeler Ivan de Moscou et fait sa cour au tsar Siméon. Cette comédie dure un an.

1581
Dans un accès de colère, le tsar tue son fils aîné Ivan.

1584

☐ **9 (18) mars** Mort d'Ivan IV.

Politique étrangère et colonisation

1548
Échec d'une expédition contre les Tatars de Kazan.

1549
Nouvel échec contre les Tatars. Les Russes réussissent cependant à fonder une ville à proximité de Kazan, Sviajsk, qui coupe en deux le territoire du khanat.

1552

☐ **Juin** Après avoir réorganisé son armée et augmenté son artillerie, Ivan IV part à la conquête de Kazan, à la tête de 150 000 hommes et avec 150 canons.

☐ **2 oct.** Assiégée depuis le mois d'août, Kazan tombe enfin.

1555
Défaite de Chérémétiev à la tête de 13 000 hommes, face au khan de Crimée.

1556
Prise d'Astrakhan. Annexion de la Ciscaucasie jusqu'au Terek.

1557
☐ **Févr.** Ivan IV refuse de recevoir une ambassade livonienne.

☐ **Déc.** Une armée, composée en partie de Tatars, envahit et ravage la Livonie.

1558
Le prince polonais Wisniowiecki, allié d'Ivan IV, bat les Tatars de Crimée à Azov, tandis que les Russes, commandés par Adachev, atteignent l'estuaire du Dniepr.

☐ **Janv.** Campagne de Livonie. Siège de Narva et de Dorpat.

1559
☐ **Oct.** Le grand maître de l'ordre des Porte-Glaive en Livonie, Kettler, signe une trêve avec Ivan IV.

☐ **Mai** La ville de Narva ayant refusé la trêve, les Russes prennent sa citadelle d'assaut.

1560
☐ **Févr.** Reprise de la guerre en Livonie. Kettler, ayant signé une alliance avec la Pologne, rompt la trêve.

☐ **Août** Le prince Kourbski écrase l'armée livonienne à Fellin. Les Livoniens demandent l'aide de la Pologne.

1563
☐ **Févr.** Déjà maîtres de Smolensk et de Vitebsk, les Russes envahissent le palatinat de Polotsk. La Russie et le Danemark signent une alliance contre la Pologne et la Suède.

1569
Poussée par la Pologne, une armée turco-tatare menace Astrakhan.

1571
Le khan de Crimée attaque Moscou. La ville est pillée et incendiée.

1575
Ivan IV refuse de se porter candidat au trône vacant de Pologne et préfère négocier avec l'empereur Maximilien II un partage de la Pologne.

1579
☐ **Juill.** Le roi de Pologne, Étienne Bathory, déclare la guerre à la Russie.

☐ **Août** Les Polonais assiègent Polotsk. Ivan se réfugie à Pskov et tente de négocier avec Bathory.

1581
☐ **Févr.** Nouvelle campagne de Bathory.

☐ **Mars** Les Suédois pénètrent en Livonie. Sollicité par un envoyé du tsar, le pape Grégoire XIII propose sa médiation.

1582
Iermak et ses cosaques du Don, au service des Stroganov, franchissent l'Oural, battent le khan Koutchoum et commencent la conquête de la Sibérie occidentale.

☐ **6 janv.** Signature de la paix de Jam Zapolski. La Russie renonce à la Livonie. La Suède n'est pas comprise dans le traité et les litiges sur la frontière lituano-russe restent en suspens.

1583
☐ **Août** Trêve entre la Russie et la Suède, qui conserve toutes ses conquêtes, et ôte à la Russie le seul débouché qu'elle avait sur le golfe de Finlande.

Économie et société

1547
☐ **Juin** Incendie de Moscou. Destruction des palais du tsar et du métropolite, de l'arsenal et de plusieurs églises.

1553

☐ **Août** L'Anglais Chancellor, subventionné par les marchands londoniens pour découvrir un passage par le nord-est vers l'Extrême-Orient, fait naufrage dans la mer Blanche et est amené à Moscou.

1555

Fondation d'une compagnie commerciale anglaise à Moscou ; dotée de franchises et de privilèges, elle obtient le monopole de fait du commerce extérieur russe.

1558

Anita Stroganov obtient d'importantes concessions de terres sur la Kama et à l'ouest de l'Oural.

1578

Établissement de relations commerciales régulières entre Anvers et les ports de la mer Blanche.

1581

Première « année interdite » : suspension pour un an du droit des paysans à quitter le domaine dont ils dépendent (mesure renouvelée jusqu'en 1587).

Vie religieuse et culturelle

v. 1540 Macaire rédige un *Calendrier des saints* (calendrier officiel de l'Église russe jusqu'à l'époque de Pierre le Grand).

1547 Rédaction du *Domostroï* (*Ménagier*).

1551 Concile moscovite des Cent Chapitres. Publication du *Stoglav* (code du clergé séculier).

1560 Le marchand Basile Pozniakov, chargé d'apporter un secours pécuniaire au patriarche d'Alexandrie et à l'archevêque du Mont Sinaï, fait le récit de son voyage.

1560-1580 Construction de la *Sloboda* d'Alexandrov, de l'église Basile-le-Bienheureux, de l'hôtel de l'Imprimerie et du palais des Fauconniers à Moscou, et du Kremlin de Kazan.

1563 *Livre des degrés*, de Macaire (histoire dynastique).

1564 L'*Apostol* (« Actes des Apô-

Punir

Si la femme, le fils ou la fille ne font pas attention aux paroles ou aux instructions du père de famille, ne les écoutent pas avec docilité, ne les craignent pas, s'ils ne font pas ce que le mari, le père ou la mère ordonne, il faut les fouetter suivant leur faute.

D'autre part, quelle que soit leur faute, il ne faut pas frapper à l'oreille ou au visage, ni frapper avec un bâton, ni avec un instrument de fer ou de bois... Il faut, pour punir, frapper avec un fouet, en regardant où l'on frappe ; cela est raisonnable, cela est terrible et utile à la santé. S'il y a eu quelque faute grave, de nature à exciter la colère, un acte de désobéissance notoire et inexcusable, de la négligence, on enlève au coupable sa chemise, on lui tient les mains et on le fouette, sans violences déplacées, en tenant compte de la faute, et après avoir frappé, on ajoute quelques bonnes paroles.

Extrait du *Domostroï* (in R. Portal, *les Slaves,* Paris, 1965)

tres ») premier livre imprimé à Moscou par des imprimeurs russes, Ivan Fedorov et Pierre Mstislavets, formés par un imprimeur danois que le roi du Danemark, sollicité par Ivan IV, avait envoyé en Russie.

1570
□ **Mai** Le Tchèque Rokita, adepte de l'Union des Frères de Bohême, tient un colloque public avec le tsar sur les mérites comparés de la Réforme et de l'orthodoxie.

1581 Première Bible slavonne imprimée (à Ostróg, en Volynie, par Ivan Fedorov).

1582
□ **Févr.** Séjour du légat pontifical Antonio Possevino à Moscou ; il propose au tsar un projet d'union religieuse et de croisade contre les Turcs.

1583 Échange de lettres entre Ivan IV et Élisabeth d'Angleterre à l'occasion d'un projet de mariage d'Ivan avec Marie Hastings, nièce d'Élisabeth.

Biographie

Kourbski, prince André Mikhaïlovitch (1528-1583). Descendant des maisons princières de Smolensk et de Iaroslavl, il reçoit une éducation soignée, ouverte aux influences occidentales. En 1547, il est admis à la Cour et gagne l'amitié et la confiance d'Ivan IV dont il devient le conseiller, aux côtés de Macaire, Sylvestre et Adachev. Il figure parmi les inspirateurs de la politique « libérale » des premières années du règne et participe également à toutes les campagnes militaires. Un premier différend l'oppose au tsar à la suite de la guerre contre les Tatars de Crimée en 1556. Kourbski presse Ivan d'exploiter ses victoires et d'entreprendre une grande offensive contre le khānat de Crimée, qui constitue une menace permanente pour la sécurité de la Russie. Mais le tsar choisit de porter son effort sur la Baltique. Bien qu'opposé à cette politique, Kourbski prend part à la guerre de Livonie contre l'ordre des Porte-Glaive en 1558 et en 1560. Après la disgrâce soudaine de Sylvestre et d'Adachev, Kourbski, qui partage leur hostilité à l'absolutisme naissant d'Ivan IV, et craint de ce fait pour sa vie, envisage de passer au service de la Pologne. En mai 1564, il gagne la cour de Sigismond-Auguste, qui accueille chaleureusement ce transfuge de marque et, dès septembre, il part en guerre contre son ancien maître, à la tête d'un détachement polonais. Il est richement récompensé par le roi de Pologne, qui lui fait don de domaines considérables en Lituanie et en Volhynie. Kourbski entame alors une polémique épistolière avec le tsar : dans une série de lettres écrites entre 1564 et 1579, il justifie sa défection et dénonce les méthodes et les principes d'Ivan IV, critiquant les atteintes portées aux privilèges des boyards. Il reprend les mêmes griefs dans son *Histoire du grand-prince de Moscou.* Il compose encore, pour défendre l'orthodoxie contre catholiques et protestants, une anthologie de textes religieux et un historique du Concile de Florence. Il meurt en Volhynie en 1583.

Bibliographie

S. Graham, *Ivan le Terrible* (Paris, 1933).

J. Kaufmann-Rochard, *Origines d'une bourgeoisie russe, XVIe-XVIIe siècle* (Paris, 1972).

B. Nolde, *la Formation de l'empire russe* (2 vol., Paris, 1953).

P. Payne, N. Romanoff, *Ivan the Terrible* (New York, 1975).

Chapitre 6 — 1584-1613

Le Temps des troubles

> *Un jeune moine [...] prétendit être le prince échappé aux assassins, et, secouru des Polonais [...] il usurpa la couronne. On reconnut son imposture dès qu'il fut maître, parce qu'on fut mécontent de lui : il fut assassiné.*
>
> Voltaire, *Histoire de l'Empire de Russie sous Pierre le Grand*, 1759-1763.

À la mort d'Ivan IV, son fils Féodor est proclamé tsar. Esprit simple, accaparé par la religion, Féodor Ier laisse gouverner son oncle Nikita Romanov, puis son beau-frère Boris Godounov, deux anciens conseillers d'Ivan IV. Godounov continue la politique du défunt tsar. Avec l'appui de la classe nouvelle des « hommes de service », il parvient à déjouer les intrigues des boyards, qui cherchent à reconquérir le pouvoir (complots de Chouïski et de Mstislavski). Pour aider au développement de l'agriculture, il limite les droits de la main-d'œuvre paysanne : une série de décrets fixe progressivement les paysans sur les terres qu'ils cultivent ; c'est le point de départ d'un nouveau servage. Sous son gouvernement, le siège métropolitain de Moscou est érigé en patriarcat. Boris Godounov poursuit l'expansion orientale et, à l'ouest, parvient à reprendre aux Suédois une partie de la Carélie et le débouché sur le golfe de Finlande.

Féodor disparaît sans laisser d'héritier direct et le *Zemski Sobor* élit Boris Godounov. Mais bientôt surgit le fantôme de Dimitri, le fils d'Ivan IV et de Marie Nagaï, mort dans des conditions mystérieuses. Un certain Grégoire Otrepiev, moine défroqué, se fait passer pour le tsarévitch. Avec l'aide de troupes levées par des magnats polonais, il marche sur Moscou, quand Boris Godounov meurt subitement. Le Faux Dimitri dépose Féodor II, le fils de Boris, et se proclame tsar. Compromis par ses liens avec la Pologne, il mécontente aussi la noblesse en prenant des mesures en faveur des paysans et il est déposé à son tour par Basile Chouïski, le « tsar des boyards ». D'autres Faux Dimitri apparaissent et Chouïski est renversé, malgré le soutien des Suédois dont il a suscité l'intervention. Dans cette confusion extrême, le propre fils du roi de Pologne, Ladislas Vasa, parvient à se faire proclamer tsar à Moscou. Dans un extraordinaire sursaut patriotique, une milice nationale chasse les Polonais. Réuni à Moscou, le *Zemski Sobor* élit à l'unanimité le nouveau tsar, Michel Romanov, petit-fils de Nikita, le beau-frère d'Ivan IV.

Histoire politique et militaire

1584

☐ **Mars** Le fils d'Ivan IV, Féodor Ier, devient tsar. Il est entouré d'un conseil de tutelle (Nikita Romanov et Boris Godounov, les princes Mstislavski, Ivan Chouïski, Bogdan Bielski).

☐ **Avr.** Tentative de coup de force de Bogdan Bielski contre les autres membres du conseil. Exil des Bielski. Prééminence de Nikita Romanov. La veuve d'Ivan IV, Marie Nagaï, son fils, le petit Dimitri, frère cadet de Féodor et héritier présomptif, sont relégués à Ouglitch.

☐ **Mai** Réunion du *Zemski Sobor* et couronnement de Féodor.

1585

☐ **14 (24) avr.** Mort de Nikita Romanov.

☐ **Juin** Réintégration de la principauté de Tver dans l'État moscovite (elle avait été donnée en apanage au « tsar Siméon » par Ivan IV).

1587

☐ **Janv.** Complot de Basile Chouïski et de Mstislavski contre Boris Godounov.

1591

☐ **6 (16) mai** Mort du tsarévitch Dimitri à Ouglitch. Boris Godounov est accusé de l'avoir fait assassiner.

☐ **Juin** Réunion du *Sobor* pour examiner l'affaire d'Ouglitch. Une commission d'enquête est dirigée par Chouïski.

1594

Boris Godounov est nommé officiellement régent. Le titre consacre le fait.

1595

Accord de Tiavzino avec la Suède, qui rend à la Russie une partie de la Carélie, de la Néva et la côte méridionale du golfe de Finlande jusqu'à Ivangorod.

1597

☐ **27 déc. (6 janv. 1598)** Mort de Féodor Ier.

1598

☐ **7 (17) janv.** La tsarine Irène, épouse de Féodor Ier, se retire et décide de prendre le voile.

☐ **Févr.** Convocation du *Zemski Sobor* sous la présidence du patriarche de Moscou.

☐ **8 (18) févr.** Élection de Boris Godounov.

☐ **1er sept.** Couronnement du nouveau tsar.

1599

Ambassade d' Athanase Vlassiev à Prague, auprès de l'empereur Rodolphe II.

1600

☐ **Août** Ambassade polonaise à Moscou. Léon Sapieha signe avec Boris Godounov une trêve de 20 ans.

1601

☐ **Juin** Accusé d'avoir organisé un complot contre Boris Godounov, Féodor Romanov, le fils de Nikita, est arrêté et emprisonné, toute sa famille est proscrite. Lui-même et son épouse doivent entrer en religion.

1602

Arrivée à Moscou du duc Jean, frère du roi du Danemark. Il est fiancé à la fille de Boris Godounov, Xénia.

1603

Naissance du mythe du Faux Dimitri : en Pologne, un jeune homme, peut-être le moine défroqué Grégoire Otrepiev, se fait passer pour le tsarévitch Dimitri.

1604

☐ **Oct.** Le Faux Dimitri passe la frontière à la tête d'une armée polonaise. Des cosaques révoltés se joignent à lui, sous la conduite de l'hetman Khlopko.

1605

□ **16 (26) janv.** L'armée du Faux Dimitri est battue à Dobrynitch par Basile Chouïski.

□ **1er (11) avr.** Mort de Boris Godounov. Son fils Féodor II monte sur le trône, malgré l'hostilité des boyards.

□ **Avr. -mai** Soulèvement des provinces frontières du Sud-Ouest. Les partisans du Faux Dimitri proclament la déchéance de Féodor qui est arrêté et bientôt assassiné.

□ **Juin** La trahison des chefs militaires moscovites permet au Faux Dimitri de gagner facilement la capitale. Couronnement de Dimitri.

□ **Nov.** Mariage par procuration de Dimitri avec la Polonaise Maryna Mniszek, la fille du palatin de Sandomierz.

1606

□ **Janv.** Transformation de la Douma des boyards en sénat ; un Polonais, Jean Berczynski, est chargé d'établir la liste de ses futurs membres. Création de nouvelles charges sur le modèle polonais, comme celle de grand-maréchal de la couronne.

□ **Mai** Arrivé de Marina Mniszek et de sa suite. Fêtes du mariage avec Dimitri. Entretien des ambassadeurs polonais avec les boyards qui apprennent les concessions secrètes faites par Dimitri aux Polonais : extension de l'uniatisme à la Moscovie, cession de territoires à la Pologne et promesse de léguer la couronne de Russie à la Pologne à la mort de Dimitri.

□ **7 (17) mai** Coup d'État des boyards, qui déposent Dimitri ; il meurt assassiné. Les boyards se présentent sur la place Rouge et proposent la convocation du *Sobor* et l'attribution temporaire des pleins pouvoirs au patriarche. Mais, la foule réclamant un tsar, ils désignent alors Basile Chouïski, qui est acclamé.

□ **22 mai (1er juin)** Couronnement de Chouïski, qui promet de gouverner avec la douma et le *Sobor* ; il prête serment à la façon des rois de Pologne.

□ **Juin** Canonisation du tsarévitch Dimitri, sur la base d'un manifeste de Basile Chouïski, qui espère ainsi retirer toute légitimité au Faux Dimitri.

□ **Eté** À l'annonce du coup d'État, rébellion dans les « Champs sauvages » (nord-est de la mer Noire) et dans la province de Riazan. Le mouvement s'étend le long de la Volga, jusqu'à Astrakhan. Troubles à Tver, Pskov et Novgorod. Les paysans refusent d'obéir au « tsar des boyards ».
Insurrection des cosaques du Térek au nom d'un fils prétendu de Féodor Ier, le tsarévitch Pierre.

1607

□ **Févr.** Réhabilitation de la famille Romanov, proscrite sous le règne de Boris Godounov.

□ **Juin** Apparition d'un nouveau prétendant, le second Faux Dimitri, lui aussi soutenu par les Polonais et les cosaques. Les usurpations se multiplient : un certain Féodor se fait passer pour un neveu de Dimitri et entraîne une partie des cosaques du Don, un autre se fait passer pour un fils d'Ivan IV et tente de s'imposer à Astrakhan.

1608

□ **Avr. -mai** Les troupes moscovites, commandées par les deux frères du tsar, Dimitri et Ivan Chouïski, essaient de barrer la route aux troupes du second Faux Dimitri et essuient une déroute complète : 5 000 soldats capitulent et prêtent serment au nouveau prétendant.

□ **Juin** L'armée insurrectionnelle arrive en vue de Moscou sur la rive droite de la Moskova au village de Touchino ; elle ne parvient pas à pénétrer dans la capitale.

□ **Juill.** Arrivée d'un contingent de 20 000 Polonais sous les ordres du prince Sapieha, cousin du chancelier de

Lituanie, pour appuyer le second Faux Dimitri.

☐ **15 (25) juill.** Trêve entre la Russie et la Pologne sur la base du statu quo territorial. Sigismond III promet de rappeler tous les Polonais au service du prétendant.

☐ **Sept.** Arrivée de Maryna Mniszek à Touchino ; elle prétend reconnaître son mari (le Faux Dimitri) en la personne du second Faux Dimitri. Touchino devient une sorte de deuxième capitale face à Moscou ; des transfuges passent d'un camp à l'autre.

☐ **Nov.** Le tsar fait appel aux Suédois contre les Polonais.

1609

☐ **18 (28 févr.)** Un accord est signé à Vyborg entre Chouïski et la Suède. Contre l'abandon des prétentions de la Russie sur la Livonie, Charles IX promet l'envoi d'un corps expéditionnaire de 5 000 hommes pour dégager Moscou.

☐ **25 févr. (7 mars)** Pour mettre un terme à la crise, certains boyards, comme le prince Gagarine, projettent un complot pour déposer Basile Chouïski. Échec. (Nouvelles tentatives en avril et en mai.)

☐ **Juill.** Michel Skopine-Chouïski, neveu du tsar Basile, et les Suédois commandés par Jacques de La Gardie défont, près de Tver, les cosaques du second Faux Dimitri.

☐ **Sept.** Rompant la trêve signée avec la Russie l'année précédente, Sigismond III décide d'assiéger Smolensk. Un conflit éclate entre les Polonais de l'armée royale et ceux de Sapieha à Touchino.

1610

☐ **Janv.** Pressé par les troupes russo-suédoises, Sapieha doit lever le siège du monastère de la Trinité Saint-Serge, encerclé depuis 1608. Sa retraite précipite le mouvement de réaction contre le second Faux Dimitri. Moscou est bientôt dégagée. Le patriarche de Moscou, Hermogène, l'abbé Denis à la Trinité et son économe Abraham Politsyne entretiennent l'esprit de résistance nationale.

☐ **Févr.** Députation de Touchino à Smolensk. Les représentants du prétendant proposent un projet de traité à Sigismond : une association entre la Russie et la Pologne, mais avec le maintien de l'orthodoxie et des institutions propres à chaque pays. Contre-projet de Sigismond qui exige l'instauration en Russie d'un système représentatif à la polonaise.

☐ **Juin** Un corps de 50 000 hommes, composé de Suédois et de Russes, est défait par les Polonais devant Smolensk.

☐ **Juill.** Les boyards déposent Basile Chouïski, privé de son meilleur soutien après la mort de son neveu Skopine-Chouïski. Ils décident d'exercer eux-mêmes le pouvoir sous la direction du prince Mstislavski jusqu'à l'élection d'un nouveau tsar.

☐ **Août** Le fils de Sigismond, Ladislas, est élu tsar par les boyards ; les deux autres candidats étaient le second Faux Dimitri et Michel Romanov. Les boyards envoient au roi Sigismond devant Smolensk une grande ambassade (dont fait partie Féodor Romanov, devenu Philarète en religion). Pour être reconnu, Ladislas devra passer à l'orthodoxie et respecter les institutions moscovites.

☐ **Sept.** Les troupes du roi de Pologne s'installent à Moscou.

☐ **1er (11) déc.** Le second Faux Dimitri est assassiné par des Tatars près de Kalouga.

1611

☐ **Févr.** Manifeste de Procope Liapounov, qui appelle les Russes à se soulever contre la domination étrangère. Des milices nationales s'organisent au nord et à l'est de Moscou.

□ **13 mars** L'armée polonaise, isolée au Kremlin, est attaquée par la milice nationale de Liapounov et Pojarski. Un mercenaire français, le mousquetaire Jacques Margeret, repousse l'attaque.

□ **Mai** Émeutes à Moscou contre les garnisons polonaises. Sigismond prend Smolensk. À défaut de *Zemski Sobor*, un Conseil de tout le pays est convoqué et un triumvirat (Liapounov et les deux chefs cosaques Troubetzkoï et Zaroutski, responsables devant le Conseil) fait office de gouvernement provisoire. Une réforme agraire radicale est projetée. L'assassinat de Liapounov par les Cosaques met fin à cette tentative de réorganisation face au pouvoir polonais établi à Moscou.

□ **Oct.** Kouzma Minine, échevin de Nijni-Novgorod, et le prince Dimitri Pojarski préparent un soulèvement national. Le premier organise la collecte des fonds qui permettent la levée de nouvelles milices placées sous le commandement du second.

1612

□ **Janv.** Mutineries dans la garnison polonaise de Moscou.

□ **Avr.** Les organisateurs de la résistance russe envoient des circulaires dans toutes les provinces pour convoquer un nouveau Conseil de tout le pays.

□ **Août** Les troupes de Pojarski assiègent Moscou. Une expédition polonaise, venue au secours du tsar Ladislas, est arrêtée par les troupes de Pojarski aux portes de Moscou.

□ **17 (27) oct.** La garnison polonaise doit se rendre. Fuite de Ladislas. Installation d'un gouvernement provisoire présidé par Dimitri Pojarski.

1613

□ **Févr.** Convocation du *Zemski Sobor* à Moscou et élection au trône de Michel Romanov.

Économie et société

1584
Création du port d'Arkhangelsk, sous le nom de Novokholmogory.

□ **Juill.** le *Sobor* vote une loi interdisant l'extension de la grande propriété nobiliaire ou ecclésiastique et abolissant les privilèges fonciers et fiscaux des propriétaires (*tarkhany*).

1585
Progrès de la colonisation en Sibérie. Mansourov construit un fort au confluent de l'Irtych et de l'Ob.

1586
Fondation de Tioumen. Au nord-est, après la soumission de tribus sibériennes, construction de villes nouvelles. Fondation de Tobolsk, qui remplace l'ancienne capitale tatare Siber (Isker). Nouvelle charte de la compagnie anglo-russe chargée du commerce extérieur.

1592
Suppression du « droit de départ » (franchise de la St Georges d'automne) déjà restreint depuis l'institution des « années interdites » en 1581. Pour mettre un terme aux mouvements incessants de la population, assurer l'exploitation du sol et limiter le brigandage, les paysans sont attachés à la terre. Début du « second servage ».

1594
Recensement des terres cultivées et enregistrement de toute la main-d'œuvre paysanne.

1597
Établissement de registres cadastraux. Oukase ordonnant la poursuite des paysans fugitifs.

1601-1602
Mauvaises récoltes et famine : près de 500 000 victimes.

1602-1603
Épidémies de choléra.

1605
☐ **Août** Le Faux Dimitri abolit les restrictions apportées au « droit de départ », limite les asservissements volontaires et interdit la recherche des serfs fugitifs.

1606
Première jacquerie russe sous la conduite d'un ancien serf, Bolotnikov, qui rassemble une armée de paysans et de cosaques.

1607
☐ **Mars** Basile Chouïski annule les édits de Dimitri et impose de nouvelles limitations aux droits des paysans.

☐ **Oct.** Bolotnikov est battu par les troupes de Chouïski à Toula.

Vie religieuse et culturelle

1589
☐ **17 (27) janv.** Érection du siège métropolitain de Moscou en patriarcat dont le premier titulaire – Job – est sacré par le patriarche de Constantinople.

1596 Construction de la Ville Blanche à Moscou par un architecte moscovite, Féodor Saveliev.

☐ **11 (21) oct.** Union de Brest-Litovsk : tous les évêques russes titulaires de diocèses dans les territoires polonais acceptent de signer l'union des Églises catholique et orthodoxe de Pologne, l'Église orthodoxe reconnaissant la suprématie du pape, tout en gardant la liturgie orientale et une hiérarchie ecclésiastique séparée : naissance de l'Église uniate, qui est rejetée par une partie importante des fidèles et du clergé.

1605 Le patriarche Job est destitué par le Faux Dimitri et remplacé par le Grec Ignace.

1606 Ignace est destitué à son tour. Le nouveau patriarche, Hermogène, héros de la résistance, mourra captif des Polonais en 1612.

1612 Le métropolite Cyril de Rostov remplaçant à la tête de l'Église le patriarche prisonnier, préside le Conseil et le gouvernement provisoire.

1613 Cyril de Rostov couronne et sacre le nouveau tsar, Michel Romanov.

Oukase du 24 novembre (3 déc.) 1597 sur les paysans en fuite

Le 24 novembre de l'année 7106 (1597), le Tsar et grand prince Fedor Ivanovitch de toute la Russie a ordonné. Si des paysans, au cours des cinq années qui ont précédé la présente année 7106, se sont enfuis de chez des boyards, des nobles (...) ou de chez toute autre personne – que ce soit une terre de service ou patrimoniale (...) – que justice soit rendue contre ces paysans en fuite et contre les possesseurs de terres de service ou les propriétaires de patrimoines dans la dépendance desquels ils vivent après s'être enfuis ; que justice soit rendue aux possesseurs des terres de service de chez qui ils se sont enfuis (...) et qu'on recherche les fugitifs avec vigueur et par tous les moyens.

(Traduction M. Laran, J. Saussay, *La Russie ancienne* ɪxᵉ-xvɪɪᵉ *siècles* Paris, 1975).

Biographies

Chouïski, Basile Ivanovitch (1552-1612). Il appartient à l'une des plus puissantes familles de Moscou, descendant du frère d'Alexandre Nevski, André de Souzdal. Sous la minorité d'Ivan IV, les Chouïski sont les maîtres de la capitale. Un frère de Basile, Ivan, fait partie du conseil de régence de Féodor Ier. En 1585, le « clan » Chouïski, très populaire auprès des marchands de Moscou, provoque une émeute pour renverser Boris Godounov, et tous les Chouïski sont exilés. En 1591, Basile est autorisé à revenir à Moscou ; membre de la douma des boyards, il dirige l'enquête sur l'affaire d'Ouglitch. À la mort de Féodor, Basile Chouïski, qui, par ses origines, possède des droits certains sur le trône, se pose en médiateur entre Godounov et ses adversaires. En 1604, il commande l'armée du tsar lancée contre le prétendant, puis, après la mort de Boris, il apporte son soutien à son fils Féodor II et déclare publiquement que Dimitri n'est qu'un imposteur. Mais sitôt Féodor déposé, il prête serment à Dimitri. Quelques jours plus tard, accusé d'avoir fomenté un complot contre le tsar, il est condamné à mort, exilé, pardonné. De retour à Moscou, en mai 1606, il prépare un nouveau coup d'État, gagnant à sa cause la majorité des boyards irrités par les mesures prises par Dimitri en faveur des paysans ainsi que les détachements militaires de Novgorod et de Pskov. Dimitri renversé, une assemblée de notables le proclame tsar. Le « tsar des boyards » se hâte d'abroger tous les édits de son prédécesseur limitant les droits des propriétaires fonciers. Cette politique provoque de nouvelles révoltes dans toute la Russie et un second Faux Dimitri apparaît en 1607. Chouïski fait appel aux Suédois pour chasser les Polonais. Les armées étrangères se partagent le pays. En juillet 1610, il doit abdiquer. Tandis que la douma des boyards offre la couronne à Ladislas Vasa, Chouïski, fait prisonnier à Smolensk, est emmené à Varsovie, où il meurt en septembre 1612.

Pojarski, prince Dimitri Mikhaïlovitch (1578-1642). Chambellan de Boris Godounov, voïévode de Zaraïsk, Pojarski est le grand héros de la résistance nationale contre le régime polonais instauré par Ladislas Vasa. Il dirige avec les frères Liapounov la première levée en masse contre les envahisseurs organisée à la fin de l'année 1610 dans la région de Riazan. Ils assiègent Moscou de mars à juillet 1611, mais ne parviennent pas à prendre la capitale et sont repoussés par les Polonais. Un nouveau sursaut patriotique aboutit à la création d'une deuxième milice nationale en décembre 1611. À Nijni-Novgorod, Kouzma Minine, boucher de son état, ardent patriote, organise la résistance. À son appel, les habitants font don du tiers de leurs biens à la cause ; d'autres villes suivent l'exemple. Une armée est ainsi mise sur pied et son commandement confié au prince Pojarski. À Iaroslavl, où les recrues sont rassemblées, un gouvernement provisoire est constitué, lui aussi sous la direction de Pojarski. En août 1612, Pojarski assiège à nouveau Moscou, qui tombe le 27 octobre ; il chasse Ladislas et disperse les garnisons polonaises. Le gouvernement de Pojarski assure alors la transition jusqu'à la convocation du *Zemski Sobor* qui doit désigner le nouveau tsar. Après l'élection de Michel Romanov, Pojarski retombe dans l'obscurité. Il participe aux campagnes contre les Polonais en 1618 et en 1632 et occupe diverses fonctions gouvernementales sans éclat.

Stroganov. Famille d'industriels et de propriétaires fonciers, descendant de paysans aisés des bords de la mer Blanche. Féodor Stroganov, le fondateur de la dynastie, s'établit à Viéliki-Oustioug à la fin du XVe siècle et s'enrichit dans le commerce des fourrures et du sel. Son fils Anika (1497-1570) donne une extension considérable à ses affaires. Les privilèges concédés aux Stroganov par Ivan III et Vassili III (droit de battre monnaie et de disposer d'une armée privée) sont maintenus par Ivan IV, qui leur accorde, de surcroît, d'immenses domaines le long de l'Oural. À leur demande, leurs terres sont incluses dans l'*opritchnina* en 1566. Ils établissent des paysans russes sur leurs domaines, construisent salines, verreries et pêcheries, ouvrent des mines, bâtissent villes et forteresses. Avec leurs troupes, ils soumettent les indigènes et annexent de nouveaux territoires à l'est de l'Oural. À la fin du Temps des troubles, ils contribuent financièrement au rétablissement national en versant plus de 800 000 roubles. De la même façon, ils soutiennent Pierre le Grand pendant la guerre du Nord. Au XVIIIe siècle, ils développent la métallurgie dans l'Oural, sont anoblis et occupent des positions importantes dans l'État sous les règnes d'Élisabeth Ire et de Catherine II.

Bibliographie

C. Durand-Cheynet, *Boris Godounov et le mystère Dimitri* (Paris, 1986).

S.F. Platonov, *Boris Godounov, tsar de Russie* (1598-1605) [Paris, 1929].

K. Waliszewski, *Les Origines de la Russie moderne* (Paris, 1929), *la Crise révolutionnaire (1584-1614),* (Paris, 1897).

Chapitre 7 **1613-1682**

Les premiers Romanov

> *Inondez-nous, nuées d'orage, inondez-nous ;*
> *Pluie drue aux larges gouttes, déverse-toi*
> *Et balaie cette prison de terre*
> *Pour que les prisonniers nos frères s'enfuient*
> *Et se rassemblent dans la forêt obscure.*
>
> Chanson des compagnons de Stenka Razine.

À l'issue du « Temps des troubles », la Russie, qui a perdu près de la moitié de sa population, est un pays ruiné, désorganisé et mutilé par l'invasion polonaise. Son histoire, sous les règnes des trois premiers Romanov, sera celle d'un lent et pénible redressement, ponctué de graves troubles sociaux.

Michel Ier Romanov s'efforce de rétablir l'ordre. Il met fin au brigandage, qui s'était développé de façon endémique à la faveur des troubles, et repousse les cosaques. Après une nouvelle guerre avec la Pologne, il contraint Ladislas à renoncer à ses prétentions sur le trône des tsars. Pour améliorer le fonctionnement de l'administration et rendre l'impôt plus équitable, il fait dresser un cadastre, ordonne le recensement de la population et s'oppose aux abus des voïevodes et des fonctionnaires provinciaux. Sur le plan institutionnel, les dernières années de son règne marquent l'apogée du *Zemski Sobor* qui devient une sorte de conseil national permanent et donne à l'État russe les apparences d'une monarchie « parlementaire ».

Sous le règne d'Alexis Ier, la multiplication des impôts et l'aggravation de la condition paysanne provoquent une profonde crise sociale, dont témoignent l'émeute de 1648 à Moscou et la révolte de Stenka Razine. Les réformes du patriarche de Moscou, Nikon, qui veut rapprocher l'Église russe des traditions grecques, suscitent l'opposition des « vieux-croyants » d'Avvakoum et sont à l'origine d'un schisme durable. En Ukraine, les cosaques de Bogdan Khmelnitski, soulevés contre la domination polonaise, font appel au tsar, qui accepte d'intervenir. Victorieuse, la Russie annexe d'importants territoires (Smolensk, Kiev et la rive gauche du Dniepr).

Le court règne de Féodor III est purement nominal. Le tsar se désintéresse des affaires et abandonne le pouvoir à ses conseillers, parmi lesquels Basile Galitzine, qui redonne vie au *Zemski Sobor*, laissé en sommeil sous le règne précédent.

Vie politique et institutionnelle

1613

☐ **11 (21) févr.** Michel Romanov est élu par le *Zemski Sobor*, qui tend à devenir une assemblée nationale régulièrement convoquée par le tsar, la douma des boyards restant le conseil privé du souverain.

☐ **1er (11) mai** Couronnement du tsar par le métropolite Cyrille à Moscou.

1614

☐ **Juin** Fin de la rébellion de Maryna Mniszek ; elle est emprisonnée et son fils mis à mort.

1615
Élection d'un nouveau *Zemski Sobor*.

1615-1616
Augmentation de la pression fiscale. La Douma et le *Zemski Sobor* votent une contribution extraordinaire (un impôt de 20 p. 100 et une taxe foncière de 120 roubles par tenure). Les Stroganov sont ainsi imposés pour 56 000 roubles.

1618
Libéré par les Polonais, Féodor Romanov, le père du tsar, en religion Philarète, est élu patriarche et partage le pouvoir avec son fils. Sous son influence, de 1622 à 1633, le rôle du *Zemski Sobor* sera progressivement réduit.

1619

☐ **Juin** Le *Zemski Sobor* prend une série de décisions importantes : inventaire des terres imposables ; encouragement au retour des paysans censitaires en fuite ; création d'un département spécial des requêtes pour faciliter la répression des abus commis par les fonctionnaires ; projet de réforme de l'administration provinciale, donnant la priorité aux assemblées élues ; établissement d'un budget national.

1621
Circulaire du *Zemski Sobor* incitant les communes à résister aux exactions des fonctionnaires et à refuser les pots-de-vin et les corvées illégales.

1624

☐ **Sept.** Mariage de Michel Romanov avec la princesse Marie Dolgorouki ; elle mourra quelques mois plus tard et le tsar épousera l'année suivante la fille d'un obscur gentilhomme, Eudoxie Strechniev, qui sera la mère d'Alexis.

1626-1633
Série de réformes militaires : recrutement à l'étranger de 5 000 fantassins, de fondeurs de canons et d'instructeurs ; achats d'armes en Hollande et en Allemagne. Effort qui entraîne de lourdes dépenses.

1627
Extension des pouvoirs et des compétences des magistrats et des tribunaux locaux au détriment de ceux des gouverneurs provinciaux (voïévodes).

1628
Humanisation des peines : une loi limite l'utilisation de la bastonnade pour le recouvrement des créances.

1633

☐ **Oct.** Mort de Philarète. Michel Romanov restitue ses pouvoirs au *Zemski Sobor*, convoqué à chaque crise grave.

1645

☐ **2 (12) juill.** Mort de Michel Romanov. Son fils aîné, Alexis Ier, lui succède et son avènement est confirmé par un vote du *Zemski Sobor*. Il n'a alors que seize ans, et son ancien précepteur, Boris Morozov, exerce une régence de fait.

1646
Élimination progressive de la douma des boyards, au bénéfice d'un conseil restreint formé par les collaborateurs directs du tsar : la « douma de

Chambre », ou « Conseil intime des boyards ».
Création du département des Affaires secrètes. À l'origine police secrète et tribunal du sang, il deviendra l'organe de contrôle de l'administration. Recensement des maisons imposées ; augmentation des taux d'imposition et relèvement de toutes les taxes ; création d'un impôt sur le sel.

1647
Publication d'un Code de législation militaire qui est une adaptation de la législation impériale (« règlement de Charles Quint »).

1649
□ **19 (29) janv.** Publication par le *Zemski Sobor* d'un nouveau Code (*Oulojénié*). Ses mille articles reprennent l'essentiel du Code d'Ivan IV, avec des éléments nouveaux empruntés aux Codes lituanien et byzantin. Les paysans sont définitivement attachés à la terre, les privilèges des étrangers sont abolis ; l'Église est plus fortement assujettie à l'État.

1650
□ **Févr.-oct.** Révolte des villes de Pskov et de Novgorod.

1652
Oukase élargissant le recrutement militaire à de nouvelles catégories sociales.

1653
Alexis cesse de convoquer régulièrement le *Zemski Sobor*.

1669
Complément de la législation criminelle : adoucissement des peines, mais réduction sensible des pouvoirs attribués aux magistrats élus (leurs charges seront supprimées en 1702).
Après la paix d' Androussovo (1667), le département des Affaires étrangères (dirigé par Ordyne-Nachtchokine) cesse de dépendre de la douma pour devenir un département autonome et spécialisé.

1671
Artamon Matvéiev remplace Ordyne Nachtchokine.

1674
□ **Sept.** Mort du tsarévitch Alexis. Le nouveau prince héritier est son frère cadet, Féodor.

1676
□ **20 (30) janv.** Mort d'Alexis Ier. Avènement de Féodor III. La réalité du pouvoir appartient d'abord à Artamon Matvéiev, jusqu'à son exil en Sibérie (juill.), puis au clan de Marie Miloslavski, mère du tsar, morte en 1669.

1679-1682
Remaniement partiel de la législation pénale. Suppression de la mutilation.

1681
□ **Nov.** Féodor III convoque le *Zemski Sobor* pour le consulter sur la réorganisation de l'armée.

1682
Inspiré par Basile Galitzine, et après avoir consulté le *Zemski Sobor*, le Conseil des boyards et le haut clergé, Féodor III décide d'abolir le *miestnitchestvo* (système des préséances).
□ **17 (27) avr.** Féodor III meurt sans héritier.

Politique extérieure

1613
□ **Mars** Une ambassade russe est envoyée à Varsovie. Sigismond III ne donne aucune réponse à ses ouvertures. Ladislas ne renonce pas à ses prétentions sur le trône russe et Philarète, père du tsar, reste prisonnier des Polonais.
□ **Juill.** Incursions polonaises aux abords de Mojaïsk, de Kalouga et de Toula.

1614
□ **Sept.** Les Suédois assiègent Toula.

1615

☐ **Juill.** Échec de Gustave-Adolphe devant Pskov. Offre de médiation de l'empereur d'Allemagne Mathias.

1617

☐ **17 (27) févr.** Grâce à une médiation anglaise, accord de Stolbovo entre la Suède et la Moscovie. Les Suédois restituent Novgorod, mais conservent l'Ingrie, la Livonie et les places fortes de la frontière. Liberté de commerce réciproque.

1618

☐ **1er (11) déc.** L'entente n'ayant pu se faire sur les conditions d'une paix durable, signature, à Déoulino, d'une trêve de 14 ans avec la Pologne. Moscou abandonne Smolensk, sans obtenir de Ladislas sa renonciation au trône ; en revanche, les prisonniers russes sont libérés.

1623

Ambassade française à Moscou pour traiter d'une alliance de revers contre la Pologne et les Habsbourg.

1626

Gustave-Adolphe cherche à s'allier avec la Russie contre la Pologne.

1632

☐ **Déc.** Après la mort de Sigismond III, le tsar déclare la guerre à la Pologne. Campagne de Smolensk.

1634

☐ **9 (19) févr.** Capitulation russe.

☐ **7 (17) mai** Paix perpétuelle entre la Pologne et la Russie sur la base du statu quo territorial.

1637

Les cosaques du Don s'emparent d'Azov.

1646

☐ **Mars** Ambassade russe en Pologne : le tsar propose à Ladislas IV une jonction des cosaques du Dniepr avec ceux du Don et la coopération des troupes russes et polonaises pour envahir la Crimée.

1647

☐ **Juin** Alliance russo-polonaise contre les Turcs : les Polonais feront la guerre en Turquie et les Russes en Crimée.

1648

☐ **25 avr. (5 mai)** Les Polonais sont battus en Ukraine, sur le Dniepr, par les cosaques Zaporogues de Bogdan Khmelnitski.

☐ **10 (20) sept.** Nouvelle défaite polonaise à Pilavtsy.

1649

☐ **Août** Défaite à Zborów, Khmelnitski traite avec les Polonais (il reprendra les hostilités en juin 1650).

1651

☐ **Sept.** Nouvelle défaite de Khmelnitski, qui signe le traité de Bielaïa Tserkov.

1652

Premier affrontement russo-chinois sur le fleuve Amour, à la suite de la campagne de Khabarov(1649-1651).

1653

☐ **Août** Par l'intermédiaire du patriarche Nikon, Khmelnitski demande l'aide du tsar.

☐ **Oct.** Malgré la paix signée avec la Pologne, le *Zemski Sobor* accepte le principe d'une intervention aux côtés des cosaques. Alexis confirme leurs anciens droits : autonomie administrative et libre choix de l'hetman.

1654

☐ **Mai** Début de la campagne.

☐ **Juill.** Alliance de la Pologne avec les Tatars de Crimée.

☐ **13 (23) sept.** La garnison polonaise de Smolensk capitule après un siège laborieux. Réunion de la *Rada* – le

Conseil national ukrainien – à l'initiative de Khmelnitski à Pereïaslav : l'Ukraine qu'il contrôle reconnaît la suzeraineté du tsar.

1655

☐ **Août** Russes et cosaques assiègent Lemberg (Lvov).

1656

☐ **Août** Mort de Khmelnitski ; son successeur, Vykhovski, est un partisan de la Pologne.

☐ **Oct.** Signature de la paix de Vilna, avec la médiation impériale : la succession polonaise à la mort de Jean-Casimir sera offerte à Alexis Ier, qui devra abandonner en échange ses conquêtes en Lituanie et en Ukraine, et s'allier avec la Pologne contre la Suède.

Premières négociations avec la Chine.

1658

☐ **16 sept.** Traité de Hadiatch entre Vykhovski et la Pologne : le tiers de l'Ukraine sera érigé en grand-duché de Russie et entrera dans la République polonaise avec le même statut que la Lituanie : suppression de l'Union de Brest-Litovsk et liberté pour les orthodoxes. Les Russes envahissent l'Ukraine et provoquent un soulèvement contre Vykhovski.

☐ **Déc.** Trêve de 3 ans entre la Suède et la Russie : les conquêtes russes en Livonie sont garanties.

1659

☐ **Sept.-oct.** Les Russes, commandés par Troubetzkoï, capitulent devant une coalition polonaise, cosaque et tatare. La Pologne garde la rive droite du Dniepr.

1660

Ambassade russe permanente à La Haye.

1661

☐ **Juin** À Cardis, traité de paix perpétuelle entre la Russie et la Suède : Alexis renonce à ses conquêtes en Livonie.

1667

☐ **30 janv.** Traité d'Androussovo entre la Pologne et la Russie : trêve de 13 ans ; la Pologne conserve Vitebsk, Polotsk, ses droits en Livonie, mais cède Smolensk, avec toute la province de Siévérie, et toute la rive gauche du Dniepr, à l'exception de Kiev.

1668

Le tsarévitch Alexis est candidat à l'élection au trône de Pologne.

☐ **25 août** Ambassade russe en France. Potemkine rencontre Lionne et Colbert. Négociations sur une liberté de commerce réciproque. (Deuxième ambassade de Potemkine en 1681.)

1675

Nouvelles négociations avec la Chine par l'intermédiaire des jésuites de Pékin.

1678

☐ **3 août** Accord entre la Pologne et la Russie, renouvelant la trêve d'Androussovo.

1681

Traité de Bakhtchisaraï mettant fin au conflit russo-turc : toute la région située entre le Don et le Dniestr doit demeurer inoccupée ; entre Kiev et le bas Dniepr, aucune ville ne devra être fondée.

Économie et société

1619

Fondation d'Iénisséïsk.

1620

Entre 1600 et 1620 (« Temps des troubles »), la Russie a perdu près de la moitié de sa population ; celle de Moscou a chuté de 33 p. 100.

1630

Le gouvernement autorise le Hollandais

Firmbrandt à installer une manufacture de tissus de velours.

1631
L'État subventionne l'industriel anglais Frank Glover pour la création d'ateliers d'orfèvrerie et de joaillerie, en collaboration avec un marchand russe, Ivan Martynov.

1632
Fondation de Iakoutsk.
Le gouvernement autorise le Hollandais Vinnius à établir une fonderie de canons et de boulets à Toula, avec une main-d'œuvre en majorité étrangère.

1641
Le droit de poursuite des propriétaires contre les paysans en fuite est généralisé dans toutes les provinces, mais limité à une période de 15 ans. La vente ou la cession de paysans est autorisée.

1643-1646
Pierre Golovine, le voïévode de Iakoutsk, sur la Léna, envoie une expédition, dirigée par Basile Poiarkov, qui remonte l'Aldan, découvre le cours de l'Amour jusqu'à son embouchure et suit le littoral jusqu'au site d'Okhotsk.

1646
Suppression des franchises commerciales accordées aux marchands anglais à l'époque d'Ivan IV et de Boris Godounov.
Le tsar ordonne la construction d'un système de villes fortifiées dans les provinces de Bielgorod et de Simbirsk.

1648

☐ **Juin** Émeute à Moscou, causée par l'augmentation des impôts et l'impopularité de l'entourage du tsar. La foule pille le palais Morozov et incendie la ville.

1649

Fondation d'Okhotsk.
Le nouveau code attache définitivement les paysans à la terre.

☐ **Janv.** Nouvelles mesures contre le commerce anglais pour satisfaire les réclamations des marchands russes : il sera limité au seul port d'Arkhangelsk. Abolition des privilèges de la compagnie anglaise de Moscovie.

1650
Oukase interdisant aux paysans toute activité artisanale ou commerciale.

☐ **Févr.-oct.** Révoltes des villes de Pskov et de Novgorod.

1652
Fondation d'Irkoutsk.

1654
Des émigrés petit-russiens fuyant la Pologne fondent Kharkov.
Épidémie de peste. Dans certaines régions, la mortalité atteint 85 p. 100 de la population.

1656
Crise monétaire. Le gouvernement décide de frapper des roubles de cuivre pour remplacer, avec un cours égal, les roubles d'argent, afin de procurer des ressources supplémentaires au Trésor (en cinq ans, on frappera 5 millions de roubles de cuivre).

1662

☐ **Juin** L'inflation causée par l'émission des roubles de cuivre provoque une « émeute du cuivre ». À Moscou, la révolte est réprimée avec une rigueur impitoyable : 7 000 personnes y trouvent la mort. Dans les provinces, les troubles agraires se multiplient. Une partie de l'armée, sous les ordres du prince Kropotkine, se joint aux insurgés.

1663

☐ **Mars** Oukase mettant fin à la frappe des roubles de cuivre : retrait et rachat à bas prix de ceux qui étaient en circulation.

1665
Établissement d'une poste publique confiée à un Hollandais, Johann van

Sveden (le département des postes ne servait qu'à fournir des relais aux fonctionnaires en déplacement).

1666
Menées par l'ataman Vaska, des bandes cosaques ravagent les provinces de Voronej et de Toula, entraînant avec elles paysans et serfs en révolte contre les propriétaires terriens.

1667

□ **Mai** Publication du premier Code commercial : le commerce de détail est réservé aux marchands russes ; pour le commerce de gros, interdiction est faite aux étrangers de commercer entre eux sans passer par un intermédiaire russe. Création d'un département du Commerce.

1668
Des ingénieurs et des artisans hollandais construisent la première escadre russe sur le chantier de Diédiénovo, sur l'Oka.

1669

□ **Mars** Les cosaques de Stenka Razine s'attaquent à la flotte persane sur la rive orientale de la Caspienne.

1670

□ **12 (22) juin** Stenka Razine s'empare d'Astrakhan. La ville est pillée, le voïévode massacré. Razine fait d'Astrakhan la base de ses opérations.

□ **Juill.** Razine remonte la Volga.
Tsaritsyne, Saratov, Samara tombent. La révolte se généralise ; les paysans quittent leurs terres, se font cosaques et s'organisent en bandes, qui sévissent dans les régions de Simbirsk, Tambov, Nijni-Novgorod.

□ **Oct.** Défaite de Stenka Razine devant Simbirsk. Débâcle de l'insurrection.

□ **Déc.** Les troupes russes, commandées par le prince Dolgorouki, prennent l'offensive contre les insurgés.

1671

□ **Janv.** La pacification est achevée.

□ **27 mai (6 juin)** Stenka Razine est exécuté à Moscou.

□ **16 (26) nov.** Reprise d'Astrakhan.

1672
Suppression de tous les privilèges commerciaux du clergé.

1679
Le système d'impôt unique de 20 p. 100 sur les marchandises est étendu à l'impôt direct. Généralisation de la taxe d'habitation, qui devient permanente.

1680
Importance grandissante des étrangers dans l'économie russe. Le Hollandais Denis Jovis et le Danois Pierre Marselis exploitent des mines de cuivre près d'Olonets. Un Allemand, Tilmann Ackerman, installe des forges près de Kalouga. Le Français Mignot ouvre une fabrique de miroirs à Moscou. Dans toutes ces entreprises, le personnel technique est recruté à l'étranger.

Vie religieuse et culturelle

1616 L'archimandrite du couvent de Saint-Serge, Denis, anime un cénacle travaillant à la réforme de l'Église russe. Michel Romanov le charge de la révision des Livres saints, entreprise qui se heurte à l'hostilité des conservateurs, dont la mère du tsar. Denis sera emprisonné puis libéré grâce au retour de Philarète.

1633 Fondation de l'école du Tchoudov monastyr (monastère du Miracle de l'Archange Saint-Michel au Kremlin).

1633-1634 Voyage de l'Allemand Adam Olearius en Russie, qu'il traverse à nouveau lors d'une mission en Iran (1635-1639). Récit de ses voyages (1643) : l'une des sources les plus riches sur la Russie du XVIIe siècle.

1646 Nikon devient archimandrite du monastère du Saint-Sauveur (Moscou). Il est remarqué par le tsar, qui lui confie le service des pétitions et l'envoie à Novgorod pour négocier avec les magistrats de la ville.

1648 L'imprimerie de Moscou publie la grammaire de Smotrytski, d'après l'édition de Vilna de 1619.

1649 Le tsar réunit un concile, qui condamne les modifications du rituel proposées par les « hellénisants », en particulier le chant à l'unisson.
Rôle important du prédicateur Épiphane Slavinetski (mort en 1675) : il collabore avec Nikon, traduit les œuvres des Pères de l'Église, rédige un lexique « philologique » et un lexique « gréco-slavo-latin ». Avec les professeurs petits-russiens recrutés par Rtichtchev, il attire des élèves de plus en plus nombreux et fait concurrence à l'école du Grec Arsène.

1650 Épiphane Slavinetski traduit Vésale en slavon russe.

1652
☐ **Avr.** Nikon, patriarche de Moscou.

1653 Sans tenir compte des décisions du concile, Nikon fait paraître une édition amendée du psautier. Les traditionalistes protestent auprès du tsar. Nikon fait réimprimer le *Nomocanon*. L'archiprêtre Avvakoum, qui s'oppose à la réforme, est arrêté et déporté en Sibérie.

1654 Réunissant un nouveau concile, Nikon obtient un vote unanime ordonnant de nouvelles corrections des Livres saints et une condamnation du signe de croix avec les deux doigts.

1655 Arsène Soukhanov, supérieur du monastère de l'Épiphanie, rapporte d'Orient 5 000 manuscrits grecs, véritable arsenal contre les adeptes de la « vieille foi ».

1656 Mort de Paul de Kolomna, dernier évêque traditionaliste. Le manque d'évêques entraînera la disparition progressive du sacerdoce chez les vieux-croyants et l'apparition de deux courants : au nord et en Sibérie, les « sans prêtres » désignent leurs propres chefs ; les autres décident de recourir aux prêtres de l'Église officielle.

1657 L'archimandrite du monastère de Solovki convoque une assemblée de moines et de prêtres, dite « concile noir » ou « populaire », qui décide de rester fidèle aux anciens Livres et adresse une supplique en ce sens au tsar. Solovki devient un centre de lutte contre les réformateurs. Le patriarche envoie des instructions dans tous les diocèses pour recommander un choix plus sévère dans le recrutement des clercs.

1658 Privé de la confiance du tsar, Nikon se retire au monastère de la Résurrection ou de la Nouvelle Jérusalem qu'il a fondé ; le métropolite de Kroutitsy, Pitirim, expédie les affaires courantes du patriarcat.

1659 Le Croate Križanic, prêtre et théologien catholique, historien, grammairien, vient plaider à Moscou la cause de l'unité des Slaves. Il sera exilé à Tobolsk, où il écrira ses principaux ouvrages, dont *l'Empire russe au XVII*e *siècle ;* gracié en 1676, il s'installera en Pologne.

1660 Alexis réunit un concile qui condamne Nikon, mais la rétractation d'un votant annule toute la procédure.

1661 Avvakoum, de retour à Moscou, est reçu par le tsar et logé dans l'un des monastères du Kremlin.

1663 Alexis demande l'avis des patriarches orientaux, qui condamnent Nikon.

1664
☐ **Août** Avvakoum, fidèle à ses idées, est à nouveau exilé en Sibérie.

1665 Le transfuge blanc-russien Siméon de Polotsk fonde une école au monastère Zaikonospasski, où les jeunes commis des Affaires étrangères s'initient aux connaissances profanes requises par leur métier. En 1672, Siméon deviendra précepteur des tsarévitchs Alexis et Féodor et de leur sœur Sophie. Poète et dramaturge de la cour, il est le parfait représentant de l'école de Kiev.

1666 Nouveau concile qui condamne Nikon à titre personnel, mais approuve les idées des « hellénisants ».

1667-1671 Alexis fait reconstruire la résidence de Kolomenskoïé par des architectes et des artistes blanc-russiens.

1668 Alexis envoie un corps de troupe contre les moines rebelles de Solovki. Traduction russe de l'*Amphitryon* de Molière, pièce que l'ambassadeur Potemkine a apportée de Paris.

1668-1670 Des artistes polonais venus de Kiev sont chargés de décorer les palais du tsar et l'hôtel Galitzine. L'influence de l'art polonais gagne aussi l'iconographie moscovite (le concile de 1666 avait critiqué les tendances novatrices en peinture).

1670 Établissement de comédiens allemands à Moscou.

1672 Des dissidents religieux se suicident par le feu à Nijni-Novgorod. Ces suicides collectifs se répandent (37 cas jusqu'en 1691 ; ils font plus de 2 000 victimes).

1673 Mort de Rtichtchev, partisan et protecteur de l'école de Kiev. Le parti grec retrouve une large influence.
Construction à Préobrajenskoïé d'une salle d'opéra. Représentation de *Esther*, sur un livret de Siméon de Polotsk.

1674 Publication du premier manuel d'histoire russe, la *Synopsis*.

1681 Réunion d'un concile qui décide la création de nouveaux diocèses, pour renforcer l'influence de l'Église officielle, et la constitution d'une police spéciale pour lutter contre les dissidents. Interdiction est faite de leur donner l'hospitalité. Destruction de leurs ermitages et lieux de culte. Projet d'une Académie slavo-gréco-latine, qui ferait la synthèse entre les influences kiéviennes et le courant grec.

☐ **6 (16) août** Mort de Nikon (Féodor venait d'obtenir des patriarches orientaux l'annulation de la condamnation qui l'avait frappé en 1666).

1682

☐ **31 mars (10 avr.)** Avvakoum et ses disciples subissent le supplice du feu.

☐ **Mai** Révolte des streltsy – corps d'infanterie régulière créé par Ivan le Terrible –, très attachés aux anciennes traditions tant religieuses que militaires et souvent favorables aux vieux-croyants. Ces derniers soutiendront leur mouvement.

Biographies

Avvakoum, Habbacuc Petrovitch (v. 1620-1682). Fils d'un prêtre de Grigorovo, bourg proche de Nijni-Novgorod, Avvakoum acquiert malgré sa pauvreté une solide éducation. Ordonné prêtre en 1642, il manifeste tant d'ardeur pour la réforme des mœurs que ses paroissiens le chassent en 1646. Il se rend alors à Moscou, où sa foi impressionne le tsar Alexis, et il rejoint le cercle des Amis de Dieu, dont les membres veulent promouvoir une réforme morale et religieuse. Il regagne bientôt sa province, mais il est à nouveau persécuté par ses paroissiens. En 1652, il est nommé archiprêtre (protopope) et retourne à Moscou. Il ne tarde pas à entrer en conflit avec le nouveau patriarche, Nikon, qui veut rapprocher l'Église russe de l'Église grecque en corrigeant les rites et les traductions des Livres saints. Avvakoum est condamné par le concile de juillet 1653 et exilé à Tobolsk, puis engagé de force comme chapelain dans un voyage d'exploration dans la région du lac Baïkal. Ces épreuves n'entament pas ses convictions. Après la condamnation de Nikon, il est autorisé à revenir à Moscou et le tsar le reçoit très chaleureusement en février 1664. Refusant tout compromis, il est exilé à Kholmogory dans la région d'Arkhangelsk. Condamné par le concile d'avril 1666 et qualifié de schismatique, il est déporté à Poustozersk où il arrive en décembre 1667. Dans son exil, il continue à prêcher et à répandre la « vieille foi », et rédige son autobiographie. En 1676, après la mort du tsar Alexis, qui lui avait conservé son estime, Avvakoum est enfermé dans une prison souterraine avant de subir le martyre par le feu en avril 1682.

Kotochikhine, Grégoire Karpovitch (1630 ?-1667). Né à Moscou, il entre en 1645 à la chancellerie des Affaires étrangères en qualité de scribe. En 1658, il devient sous-secrétaire. Ses qualités lui valent d'accomplir plusieurs missions diplomatiques, en Suède et en Pologne notamment. En 1663, il livre des informations confidentielles à un diplomate suédois. Craignant d'être démasqué, il s'enfuit à Vilna, offre ses services à la chancellerie de Lituanie, puis à Varsovie, au roi de Pologne Jean-Casimir. Déçu par les propositions qui lui sont faites, il se rend en Suède en 1665. Il s'installe à Stockholm, sous le nom de Jagan Alexandre Selitski. En septembre 1667, il tue au cours d'une querelle d'ivrognes le propriétaire de son logement. Condamné à mort, il est exécuté après avoir embrassé la confession luthérienne. Kotochikhine est l'auteur d'un ouvrage remarquable, *la Russie sous le règne d'Alexis Mikhaïlovitch* (édité seulement en 1840). Il y trace à grands traits l'histoire des tsars depuis Ivan IV, décrit la Cour, explique le fonctionnement de la diplomatie, des départements ministériels et des chancelleries, passe en revue villes et provinces, examine les problèmes de l'industrie et du commerce et dépeint la vie des boyards et leurs coutumes.

Razine, Stepan Timoféïévitch, dit Stenka (1630 ?-1671). Stenka Razine commence à faire parler de lui vers 1667, alors qu'affluent dans la région du Don de nombreux paysans fuyant le joug des propriétaires fonciers en Ukraine polonaise et dans le centre de la Russie. Prenant la tête de ces déracinés, Razine fonde de nouveaux établissements cosaques sur la Volga. L'ataman et ses « cosaques va-nu-pieds » rançonnent les postes et les comptoirs russes de la Caspienne. Ses troupes s'accroissent : serfs en fuite, déserteurs, prisonniers libérés se joignent à lui. En 1670, Razine s'empare de Tsaritsyne, d'Astrakhan, de Saratov et de Samara, et fait régner la terreur, massacrant les propriétaires fonciers, les marchands et les fonctionnaires russes. Il ne s'agit plus d'une révolte cosaque, mais d'une véritable guerre des paysans, révélatrice du grave malaise social qui affecte la Russie. En octobre 1670, une armée importante, commandée par le prince Bariatinski, inflige aux insurgés une défaite décisive devant Simbirsk. Razine, blessé dans la bataille, cherche refuge auprès des cosaques du Don, qui le livrent aux autorités en avril 1671. Jugé à Moscou, il est condamné à mort en juin 1671 et écartelé en place publique.

Bibliographie

P. Dukes, *The Making of Russian Absolutism (1613-1801)* [Londres, 1982].

P. Pascal, *Avvakoum et les débuts du Raskol* (Paris, 1938).

A. Tchapyguine, *Stenka Razine* (Paris, 1930).

Chapitre 8 1682-1725

La Russie de Pierre le Grand

> *Son puissant génie, qu'une éducation barbare avait retenu et n'avait pu détruire, se développa presque tout à coup. Il résolut d'être homme, de commander à des hommes, et de créer une nation nouvelle.*
>
> Voltaire, *Histoire de Charles XII,* 1731.

Le règne de Pierre le Grand est synonyme d'une véritable révolution. Avec lui, la Russie tente de rompre avec son passé et se tourne vers l'Occident. La fondation d'une nouvelle capitale, Saint-Pétersbourg, qui, face à Moscou, incarne l'esprit nouveau, en est le symbole.

Mettant fin à la régence de sa demi-sœur Sophie, qui, après la mort de Féodor III, a exercé le pouvoir au nom des deux demi-frères Ivan et Pierre, ce dernier, qui se sent trop jeune et trop inexpérimenté pour gouverner, remet le pouvoir à sa mère, Nathalie Narychkine, qui l'exerce jusqu'en 1694.

Devenu maître du pays, il entreprend de réformer l'État et d'étendre son autorité. Le pouvoir central est réorganisé (création des collèges ministériels et d'une chancellerie privée). La douma des boyards est remplacée par un Sénat dont les membres sont nommés par le tsar et dont dépendent la Justice et les Finances. À l'échelon local, le pays est doté d'une administration pyramidale (gouvernements, provinces, districts). La réforme sociale procède du même esprit : la classe des boyards disparait en tant que telle et se fond dans la nouvelle noblesse de service – ordre hiérarchisé et régi par la *Table des rangs.* Enfin, la substitution du Saint-Synode au patriarcat assimile le clergé à un corps de fonctionnaires et assujettit l'Église à l'État.

À l'extérieur, le grand événement du règne est la guerre du Nord, au cours de laquelle Russes et Suédois se disputent la maîtrise de la Baltique. Après deux décennies de lutte presque ininterrompue, Pierre le Grand, victorieux de son grand rival Charles XII, obtient, par le traité de Nystad, l'Estonie, la Livonie, l'Ingrie et une partie de la Carélie. Pour venir à bout de son adversaire, Pierre le Grand a dû créer de toutes pièces une marine et se doter d'une armée moderne, recrutée sur la base d'une conscription généralisée à la noblesse et à la paysannerie.

Histoire politique et institutionnelle

1682

□ **17 (27) avr.** À la mort de Féodor III, les hauts dignitaires de la couronne et les conseillers du tsar défunt, écartant son frère Ivan, faible de corps et d'esprit, proclament son demi-frère Pierre, fils d'Alexis 1er et de Nathalie Narychkine.

□ **Mai-juin** Sophie, sœur de Féodor, utilisant le mécontement des *streltsy*, les pousse à se révolter contre le clan Narychkine, dont plusieurs membres sont assassinés. Pierre et Ivan sont « co-tsars », sous la régence de Sophie.

□ **Été** La régente, qui a dû abandonner momentanément Moscou aux *streltsy*, reprend la situation en main en faisant arrêter et exécuter leur chef, le prince Khovanski.

1687

□ **Juill.** Mazepa est élu hetman par la Rada ukrainienne.

1689

□ **Janv.** Mariage de Pierre avec Eudoxie Lopoukhine.

□ **2 (12) sept.** Avec l'accord d'Ivan V, Pierre destitue la régente Sophie qui projetait un coup de force pour garder le pouvoir. Elle est reléguée dans un cloître, son principal conseiller, Basile Galitzine, exilé à Kargopol. La régence est confiée à Nathalie Narychkine.

1690

À partir des régiments d'« Amuseurs » de son adolescence à Préobrajenskoïe, Pierre crée les régiments de la garde Préobrajenski et Sémionovski, dont le tiers des effectifs est composé de huguenots français réfugiés en Russie.

1694

□ **Janv.** Mort de la régente Nathalie.

1697

□ **Janv.** Nouveau complot des *streltsy*.

□ **Mars** Départ de Pierre pour l'Occident. Son voyage le mène à Königsberg, Berlin, Hanovre, Clèves, Amsterdam et La Haye. Il séjourne près du chantier naval de Zaandam où il travaille comme simple ouvrier.

1698

□ **Janv.** Pierre séjourne à Londres. Il rencontre Guillaume III, visite la Société royale, l'Observatoire et l'hôtel des Monnaies.

□ **Août-sept.** Les *streltsy*, qui avaient été transférés d'Azov à la frontière polonaise, se révoltent. Le général Chéïne les arrête alors qu'ils s'apprêtent à marcher sur Moscou. Plus de 200 *streltsy* seront condamnés à mort.

□ **Août** Après une visite à Vienne, où il a rencontré l'empereur Léopold, Pierre est de retour à Moscou.

□ **Sept.** La tsarine Eudoxie, accusée d'avoir été mêlée au complot des *streltsy*, est exilée au cloître de l'Intercession, à Souzdal.

1699

Pierre ordonne la formation d'une armée permanente composée de serfs et d'engagés, afin de remplacer les milices seigneuriales.

Création de la chancellerie privée.

Série d'ordonnances sur l'organisation des municipalités : instauration de « chambres » municipales élues.

□ **2 (12) mars** Mort de François-Jacob Lefort, conseiller et mentor de Pierre le Grand.

1700

Création d'un Conseil de gouvernement, siégeant à la chancellerie ; il se substitue à l'ancienne douma des boyards.

1701

Série d'ordonnances faisant défense de se mettre à genoux sur le passage du souverain et de se découvrir en hiver en passant devant son palais.

1703

☐ **16 (27) mai** Fondation de Saint-Pétersbourg.

1705

Le premier en Europe, Pierre instaure la conscription obligatoire. Le clergé, les fonctionnaires civils, les membres des guildes et une certaine proportion de paysans sont exemptés.

1705-1706

Soulèvement d'Astrakhan.

1705-1711

Révolte des Bachkirs de l'Oural contre les fonctionnaires russes.

1708

Réforme de l'administration locale. La Russie est divisée en 8 (puis 11) gouvernements : Moscou, Saint-Pétersbourg, Kiev, Kazan, Azov, Smolensk, Arkhangelsk, Sibérie ; eux-mêmes sont divisés en une cinquantaine de provinces administrées par des voïévodes et subdivisées en districts dirigés par des commissaires.

1711

Suppression de la douma des boyards et création d'un Sénat de 9 membres, avec un secrétaire général chargé d'expédier les affaires courantes en l'absence du tsar qui part pour la campagne du Prout. Réorganisé au cours des années suivantes et dirigé par un procureur général (1722), il assure toujours la continuité du pouvoir et devient l'instance judiciaire et administrative suprême.
Le tsarévitch Alexis épouse Charlotte de Wolfenbüttel.

1712

Saint-Pétersbourg devient officiellement capitale et Pierre contraint toute la haute noblesse à s'y installer. Les reliques d'Alexandre Nevski, conservées à Vladimir, y seront transférées en 1724. Désormais les gouverneurs sont assistés de conseils élus par la noblesse.

☐ **Mars** Pierre épouse une ancienne servante livonienne, Marthe-Hélène Skavronskaïa, qui deviendra Catherine Ire.

1714

Nouveau statut de la noblesse : généralisation du *pomiestié* (fusion de l'ancien patrimoine héréditaire – *votchina* – et de l'ancien bénéfice – *pomiestié*). Tous les domaines de la noblesse sont désormais octroyés, mais ils sont héréditaires et inaliénables. Instauration de la règle de l'héritier unique au choix du testateur.
Le jeune noble doit obligatoirement savoir lire et écrire pour pouvoir se marier. Il ne peut devenir officier sans passer par l'école du soldat.

1717

Deuxième voyage de Pierre en Occident.

☐ **Mai** Le tsar est à Paris, où il s'entretient avec le Régent, visite les Académies, la Sorbonne, l'Observatoire, l'Opéra ; il rencontre Louis XV aux Tuileries.

1718

Réforme des départements ministériels : les anciens *prikazes* sont remplacés par 9 collèges. Chaque collège est administré par un conseil de 11 membres.
Réforme judiciaire : les voïévodes sont déchus de leurs pouvoirs judiciaires ; des cours de première et de deuxième instance sont établies dans toutes les provinces, et des cours d'appel dans les villes les plus importantes.
Réforme générale de la fiscalité : l'impôt cadastral est remplacé par la capitation ; l'impôt portant sur les maisons ou les surfaces cultivées, par un impôt sur les « âmes ».

☐ **Févr.** Le tsarévitch Alexis, autour duquel se sont regroupés tous les partis opposés à la politique de Pierre et qui s'était enfui à l'étranger, est ramené à Pétersbourg où il comparaît devant une assemblée de hauts dignitaires laïques et ecclésiastiques ; il doit renoncer à la succession.

☐ **Mars** L'ancienne tsarine Eudoxie, accusée d'adultère, est exilée dans un cloître sur les bords du lac Ladoga.

☐ **Juin** Alexis est condamné à mort, mais il meurt le 15 (26), frappé

La table des rangs

TCHINS (rangs)	HIÉRARCHIE CIVILE	HIÉRARCHIE MILITAIRE (TERRE ET MER)	
1	chancelier	maréchal en chef	grand-amiral
2	conseiller secret actuel	général d'infanterie (ou de cavalerie, ou d'artillerie)	amiral
3	conseiller secret	général-lieutenant	vice-amiral
4	conseiller d'État actuel	général-major	contre-amiral
5	conseiller d'État	brigadier	
6	conseiller de collège	colonel	capitaine de 1er rang
7	conseiller de cour	« sous-colonel »	capitaine de 2e rang
8	assesseur de collège	major	capitaine-lieutenant
9	conseiller titulaire	capitaine	lieutenant
10	secrétaire de collège	capitaine en second	
11	secrétaire de vaisseau		
12	secrétaire de gouvernement	lieutenant	enseigne de vaisseau
13	greffier au Sénat, au synode ou au conseil privé	sous-lieutenant	
14	greffier de collège	enseigne	

D'après A. Préchac, *Histoire de la Russie avant 1917,* Paris, 1974.

d'apoplexie ou victime des tortures subies.

1719
Mort de Pierre, le successeur désigné.

1721

□ **11 (22) oct.** Abandon du titre de tsar : le Sénat proclame Pierre empereur.

1722
L'Ukraine est privée de toute autonomie administrative. Elle perd le droit d'élire son hetman ; elle est dorénavant administrée par le collège de Petite-Russie. Publication d'un manifeste de Pierre sur le problème de la succession dynastique : désormais le souverain pourra en toute liberté désigner son successeur. Rédaction d'un règlement sur le fonctionnement des collèges.

□ **13 (24) janv.** Création de la *Table des rangs,* hiérarchie de 14 classes pour les fonctionnaires civils et militaires et les charges de la Cour.

1724

□ **Mai** Couronnement de l'impératrice Catherine.

1725

□ **28 janv. (8 févr.)** Pierre le Grand meurt sans avoir eu le temps de désigner son successeur.

Politique extérieure

1686
La Russie accède à la Sainte Ligue (Saint Empire, Pologne et Venise) contre l'Empire ottoman.

□ **Mai** La Pologne signe une « paix perpétuelle » avec la Russie : elle renonce à ses droits sur Kiev contre la promesse d'une aide militaire russe contre les Tatars et le versement d'une indemnité de 1,5 million d'écus.

1687
Conformément à l'accord conclu avec Jean Sobieski, Basile Galitzine entreprend une campagne contre les Tatars de Crimée.

1688
Nouvel échec en Crimée.

1689
Traité de Nertchinsk avec la Chine : la Russie renonce au bassin de l'Amour, mais obtient le droit de commercer avec la Chine.

1695
Échec de la campagne d'Azov contre les Turcs et les Tatars.

1696
Nouvelle campagne d'Azov ; les Turcs et les Tatars sont battus et la ville est prise.

1698

□ **Août** Entrevue de Rawa entre Pierre et Auguste II, roi de Pologne. Préliminaires d'une alliance polono-russe contre la Suède.

□ **Oct.** Jean-Reinhold Patkul, porte-parole de la noblesse livonienne opposée à la domination suédoise, sollicite l'aide de la Russie et propose un partage de la Livonie entre Pologne et Russie.

1699

□ **16 (26) janv.** Paix de Carlowitz entre l'Empire ottoman, la Russie, la Pologne, l'Autriche et Venise. La Russie obtient Azov mais doit se contenter d'une trêve de deux ans. Oukraïntsev est chargé d'obtenir à Constantinople une paix définitive.

□ **1er (11) nov.** Conférence à Préobrajenskoïé entre le tsar et les envoyés de la Pologne et du Danemark. Alliance secrète contre la Suède.

1700
□ **Juill.** Paix de Constantinople entre la Russie et l'Empire ottoman.

□ **Été** Début de la guerre du Nord

entre, d'un côté, la Suède, de l'autre, la Russie, le Danemark, la Saxe et la Pologne.

☐ **Nov.** Offensive russe devant Narva. Une armée de 40 000 hommes assiège la ville. Le siège est interrompu par l'arrivée de Charles XII.

1701

☐ **Févr.** Menacé par Charles XII de Suède, Auguste II signe une nouvelle alliance avec Pierre à Birze.

☐ **22 juin (3 juill.)** L'armée russo-polonaise est battue par les Suédois à Riga.

☐ **18 (29) déc.** Boris Cheremetiev écrase les Suédois à Erestfer.

1702

☐ **7 (18) juill.** Nouvelle victoire de Cheremetiev à Hummelshof. Volmar et Marienbourg tombent aux mains des vainqueurs. La Livonie est ravagée. Les troupes d'Apraxine sévissent en Ingrie.

☐ **30 nov. (1er déc.)** Pierre le Grand prend Noteborg et rebaptise la forteresse d'un nom symbolique, Schlüsselbourg (la « Clef de la Baltique »). Avec la prise de Nienschanz, les Russes contrôlent toute la Néva.

1703

☐ **Mai** Première victoire navale russe à l'embouchure de la Néva. Fondation de Saint-Pétersbourg.

1704

☐ **Août** Après un assaut meurtrier, Narva tombe aux mains des Russes.

1705

☐ **8 (19) déc.** Patkul, « commissaire du tsar », est arrêté à Vienne (il sera livré aux Suédois puis condamné et exécuté en 1707).

1708

☐ **Janv.** Offensive suédoise contre la Russie. Charles XII marche sur Grodno.

☐ **Juill.** L'hetman des cosaques, Mazepa, déjà sollicité par les Suédois en 1705, se range de leur côté contre le tsar. Les cosaques, exaspérés par les mesures prises contre leur autonomie, se soulèvent.

☐ **Nov.** Manifeste de Pierre le Grand aux Ukrainiens les conviant à élire un nouvel hetman : une partie des cosaques se rallie au tsar et élit Skoropadski.

1709

☐ **27 juin (8 juill.)** Charles XII est battu à Poltava.

☐ **Juill.** Quadruple alliance : Russes, Polonais, Danois et Prussiens se liguent contre la Suède.

1710

☐ **Juill.** Cheremetiev vient à bout de la résistance de Riga. La Carélie et la Livonie sont occupées. Le duc de Courlande sollicite la protection russe et demande la main de la nièce du tsar, Anna Ivanovna.

☐ **9 (20) nov.** Poussés par Charles XII, réfugié en Turquie, les Turcs déclarent la guerre à la Russie.

1711

☐ **Juill.** Allié contre les Turcs avec les hospodars de Moldavie et de Valachie, les princes Cantemir et Brancovan, Pierre prend position à Iassy, mais sans pouvoir s'y maintenir. Encerclé sur les bords du Prout, le tsar doit signer la paix avec les Turcs et leur restituer Azov.

1712

☐ **Sept.** Les alliés assiègent Stralsund.

1713

☐ **Mars** Campagne russe en Finlande. Prise d'Åbo.

1714

☐ **27 juill. (7 août)** La flotte suédoise est battue par la marine russe devant Hangö-udd (Gangout). Occupation des îles d'Åland.

1717

□ **22 août (2 sept.)** Signature d'un traité de commerce franco-russe.

1718

Mort de Charles XII en Norvège.

1719

□ **Juill.** La flotte russe opère une descente sur les côtes suédoises, des troupes cosaques sont débarquées et marchent sur Stockholm.

1720

Victoire navale russe dans l'archipel d'Åland.

1721

□ **30 août (10 sept.)** Paix de Nystad, avec la médiation française. Fin de la guerre du Nord. La Russie obtient à titre définitif la Livonie, l'Estonie, l'Ingrie, une partie de la Carélie avec Vyborg et une partie de la Finlande méridionale, contre le paiement d'une indemnité de 2 millions d'écus à la Suède.

1722

□ **Mai** Campagne russe contre la Perse sur la Caspienne, avec un effectif de 100 000 hommes.

1723

□ **1er (12) sept.** La Perse abandonne à la Russie tout le littoral de la Caspienne avec Derbent, Bakou, les provinces de Gilian, Mazanderan et Astrabad. Protestation de la Turquie.

1724

□ **Juin** Traité de partage des territoires de la Caspienne signé avec les Turcs à Constantinople.

Économie et société

1693

Pierre le Grand fonde un chantier naval à Arkhangelsk, avec l'aide de marins hollandais.

1696

Pierre entreprend la construction d'une flotte et installe un chantier dans le bassin du Don, à Voronej. 23 galères sont mises à flot.

1697

Édit créant l'établissement des forges de Tobolsk pour satisfaire les besoins de l'armée en fusils et en canons.

1698

□ **19 (29) août** Oukase interdisant la barbe et ordonnant le port de costumes à l'européenne.

1699

Création de compagnies marchandes et industrielles bénéficiant d'un monopole.

□ **15 (25) déc.** Oukase sur la réforme du calendrier. L'année commencera désormais en janvier et non plus en septembre, selon la tradition byzantine. L'ère chrétienne est substituée à l'ère biblique byzantine, mais le calendrier julien est maintenu.

□ **1702**

Suppression du *terem* (gynécée).

1703

Construction du fort d'Orianenbourg, dans le gouvernement de Kazan.

1704

Centralisation de l'administration des fermes d'État, dont les revenus passent de 299 000 à 569 000 roubles.

Interdiction de tuer les enfants mal conformés ou nés hors mariage.

1705

La vente du sel et du tabac devient monopole d'État.

1706

Encouragement de l'élevage du mouton dans la région de Poltava.

À l'instigation du tsar, le métropolite de Novgorod fonde un asile pour les pauvres abandonnés.

Création à Moscou du premier hôpital militaire, doté d'une école de chirurgie,

d'un cabinet d'anatomie et d'un jardin botanique.
Pharmacies d'État établies à Saint-Pétersbourg, Kazan et Riga.

oct. 1707 - début 1709
Révolte dans la région du Don : vieux-croyants persécutés, soldats déserteurs, paysans ruinés, serfs fugitifs, cosaques, sous la conduite de l'ataman Boulavine, résisteront près de deux ans aux armées du tsar.

1710
Révision du cadastre des maisons habitées et des terres cultivées. Diminution de 1/5 du nombre des propriétés imposables par rapport au recensement de 1678 (de 40 p. 100 dans le Nord).

1712
Création de haras d'État.

□ **Févr.** Institution d'un Collège du commerce.

1714
□ **Févr.** Édit instaurant l'instruction obligatoire et gratuite (application de la mesure limitée aux enfants des diacres et des prêtres).

1715
Traité de commerce avec la Perse.
Le Collège du commerce est chargé de la formation des marchands russes et organise à leur intention des voyages, en Italie et en Hollande en particulier.
Généralisation des asiles dans toutes les grandes villes de Russie.

1717
Liberté du commerce du blé. Révocation d'un certain nombre de privilèges commerciaux accordés à des marchands étrangers.

1719
Suppression de tous les monopoles commerciaux.
Édit déclarant libres et accessibles à tous la recherche et l'extraction de toutes espèces de métaux sur toutes les terres, les propriétaires n'ayant qu'un droit de priorité.

1722
Exploitation du premier gisement de houille.

1723
Fin du monopole des manufactures créées par l'État, qui s'efforce de les affermer à des particuliers en leur offrant des conditions de reprise et d'exploitation avantageuses.

1724
Augmentation continue du trafic commercial du port de Saint-Pétersbourg : 16 vaisseaux étrangers en 1714, 53 en 1715, 119 en 1722, 180 en 1724.

1725
Début de la construction d'un canal reliant la Néva à la Volga (achevé en 1732).
La production russe de fonte égale la production anglaise.

Vie religieuse et culturelle

1683 Deux Grecs, les frères Likhoudis, enseignent à Moscou la logique et la physique d'Aristote.

1686 Ouverture de l'Académie slavo-gréco-latine.

1690 Mort du patriarche Joachim, qui avait imposé, sous la régence de Sophie, la répression de tous les dissidents.

1700 Après la mort du patriarche Adrien, Pierre laisse le siège vacant et organise une administration provisoire des affaires ecclésiastiques. Une communauté de vieux-croyants s'installe près d'Olonets.

1703 Publication de la première gazette russe à Moscou, les *Vedomosti* (Nouvelles).

1705 Les missionnaires orthodoxes atteignent le Kamtchatka.

1710

☐ **18 (29) janv.** Édit officialisant l'usage de l'alphabet cyrillique simplifié. L'Église conserve seule l'usage du vieil alphabet slavon.

1715 Projet de fondation d'une Académie des sciences, inspiré de Leibniz, sur le modèle de l'Académie de Berlin.

1716 Le tsar ordonne le recensement de tous les dissidents du Raskol et prend des mesures fiscales à leur encontre (double imposition).

1719 Rédaction du Règlement pour les affaires ecclésiastiques, sous l'autorité de l'évêque Théophane Prokopovitch.

1721

☐ **14 (25) janv.** Inauguration du Collège ecclésiastique (le futur Saint-Synode). Le Patriarcat de Moscou est supprimé et remplacé par une assemblée permanente chargée de la gestion des affaires de l'Église et du contrôle du clergé.

1723

☐ **10 (21) août** Mort du prince Dimitri Cantemir, Moldave passé au service de la Russie, auteur d'une *Description de la Moscovie.*

Biographies

Lefort, François-Jacob (1656-1699). Bien qu'appartenant à une famille de notables genevois, Lefort, âgé de quatorze ans à peine, décide de partir chercher fortune à l'étranger. En 1675, il est à Arkhangelsk, où il tente en vain d'entrer dans l'administration russe. Il s'installe l'année suivante à Moscou, au Faubourg des étrangers, où il se fait de nombreuses relations. En 1678 enfin, il est admis dans l'armée avec le grade de capitaine et il est immédiatement envoyé en Ukraine, où les Russes sont alors en guerre contre les Turcs et les Tatars. Au cours de cette campagne, il se lie avec le prince Golitsyne, futur ministre de la régente Sophie. Lieutenant-colonel en 1683, il est présenté au jeune tsar Pierre, sur lequel il fait grande impression. Lefort devient l'habitué de Préobrajenskoïé et l'inséparable compagnon de jeu de Pierre. Lorsque celui-ci prend le pouvoir, la carrière de Lefort progresse rapidement : il est général en 1693, amiral en 1695 (il commande la flotte au cours de la seconde campagne d'Azov), enfin gouverneur de Novgorod en 1697. En 1697-1698, placé à la tête de l'ambassade, il accompagne Pierre le Grand dans son tour d'Europe. Il meurt le 12 mars 1699 d'une mauvaise fièvre, après avoir secondé le tsar dans la répression des *streltsy.* Le rôle de Lefort et son influence sur le tsar ont été considérables. Militaire, conseiller, diplomate, il a surtout initié Pierre aux mœurs et aux idées occidentales. Son amitié pour le tsar était profonde et sincère. Lefort a subi de nombreuses attaques des milieux les plus conservateurs, irrités par la carrière rapide et brillante de cet étranger, comblé de titres et de biens.

Mazepa, Ivan Stepanovitch (1639-1709). Mazepa est une figure légendaire consacrée par le romantisme : il a inspiré Pouchkine, Liszt, Delacroix, Byron et Hugo. La réalité historique est très différente. D'origine noble, Mazepa étudie à l'Académie de Kiev, puis au collège jésuite de Varsovie. Il fait partie de ce petit groupe que le tsar Alexis envoie à ses frais achever ses études dans les universités allemandes. En 1659, il est chargé d'une mission auprès de l'hetman d'Ukraine. Il passe les années suivantes dans le domaine familial. En juillet 1687, la Rada ukrainienne le désigne pour succéder à l'hetman Ivan Samoïlovitch, déposé par Golitsyne sur ordre de la régente Sophie. Il participe aux deux campagnes d'Azov et se bat contre les Tatars en Ukraine. Il jouit de l'amitié du tsar, qui le comble de bienfaits et lui attribue d'immenses domaines. La richesse de Mazepa devient proverbiale. Aussi quand, en octobre 1708, en pleine guerre du Nord, Mazepa passe à l'ennemi et se joint aux armées suédoises, sa défection surprend tout le monde. Pourtant, dès 1705, il a entrepris des négociations avec Charles XII, par l'intermédiaire de Stanislas Leszczyński. Mazepa ne parvient à entraîner avec lui que la moitié des cosaques et, en juin 1709, il est défait à Poltava. Réfugié à Bender, en Turquie, avec Charles XII, il meurt le 11 (22) septembre 1709. Les motivations réelles de Mazepa sont encore mystérieuses : voulait-il rendre à l'Ukraine ses anciennes libertés progressivement abolies par les Russes, ou encore, dévoré d'ambition, aspirait-il à faire de la Petite-Russie un fief personnel sous la suzeraineté de la Pologne ?

Menchikov, Alexandre Danilovitch, militaire et homme politique (1673-1729). Fils d'un garçon d'écurie, Menchikov est engagé comme caporal dans le régiment Préobrajenski, création de Pierre le Grand et objet de tous ses soins. Présenté au tsar par Lefort, il devient très vite son favori. En 1703, après s'être battu contre les Suédois, Menchikov est nommé gouverneur des territoires nouvellement conquis à l'embouchure de la Neva et il est chargé de superviser les travaux de construction de Saint-Pétersbourg. Général de cavalerie en 1706, il se voit confier les opérations militaires en Pologne ; en 1708, il bat les Suédois et les partisans de Mazepa. En 1717, il est nommé président du Collège de la guerre. Accusé de corruption, il est momentanément disgracié en 1723. À la mort de Pierre le Grand, Menchikov s'allie avec Pierre Tolstoï pour porter au trône Catherine. Il devient alors tout puissant. Le Sénat lui étant hostile, il obtient de l'impératrice la création du Conseil suprême privé, qui dépouille l'assemblée d'une grande part de son autorité et dans lequel il joue le premier rôle. En juin 1726, il pose sa candidature au trône de Courlande, mais la Diète élit Maurice de Saxe, en dépit de la pression militaire russe. À l'avènement de Pierre II, en mai 1727, l'étoile de Menchikov, dont la fille Marie est fiancée au jeune tsar, est à son zénith. Mais très vite le tsar est excédé par les manières autoritaires de Menchikov ; en septembre 1727, poussé par la vieille aristocratie qui tolère mal ce parvenu, il ordonne son arrestation. Privé de tous ses titres, ses biens confisqués, Menchikov est exilé en Sibérie, à Berezovo, où il meurt en octobre 1729.

Bibliographie

B. Klioutchevski, *Pierre le Grand et son œuvre* (Paris, 1953).

R.K. Massie, *Pierre le Grand* (Paris, 1985).

R. Portal, *Pierre le Grand* (Paris, 1961).

Chapitre 9 **1725-1761**

Le règne des favoris

> *Nous n'avons plus de tsar maintenant. Qu'est-ce qu'une baba peut savoir ? Elle a plus de cheveux que d'esprit.*
>
> Paysan refusant de saluer l'avènement d'Anne Ire, 1730.

Seconde épouse de Pierre le Grand, Catherine Ire est portée sur le trône par la noblesse, qui entend participer au pouvoir. Très vite, les solides institutions pétroviennes se trouvent ébranlées, le Sénat perd une partie de son autorité, tandis que, dans les provinces, gouverneurs et voïévodes s'émancipent. Deux favoris, Alexandre Menchikov et Pierre Tolstoï, se partagent le pouvoir et les honneurs.

Après le règne bref de Pierre II, petit-fils de Pierre le Grand, l'évolution des structures de l'État paraît s'accélérer avec Anne Ire. La noblesse lui impose avant son avènement les « conditions de Mitau », qui lui interdisent de prendre aucune décision sans l'assentiment d'un conseil élargi. Avec l'aide de la Garde, Anne se débarrasse de cette tutelle et impose un régime d'arbitraire et de tyrannie en s'appuyant sur des favoris d'origine allemande, Münnich, Osterman et Bühren, qui symbolise le régime (la « bironovchtchina »).

C'est par un coup d'État qu'Élisabeth Ire s'empare du pouvoir en éliminant Ivan VI, petit-neveu d'Anne Iere et son successeur désigné. Revenant aux traditions pétroviennes, elle rétablit l'autorité et le prestige du Sénat. Un grand ministre, Pierre Chouvalov, encourage efficacement le développement de l'industrie et du commerce par un régime de liberté. En revanche, dans les campagnes, Élisabeth, qui a besoin du soutien de la noblesse, étend les droits et privilèges de celle-ci, provoquant une aggravation du servage.

En matière de politique extérieure, l'intervention de la Russie dans les conflits européens va croissant. On voit paraître pour la première fois des contingents russes sur le Rhin. Anne et Élisabeth luttent aux côtés de l'Autriche contre la France et la Prusse lors des guerres de succession de Pologne et d'Autriche. Au cours de la guerre de Sept Ans, les généraux russes jouent un rôle décisif ; ils écrasent à plusieurs reprises les troupes prussiennes, occupent Berlin et poussent Frédéric II au bord de l'abîme.

Vie politique et institutionnelle

1725

☐ **Janv.** Problème de succession à la mort de Pierre le Grand. Seul héritier mâle, son petit-fils Pierre, fils d'Alexis, n'a que neuf ans. Les partisans des réformes penchent pour Catherine, leurs adversaires pour l'ancienne tsarine Eudoxie. Après un compromis entre les aristocrates et les parvenus de l'entourage de l'empereur défunt, la Garde impose Catherine.

☐ **Juin.** Mariage de la fille aînée de l'impératrice, Anne Petrovna, avec Charles-Frédéric, duc de Holstein-Gottorp.

1726

☐ **Févr.** Création du Conseil suprême privé qui réduit les pouvoirs du Sénat. Présidé par l'impératrice, il compte sept membres, dont les deux hommes forts du règne, Alexandre Menchikov et Pierre Tolstoï.

1727

☐ **Mai** Mort de Catherine Ire. Avènement de Pierre II, qui n'a que douze ans. Menchikov, tout puissant, fait exiler Tolstoï.
Les nominations dans l'armée sont réservées au Conseil suprême privé.

☐ **Sept.** Chute d'Alexandre Menchikov, qui est exilé à son tour en Sibérie. Réaction aristocratique : les Dolgorouki, de retour au pouvoir, tentent de rendre ses droits à la vielle noblesse. Retour de la Cour à Moscou.

1728

Le Conseil suprême privé absorbe progressivement les autres pouvoirs ; les collèges lui sont subordonnés.
Suppression du collège de Petite-Russie ; l'hetman est rétabli.
Le Conseil décide de réunir une députation à Moscou pour achever la codification des lois.

1729

☐ **Nov.** Mariage de Pierre II avec Catherine Dolgorouki.

1730

Abolition de la loi sur les majorats.

☐ **Janv.** Mort de Pierre II. Sans tenir compte du testament de Catherine Ire, qui désignait à la succession éventuelle de Pierre II Anne et Élisabeth, les deux filles de Pierre le Grand, le Conseil choisit sa nièce Anne Ivanovna, veuve du duc de Courlande. Elle accepte une charte rédigée par Dimitri Golitsyne qui limite ses pouvoirs au profit du Conseil suprême privé (les « conditions de Mitau »). Opposition de la petite noblesse, qui réclame un élargissement de la charte en sa faveur.

☐ **Févr.** Jouant des divisions de la noblesse, Anne dénonce les conditions de Mitau et renoue avec l'autocratie.

☐ **4 (15) mars** Anne supprime le Conseil suprême privé et rétablit le Sénat dans ses pouvoirs.

☐ **Avr.** Les Dolgorouki sont écartés du pouvoir.

☐ **Juill.** Création du corps des cadets et suppression de l'école du soldat.

☐ **18 (29) oct.** Création du Cabinet des ministres (de trois membres). Ses fonctions sont identiques à celles du Conseil suprême privé.

1731

Manifeste d'Anne réglant sa succession qu'elle réserve à la postérité de sa nièce, Anne Leopoldovna, futur duchesse de Brunswick.

1732

La Cour et les administrations sont à nouveau installées à Saint-Pétersbourg.
Création d'une commission des comptes pour contrôler l'administration des gouverneurs.
Münnich modifie le système du recrutement : une recrue pour 350 paysans, avec possibilité de rachat.

1734
Suppression de la charge d'hetman élu de Petite-Russie, remplacée par une commission provisoire ; retour à la centralisation.

1735
Consécration de l'autorité du Cabinet des ministres : les décrets qu'il prend en l'absence de l'impératrice auront force de loi.

1736
Loi limitant les obligations militaires de la noblesse de service et permettant à l'un des fils de la famille de vivre sur ses terres.

1740

□ **2 (13) août** Naissance d'Ivan Antonovitch, fils d'Anne Leopoldovna.

□ **17 (28) oct.** Mort d'Anne Ire. Régence de Bühren (Biron) au nom d'Ivan Antonovitch. Bühren prend le titre d'« altesse ».

□ **8 (19) nov.** Le général Münnich fait arrêter Bühren qui est emprisonné à Schlüsselbourg. Anne Leopoldovna est proclamée régente et Münnich prend le titre de Premier ministre.

1741

□ **Janv.** Nouvelle répartition des pouvoirs entre les ministres, qui ne laisse à Münnich que l'armée et restitue les Affaires étrangères à Osterman.

□ **25 nov. (6 déc.)** Coup d'État d'Élisabeth Petrovna, fille de Pierre le Grand. Publication de son manifeste qui fonde ses droits sur le testament de Catherine Ire. L'empereur Ivan et sa famille sont emprisonnés.

1742

□ **Janv.** Condamnés à mort, Osterman et Münnich sont grâciés et exilés en Sibérie ainsi que Bühren. Bestoujev-Rioumine devient responsable des Affaires étrangères.

□ **Avr.** Couronnement d'Élisabeth à Moscou.

□ **Nov.** Manifeste d'Élisabeth désignant son neveu, le duc de Holstein-Gottorp, comme son successeur.

□ **Déc.** Suppression du Cabinet des ministres et nouveau rétablissement du Sénat, qui passe à 14 membres. Retour des Dolgorouki à la Cour.

1743
Création d'une Conférence des ministres, équivalent du défunt Cabinet ; le Sénat conserve un rôle important.

□ **Mai** Création d'un Bureau des placets.

1744
Élisabeth reçoit à Kiev une députation qui demande le rétablissement de l'hetman et la suppression de la commission provisoire de 1734.

□ **Mars.** Décret créant le gouvernement d'Orenbourg.

1750

□ **Févr.** Cyrille Razoumovski (frère de l'époux morganatique d'Élisabeth, Alexis) est élu hetman ; les fonctionnaires russes quittent l'Ukraine, dont la tutelle passe du Sénat au collège des Affaires étrangères.

1755
Pierre Chouvalov, nommé grand maître de l'Artillerie, entreprend une modernisation de l'armement.

□ **Avr.** Création d'une commission pour la codification des lois.

1757
Réforme du recrutement : limité jusque-là aux dix gouvernements de Russie, il est étendu à la Petite-Russie et aux provinces baltes.

1758

□ **Févr.** Arrestation de Bestoujev-Rioumine (adversaire de l'alliance avec la France). Michel Vorontsov lui succède aux Affaires étrangères.

1761
Projet du Sénat pour l'Ukraine : détacher Kiev de la province pour en faire le chef-lieu d'un arrondissement directement administré par le Sénat.

☐ **25 déc. (5 janv. 1762)** Mort d'Élisabeth Ire.

Politique extérieure

1725
☐ **31 mars (11 avr.).** Catherine Ire donne audience au résident français Campredon ; elle propose une alliance franco-russe et le mariage de Louis XV avec Élisabeth Pétrovna.

1726
☐ **Juill.** Les Russes chassent de Mitau Maurice de Saxe, qui avait été régulièrement élu duc par la diète de Courlande.

☐ **26 juill. (6 août)** La Russie accède au traité de Vienne, signé en 1725 entre l'empereur Charles VI de Habsbourg et l'Espagne. Elle met 30 000 hommes à la disposition de ses alliés en échange de leur soutien en cas de guerre avec les Ottomans.

1727
☐ **Févr.** La diète de Courlande confirme l'élection de Maurice de Saxe et rejette à nouveau Menchikov, le candidat désigné par Catherine.

☐ **Août** Traité de paix perpétuelle avec la Chine sur la base du statu quo territorial ; établissement de relations commerciales régulières.

1728
☐ **Juill.** Attaque tatare en Petite-Russie.

1731
La Petite Horde kazakh se place sous la suzeraineté russe.

1732
☐ **Juin.** Négociations franco-russes, mais Osterman impose contre Bühren la fidélité à l'alliance autrichienne.

1733
☐ **Août** La Russie soutient la candidature d'Auguste III en Pologne contre le candidat de la France, Stanislas Leszczyński.

1734
☐ **Juin** Engagée contre la France dans la guerre de Succession de Pologne, Anne envoie dans la Baltique une flotte qui bat, au large de Dantzig, l'escadre française chargée de défendre Stanislas Leszczyński.

1736
☐ **Mai** Campagne de Münnich contre les Tatars de Crimée.

☐ **Oct.** Début de la guerre russo-austro-turque.

1737
☐ **Mars** Bühren est élu duc par la diète de Courlande ; élection ratifiée par Auguste III en juillet.

1738
Reprise des relations franco-russes. Le prince Cantemir à Paris.

1739
☐ **18 sept.** Traité de Belgrade : fin de la guerre entre la Russie, l'Autriche et la Turquie. Grâce aux victoires remportées par Münnich (Azov, Otchakov, Iassy), la Russie recouvre Azov et le *Zaparojié* perdus sous Pierre le Grand.

1741-1742
Guerre russo-suédoise.

1743
☐ **Janv.** Congrès d'Åbo.

☐ **5 (16) juin** Traité d'Åbo entre la Russie et la Suède, qui lui cède la partie orientale de la Finlande méridionale (provinces de Kymmengard, de Wilmanstrand et de Nyslot).

☐ **Déc.** Reprise des relations diplomatiques franco-russes interrompues par le conflit avec la Suède : retour de l'ambassadeur de France, le marquis de La Chétardie.

1744

☐ **24 janv. (4 févr.)** Traité entre la Russie et la Saxe : il engage indirectement la Russie dans la coalition anglo-autrichienne, à l'instigation de Bestoujev-Rioumine. Nouvelle rupture avec la France.

☐ **28 déc. (8 janv. 1745)** Élisabeth accède au traité de Varsovie entre l'Autriche, la Saxe, l'Angleterre et la Hollande.

1746

☐ **22 mai (2 juin)** Traité austro-russe : alliance défensive stipulant une aide mutuelle de 30 000 hommes. Bestoujev-Rioumine, principal artisan de l'alliance, touche 6 000 ducats de l'empereur.

1747

☐ **1er (12) juin** Traité anglo-russe de subsides : la Russie recevra 100 000 livres par an pour armer ses troupes.

1748

☐ **Avr.** Pour la première fois dans son histoire, la Russie intervient dans un conflit en Europe de l'Ouest, en envoyant des troupes sur le Rhin.

1756

☐ **Juill.** Reprise des relations diplomatiques entre la France et la Russie.

☐ **31 déc. (11 janv. 1757)** La Russie accède au traité de Versailles (alliance franco-autrichienne).

1757

☐ **11 (22) janv.** Convention austro-russe : les deux signataires s'engagent à fournir chacun 80 000 hommes en cas de guerre commune avec la Prusse.

☐ **19 (30) août** L'armée russe, sous le commandement d'Apraxine et de Roumiantsev, écrase le contingent prussien à Gross-Jaegersdorf. Au lieu d'exploiter sa victoire en occupant la Poméranie, Apraxine se replie sur Tilsit.

☐ **30 déc. (10 janv. 1758)** Occupation de Königsberg.

1758

☐ **Juill.** Les Russes assiègent la forteresse de Kustrin, clef du Brandebourg.

☐ **14 (25) août** L'armée russe est encerclée par les Prussiens à Zorndorf ; elle se dégage au prix de lourdes pertes.

1759

☐ **25 févr. (8 mars)** Convention russo-suédoise, à laquelle s'associent la France et le Danemark ; objectif : fermer l'accès de la Baltique à tous les navires de guerre étrangers.

☐ **Juill.** Les Russes de Saltykov battent Dohna à Palzig et s'ouvrent la route de l'Oder, de Francfort et de Berlin.

☐ **30 juill. (10 août)** Saltykov et les Autrichiens de Laudon écrasent l'armée de Frédéric II à Kunersdorf. La division des alliés les empêche d'exploiter leur victoire.

☐ **28 sept. (9 oct.)** Saltykov à Berlin. La ville capitule ; livrée au pillage, elle doit payer 1,5 million de thalers.

1760

☐ **12 (23) mars** Choiseul négocie avec l'Autriche pour que la Russie obtienne de la Pologne la rive droite du Dniepr, avec, en compensation, la Prusse-Orientale arrachée à Frédéric II.

Économie et société

1725

☐ **Janv.** Départ de l'expédition de Béring.

1725-1727

Chute des revenus de l'État de 10 à

8 millions de roubles (90 % à la charge des paysans).

1727
Béring découvre le détroit séparant l'Asie de l'Amérique.

1729
Législation sur les lettres de change.
Baisse des taxes sur certains produits comme le chanvre.
Liberté d'exploitation des mines situées au-delà de Tobolsk.

□ **22 avr. (3 mai)** Un incendie ravage le faubourg allemand de Moscou.

1730
Création d'un Bureau des haras.

1731
Décret chargeant la noblesse du prélèvement de la capitation.

1733-1743
Deuxième expédition de Béring, qui donne le relevé des côtes orientales de la Sibérie, du Kamtchatka, des îles Kouriles et Aléoutiennes. Béring meurt en Alaska.

1734
Création d'un commissariat pour la surveillance des manufactures.
À la même époque, exploration des côtes septentrionales de la mer Blanche, à l'embouchure de la Kolyma.

1737
Mise sur pied de gardes et de patrouilles à Moscou pour prévenir les incendies.

1739
Limitation du prix des céréales.

1740-1750
Installation de l'industrie du drap à Voronej. Le marchand Poustolov obtient pour ce faire de nombreux privilèges, y compris la juridiction sur ses ouvriers.
Construction d'une route postale entre Moscou et Astrakhan par Tsaritsyne, avec une liaison entre Tsaritsyne et Kiev.

1741
Création d'écoles primaires dans le gouvernement de Kazan.

1748-1755
Pour arrêter le déboisement, on ordonne la fermeture des forges, distilleries et verreries dans un rayon de 200 km autour de Moscou.

1749
Découverte du premier gisement de pétrole russe.
Rétablissement des collèges des Mines et des Manufactures, supprimés en 1725.

1750
Fondation d'une école de la marine.

1752
Le gouvernement tente l'acclimatation des vers à soie en Petite-Russie et dans les gouvernements d'Astrakhan et d'Orenbourg.

1753
Reconstitution de la ferme des tabacs, supprimée sous Pierre II.
Colonisation du territoire des cosaques Zaporogues cédé à la Russie par le Traité de Belgrade (1739).
Création de deux banques, l'une pour le commerce au capital de 500 000 roubles, l'autre pour la noblesse avec un capital de 750 000 roubles et pratiquant des prêts à 6 %.

□ **Déc.** Suppression de 17 taxes perçues par les douanes intérieures.

1754
Édit autorisant le commerce du blé entre la Russie et l'Ukraine.
Chouvalov fait adopter son projet de suppression des douanes intérieures.

1755
Interdiction d'exporter le chanvre, l'alcool et les cuirs.
Suppression des droits d'entrée sur les produits étrangers importés en Petite-Russie, et prélevés par la Russie.

En Petite-Russie, abolition d'un grand nombre de taxes intérieures qui grevaient l'industrie locale.
À l'instigation de Lomonossov, Ivan Chouvalov, frère de Pierre, fonde l'université de Moscou, dont il sera curateur. Celle-ci comprend, à l'origine, les trois facultés de droit, philosophie et médecine.

1759
Pierre Chouvalov monopolise à son profit le commerce du bétail et de la viande de boucherie, sextuplant les prix et réalisant des bénéfices énormes.

1760
Décret limitant les droits des maîtres sur leurs serfs en matière de justice criminelle. La déportation est substituée aux châtiments corporels.

1761
Le Sénat décide d'interrompre le projet d'arpentage général de l'Empire décidé par Chouvalov.

Vie religieuse et culturelle

1725

□ **2 (13) nov.** Inauguration de l'Académie des sciences.

1726 Édit ordonnant, par mesure d'économie, la fusion des écoles laïques, créées par Pierre le Grand, avec les séminaires.

1727 Le Conseil Suprême Privé ordonne la publication de *la Pierre angulaire de la foi,* œuvre défendant une orthodoxie stricte contre toutes les tendances réformistes.

1728 Müller, de l'Académie des sciences, fonde les *Nouvelles de Saint-Pétersbourg,* en s'inspirant des périodiques anglais qui mêlent variétés et sciences populaires.

1730

□ **Mars** Manifeste d'Anne ordonnant au clergé de respecter scrupuleusement toutes les pratiques du rituel et condamnant les tendances réformatrices.

1733 Des mesures sont prises contre le Raskol : baptême obligatoire pour les enfants, travaux forcés pour fait de prosélytisme.

1733-1738 Les enseignements donnés par l'Académie des sciences sont suspendus.

1735-1742 Introduction de l'opéra italien en Russie et fondation d'une troupe permanente dirigée par le Napolitain Araja : il fait représenter son opéra *la Force de l'amour et de la haine.* Le Français J. B. Landet fonde l'école de ballet. Représentation du *Titus,* de Hasse, de *la Russie opprimée et consolée,* de Domenico Dalloglio.

1735-1765 Le rococo russe domine en architecture : construction du palais d'Hiver et de l'église du couvent Smolny à Saint-Pétersbourg ; reconstruction des résidences impériales de Tsarskoïe Selo et de Peterhof.

1739 Un séminaire devra être établi dans tous les diocèses. □ Lomonossov compose son *Ode sur la prise de Khotin.*

1743 Enseignement obligatoire du catéchisme dans toutes les écoles.

1746 Lomonossov inaugure un cours populaire de physique expérimentale.

1747 Alexis Soumarokov, élève du corps des cadets, compose une tragédie russe sur un thème historique, *Khorev* ; grand succès.

1752 Reconstruction des palais du Kremlin, après les incendies de 1701 et de 1737.

1756 Ouverture du premier théâtre

dramatique russe permanent, dirigé par A. Soumarokov, avec la troupe de l'acteur F. Volkov, venu de Iaroslavl.

1757 Fondation à Saint-Petersbourg de l'Académie des Beaux-Arts par Ivan Chouvalov.

1758 Le peintre Louis-François Lagrenée s'installe en Russie (il sera directeur de l'Académie des Beaux-Arts).

Biographies

Bühren, dit Biron, Ernst Johann (1690-1772). On a voulu faire de lui le symbole de la domination étrangère (« bironovchtchina »), mais la réalité diffère sensiblement. Né en 1690 en Courlande, Bühren est le fils d'un noble au service de la Pologne. Il est introduit en 1718 par le comte Keyserling à la cour de la duchesse de Courlande, Anne Ivanovna, dont il devient l'intime. À l'avènement d'Anne au trône de Russie, Bühren est le favori en titre. Son influence reste limitée à la Cour : il se borne à servir d'intermédiaire entre l'impératrice et ses ministres. Deux autres Allemands jouent alors un rôle déterminant, Osterman au collège des Affaires étrangères et Münnich au collège de la Guerre, mais il n'y a pas de « parti allemand » : Bühren entretient des relations privilégiées avec le vice-chancelier Tcherkasski et le procureur général Troubetzkoï, deux Russes. En 1737, Anne fait attribuer à son favori la couronne ducale de Courlande. À la mort d'Anne, le 17 (28) octobre 1740, Bühren connaît l'ivresse du pouvoir suprême : il est nommé régent au nom d'Ivan VI, mais, le 8 (19) novembre, il est arrêté par Münnich, emprisonné, puis exilé en Sibérie. En 1742, Élisabeth Ire l'autorise à s'installer à Iaroslavl. Il est pleinement réhabilité par Catherine II, qui obtient pour lui en 1769 la restitution de son duché, qu'il transmet à son fils Pierre, avant de s'éteindre en 1772 à Mitau.

Lomonossov, Michel Vassilievitch (1711 ?-1765). Né vers 1711 dans un village de l'île Kourostrov, dans le delta de la Dvina septentrionale, Lomonossov est le fils d'un simple pêcheur. Venu seul à Moscou en 1730, il reçoit une solide formation littéraire à l'Académie slavo-gréco-latine. Sa passion de s'instruire lui vaut d'être envoyé en Allemagne pour y acquérir une culture scientifique. A Freiberg et à Marbourg, il suit les cours de philosophie, de physique, de chimie et de minéralogie, lit Descartes et fait la connaissance de Christian Wolf. En 1741, de retour à Saint-Pétersbourg, il est nommé assistant de chimie à l'Académie des sciences. Il publie des travaux sur la théorie de la couleur, expose, avant Lavoisier, la loi de la conservation de la matière. En 1752, il rédige en latin une *Introduction à la vraie chimie physique.* Il compose deux tragédies, *Tamiré et Sélim* (1750) et *Démophon* (1752). Théoricien, il publie une *Grammaire russe* (1755). Il rédige une *Histoire de Russie.* Publiciste, il fait paraître en français une *Dissertation sur les devoirs des journalistes dans l'exposé qu'ils donnent aux ouvrages destinés à maintenir la liberté de philosopher.* Profondément attaché à sa patrie, Lomonossov est convaincu que la Russie peut égaler ou même dépasser la civilisation de l'Europe occidentale et s'oppose à la prépondérance allemande au sein de l'Académie des sciences. Il est l'un des créateurs de la langue russe moderne. Il meurt à Saint-Pétersbourg en 1765, comblé de titres et d'honneurs.

Bibliographie

M. Confino, *Domaines et seigneurs en Russie* (Paris, 1963).

M. Curtis, *Anna Ivanovna and her Era (1730-1740)* [New York, 1974].

Chapitre 10 **1762-1796**

Catherine II ou le despotisme « éclairé »

> *Un canari est plus heureux sans cage et un chien sans laisse, mais l'un s'envolera et l'autre mordra les gens ; ainsi l'une est nécessaire pour le paysan et l'autre pour le noble.*
>
> Soumarokov, 1766

Élisabeth Ire choisit pour lui succéder son neveu Pierre de Holstein-Gottorp. Pierre III, grand admirateur de Frédéric II, rompt dès son avènement les alliances contractées par Élisabeth avec l'Autriche et la France qu'il juge peu profitables pour la Russie, et se range derrière la Prusse. Il peuple son conseil d'Allemands, parmi lesquels Münnich, un survivant du règne d'Anne, rappelé d'exil. Devant la menace d'un retour au régime abhoré de la « bironovchtchina », son ambitieuse épouse, Catherine, rallie sans difficulté la Garde et, avec l'aide des frères Orlov, renverse Pierre III.

Lectrice de Montesquieu, amie de Diderot et de Voltaire, Catherine II prétend régner en philosophe. La réunion de la commission législative où des députés de toutes les classes de la société sont appelés à donner de nouvelles lois à l'Empire, est une manifestation spectaculaire de cette volonté réformatrice. Mais les résultats ne sont pas à la hauteur des intentions. Dans les faits, poursuivant la politique d'Élisabeth, Catherine II consolide les privilèges de la noblesse, libérée désormais de toute obligation envers l'État et disposant de droits absolus sur ses paysans (charte de la noblesse). Le servage s'accroît considérablement et jamais il ne sera aussi rigoureux que sous le règne « éclairé » de Catherine. En matière économique, celle-ci dégage l'industrie des dernières tutelles étatiques qu'avait laissé subsister Chouvalov, favorisant ainsi un développement sans précédent de la production. La terrible révolte de Pougatchev, qui menace un instant de faire basculer le trône, et surtout la crainte suscitée par la Révolution française mettent un terme à toute velléité de libéralisme. À la fin de son règne, Catherine II se pose en rempart de l'absolutisme.

Le « système du Nord » imaginé par Panine (alliance avec la Prusse et l'Angleterre contre la France et la Turquie) permet à Catherine II de procéder aux trois partages de la Pologne et d'annexer la Lituanie et la Russie blanche. Deux guerres avec la Turquie s'achèvent par la conquête de vastes territoires à l'embouchure du Dniepr et par l'annexion de la Crimée, nouveaux espaces de colonisation placés sous l'autorité de Potemkine.

Vie politique et institutionnelle

1761

☐ **25 déc. (5 janv. 1762)** Avènement de Pierre III, fils d'Anne (la première fille de Pierre le Grand) et de Charles-Frédéric, duc de Holstein-Gottorp. Pierre III a épousé sa cousine Sophie d'Anhalt-Zerbst, devenue la grande-duchesse Catherine (21 août 1745).

1762

☐ **Janv.** Pierre III abolit la Chancellerie secrète et supprime la torture.

☐ **18 févr. (1er mars)** Publication du « Manifeste sur les franchises de la noblesse ». Déjà affranchis de l'obligation du service civil par Élisabeth Ire, les nobles sont désormais libérés du service militaire. Cette obligation est remplacée par un simple droit privilégié à servir.

☐ **14 (25) juin** Pierre III inaugure une église luthérienne à Oranienbaum et proclame l'égalité des droits entre les Églises protestantes et l'Église orthodoxe. Il décide de séculariser les biens de l'Église. Ces mesures ainsi que le renversement des alliances, qui met les troupes russes à la disposition de Frédéric II et qui prépare une guerre contre le Danemark, mécontentent de nombreux Russes, en particulier la Garde.

☐ **28 juin (9 juill.)** Coup d'État. Les frères Alexis et Grégoire Orlov et N.I. Panine soulèvent le régiment Izmaïlovski et d'autres régiments de la Garde, qui occupent les points stratégiques de Saint-Pétersbourg. Catherine est proclamée impératrice.

☐ **29 juin (10 juill.)** Abdication de Pierre III.

☐ **6 (17) juill.** Manifeste de Catherine qui déclare officiellement l'abdication de Pierre III. Il est assassiné dans des conditions mystérieuses par Alexis Orlov à Ropcha.

☐ **Août** Réunion du Sénat qui entérine le coup d'État.

☐ **2 (13) sept.** Couronnement de Catherine II à Moscou.

☐ **21 sept. (2 oct.)** Découverte du complot Khrouchtchev-Gouriev visant à détrôner Catherine II pour placer sur le trône Ivan VI, renversé par Élisabeth Ire en 1741 et toujours emprisonné à Schlüsselbourg.

1763

Reconstitution de l'état-major, qui doit procéder à la remise sur pied des régiments après la guerre de Sept Ans, créer de nouvelles fabriques de munitions, faire construire arsenaux et casernes et tracer des routes militaires.

☐ **Janv.** Répondant aux plaintes formulées par les paysans appartenant aux domaines du clergé, Catherine rend au Collège économique l'administration des biens ecclésiastiques.

☐ **Mars** Arrestation à Rostov de l'archevêque Arsène Matseïevitch, qui avait pris position publiquement contre les projets de sécularisation des biens ecclésiastiques et appelé le peuple à la résistance, en demandant le rappel d'Ivan VI.

1764

Suppression de l'hetmanat d'Ukraine, dont l'administration est confiée à un collège de Petite-Russie, présidé par Roumiantsev. Le servage est étendu en Ukraine.

Catherine entreprend la sécularisation des biens du clergé : 900 000 serfs d'église deviennent paysans d'État, bénéficiant ainsi de conditions plus favorables. Fermeture de nombreux monastères. Édit de tolérance en faveur des dissidents du Raskol.

Réorganisation du Sénat, dont l'effectif est augmenté et les pouvoirs étendus (création de quatre départements spécialisés qui accélèrent la procédure). Alexis Viazemski, procureur général du

Sénat, est nommé directeur de la commission des Affaires intérieures.

☐ **Juill.** Voyage de Catherine II en Courlande.

☐ **4 (15) juill.** Ivan VI est assassiné au cours d'une tentative d'évasion de Schlüsselbourg.

1765
Publication d'un « Manifeste sur la division de l'Empire en gouvernements. »

1766
Révolte des Cosaques de l'Oural.

☐ **Déc.** Manifeste impérial appelant à l'élection d'une assemblée pour réformer la législation.

1767

☐ **26 juin (7 juill.)** Publication du *Nakaz* (« Instruction »), en russe, en français, en allemand et en latin. L'impératrice y présente, à l'intention de la commission des Lois, ses théories politiques, largement empruntées à Montesquieu et à Beccaria.

☐ **20 (31) juill.** Première réunion de la commission des Lois à Moscou. Elle rassemble 564 députés, (dont 30 p. 100 de nobles, 39 p. 100 de citadins, 14 p. 100 de paysans d'État, 12 p. 100 de représentants des minorités nationales, 5 p. 100 de membres de l'administration avec un seul ecclésiastique ; les serfs ne sont pas représentés. 1 441 cahiers de doléances sont déposés devant l'assemblée.
Voyage d'inspection de Catherine II dans le gouvernement de Kazan.

1768

☐ **Mai** Création du Conseil d'État, qui rassemble Viazemski, Sievers, Bibikov, les frères Orlov et Tcherkassov. Il est chargé, en particulier, de réorganiser l'armée et l'administration militaire dans la perspective d'une prochaine guerre avec l'Empire ottoman.

☐ **7 (18) déc.** La commission des Lois se sépare sans avoir abouti à aucun résultat.

1771
Nouveau soulèvement des cosaques de l'Oural.

1772
Soulèvement des exilés de Sibérie sous la conduite de Beniowski.

1773

☐ **Sept.** Début de l'insurrection de Pougatchev. Ce cosaque, qui se fait passer pour Pierre III, rassemble sur le fleuve Oural tous les mécontents, serfs et minorités ethniques, marche vers le nord, soulève la main-d'œuvre des mines et des manufactures des monts Oural, puis se dirige vers l'Ouest. Par Kazan, il redescend vers le sud en suivant la Volga. Les révoltés battent à plusieurs reprises les armées impériales. Catherine charge Bibikov, à qui elle donne le titre de « dictateur de l'Est », de réprimer le soulèvement.

1774
Réforme des tribunaux de province.

☐ **Mars** Rejeté vers la Caspienne par Michelson et Souvorov, Pougatchev voit ses effectifs fondre rapidement.

☐ **Août.** Michelson écrase les bandes de Pougatchev à Tsaritsyne, et fait plus de 18 000 prisonniers.

☐ **14 (25) sept.** Pougatchev est pris.

☐ **Déc.** Procès de Pougatchev à Moscou.

1775
Publication des « Instructions administratives ». Le nombre des gouvernements créés par Pierre Le Grand à des fins économiques et militaires avait déjà été porté de 8 à 20 avant 1762. Le nouveau découpage de l'Empire en institue 51, chacun regroupant de 300 à 400 000 habitants. Les anciennes provinces sont supprimées, les nouveaux

gouvernements sont subdivisés en districts (*ouezdy*) de 20 à 30 000 habitants. À tous les échelons, les organes administratifs, judiciaires et financiers sont séparés. Nobles, citadins et paysans libres ont leurs propres tribunaux ; les serfs sont livrés à l'arbitraire de leurs maîtres.

☐ **10 (21) janv.** Exécution de Pougatchev à Moscou.

1783

☐ **Avr.** Mort de Grégoire Orlov.

1785

Publication de la charte de la Noblesse. Elle codifie le statut de la noblesse en tant qu'ordre et définit ses droits, franchises et privilèges. Elle lui attribue des représentants auprès de l'administration des gouvernements et des districts : les maréchaux de la noblesse et des juges élus. Les nobles ne doivent aucun service civil ou militaire à l'État ; ils sont exemptés d'impôts et soustraits aux châtiments corporels ; dorénavant ils ont seuls le droit de posséder des terres cultivées par des serfs sur lesquels ils disposent de droits absolus : leurs paysans sont ainsi privés de tout recours devant l'administration impériale. Les nobles peuvent aussi être commerçants et industriels.
Publication de la charte des Citadins. Les habitants des villes sont répartis en six classes : propriétaires fonciers, marchands (eux-mêmes répartis en trois guildes selon leur niveau de fortune), artisans organisés en corps de métiers (*tsekhi*), artisans travaillant à leur compte, « citoyens éminents » (professions libérales), étrangers et « résidents temporaires ». Ils élisent une douma municipale, composée de six conseillers municipaux (un par classe) et d'un maire.
D'après un rapport de l'ambassadeur de France, le comte de Ségur, les effectifs de l'armée russe pour l'année 1785 sont de 500 000 hommes, dont 230 000 hommes de troupes régulières.

1787

☐ **Févr.-juill.** Voyage de Catherine II en Crimée organisé par Potemkine, chargé de la mise en valeur et de l'administration du pays. L'impératrice est accompagnée par l'empereur Joseph II, par le roi de Pologne et par tous les ambassadeurs étrangers.

1791

☐ **5 (16) déc.** Mort de Potemkine.

1794

Catherine réunit un conseil de hauts dignitaires de l'Empire et déclare son intention d'écarter le grand-duc Paul de la succession au trône, en invoquant son mauvais caractère et son incapacité. Elle désigne son petit-fils Alexandre comme héritier présomptif.

1796

☐ **6 (17) nov.** Mort de Catherine II.

Politique extérieure

1762

☐ **13 (24) avr.** Pierre III signe la paix avec la Prusse.

☐ **29 mai (9 juin)** Alliance avec la Prusse. 18 000 hommes, commandés par Tchernychev, rejoignent les troupes prussiennes en Silésie.

1763

☐ **Avr.** Bühren est rétabli duc de Courlande à Mitau, son rival, le prince Charles de Saxe, est renversé.

1764

☐ **31 mars (11 avr.)** Nouveau traité avec la Prusse. Les deux pays soutiendront la candidature de Stanislas Poniatowski, ami intime de Catherine II, au trône de Pologne.
Mise sur pied du « système du Nord » :

alliance de la Russie, du Danemark et de l'Angleterre.

1766
Traité d'amitié et de commerce avec l'Angleterre.

1768
☐ **18 (29) févr.** En Pologne, formation de la confédération de Bar contre le roi Stanislas Poniatowski et le parti russe. Affrontements sanglants avec les garnisons russes.
☐ **25 sept. (6 oct.)** Poussée par Choiseul, qui veut sauver la Pologne, la Turquie déclare la guerre à la Russie. Frédéric II envoie à celle-ci les subsides promis par le traité de 1764.

1769
☐ **Sept.** Guerre russo-turque : après une série de revers, les Russes s'emparent de la forteresse de Choczin (Khotin), clef de la Moldavie. Alexis Orlov soulève les populations grecques des Balkans et concentre sa flotte en mer Égée.
☐ **1er (12) oct.** Accord avec la Prusse sur la protection des « dissidents » (protestants et orthodoxes) en Pologne.

1770
☐ **Juill.** Orlov anéantit la flotte turque qui s'était réfugiée dans la baie de Tchesmé.
☐ **Sept.** Avec des forces inférieures en nombre, P.A. Roumiantsev écrase l'armée du Grand Vizir. Rencontre de Frédéric II et de Joseph II, inquiets de la montée en puissance de la Russie.
☐ **Oct.** P.I. Panine s'empare de la forteresse de Bender, en Bessarabie. Mission du prince Henri de Prusse à Saint-Pétersbourg pour proposer la médiation de la Prusse entre la Russie et la Turquie.
☐ **Déc.** Conquête d'Akkerman, sur la mer Noire, de Braïla et de Bucarest.

1771
Occupation de la Crimée par les troupes russes ; établissement d'un protectorat non reconnu par Constantinople.
☐ **Mars.** Médiation prussienne : Catherine demande la Moldavie et la Valachie.
☐ **24 déc. (4 janv. 1772)** Convention secrète entre Frédéric II et Catherine II sur le partage de la Pologne.

1772
☐ **8 (19) févr.** Convention secrète avec Joseph II sur la Pologne.
☐ **Avr.** Conférences de Focsany entre la Russie et la Turquie.
☐ **25 juill. (5 août)** Premier partage de la Pologne. La Russie annexe la rive droite de la Dvina septentrionale, les régions de Polotsk, Vitebsk et Moghilev.
☐ **Sept.** Victoire de Souvorov à Karasou et à Kutchuk-Kaïnardji, mais Roumiantsev est battu à Silistrie et doit repasser le Danube.

1774
☐ **Mars** Devant combattre sur deux fronts à cause du soulèvement de Pougatchev, Catherine II réduit ses exigences face aux Turcs.
☐ **Juill.** Fin de la guerre russo-turque. Traité de Kutchuk-Kaïnardji : la Russie obtient les embouchures du Dniepr et du Boug, la steppe entre ces fleuves ainsi que le droit de libre navigation en mer Noire et de passage par les Détroits pour ses navires de commerce.

1777
☐ **Mars** Renouvellement de l'alliance avec la Prusse.

1779
☐ **2 (13) mai** Traité de Teschen entre la Prusse et l'Autriche : règlement de la succession bavaroise grâce à la médiation de la France et de la Russie.

1780
☐ **28 févr. (11 mars)** Dans le cadre du conflit entre l'Angleterre et ses colonies

américaines, publication d'un manifeste de Catherine II qui proclame la « neutralité armée » et réclame le respect des règles du droit maritime.

☐ **27 mai (7 juin)** Rencontre de Catherine II et de Joseph II à Moghilev.

1781

Danemark, Hollande, Suède, Prusse, Autriche accèdent à la « neutralité armée ».
Potemkine, à Cherson, construit une forteresse, des casernes et un chantier de constructions navales.

1782

☐ **Oct.** Traité d'amitié et de commerce avec le Danemark.

1783

Protectorat russe sur la Géorgie.
Entrevue de Gustave III de Suède et de Catherine II à Fredrikshamm.

☐ **28 mars (8 avr.)** Manifeste de Catherine II sur l'annexion de la Crimée, préparée par Potemkine, qui reçoit le titre de prince de Tauride.

1787

Fondation de Iekaterinoslav, sur le Dniepr.

☐ **Mai** Traité de commerce avec la France, malgré l'opposition de l'Angleterre.

☐ **Juin** Rencontre de Catherine II et de Stanislas Poniatowski à Kaniev ; ce dernier n'obtient aucun allègement de la domination russe en Pologne où les patriotes continuent leurs efforts de restauration nationale (Constitution de mai 1791).

☐ **Août** La Turquie déclare la guerre à la Russie.

1788

☐ **Juin** Profitant de la guerre russo-turque, Gustave III déclare la guerre à la Russie. Une escadre suédoise paraît devant Kronstadt, une armée prend Nyslot et marche sur Saint-Pétersbourg.

☐ **Déc.** Souvorov prend Otchakov, avec l'aide de Potemkine.

1789

☐ **Août** Les Suédois sont battus sur mer par l'amiral Greigh et sur terre par le général Tchitchagov et le prince de Nassau-Siegen.
Souvorov et le prince de Cobourg défont les Turcs à Focsany, tandis que les Autrichiens s'emparent de Belgrade.
Potemkine prend Bender et Khadjibeï (la future Odessa).

☐ **30 août (10 sept.)** Mémoire de Catherine II à Joseph II sur le partage de l'Empire ottoman et la fondation d'un empire de « Dacie », formé de la Moldavie, de la Valachie et de la Bessarabie, avec à sa tête un souverain grec orthodoxe ; la Bosnie et la Serbie reviendraient à l'Autriche.

1790

☐ **Mars** Défaites russes en Finlande.

☐ **Août** Revanche suédoise à Svensksund.

☐ **3 (14) août** Paix entre la Suède et la Russie à Väräla : statu quo territorial.

1791

☐ **29 déc. (9 janv. 1792)** Paix russo-turque à Iassy. Le traité de Kutchuk-Kaïnardji est confirmé, la Turquie reconnaît en outre l'annexion de la Crimée et cède à la Russie la steppe d'Otchakov.

1792

☐ **Avr.** En Pologne, le parti russe forme la confédération de Targowica : la Constitution du 3 mai 1791 est abolie et les préparatifs de guerre contre la Russie interrompus.

☐ **7 (18) mai** Intervention militaire russe en Pologne.

1793

☐ **1er (12) janv.** Convention entre la Russie et la Prusse sur un deuxième partage de la Pologne.

□ **12 (23) janv.** Deuxième partage de la Pologne. La Russie obtient les territoires au sud-ouest de la Dvina (Biélorussie occidentale, avec Minsk, une partie de la Volhynie) et la Podolie.

□ **28 janv. (8 févr.)** Après l'exécution de Louis XVI, Catherine II annule tous les traités signés avec la France.

□ **14 (25) mars** Traité d'alliance et de subsides avec l'Angleterre.

□ **Sept.** Catherine II reconnaît le comte de Provence comme régent du royaume. Tous les Français séjournant en Russie doivent prêter un serment de non-adhésion aux principes de la Révolution.

1794

□ **Mars** Début de l'insurrection polonaise contre les occupants.

□ **24 mars (4 avr.)** Kosciuszko bat les Russes à Raclawice. Les garnisons russes de Varsovie sont attaquées.

□ **11 (22) avr.** Insurrection de Vilna.

□ **29 sept. (10 oct.)** Les troupes russes et prussiennes écrasent les patriotes de Kosciuszko à Maciejowice.

□ **24 oct. (4 nov.)** Souvorov s'empare de Praga, faubourg de Varsovie, qui doit capituler. Fin de l'insurrection polonaise.

1795

□ **13 (24) oct.** Troisième partage de la Pologne : la Russie reçoit la Courlande, la Samogitie, et le reste de la Lituanie, de la Biélorussie et de la Volhynie.

□ **14 (25) nov.** Abdication de Stanislas II Poniatowski.

Économie et société

1762

□ **Janv.** Pierre III réduit les taxes sur le sel et abaisse les droits de douane.

□ **Févr.** Création d'une banque d'État et mise en circulation d'assignats pour la somme de 5 millions de roubles.

□ **Août** Le Sénat décrète la suppression de tous les monopoles.

Le servage en 1762

Nombre de serfs	Pourcentage des propriétaires
moins de 20	51 %
21 – 100	31 %
101 – 500	15 %
501 – 1 000	2 %
plus de 1 000	1 %

D'après I. de Madariaga, *la Russie au temps de la Grande Catherine* (Paris, 1987).

1763

Création d'une commission des Finances, chargée de la refonte et de l'unification des monnaies et de la constitution d'une couverture or pour le papier-monnaie.
Fondation de l'hospice des Enfants trouvés.

□ **Août** Catherine II attribue des domaines, situés entre Tsaritsyne et Astrakhan, à des membres de la communauté des Frères moraves. Elle leur consent une importante avance financière, leur accorde le libre exercice de leur religion, leurs propres tribunaux et une dispense de 30 ans pour les impôts et le service militaire.

1764

Publication d'un « Règlement général pour l'éducation des enfants des deux sexes » inspiré par Catherine II et fondé sur le principe rousseauiste de l'éducation en milieu isolé (aucune application).
Création d'un institut d'éducation des jeunes filles nobles (le futur institut Smolny).

☐ **Oct.** Pour donner l'exemple, Catherine II se fait inoculer la vaccine de la variole.

☐ **Déc.** Ivan Betski chargé d'établir un plan d'institutions pédagogiques. Appel à des professeurs étrangers.

1765
Établissement d'un cadastre pour les domaines nobles, les biens ecclésiastiques et les propriétés de l'État.

1766
Catherine II propose à la Société libre d'économie politique, fondée sous ses auspices, un sujet de concours sur la suppression du servage et ses conséquences. La Société reçoit 120 mémoires.

1769-1796
Émission de 264 millions de roubles sous forme d'assignats. 47 millions d'emprunts à l'étranger, 82 en Russie.

1770
Épidémie de peste à Moscou et émeutes populaires.

1772
Fondation d'une caisse de prêt pour les veuves et les orphelins.

1773
Création d'un institut des mines.

1780
Suppression de la tutelle étatique sur l'industrie imposée par Pierre le Grand. Fondation d'une école de commerce.

1782
Instauration d'un tarif protectionniste. Le nombre des manufactures est multiplié par 4 (plus de 3 000). La Russie devient le premier producteur mondial de fer, de fonte et de cuivre.
Augmentation importante de la production agricole ; pour la première fois, la Russie devient exportatrice de blé.

1783
Création d'écoles d'instituteurs sur le modèle autrichien (10 établissements à Saint-Pétersbourg), sous l'influence du pédagogue autrichien Janković de Mïrrevo.

1786
Création d'une Banque des assignats. Publication du *Statut des écoles*.

1794
Les « Fonds de la Chambre » (biens privés de la famille impériale, qui représentent 1,5 million de roubles) sont remis au Trésor pour remédier au déficit.

Civilisation et culture

1763
☐ **Juin** Début de la correspondance entre Voltaire et Catherine II.

1764 Début de la construction de l'Ermitage par Vallin de La Mothe.
☐ **Oct.** Réorganisation de l'Académie des Beaux-Arts dont le président est Betski.

1765 Diderot vend sa bibliothèque à Catherine II pour la somme de 16 000 livres ; il en conservera l'usage jusqu'à sa mort et touchera une pension de 1 000 livres par an. ☐ Voyage en Russie du physiocrate Mercier de la Rivière. Catherine II tourne en ridicule ses projets de réforme dans sa pièce *l'Antichambre d'un boyard illustre*.

1766 Fonvizine fait représenter *le Brigadier*, satire des mœurs de la noblesse, en particulier de sa gallomanie.

1767 August Ludwig Schlözer, qui avait réuni, sur les ordres de l'impératrice, les sources anciennes de l'histoire russe et publié un recueil des lois et coutumes (utilisé pour la rédaction du *Nakaz*), fait paraître en Allemagne une histoire du règne de Catherine II, *la Nouvelle Russie transformée*. ☐ L'université de Moscou publie un choix d'articles de l'*Encyclopédie*.

1768 Catherine II achète pour 180 000 roubles la collection du comte Brühl. Elle collabore à une traduction du *Bélisaire* de Marmontel, ouvrage interdit en France. ☐ Parution des premières œuvres de Novikov.

1769 Périodique de Novikov, *le Bourdon*, qui critique la haute société, la vie de cour, le servage, et polémique avec la revue officielle *Un peu de tout*.

1770 Construction du jardin suspendu de l'Ermitage par Vallin de la Mothe. ☐ L'abbé Chappe d'Auteroche, géographe français, effectue un voyage d'études en Sibérie aux frais de l'impératrice. (Il publiera à son retour un livre très critique sur la Russie, auquel Catherine II répondra dans son *Antidote*).

1772 Par l'intermédiaire de Diderot, Catherine II acquiert la collection de tableaux du financier français Crozat. Novikov lance une nouvelle revue, *le Peintre*.

1773

☐ **29 sept. (10 oct.)** Diderot arrive à Saint-Pétersbourg, où il séjourne jusqu'en 1774. À la demande de Catherine II, avec laquelle il a de fréquents entretiens, il rédige un programme d'éducation pour le grand-duc Paul et un programme de réformes pour la Russie.

1774 Novikov fonde une imprimerie où il édite l'*Ancienne Bibliothèque russe*.

1782 Inauguration du monument de Pierre le Grand à Saint-Pétersbourg, achevé en 1775 par le sculpteur français Falconet. Le Suisse César-Frédéric La Harpe est précepteur du grand-duc Alexandre. ☐ *le Dadais*, pièce de Fonvizine.

1783

☐ **13 (24) janv.** La princesse Dachkov est nommée directrice de l'Académie russe, créée sur le modèle de l'Académie française. Objectif : fixer les règles de l'orthographe, établir la grammaire et la prosodie de la langue russe, entreprendre un dictionnaire et « encourager l'étude de l'histoire nationale ».

1786 Catherine II écrit une série de pièces en russe et en français pour faire la satire de la franc-maçonnerie (*l'Imposteur, le Séduit, le Sorcier sibérien, l'Anti-absurde*).

1787 Diffusion de la franc-maçonnerie : 145 loges en Russie, 75 dans la Pologne annexée.

1790 Alexandre Radichtchev : *Voyage de Saint-Pétersbourg à Moscou* (une critique violente du servage et de l'autocratie). D'abord autorisé, le livre est confisqué, son auteur arrêté, condamné à mort puis à l'exil en Sibérie.

1791 N.M. Karamzine fonde *le Journal de Moscou* ; il y publie ses propres œuvres, des critiques littéraires et des traductions.

1796 Catherine ordonne la dissolution de toutes les loges maçonniques. Arrestation de Novikov, emprisonné à Schlüsselbourg, exil du prince Troubetzkoï.

Biographies

Potemkine, Grégoire Alexandrovitch (1739-1791). Fils d'un officier, Potemkine fait d'excellentes études, apprenant les langues anciennes, l'histoire, la philosophie, se passionnant pour la théologie. En 1756, avec d'autres brillants sujets, il se voit offrir par Chouvalov un voyage à Saint-Pétersbourg, où il est présenté à la tsarine Élisabeth. Dissipé, il est renvoyé de l'université de Moscou et s'engage dans un régiment de la Garde. Il participe avec ses camarades au coup d'État de 1762, ce qui lui vaut un don de 10 000 roubles, 4 000 serfs et le grade de lieutenant. Il se lie avec les frères Orlov, et en 1767, participe à la commission des Lois, s'occupant plus particulièrement des Affaires religieuses et, sujet qui le passionnera toujours, des peuples allogènes. Il se distingue pendant la première guerre de Turquie, à Focsany, Braïla, Silistrie.

Lieutenant-général en 1772, il a ses entrées auprès de Catherine II. Après la chute de Grégoire Orlov, il devient favori en titre. Installé au palais d'Hiver, il est comblé d'honneurs, reçoit le titre de comte et entre au Conseil. En 1776, il est gouverneur de Nouvelle-Russie, d'Azov et d'Astrakhan. Il encourage le peuplement de ces territoires, appelant les Slaves et les orthodoxes des Balkans à s'y installer et il crée des villes comme Iekaterinoslav. Dès 1780, il pousse Catherine II à la conquête de la Crimée. L'annexion faite en 1783, il est chargé de l'organisation administrative du pays et fonde Simféropol et Sébastopol, bases de la flotte de la mer Noire qu'il constitue. Président du collège de la Guerre en 1784, il impose un nouveau règlement militaire. En 1787, le voyage en Crimée de Catherine II marque l'apothéose de Potemkine, « vice-roi du Sud » et prince de Tauride. Potemkine s'occupe également d'économie (il est à l'origine du traité de commerce de 1787 avec la France) et, revenant à sa passion pour les questions religieuses, dresse un plan pour la réintégration des vieux-croyants dans l'Église russe. Il meurt soudainement le 5 (16) octobre 1791.

Pougatchev Emelian Ivanovitch (1742 ?-1775). Emprisonné pour avoir adhéré au Raskol, il est libéré en 1773. Il se fait alors passer pour le tsar Pierre III, qui aurait échappé aux mains de ses assassins. Ralliant une partie des cosaques du Don et de l'Oural, les populations allogènes de ces régions, Bachkirs et Kirghizes, hostiles à l'administration russe, et une masse de paysans ukrainiens refusant l'extension du servage, Pougatchev fomente un vaste mouvement insurrectionnel. À la tête de ses troupes, il prend Iaïtsk, puis, remontant le cours du Iaïk (aujourd'hui fleuve Oural), toutes les forteresses, à l'exception d'Orenbourg qui résiste. Il gagne alors le Nord et s'empare des canons et des munitions des fonderies de l'Oural. Le long de la Volga, villes et villages se rendent les uns après les autres, acclamant le « tsar » libérateur qui promet l'abolition du servage et la diminution des impôts. À l'est, la révolte s'étend à la Sibérie occidentale, au nord dans la direction de Perm, à l'ouest jusqu'à la région de Tambov, au sud vers la basse Volga. Mais Pougatchev a commis une lourde erreur tactique en abandonnant les places fortes qui lui résistaient, laissant ainsi sur ses arrières des points d'appui pour les généraux impériaux. Bibikov, Michelson, puis Souvorov parviennent à le prendre à revers, et le rejettent vers la Caspienne. En août 1774, il est battu par Michelson à Tsaritsyne. Ses troupes, démoralisées par le manque de résolution de leur chef, se dispersent. Livré par ses compagnons pour 100 000 roubles, il est mené à Moscou dans une cage de fer, jugé et décapité le 10 (21) janvier 1775.

Cette jacquerie est à l'origine des mesures répressives prises en 1775 : extension du servage à toute l'Ukraine, abolition des dernières franchises cosaques et dispersion de la *Sietch* des cosaques Zaporogues.

Bibliographie

I. de Madariaga, *la Russie au temps de la Grande Catherine* (Paris, 1987).

P. Pascal, *la Révolte de Pougatchev* (Paris, 1960).

R. Portal, *l'Oural au XVIII*e *siècle* (Paris, 1950).

Mémoires de Catherine II (Paris, 1972).

Chapitre 11 **1796-1801**

Paul Ier ou le despotisme de caserne

Presque dès la première heure de son avènement au trône, Paul manifesta la haine la plus violente et le mépris pour la mémoire de sa mère, et se hâta de changer ou de détruire tout ce que Catherine avait fait. Les actes les plus fantasques et les plus arbitraires furent substitués aux plus sages mesures politiques.

Princesse Dachkov, *Mémoires*, 1804-1806

Paul Ier a quarante-deux ans à son avènement. Confiné dans son domaine de Gatchina, où Catherine II le tenait à l'écart des affaires, menacé d'être privé de ses droits à la succession au bénéfice de son fils aîné, le grand-duc Alexandre, il a attendu avec une impatience mal dissimulée la disparition de sa mère. Marqué à jamais par le coup d'État de 1762 et par l'assassinat de son père, il voue un véritable culte au souvenir de Pierre III.

Parvenu enfin au pouvoir, il est obsédé par le désir passionné de venger son père en réduisant à néant l'œuvre de Catherine II. D'un naturel inquiet et de caractère instable, il mène une politique incohérente : 500 décrets, souvent contradictoires, se succèdent à une cadence effrénée au cours d'un règne qui ne durera pas cinq ans. Il mécontente toutes les classes de la société et fait rapidement l'unanimité contre lui. Son assassinat sera accueilli comme une délivrance par tout le pays.

Libéral d'abord, en réaction contre la politique de sa mère, il fait libérer Radichtchev, Novikov et Kosciuszko. Mais, bientôt, il se pose en champion de la contre-révolution, pourchassant d'imaginaires complots jacobins, renforçant la censure, fermant les frontières. Voulant brimer la noblesse, coupable à ses yeux d'avoir soutenu fidèlement la défunte impératrice et d'avoir, en retour, largement bénéficié de ses faveurs, il s'attaque à ses privilèges et abolit la charte de 1785. Mais, en dépit de quelques initiatives partielles, il n'apporte aucune amélioration réelle au statut des paysans.

Sa politique extérieure est tout aussi contradictoire. Pacifiste à son avènement, il finit par déclarer la guerre à la France et à l'Espagne après l'occupation de Malte. Il adhère à la deuxième coalition, envoie Ouchakov et Souvorov se battre en Italie et en Méditerranée, puis, s'estimant trahi par ses alliés, il forme une ligue des neutres avec la Prusse, la Suède et le Danemark. À la veille de son assassinat, il méditait une alliance avec Bonaparte.

Vie politique et institutionnelle

1796

☐ **6 (17) nov.** Avènement de Paul Ier. Dans les jours qui suivent, libération de tous les détenus de la Chancellerie secrète. Amnistie générale pour tous les fonctionnaires sous le coup de poursuites judiciaires. Novikov est libéré de la forteresse de Schlüsselbourg, Radichtchev rappelé d'exil. Libération des 12 000 Polonais détenus à Saint-Pétersbourg depuis l'insurrection de 1795.
Les anciennes institutions de Livonie et d'Estonie, supprimées par Catherine II, sont rétablies.
Décret autorisant le recours en justice « des personnes revendiquant leur liberté ».

☐ **8 (19) nov.** L'absentéisme des nobles servant dans les régiments de la Garde sera sanctionné.

☐ **19 (30) nov.** Décret rétablissant tous les collèges supprimés par Catherine II. Paul place à leur tête, au-dessus des présidents, des directeurs généraux investis du droit de rapport direct, véritables ministres de fait.

☐ **23 nov. (4 déc.)** Publication de trois nouveaux règlements militaires (un pour l'infanterie, deux pour la cavalerie), copiés sur les règlements prussiens. Création d'un ministère du Trésor.

☐ **Déc.** La princesse Dachkov est exilée dans sa terre de Troïtskoïé, pour y « méditer sur les souvenirs de 1762 ».

☐ **22 déc. (2 janv. 1797)** Abolition de l'article 15 de la charte de 1785, qui exemptait la noblesse de l'application des châtiments corporels.

1797

☐ **5 (16) févr.** Paul Ier confirme l'un des derniers décrets de Catherine II, qui ordonnait la fermeture de toutes les imprimeries non autorisées par le gouvernement et l'établissement d'un certain nombre de bureaux de censure laïcs et ecclésiastiques.

☐ **5 (16) avr.** Couronnement de Paul Ier à Moscou.
Publication de l'« Acte de famille », qui règle la succession au trône par ordre de primogéniture dans la ligne masculine et d'un statut organique de la famille impériale instituant un système d'apanages (*oudiel*).
Statut réglementant les ordres impériaux de Saint-Georges et de Saint-Vladimir.

☐ **23 avr. (4 mai)** La noblesse est privée de son droit de présenter des doléances collectives au souverain, au sénat et aux gouverneurs des provinces.

1798

Les 50 gouvernements provinciaux créés par Catherine II sont réduits à 41.
Par mesure d'économie, les effectifs de l'armée sont réduits (45 440 hommes sont licenciés).

1799

Création de la Direction des apanages, dotée d'un nombre suffisant de domaines pour subvenir aux besoins de la famille impériale, afin d'épargner au Trésor les dépenses somptuaires destinées à l'entretien de la Cour.
Abolition des assemblées nobiliaires dans les gouvernements provinciaux.

☐ **Sept.** Le comte Rostopchine et N.P. Panine sont placés à la tête du collège des Affaires étrangères, puis de la Chancellerie.

☐ **1er (12) nov.** Décret sur le statut des corporations.

1800

Création d'un ministère du commerce.

☐ **Mars** Réforme militaire : autonomie administrative de l'artillerie.

☐ **2 (14) mai** Les membres élus des tribunaux de la noblesse sont remplacés par des fonctionnaires.

☐ **23 août (4 sept.)** Nouveau règlement remplaçant dans tous les chefs-lieux de gouvernement les municipalités électives par des « hôtels de ville », où les fonctionnaires d'État prennent la place des anciens magistrats.

1801

□ **Févr.** Destitution et exil de Rostopchine.

□ **11-12 (23-24 mars)** Complot organisé par Pahlen, le gouverneur militaire de Saint-Pétersbourg, Zoubov et Bennigsen, avec l'accord du grand-duc Alexandre, pour contraindre Paul Ier à l'abdication. L'empereur est étranglé au château Saint-Michel qu'il avait fait construire pour assurer sa sécurité.

Politique extérieure

1796

□ **Nov.** Rappel de l'armée envoyée en Perse par Catherine II et suspension du recrutement ordonné en août.

1797

□ **Oct.** Après la signature du traité de Campo-Formio, Paul Ier accepte de prendre à son service les régiments du prince de Condé que l'Autriche ne pouvait conserver.
Mission de Caillard à Saint-Pétersbourg pour tenter un rapprochement entre la France et la Russie. Échec.

□ **Déc.** Louis XVIII est accueilli à Mitau. Le gouvernement russe lui verse une pension de 200 000 roubles.

1798
L'entrée en Russie est interdite à tous les ressortissants français.

□ **Avr.-mai** Le prince N.V. Repnine assiste au congrès de Berlin et propose une quadruple alliance défensive (Russie, Autriche, Prusse, Grande-Bretagne).

□ **Sept.** Après la prise de l'île de Malte par Bonaparte (en juin), Paul Ier déclare dans un manifeste qu'il prend l'ordre de Malte sous sa protection.
Premiers succès de la flotte russe en Méditerranée sous les ordres de l'amiral Ouchakov (prise de Cerigo et de Zante).

□ **17 (28) nov.** Paul Ier se proclame grand maître de l'ordre de Malte.

1799

□ **16 (27) avr.** En liaison avec les Autrichiens, Souvorov bat Moreau à Cassano, ouvrant ainsi le chemin de Milan.

□ **14 (25) mai** Prise de Turin.

□ **6-8 (17-19) juin** Souvorov bat Mac Donald sur la Trébie.

□ **11 (22) juin** Signature à Saint-Pétersbourg d'une convention anglo-russe en vue d'une campagne en Hollande.

□ **Juin** Paul Ier déclare la guerre à l'Espagne.

□ **17 (28) juill.** Prise de Mantoue.

□ **4 (15) août** Souvorov bat Joubert à Novi.

□ **6 (17) août** Les Austro-russes, commandés par le général Korsakov, sont repoussés derrière le Rhin par Masséna.

□ **16 (27) sept.** Masséna inflige à Zürich une sévère défaite à Korsakov, avant l'arrivée de Souvorov qui avait passé le Saint-Gothard, au prix d'efforts surhumains, pour lui porter secours.

□ **8 (19) sept.** Une flotte russe est défaite à Bergen.

□ **7 (18) oct.** Paul Ier, mécontent de ses alliés, rompt avec l'Angleterre et l'Autriche.

□ **18 (29) oct.** Paul Ier signe à Gatchina un traité d'alliance avec la Suède.

□ **Nov.** Après le coup d'État du 18 brumaire, Paul songe à se rapprocher de Bonaparte.

1800

□ **Juill.** La France libère et renvoie les prisonniers russes.

□ **Oct.** Mémoire de Rostopchine proposant au tsar une alliance avec la

France contre l'Angleterre en vue d'un partage de l'Empire ottoman.

☐ **Déc.** Signature d'une série de traités entre la Russie, la Prusse, la Suède et le Danemark, qui renouvellent le système de la « neutralité armée » de 1780.

☐ **9 (21) déc.** Appel de Bonaparte à Paul Ier pour un rapprochement franco-russe.

☐ **31 déc. (12 janv. 1801)** Paul Ier ordonne au général Orlov, hetman des cosaques, de marcher sur les colonies anglaises des Indes avec 22 500 hommes.

1801

☐ **2 (14) janv.** Paul Ier demande à Louis XVIII de quitter Mitau pour Kiel et lui retire sa pension.

Économie et société

1796

☐ **29 nov. (10 déc.)** L'impôt en nature sur le blé est remplacé, selon le vœu des paysans, par une redevance en argent.

1797

☐ **Janv.** Le Trésor contracte un emprunt de 88 millions de florins sur le marché d'Amsterdam.
Liquidation de 5 millions d'assignats.

☐ **Févr.** Jacquerie dans le gouvernement d'Orel ; elle est réprimée par Repnine. De nombreux troubles se manifestent dans les provinces de Toula et de Kalouga.

☐ **Avr.** Manifeste limitant à trois jours la corvée due par les paysans et interdisant le travail le dimanche et les jours fériés. (Au cours du règne de Paul Ier, 278 révoltes.)

☐ **7 (18) déc.** Création d'une « banque de secours » pour la noblesse, qui consent des prêts sur 25 ans à 6 %.

1798

☐ **8 (19) avr.** Réorganisation de l'université protestante de Dorpat pour la noblesse de Courlande, de Livonie et d'Estonie.

☐ **23 juill. (3 août)** La Compagnie de l'Amérique russe, fondée en 1784, obtient pour 20 ans le monopole du commerce avec les nouvelles colonies russes du Pacifique, Kouriles, îles Aléoutiennes, Alaska.

☐ **Déc.** Création d'une École supérieure de médecine. Fondation d'orphelinats.

1799

☐ **1er (12) nov.** Décret sur le statut des corporations.

Vie religieuse et culturelle

1797

☐ **7 (18) mars** Décret proclamant la liberté de culte avec une seule réserve concernant la propagande catholique en Pologne.

1798

☐ **1er (12) mars** Décret autorisant les vieux-croyants à construire des églises dans tous les diocèses.

☐ **Avr.** L'introduction de livres français en Russie est interdite.

1799

☐ **Avr.** Le père Gruber, un familier du tsar, cherche à obtenir avec son appui le rétablissement officiel par le pape de la Compagnie de Jésus en Russie. Rumeurs sur une conversion de Paul Ier au catholicisme.

1800

☐ **Avr.** Décret interdisant l'introduction de tous les livres étrangers.

☐ **Oct.** Avec l'accord du métropolite de Moscou, l'édit de Tolérance de 1798 est étendu à l'ancienne capitale, où les vieux-croyants peuvent désormais s'installer.

☐ **Nov.** Rencontre de Paul Ier avec le duc de Serra Capriola, ambassadeur des Deux-Siciles. Le tsar se déclare favorable à une réunion des Églises.

Biographies

Dachkov, princesse Catherine Romanovna (1743-1810). Fille de Roman Vorontsov (le frère de Mikhaïl, qui participa au coup d'État de 1741), d'une famille de noblesse récente, elle épouse en 1759 le prince Michel Dachkov. Elle se lie, la même année, avec Catherine et joue un rôle important dans le coup d'État de 1762. Son caractère difficile et ses critiques incessantes contre le gouvernement la brouillent avec l'impératrice. Elle se retire à Moscou, à l'écart de la Cour. En 1769, elle entreprend avec ses enfants un tour d'Europe, fait la connaissance de Frédéric II, Voltaire, Diderot et Horace Walpole. En 1771, de retour à Saint-Pétersbourg, elle est bien accueillie par Catherine II. Mais les deux amies se brouillent à nouveau et la princesse repart pour Moscou. Elle se découvre une passion pour la langue et les antiquités russes, fonde un cénacle et publie une revue. En 1776, elle entreprend un second tour d'Europe, s'installe à Édimbourg, centre des « Lumières » écossaises, où elle passe trois ans. Elle visite ensuite l'Irlande, l'Angleterre, l'Italie et l'Autriche. En 1783, de nouveau à Saint-Pétersbourg, elle se réconcilie avec l'impératrice. Nommée directrice de l'Académie des sciences, elle révèle des dons d'administrateur et rétablit les finances de l'institution. Toujours passionnée par la littérature russe, elle lance une nouvelle revue, et publie Fonvizine, Derjavine ainsi que les notes de Catherine II sur l'histoire russe. Présidente de l'Académie russe, fondée par la souveraine sur le modèle de l'Académie française, elle met en chantier le premier dictionnaire russe. Paul Ier, qui n'a pas oublié sa participation au coup d'État de 1762, la démet de toutes ses fonctions et la contraint à l'exil. Rappelée par Alexandre Ier, elle s'éteint le 4 janvier 1810, après avoir rédigé en français ses Mémoires, sous le titre *Mon Histoire* (1804-1806).

Novikov, Nicolas Ivanovitch (1744-1818). Né dans une famille de petite noblesse, Novikov fait ses études à l'université de Moscou, puis s'engage dans le régiment de la garde Izmaïlovski, qui participe au coup d'État de 1762. Il est nommé rédacteur à la commission des Lois de 1767. Promu au grade de lieutenant, il prend part à la première guerre russo-turque. Peu après le début des hostilités, il démissionne et décide de se consacrer à la littérature et au journalisme. En 1769, il édite un périodique, *le Bourdon,* dans lequel il critique la haute société, la vie de cour et la gallomanie, et fustige le servage. Très vite, le journal est interdit. Sans se décourager, Novikov lance en 1772 une nouvelle revue, *le Peintre*, qui connaît le même sort ; il en va de même avec *le Porte-monnaie*, deux ans plus tard. Novikov publie alors une série d'ouvrages de caractère pédagogique, touchant l'histoire et les sciences. Avec l'approbation de Catherine II qui lui ouvre les archives, il édite les vieilles chroniques dans son *Ancienne Bibliothèque russe*. Il est aussi l'auteur d'un *Essai de dictionnaire des écrivains russes*. Il adhère dès sa fondation, en 1781, à la première loge maçonnique proprement russe. Grâce à ses relations maçonniques, il obtient à ferme l'imprimerie de l'université de Moscou, avant de créer, en 1784, la Société typographique de Moscou. Il fonde un séminaire pédagogique rattaché à l'université pour assurer la formation des professeurs avec des fonds en provenance des loges. Victime de la politique de réaction, il est arrêté en 1791 et emprisonné à Schlüsselbourg. Libéré par Paul Ier en 1796, la santé ruinée par sa détention, il se retire de la vie publique et se plonge dans des méditations mystiques inspirées des Roses-Croix. Il meurt en 1818.

Radichtchev, Alexandre Nikolaïévitch (1749-1802). Issu d'une famille de riches propriétaires fonciers possédant plus de 3 000 serfs, Radichtchev fait ses études au Corps des pages de Saint-Pétersbourg. En 1766, il est envoyé avec onze autres jeunes gens en Allemagne pour compléter sa formation à l'université de Leipzig, aux frais de Catherine II. En Occident, il découvre Voltaire, Helvétius, Raynal et Rousseau. De retour à Saint-Pétersbourg en 1771, il occupe un emploi de secrétaire au Sénat. En 1772, il fait la connaissance de Novikov qui lui commande une traduction des *Observations sur l'histoire de la Grèce* de Mably. En 1789, Radichtchev, alors directeur des douanes à Saint-Pétersbourg, publie anonymement la biographie de l'un de ses condisciples de Leipzig, F. Ouchakov, nouvelle occasion pour multiplier les attaques contre le despotisme, la guerre, la corruption de la Cour. En mai 1790 paraît son maître livre, *le Voyage de Pétersbourg à Moscou*. Sous une forme inspirée du *Voyage sentimental* de Sterne, il décrit en 24 chapitres portant chacun le nom d'un relais de la route de Moscou, tous les aspects des multiples horreurs du servage. Il expose toute une théorie philosophique et politique, réclamant le respect des libertés individuelles et le partage des terres, et proposant un programme républicain. Le livre est immédiatement confisqué (il sera interdit jusqu'en 1905). En juillet 1790, Radichtchev est arrêté, condamné à mort, puis exilé en Sibérie. Libéré par Paul Ier en 1796, malade et déprimé, il se suicide en 1802.

Souvorov, Alexandre Vassilievitch (1729-1800). Engagé à 17 ans, Souvorov se distingue pendant la guerre de Sept Ans, en particulier à Kunersdorf. Il prend part ensuite à la première guerre russo-turque et à la répression de la révolte de Pougatchev. Au cours de la deuxième guerre russo-turque, Souvorov, promu général, conquiert ses titres de gloire, remportant la victoire de Kinbourn en 1787, écrasant l'armée ottomane à Otchakov en 1788. Pendant la campagne de Bessarabie, il réussit à s'emparer de la puissante forteresse d'Izmaïl (mars 1790). En 1794, il est chargé de réprimer le soulèvement polonais. Après avoir battu Kosciuszko à Maciejowice et massacré les habitants de Praga, il reçoit la capitulation de Varsovie (24 oct. [4 nov.]). Général favori de Catherine II, il connaît lui aussi la disgrâce à l'avènement de Paul Ier, avant de retrouver son commandement en 1799. Envoyé en Italie, il remporte une série de victoires. En moins de cinq mois, il chasse les Français d'Italie du Nord. Voulant porter secours à Rimski-Korsakov aux prises avec Masséna à Zürich, il arrive trop tard et doit se replier dans le Vorarlberg. Il est rappelé en Russie où il meurt le 18 mai 1800.

Bibliographie

Princesse Dachkov, *Mémoires* (Paris, 1966).

C. de Grunwald, *L'Assassinat de Paul Ier* (Paris, 1960).

P. Mozane, *Paul Ier de Russie avant l'avènement (1754-1796)* (Paris, 1907).

M. Strange, *la Révolution française et la société russe* (Moscou, 1960).

Chapitre 12 **1801-1815**

Les réformes d'Alexandre Ier et les guerres européennes

Seul un détachement infime, insignifiant, de guerriers épuisés et désarmés peut regagner son pays pour apprendre aux siens, à l'effroi éternel et au tremblement des étrangers, quel châtiment terrible frappe ceux qui osent pénétrer avec des intentions belliqueuses dans le sein de la puissante Russie.

Manifeste impérial du 25 décembre 1812 (6 janv. 1813).

Dès le début de son règne, Alexandre Ier affiche, avec la fin de l'arbitraire, sa volonté de procéder à des réformes. Quelques mesures sont rapidement adoptées : libéralisation de la vie publique, création d'organismes nouveaux comme les ministères, mise en place des fondements d'un véritable système éducatif. Ajournées un temps par la participation de la Russie aux coalitions antinapoléoniennes (1805-1807), les réformes reprennent après le renversement des alliances à Tilsit. Speranski projette la transformation progressive de l'autocratie en une monarchie constitutionnelle, menaçant les positions de la noblesse, déjà alarmée par les perspectives - pourtant très limitées - d'une remise en cause du servage. La force de cette opposition, les conséquences désastreuses pour l'économie russe du Blocus continental, ainsi que la menace représentée par la création du grand-duché de Varsovie amènent Alexandre Ier à préparer un nouvel affrontement avec les forces napoléoniennes et à renvoyer Speranski en mars 1812.

La campagne de Russie, après le désastre de l'invasion et l'occupation de Moscou par les Français, provoque un sursaut national qui permet aux Russes non seulement de libérer leur territoire, mais encore de participer activement à la chute de l'Empire napoléonien et à la réorganisation de l'Europe au congrès de Vienne. En 1815, la Russie entre dans le concert des grandes puissances européennes. Elle contrôle la Finlande, une grande partie des terres polonaises, ainsi que la Bessarabie prise aux Turcs. Mais la victoire a également renforcé l'affirmation d'un esprit patriotique et national, dont la confrontation avec l'Occident alimentera la réflexion dans les années à venir.

Vie politique et institutionnelle

1801

☐ **Nuit du 11-12 (23-24) mars.** Assassinat de Paul Ier. Son fils Alexandre Ier lui succède.

☐ **Mars-avr.** Premières mesures libérales : amnistie, libération des détenus politiques, réouverture des frontières, libre importation des livres étrangers.

☐ **30 mars (11 avr.)** Création d'un conseil permanent de 12 membres, chargés de l'étude et de la préparation des lois.

☐ **2 (14) avr.** Remise en vigueur de la charte de la Noblesse et du Règlement municipal.
Premières réunions du Comité secret (ou Comité intime), composé de Nicolas Novosiltsov, Paul Stroganov, Victor Kotchoubeï et Adam Czartoryski. Elles durent jusqu'en 1803.

1802

☐ **8 (20) sept.** Oukase sur les droits et les devoirs du Sénat, organe supérieur de contrôle judiciaire et administratif.
Manifeste créant 8 ministères pour remplacer les collèges de Pierre le Grand (Guerre, Marine, Affaires étrangères, Justice, Intérieur, Finances, Éducation, Commerce).

1804

☐ **Juill.** Loi modérée sur la censure.

1807

☐ **Janv.** Création d'un comité pour la préservation de la sécurité publique.
Speranski devient le principal conseiller d'Alexandre Ier pour les questions d'administration.

1808

Araktcheïev, ministre de la Guerre (jusqu'en 1810).
Speranski est chargé de mener à bien les travaux de la Commission de codification des lois.

1809

Speranski présente au tsar son *Plan de réforme de l'État,* préconisant l'établissement progressif d'une monarchie constitutionnelle.

1810

☐ **1er (13) janv.** Création du Conseil d'État remplaçant le Conseil permanent (application très partielle des propositions de Speranski, qui en devient le secrétaire).
La direction du département des Affaires militaires du Conseil d'État est confiée à Araktcheïev.

1811

Profonde restructuration des ministères, dont le nombre est porté à 11.
Alexandre Ier lit le pamphlet manuscrit de N. Karamzine, *Mémoire sur l'ancienne et la nouvelle Russie* (contre les réformes de Speranski).

1812

☐ **17 (29) mars** Alexandre renvoie Speranski, accusé de trahison et exilé à Nijni-Novgorod.

1815

Entrevue à Heilbronn entre Alexandre Ier et Mme de Krüdener, la « baronne mystique ».

Politique extérieure et coloniale

1801

☐ **5 (17) juin** Rapprochement avec l'Angleterre (convention anglo-russe de Saint-Pétersbourg).

☐ **Sept.** Confirmation de l'annexion de la Géorgie orientale.

☐ **26 sept. (8 oct.)** Traité franco-russe de Paris suivi d'une convention secrète (indemnisation des princes allemands dépossédés, accord sur les affaires italiennes).

1803
Caucase : conquête de la Mingrélie.

1803-1806
Expédition navale de Krusenstern autour du monde. Exploration du Pacifique Nord.

1804
Caucase : la domination russe est étendue à l'Imérétie, à la Gourie et au khanat de Gandja. Conséquence des annexions en Géorgie : guerre russo-persane (1804-1813).
Novo-Arkhangelsk (Sitka) devient le centre de la puissance russe en Alaska.

1805
Caucase : conquête du Karabakh et du Chirvan.
Rupture avec la France et entrée de la Russie dans la 3e coalition.

□ **30 mars (11 avr.)** Alliance anglo-russe.

□ **28 juill. (9 août)** Adhésion de l'Autriche.

□ **11 (23) sept.** Renouvellement de l'alliance russo-turque.

□ **30 oct. (11 nov.)** Succès de Koutouzov à Krems.

□ **20 nov. (2 déc.)** Défaite austro-russe à Austerlitz.

1806
Caucase : conquête de Bakou et de Derbent.
Participation de la Russie à la 4e coalition aux côtés de l'Angleterre, de la Prusse et de la Suède.

□ **9 (21) nov.** Proclamation du Blocus continental par Napoléon, à Berlin.

□ **15 (27) nov.** L'armée française occupe Varsovie prise à la Prusse.

□ **Nov. (déc.)** Reprise du conflit russo-turc : occupation des provinces danubiennes par les troupes russes, suivie de la déclaration de guerre de la Turquie à la Russie.

1807

□ **27 janv. (8 févr.)** Bataille indécise d'Eylau.

□ **2 (14) juin** Défaite russe de Friedland.

□ **13-14 (25-26) juin** Entrevues de Tilsit, sur le Niémen, entre Napoléon et Alexandre.

□ **25 juin (7 juill.)** Traité de Tilsit. Alliance franco-russe. La Russie reconnaît la création du grand-duché de Varsovie et reçoit la région de Bialystok.

□ **12 (24) août** Armistice russo-turc.

□ **26 oct. (7 nov.)** Rupture des relations avec l'Angleterre.

1808
Établissement de relations diplomatiques avec les États-Unis.

□ **15 sept.-20 oct. (27 sept.-1er nov.)** Entrevue d'Erfurt entre Napoléon et Alexandre.

□ **30 sept. (12 oct.)** Convention d'Erfurt : renouvellement de l'alliance franco-russe. Malgré cela, refroidissement des relations diplomatiques (réticences d'Alexandre devant une guerre contre l'Autriche).

1808-1809
Guerre russo-suédoise. Occupation de la Finlande (dont l'incorporation à la Russie est annoncée par un manifeste impérial en mars 1808).

1809

□ **Mars** Alexandre préside une diète de Finlande à Borga et annonce la création d'un grand-duché de Finlande, lié à la Russie par une union personnelle.

Reprise de la guerre avec la Turquie.

□ **Juin-juill.** Participation formelle de la Russie à la guerre contre l'Autriche.

□ **5 (17) sept.** Paix de Fredriksham : fin de la guerre russo-suédoise. La Suède reconnaît l'annexion de la

Finlande et des îles d'Åland par la Russie.

☐ **2 (14) oct.** Traité de Vienne : paix avec l'Autriche ; la plus grande partie de la Galicie va au grand-duché de Varsovie, la Russie reçoit Tarnopol.

1810

Caucase : conquête de l'Abkhazie.

☐ **Févr.** Echec du projet de mariage de Napoléon avec la grande-duchesse Anne.
Dégradation rapide des relations franco-russes.

1811

☐ **Avr.** Protestation russe contre l'annexion par la France du duché d'Oldenburg. Elle provoque la rupture de l'entente franco-russe.

☐ **7 (19) déc.** Koutouzov oblige une armée turque à capituler près de Roustchouk.

1812

Fondation de fort Ross en Californie (point ultime de l'expansion russe en Amérique du Nord).
Préparatifs diplomatiques et militaires du conflit franco-russe.

☐ **12 (24) févr.** Alliance franco-prussienne.

☐ **2 (14) mars** Alliance franco-autrichienne.

☐ **24 mars (5 avr.)** Alliance russo-suédoise.

☐ **Mai.** Napoléon à Dresde, Alexandre à Vilna.

☐ **16 (28) mai** Paix de Bucarest : fin de la guerre russo-turque ; la Russie conserve la Bessarabie.

☐ **21 mai (2 juin)** Accord secret austro-russe.

☐ **12 (24) juin** La Grande Armée franchit le Niémen, début de la campagne de Russie.

☐ **16 (28) juin** Napoléon à Vilna.

☐ **6 (18) juill.** Annonce de la levée d'une milice pour compléter les effectifs de l'armée russe.

☐ **16 (28) juill.** Perte de Vitebsk.

☐ **6 (18) août** Perte de Smolensk.

☐ **8 (20) août** Koutouzov remplace Barclay de Tolly, accusé d'ouvrir à l'ennemi la route de Moscou.

☐ **26 août (7 sept.)** Sanglante bataille de la Moskova (Borodino).

☐ **2 (14) sept.** Entrée des premiers éléments de la Grande Armée à Moscou, évacuée par les troupes russes et par une partie de la population. Début des incendies qui détruisent plus des deux tiers de la ville.

☐ **7 (19) oct.** Début de la retraite de la Grande Armée.

☐ **12 (24) oct.** Bataille de Maloïaroslavets, qui oblige l'armée napoléonienne à reprendre l'itinéraire dévasté de l'aller.

☐ **15-17 (27-29) nov.** Passage de la Berezina.

☐ **11 (23) déc.** Entrée d'Alexandre Ier à Vilna.

☐ **18 (30) déc.** Convention de neutralité entre Russes et Prussiens.

1813

☐ **28 janv. (9 févr.)** Occupation de Varsovie par les Russes.

☐ **16 (28) févr.** Traité de Kalisz : il scelle l'alliance entre la Russie et la Prusse.

☐ **Mars-avr.** Offensive russo-prussienne en Allemagne, arrêtée par les batailles de Lützen (20 avr. [2 mai]) et de Bautzen (8-9 [20-21] mai).

☐ **Mai-juill. (juin-août)** Armistice durant lequel s'élargit la coalition anti-française (Russie, Prusse, Suède, Angleterre et Autriche).

☐ **Août** Reprise du conflit.

☐ **4-7 (16-19) oct.** Victoire de la Russie, de la Prusse et de l'Autriche à Leipzig : « bataille des nations ».

□ **12 (24) oct.** Traité de Gulistan : fin de la guerre russo-persane ; la Perse reconnaît la souveraineté russe sur la Géorgie.

1814

□ **Janv.-févr.** Participation des armées russes à la campagne de France.

□ **25 févr. (9 mars)** Pacte de Chaumont : union pour 20 ans de l'Autriche, de la Prusse, de l'Angleterre et de la Russie.

□ **18-19 (30-31) mars** Capitulation de Paris. Entrée des Alliés dans la ville (Alexandre prend la tête des troupes russes).

□ **18 (30) mai.** Premier traité de Paris. La France est ramenée approximativement aux frontières du 1er janvier 1792.

□ **Sept.** Ouverture du congrès de Vienne, avec la participation personnelle d'Alexandre Ier.

1815

□ **28 mai (9 juin)** Clôture du congrès de Vienne. La Russie obtient la majeure partie du grand-duché de Varsovie, dont elle fait le royaume de Pologne (la Galicie allant à l'Autriche, la Posnanie à la Prusse).

□ **6-8 (18-20) juin** Bataille de Waterloo, la Russie n'y participe pas.

□ **24 juin (6 juill.)** Nouvelle occupation de Paris par les Alliés.

□ **14 (26) sept.** Pacte de la Sainte-Alliance à l'initiative d'Alexandre Ier (fraternité et assistance mutuelle entre la Russie, la Prusse et l'Autriche, sous l'invocation de la Sainte-Trinité).

□ **8 (20) nov.** Second traité de Paris : l'occupation de la France est prévue pour 5 ans (30 000 Russes sur 150 000 occupants), mais le congrès d'Aix-la-Chapelle décidera en 1818 une évacuation anticipée du territoire français. Quadruple-Alliance entre l'Angleterre, l'Autriche, la Prusse et la Russie.

Économie et société

1801
Après l'avènement d'Alexandre Ier, fin des distributions de terres peuplées à la noblesse.

□ **28 mai (9 juin)** Défense de publier dans les journaux l'annonce de la vente de serfs sans terre.

□ **12 (24) déc.** Abolition du monopole de l'État et de la noblesse sur la propriété foncière : les roturiers peuvent acquérir des terres sans serfs.

1802

□ **21 avr. (3 mai)** Rétablissement de l'université de Dorpat (future Tartu). Début de la production de sucre de betterave dans les provinces centrales (véritable essor après 1835 en Ukraine). Construction des premières batteuses dans l'usine de l'Anglais Wilson, à Moscou.

1803

Le duc de Richelieu, émigré français, devient gouverneur d'Odessa.

□ **24 janv. (5 févr.)** Réorganisation de l'enseignement : création de 6 circonscriptions scolaires dirigées par un curateur, hiérarchie d'établissements allant des écoles paroissiales aux universités. Rétablissement de l'université de Vilna en avril, fondation du gymnase Demidov à Iaroslavl (devenu lycée en 1833).

□ **20 févr. (4 mars)** Oukase sur les agriculteurs libres : les maîtres qui émancipent volontairement leurs serfs doivent leur donner une terre à racheter. Peu d'effets (47 000 affranchis sous le règne d'Alexandre Ier).

1804
Mesures en faveur des serfs de Livonie, fixant précisément leurs obligations et garantissant aux paysans la jouissance héréditaire de leur tenure.

Couronnement par la Société libre d'économie d'un mémoire de Djounkovski démontrant la supériorité du salariat sur le travail forcé.
Construction du canal Oginski mettant en relation le Niémen et le Dniepr.

□ **5 (17) nov.** Statut des universités accordant à celles-ci l'autonomie. Fondation de l'Institut pédagogique de Saint-Pétersbourg (devenu université en 1819), mesures préparant la création des universités de Kharkov (ouverte en 1805) et de Kazan (ouverte en 1814).

□ **9 (21) déc.** Loi sur les Juifs : liberté de conscience, mais maintien de la zone de résidence dans les provinces occidentales.

1805
Première utilisation d'une machine à vapeur dans la filature de coton d'Alexandrovsk, près de Saint-Pétersbourg (manufacture d'État).
Ouverture du gymnase de Volhynie à Krzemieniec (établissement polonais).

1807
Abolition du servage dans le grand-duché de Varsovie.
Participation de la Russie au Blocus continental après Tilsit.

□ **15 (27) mars** Suppression de l'inscription paysanne dans l'Oural (obligation pour certains paysans d'État d'effectuer des travaux d'appoint dans les usines et dans les mines).

1808
Interdiction de vendre des serfs sur les marchés et les foires.
Première filature de coton privée à Saint-Pétersbourg.

Le commerce extérieur russe et le blocus continental
(en millions de roubles argent)

Années	1801	1802	1803	1804	1805	1806	Moyenne
Exportations	44,5	49,4	59	51,7	60,7	49,6	54,1
Importations	34,6	40,3	44,4	39,2	42,7	37,6	40,8
Total	79,1	89,7	103,4	90,9	103,4	87,2	94,9

Années	1807	1808	1809	1810	1811	1812	Moyenne
Exportations	40,4	28,3	34,5	34,2	34,7	38,8	34,1
Importations	27,2	16,2	19,8	20,6	23,1	23,2	20,6
Total	67,6	44,5	54,3	54,8	57,8	62	54,7

D'après J.L. van Regemorter, « le Déclin du servage 1796-1855 », *Histoire de la Russie*, t. I, Paris, 1971.

1808-1811
Achèvement de la liaison, par canaux, de la haute Volga à la Baltique (système Marie et système de Tikhvin).

1809
□ **6 (18) août** Oukase rendant obligatoires des études supérieures ou un examen pour accéder aux échelons supérieurs de la hiérarchie civile.
Abolition de la faculté pour les propriétaires de déporter les serfs en Sibérie (rétablissement en 1822).

1810
Conséquences catastrophiques du Blocus continental pour le commerce et l'industrie russes.
Valeur du rouble assignat : 33 kopecks argent. Propositions de Speranski pour réformer les finances de l'État (emprunts, impôts, limitation de la circulation monétaire).
Création de la première colonie militaire (soldats-paysans) dans le gouvernement de Moghilev.
Fondation du lycée impérial de Tsarskoïe Selo. Pouchkine y est élève de 1811 à 1817.
□ **19 (31) déc.** Nouveau tarif douanier favorable aux navires neutres transportant des marchandises anglaises, défavorable aux produits français importés par terre.

1812
□ **Déc.** Émeutes de Penza : les paysans croient à une libération imminente du servage.

1814
Le rouble assignat vaut 25 kopecks argent.

1815
Troubles paysans dans les provinces de Poltava, de Koursk et d'Orenbourg.
Construction à la fonderie Baird de Saint-Pétersbourg du premier bateau à vapeur russe, qui fait solennellement le voyage de Pétersbourg à Kronstadt.

Civilisation et culture

1801 Saint-Pétersbourg : début de la construction de Notre-Dame-de-Kazan (A. Voronikhine). □ Monument à Souvorov (M. Kozlovski).

1802 Fondation du *Messager de l'Europe* par N. Karamzine. □ V. Joukovski : traduction de l'*Élégie* de Gray.

1803 A. Chichkov : *Discours sur l'ancien et le nouveau style de la langue russe.*

1804 I. Pnine : *Essai sur l'éducation du point de vue de la Russie*, préconisant un plan d'enseignement associé à un programme de réformes modérées.

1805 Début de la construction de la Bourse de Saint-Pétersbourg (Thomas de Thomon).

1806 Saint-Pétersbourg : début du remaniement de l'Amirauté (A. Zakharov), de la construction de l'Institut des mines (A. Voronikhine) et de l'Institut Smolny (G. Quarenghi).

1808 Fondation du *Messager russe* (S. Glinka). □ V. Joukovski : *Lioudmila.*

1809 Publication du premier volume de *Fables* d'I. Krylov. □ Fondation de l'École d'art dramatique de Moscou.

1812 Fondation du *Fils de la patrie* par N. Gretch. □ V. Joukovski : *le Poète dans le camp des guerriers russes.* □ Caricatures antifrançaises d'I. Terebenev, dans la tradition de l'imagerie populaire russe (*loubok*).

□ **Déc.** Fondation de la société biblique de Russie, présidée par A. Golitsyne.

1814 Publication des premiers poèmes d'A. Pouchkine dans *le Messager de l'Europe*. □ K. Batiouchkov : *À l'ombre d'un ami.*

Biographies

Koutouzov, Michel Illarionovitch Golenichtchev, prince de Smolensk (1745-1813). Fils de général, il s'illustre sous Catherine II dans les guerres russo-turques, où il perd un œil. En disgrâce après la défaite d'Austerlitz (1805), il prend, en 1811, le commandement de l'armée de Moldavie contre les Turcs et permet à la Russie de négocier l'avantageux traité de Bucarest (1812). Alexandre Ier doit tenir compte de sa popularité et le nomme, après la chute de Smolensk, commandant en chef des armées russes contre Napoléon. Battu à Borodino, Koutouzov dirige la retraite russe et l'évacuation de Moscou. Quand la Grande Armée quitte la ville, il manœuvre de façon à lui couper la route du sud-ouest et la suit jusqu'à la Berezina, où une mauvaise coordination des troupes russes empêche l'écrasement des forces napoléoniennes. Contre son avis, Alexandre Ier impose la poursuite de la guerre jusqu'à la défaite complète de Napoléon. Koutouzov envahit la Pologne en janvier 1813, et meurt trois mois plus tard dans la petite ville silésienne de Bunzlau. Considéré comme « le sauveur de la Russie », il a donné en 1942 son nom à une décoration soviétique destinée aux combattants de la nouvelle « guerre patriotique ».

Speranski, Michel Mikhaïlovitch, *comte* (1772-1839). Fils de pope, fonctionnaire au ministère de l'Intérieur, il devient conseiller d'Alexandre Ier, qui le charge de préparer un projet de réforme de l'État. Présenté au tsar en 1809, ce plan préconise la séparation des pouvoirs et l'établissement progressif d'un régime constitutionnel, dont la seule application sera la création du Conseil d'État en 1810. En butte à l'hostilité de la noblesse, Speranski est sacrifié en 1812 par le tsar, qui se prépare à l'affrontement avec Napoléon. Exilé à Nijni-Novgorod, puis à Perm, il devient, en 1816, gouverneur de Penza et, en 1819, gouverneur général de Sibérie. Revenu, en 1821, à Saint-Pétersbourg, il siège au Conseil d'État et fait partie de la Haute Cour qui juge les décabristes en 1826. Placé par Nicolas Ier à la tête de la deuxième section de la Chancellerie impériale, Speranski dirige la compilation du *Recueil complet des lois de l'Empire russe* (1830) et la rédaction du *Code des lois* (1833).

Bibliographie

C. de Grunwald, *Alexandre Ier, le tsar mystique* (Paris, 1955).

A. Palmer, *Alexander I, Tsar of War and Peace* (Londres, 1974).

M. Raeff, *Michael Speranski : Statesman of Imperial Russia* (La Haye, 1957).

Chapitre 13 — 1815-1825

La Sainte-Alliance et l'arrêt de l'élan réformateur

> *La Russie a son caractère particulier : dans sa religion, dans ses mœurs, dans sa forme de gouvernement. Aussi l'instruction qu'on y donne doit-elle se modeler sur ces particularités caractéristiques, car, s'il en est autrement, toute influence contraire de sa part produira infailliblement un ébranlement nuisible, ébranlement d'abord moral, puis social, enfin politique.*
>
> Magnitski (curateur de la circonscription scolaire de Kazan), *Mémoire sur l'instruction*, 1821.

À partir de 1815 apparaissent de plus en plus nettement les équivoques de la politique menée par Alexandre Ier et le divorce fréquent entre ses intentions proclamées et son action. En politique extérieure, les grands principes fondateurs de la Sainte-Alliance comptent moins que les solutions empiriques, où s'affirme sans cesse davantage la primauté des intérêts nationaux, comme le montre l'évolution de la position russe dans les affaires grecques et balkaniques. À l'intérieur, l'octroi d'une Constitution au royaume de Pologne semblait devoir annoncer de nouvelles réformes, mais celles-ci, limitées à des projets confidentiels, demeurent sans lendemain.

En même temps, Alexandre ne sait pas rallier à sa politique les milieux les plus conservateurs, choqués par ses conceptions religieuses et par une certaine forme de « cosmopolitisme ». Les gages donnés à la réaction sont cependant nombreux, associés au nom d'Araktcheïev, dont le despotisme culmine au début des années 1820 : renforcement de la censure, purges universitaires, dissolution des loges maçonniques et poursuite sur une grande échelle – malgré les nombreuses révoltes – de la désastreuse expérience des colonies militaires.

Face à ce tsar qui exile Pouchkine, l'opposition prend la forme, très limitée, de sociétés secrètes, recrutant dans les milieux d'une jeune génération nobiliaire et militaire souvent influencée par le libéralisme occidental, et qui s'exprimera en 1825 à travers l'insurrection décabriste.

Vie politique et institutionnelle

1815
Un rôle de premier plan est dévolu à Araktcheïev, qui supervise toutes les activités du Comité des ministres et devient le bras droit du tsar sans détenir de portefeuille officiel.

☐ **15 (27) nov.** Charte constitutionnelle du royaume de Pologne : lié par une union personnelle à l'Empire, celui-ci dispose d'une Diète élue, d'un gouvernement et d'une armée.

1816
Le prince A. Golitsyne, procureur général du Saint-Synode, est chargé du ministère de l'Instruction publique, qui devient en 1817 ministère de l'Instruction publique et des Cultes.
K. Nesselrode, ministre des Affaires étrangères (jusqu'en 1856).

☐ **Févr.** À Saint-Pétersbourg, fondation de la société secrète *l'Union du salut*, recrutant parmi les officiers et réclamant une constitution (avec A. et N. Mouravev, S. Troubetzkoï, P. Pestel).

1817
Création de sociétés secrètes parmi la jeunesse étudiante des universités polonaises (*Panta Koïna* à Varsovie, Société des philomates à Vilna avec Adam Mickiewicz).

1818
Projets de réforme, secrets et sans lendemain : constitution de Novosiltsov, plan de libération des serfs d'Araktcheïev.
Transformation de l'*Union du salut* en *Union du bien public.*

☐ **15 (27) mars** Inauguration par Alexandre de la première Diète du royaume de Pologne : perspective d'extension du régime constitutionnel à tout l'Empire.

1819
Élaboration d'une constitution finlandaise qui reste à l'état de projet.
Réunion des ministères de l'Intérieur et de la Police sous l'autorité du prince Kotchoubeï.
Le major W. Lukasinski fonde une loge maçonnique dans l'armée polonaise.

☐ **Mars** Speranski devient gouverneur général de Sibérie.

1820
Expulsion des Jésuites de Russie.
Exil de Pouchkine dans le sud de la Russie.

☐ **Juin** Mise en place d'un comité spécial pour définir de nouvelles règles de censure, avec Magnitski et Chichkov.

☐ **17 (29) oct.** Mutinerie du régiment de la Garde Semenovski à Saint-Pétersbourg (pour protester contre les brutalités de son chef, le colonel Schwartz).

1821
Auto-dissolution de l'*Union du bien public,* relayée par deux sociétés plus radicales : la *Société du Sud* en Ukraine (avec Pestel et son programme, la *Rousskaïa Pravda*) et la *Société du Nord* à Saint-Pétersbourg (avec N. Mouravev et sa *Constitution*).
Fondation en Pologne de la *Société patriotique,* animée par W. Lukasinski.

1822
Pologne : arrestation des chefs de la *Société patriotique,* qui poursuit cependant ses activités.

☐ **Janv.** Abandon secret par Constantin, frère d'Alexandre, de ses droits au trône (abandon confirmé par Alexandre en août 1823).

☐ **26 janv. (7 févr.)** Réforme de l'administration sibérienne, préparée par Speranski.

☐ **1er (13 août)** Interdiction de toutes les sociétés secrètes et des loges maçonniques.

1823
Kankrin, ministre des Finances (jusqu'en 1844).
Répression contre les sociétés secrètes des étudiants de Vilna (Adam Mickiewicz exilé en 1824 en Russie).
Fondation en Volhynie de la *Société des Slaves Unis* (programme fédéraliste), qui rejoint la *Société du Sud* en 1825.
Poursuite des activités de la *Société patriotique* polonaise.

1824
☐ **15 (27) mai** Disgrâce de Golitsyne, ministre de l'Instruction publique et des Cultes, remplacé par l'amiral Chichkov qui mène une politique nationaliste et réactionnaire.

1824-1825
Rencontres entre la Société patriotique et la société du Sud ; désaccord sur les frontières historiques de la Pologne.

1825
☐ **19 nov. (1er déc.)** Mort d'Alexandre Ier à Taganrog.

Politique extérieure et coloniale

1818
☐ **Sept.-nov.** Participation d'Alexandre Ier au congrès d'Aix-la-Chapelle : évacuation anticipée du territoire français.

1819-1821
Expédition d'exploration de l'Antarctique (F. Bellingshausen et M. Lazarev).

1820
☐ **Oct.-déc.** Participation de la Russie au congrès de Troppau. Alexandre propose une intervention contre la révolution napolitaine.

1821
☐ **Janv.-mai** Participation d'Alexandre au congrès de Laibach.

☐ **Mars** Début de l'insurrection grecque contre la domination ottomane. Alexandre refuse d'aider Ypsilanti à soulever les provinces danubiennes.

☐ **16 (28) juin** Évolution de la position russe dans les affaires grecques : ultimatum de l'ambassadeur Stroganov à Constantinople (demandant l'évacuation des principautés danubiennes, la fin des massacres en Grèce).

☐ **4 (16) sept.** Affirmation des droits exclusifs de la Russie en Alaska, au nord du 51e parallèle.

1822
☐ **Sept.-déc.** Participation de la Russie au congrès de Vérone, qui décide une intervention militaire française en Espagne.

1824
☐ **5 (17) avr.** Traité russo-américain sur l'Alaska : restauration de la liberté de navigation et de pêche, limitation des colonies russes au 54e parallèle nord. Début du recul de la Russie dans le Pacifique nord-américain.

1825
Convention anglo-russe sur l'Alaska.

Économie et société

1816
Affranchissement des serfs en Estonie (sans la terre).
Interdiction aux marchands d'acheter des serfs pour leurs fabriques.
Tarif douanier modéré abolissant un certain nombre de prohibitions.
Fondation de l'université de Varsovie.

1816-1821
À l'initiative d'Alexandre, multiplication des colonies militaires ; elles sont organisées par Araktcheïev.

1817
Affranchissement des serfs de Courlande.
Fondation de la Banque commerciale d'État. Peu de succès : elle cèdera une partie de ses dépôts à la Banque de Crédit foncier.
Lancement d'emprunts par le ministre des Finances D. Gouriev pour réduire la circulation monétaire.
Monopole de l'État sur la vente de l'alcool.
Transfert de la foire de Makariev à Nijni-Novgorod.
Début de la construction de routes pavées (390 km en 1825, 3 300 en 1850).
Fondation du lycée Richelieu à Odessa.

1818
Fondation de la Société d'agronomie de Moscou.
Approbation d'une Société pour l'enseignement mutuel.

1819
Affranchissement des serfs de Livonie.
Rébellions dans les colonies militaires (en particulier à Tchougouïev, en Ukraine).
Nouveau tarif douanier libéral supprimant les prohibitions. Violente opposition des milieux industriels.
Transformation de l'Institut pédagogique de Saint-Pétersbourg en université.
Purge de l'université de Kazan par M. Magnitski qui, l'année suivante, devient curateur de la circonscription.

La main-d'œuvre salariée dans les entreprises russes 1804 – 1825

Les bastions de la main-d'œuvre servile demeurent la laine, la métallurgie, le papier :

Industries	Nombre d'entreprises		Main-d'œuvre salariée (en %)	
	1804	1825	1804	1825
Laine	157	324	10 %	18,4 %
Lin	285	196	60 %	70,8 %
Coton	196	484	83 %	94,7 %
Soie	328	184	73 %	83,0 %
Papier	64	87	22 %	24,0 %
Fer et acier	28	170	28 %	22,0 %
Cuir	843	1 784	97 %	93,0 %
Corderie	58	98	85 %	92,0 %

D'après P.I. Lyashchenko, *History of the National Economy of Russia*, New York, 1949.

1820
Fondation du gymnase Bezborodko de Nejine. Gogol y étudie de 1821 à 1828. Soulèvement massif des paysans du Don.

1822
Nouveau tarif douanier : retour à un système prohibitif qui dure jusqu'en 1857, avec quelques assouplissements en 1841 et 1850.
Protection particulière accordée à l'industrie textile. Grand essor des tissages et des impressions de cotonnades : manufactures d'Ivanovo, manufactures Morozov à Orekhovo-Zouievo, manufacture d'indiennes Zindel, fondée en 1823 à Moscou.

1824
Adoption d'un règlement sur les guildes limitant étroitement les activités industrielles et commerciales des paysans et des simples « bourgeois ».
□ **20 déc. (1er janv. 1825).** Loi autorisant les fabricants à affranchir leurs serfs avec la permission du Comité des ministres.

1825
Établissement d'une fonderie d'État à Alexandrovsk. On y introduit en 1826 les premiers laminoirs.
□ Fondation de la *Revue des manufactures et du commerce.*

Civilisation et culture

1815 Saint-Pétersbourg : début des réunions du groupe littéraire Arzamas (1815-1818), avec V. Joukovski, A. Pouchkine, K. Batiouchkov et P. Viazemski.

1816 Publication du premier volume de *l'Histoire de l'État russe* de Karamzine (12 volumes parus de 1816 à 1829).

1817 Le Français Auguste Ricard de Montferrand chargé de la construction de la cathédrale Saint-Isaac à Saint-Pétersbourg (achevée en 1858). □ Début de la reconstruction de l'université de Moscou (D. Gilardi). □ K. Batiouchkov : *le Tasse mourant.*

1818 Début de l'œuvre architecturale de K. Rossi à Saint-Pétersbourg : ensemble de l'île Ielaguine (1818-1822), palais Michel (1819-1825), État-Major (1819-1829). □ Inauguration sur la place Rouge de Moscou du monument à Minine et Pojarski (I. Martos). □ Fondation des premières *Annales de la patrie.*

1820 Pouchkine : *Rouslan et Lioudmila.* □ Fondation de la Société pour l'encouragement des artistes (très académique). Mais le peintre A. Venetsianov commence à représenter des scènes de la vie paysanne (*la Grange*, 1821-1823).

1821 Affranchissement, grâce à une souscription nationale, de l'acteur M. Chtchepkine, qui commence une brillante carrière à Moscou. □ Pouchkine : *le Prisonnier du Caucase* (publié en 1822).

1822 Pouchkine : *la Fontaine de Bakhtchissaraï* (publié en 1824).

1823 Pouchkine commence à écrire *Eugène Onéguine* (publié en 1831). □ Fondation à Moscou du groupe littéraire *les Amants de la Sagesse,* qui publie l'almanach *Mnémosyne* (D. Venevitinov, V. Kukhelbeker, V. Odoïevski, I. Kireïevski). □ Fondation de l'almanach *l'Étoile Polaire* (K. Ryleïev, A. Bestoujev).

1824 Griboïedov achève *le Malheur d'avoir trop d'esprit,* représenté en 1831 seulement. □ Pouchkine : *les Tsiganes* (publié en 1827). □ Moscou : achèvement du théâtre Maly et du théâtre Bolchoï (O. Bove).

1825 Fondation du *Télégraphe de Moscou* (N. Polevoï). □ Fondation de *l'Abeille du Nord* (dont les rédacteurs, F. Boulgarine puis N. Gretch, sont de serviles porte-parole du régime). □ Pouchkine commence *Boris Godounov* (publié en 1831). □ A. Delvig : *les Femmes au bain.* □ I. Kozlov : *le Moine.* □ K. Ryleïev : *Voïnarovski.*

Biographie

Araktcheïev, Alexis Andréïevitch, *comte* (1769-1834). Issu d'une famille de petite noblesse, il fait une brillante carrière militaire sous Paul Ier, imposant aux troupes une discipline à la prussienne, sévère et tatillonne. Ministre de la Guerre en 1808, il démissionne en 1810 pour marquer son désaccord avec Speranski. Président du département des Affaires militaires du Conseil d'État, Araktcheïev conseille Alexandre durant les guerres napoléoniennes et exerce, à partir de 1815, un contrôle rigoureux sur les affaires intérieures de l'Empire. Administrant d'une main de fer les colonies militaires, il donne son nom à un régime caractérisé par sa brutalité et sa volonté d'ordre (« l'araktcheïevchtchina »), sans avoir la toute-puissance qu'on lui attribue parfois. Chargé par le tsar de préparer un plan d'émancipation des serfs, il élabore un projet qui ne sera jamais mis en œuvre, et perd sa position privilégiée à l'avènement de Nicolas Ier.

Bibliographie

M. E. Falkus, *The Industrialisation of Russia, 1700-1914* (Londres, 1972).

G. Luciani, *la Société des Slaves unis (1823-1825)* [Bordeaux, 1963].

Le quartorze décembre 1825 : origine et héritage du mouvement des décembristes (recueil d'études, Paris, 1980).

Chapitre 14 **1825-1855**

Nicolas Ier et la modernisation conservatrice

> *Le public a raison : dans les écrivains russes, il voit ses seuls guides, ses seuls défenseurs, ses seuls sauveurs contre l'autocratie russe, contre l'orthodoxie et contre le nationalisme officiel.*
>
> Bielinski, *Lettre à Gogol*, 1847.

Le règne de Nicolas Ier s'ouvre avec l'insurrection décabriste, rapidement réprimée. Le refus de toute concession à la moindre aspiration libérale semble marquer la période 1825-1855 : écrasement de l'insurrection polonaise en 1831, aide à l'Autriche contre l'insurrection hongroise en 1849, multiplication des moyens de répression avec la création de la gendarmerie, le renforcement de la censure, la mise au pas des universités, le tout dans l'esprit de l'idéologie officielle proposée par Ouvarov : autocratie, orthodoxie, esprit national.

Il n'en reste pas moins que ce quart de siècle voit s'amplifier un processus de modernisation déjà engagé avec Alexandre Ier : codification des lois sous la direction de Speranski, développement des enseignements techniques, formation d'une véritable bureaucratie de fonctionnaires spécialisés et qualifiés. La création du ministère des Domaines impériaux ouvre la voie à une transformation progressive de la condition des paysans d'État, sans remettre fondamentalement en cause un ordre social dont la stabilité semble conditionner celle de l'autocratie. Le développement industriel, encore en retard, s'accélère cependant à l'abri d'un strict protectionnisme dans certains secteurs comme le tissage, puis la filature du coton, qui emploient de plus en plus une main-d'œuvre salariée par opposition à la vieille métallurgie ouralienne.

Face à la bureaucratie, à la noblesse terrienne ou aux nouveaux entrepreneurs industriels, une intelligentsia commence à se constituer. Slavophiles et occidentalistes s'interrogent sur leur relation au « peuple », sur le passé et l'avenir de la Russie, tandis que la littérature – malgré toutes les rigueurs de la censure – connaît son véritable « âge d'or ». Pourtant la force réelle du pays n'est pas à la mesure des ambitions extérieures qui mènent Nicolas Ier à s'engager, face à la Turquie, dans une politique de plus en plus aventureuse, jusqu'au déclenchement de la guerre de Crimée, qui sera le véritable révélateur de l'inadaptation des structures de l'Empire.

Vie politique et institutionnelle

1825
À la mort d'Alexandre Ier, vacance du pouvoir : hésitations de Nicolas, troisième fils de Paul Ier, qui fait prêter serment à Constantin avant de se décider à accepter le trône.

☐ **14 (26) déc.** Déclenchement prématuré de l'insurrection décabriste par les conjurés de la *Société du Nord* : échec du soulèvement militaire sur la place du Sénat à Saint-Pétersbourg.

1826

☐ **Janv.** Échec du soulèvement du régiment de Tchernigov, en Ukraine, par S. Mourarev-Apostol. Le procès des décabristes en 1826 aboutit à 5 condamnations à mort (dont Pestel et Ryleïev) et à plus de 100 déportations en Sibérie.

☐ **31 janv. (12 févr.)** Développement de la Chancellerie privée. Création de la IIe section chargée de la codification des lois (avec Speranski).

☐ **10 (22) juin** Renforcement de la censure (« loi d'airain ») ; quelques assouplissements en 1828.

☐ **3 (15) juill.** Création de la IIIe section, dirigée par Benckendorff : police politique et corps de gendarmes.

☐ **13 (25) juill.** Exécution des 5 meneurs décabristes.

☐ **6 (18) déc.** Création du Comité secret du 6 décembre, présidé par Kotchoubeï, pour réformer l'administration. Il siège jusqu'en 1832, sans résultat.

1828
Création de la IVe section de la Chancellerie privée (administration des établissements d'enseignement féminin et d'assistance publique).

☐ **Déc.** À Varsovie, création par le sous-lieutenant P. Wysocki d'une société secrète qui recrute parmi les élèves de l'école des aspirants de l'infanterie.

1830
Publication du *Recueil complet des lois de l'Empire russe :* premier aboutissement de l'entreprise de Speranski sous forme d'une compilation en 45 volumes des lois russes depuis le Code de 1649.

☐ **17 (29) nov.** À Varsovie, début de l'insurrection polonaise : prise du palais du Belvédère et fuite du grand-duc Constantin, chef de l'armée.

1831

☐ **13 (25) janv.** Déposition de Nicolas Ier par la Diète polonaise.

☐ **18 (30) janv.** En Pologne, mise en place d'un gouvernement national dirigé par A. Czartoryski.

☐ **24 janv. (6 févr.)** Entrée en Pologne d'une armée russe de 115 000 hommes commandée par le maréchal Dibitch.

☐ **13 (25) févr.** Bataille de Grochów.

☐ **14 (26) mai.** Écrasante défaite polonaise d'Ostrołęka.

☐ **Printemps** Échec de l'insurrection dans les provinces occidentales de l'Empire.

☐ **25-26 août (6-7 sept.)** Bataille de Varsovie et capitulation de la ville.

☐ **27 août (8 sept.)** Paskevitch fait régner l'ordre à Varsovie.

☐ **Déc.** Nouveau règlement sur la participation de la noblesse aux élections locales : seuls ont droit de suffrage direct les nobles possédant plus de 100 âmes ou 3 000 déciatines de terre arable.

1831-1832
Premières réunions à Moscou du Cercle de N. Stankievitch, qui sera fréquenté par V. Bielinski, T. Granovski, M. Bakounine.

1831-1833
Fermeture des universités de Varsovie et de Vilna ainsi que du lycée de Krzemieniec.

1832
Répression en Pologne et dans les provinces occidentales de l'Empire. Confiscations et déportations.

☐ **14 (26) févr.** Remplacement de la Constitution du royaume de Pologne par un statut organique : la Pologne devient partie intégrante de l'Empire russe, suppression de l'armée et de la Diète, autonomie purement administrative.

1833
Publication du *Code des lois,* en 15 volumes : essai de systématisation des lois en vigueur.
Ouvarov (célèbre pour sa formule : « autocratie, orthodoxie, esprit national ») devient ministre de l'Instruction publique (jusqu'en 1849).

1834
Arrestation des membres du Cercle fondé à Moscou par A. Herzen et N. Ogarev. Bannissement de Herzen dans la province de Viatka.
Limitation du séjour à l'étranger à 5 ans pour les nobles, 3 ans pour les roturiers. (En 1851, respectivement 3 et 2 ans.)
Interdiction du *Télégraphe de Moscou* de N. Polevoï.

1836
Création de la Vᵉ section de la Chancellerie privée, chargée de superviser l'administration des paysans d'État.
Interdiction du *Télescope* de Nadejdine pour avoir publié la *Première Lettre philosophique* de P. Tchaadaïev.

1837
☐ **26 déc. (7 janv. 1838)** Transformation de la Vᵉ section en un ministère des Domaines impériaux, confié à Kiselev. Profonde réforme de la gestion locale des paysans d'État (développement de l'auto-administration paysanne).

1840
Abrogation de l'ancien Statut lituanien et introduction du droit russe dans les provinces occidentales de l'Empire.

1842
☐ **15 (27) avr.** Nouveau statut du Conseil d'État, dont les pouvoirs diminuent encore.

1843
Mise en place d'une VIᵉ section de la Chancellerie privée, chargée de l'administration de la Transcaucasie.

1845
Publication d'un *Code criminel.*
À Saint-Pétersbourg, début des réunions du cercle fondé par M. Petrachevski, socialiste disciple de Fourier. Le cercle des pétrachéviens sera fréquenté par les écrivains M. Saltykov-Chtchedrine et F. Dostoïevski.

1846
Circulation du manuscrit du slavophile I. Samarine : *Lettres sur les provinces baltes,* dénonçant l'emprise allemande sur l'administration.

☐ **Janv.** Fondation à Kiev de la Confrérie de Cyrille et Méthode (avec l'historien Kostomarov et le poète Chevtchenko). Elle préconise l'abolition du servage et un fédéralisme slave donnant une place à l'Ukraine. Arrestation de ses membres dès 1847.

☐ **13 (25) févr.** Nouveau statut des villes, dû à N. Milioutine. Application très limitée.

1847
Introduction en Pologne d'un Code criminel calqué sur le Code russe de 1845.

☐ **Janv.** Herzen quitte la Russie.

1848
☐ **Févr.** Herzen assiste à la révolution à Paris.

☐ **14 (26) mars** Manifeste impérial : la Russie, rempart de l'Europe, ne se laissera pas gagner par la révolution.

☐ **2 (14) avr.** Création d'un comité secret présidé par Boutourline pour superviser la censure.

□ **Juin** Participation de Bakounine au Congrès slave de Prague.

1849

□ **23 avr. (5 mai)** Arrestation des membres du cercle de Petrachevski. 21 condamnations à mort (dont Dostoïevski).

□ **22 déc. (3 janv. 1850)** Après un simulacre d'exécution, condamnations transformées en déportations.

1852

Attaques de la censure contre le *Recueil moscovite* des slavophiles.

1853

Fondation par Herzen d'une imprimerie russe libre à Londres.

1855

□ **18 févr. (2 mars)** Nicolas Ier meurt.

Politique extérieure

1826

□ **23 mars (4 avr.)** Protocole anglo-russe de Saint-Pétersbourg sur la Grèce, proposant une médiation entre Turcs et Grecs.

□ **Juill.** Attaque de la Transcaucasie russe par les armées du shah d'Iran. Nouvelle guerre russo-persane (1826-1828).

□ **25 sept. (7 oct.)** Convention russo-turque d'Akkerman : liberté de circulation des navires marchands dans les Détroits, autonomie de la Serbie, de la Moldavie et de la Valachie.

1827

□ **24 juin (6 juill.)** Convention de Londres entre l'Angleterre, la France et la Russie : envoi de forces navales pour séparer les belligérants grecs et turcs.

□ **1er (13) oct.** Dans la guerre russo-persane, prise d'Erevan par les Russes.

□ **8 (20) oct.** Destruction de la flotte turco-égyptienne dans la baie de Navarin par les escadres anglaise, française et russe.

1828

□ **10 (22) févr.** Paix de Turkmantchaï entre la Russie et la Perse : annexion d'Erevan et du Nakhitchevan par la Russie, liberté de la navigation marchande en mer Caspienne, indemnités de guerre à la Russie.

□ **14 (26) avr.** Déclaration de guerre de la Russie à la Turquie. Opérations en Transcaucasie (prise de Kars le 23 juin [5 juill.]) et dans les Balkans (prise de Varna le 29 sept. [11 oct.]).

1829

□ **27 juin (9 juill.)** Prise par les Russes d'Erzeroum.

□ **20 août** Les Russes s'emparent d'Andrinople.

□ **2 (14) sept.** Traité russo-turc d'Andrinople : annexion par la Russie des bouches du Danube, d'Anapa et de Poti sur la côte orientale de la mer Noire, des districts d'Akhalkalaki et d'Akhaltsikhe dans le Caucase. Libre passage des Détroits par les navires de commerce. Autonomie de la Serbie, de la Moldavie et de la Valachie, protégées par la Russie. La Grèce reste un État vassal de la Turquie.

1830

□ **22 janv. (3 févr.)** Protocole de Londres : l'Angleterre, la France et la Russie garantissent l'indépendance complète de la Grèce. Le nouvel État échappe à l'influence russe.

1832

□ **28 mai (9 juin)** Condamnation par le pape Grégoire XVI de l'insurrection polonaise (encyclique *Cum primum*).

1833

□ **Avr.** À la demande du sultan Mahmud II, intervention russe dans la première guerre turco-égyptienne. Débarquement de 10 000 hommes sur la rive asiatique du Bosphore.

☐ **26 juin (8 juill.)** Traité d'Unkiar-Skelessi entre la Russie et la Turquie : alliance pour 8 ans, clause secrète fermant les Dardanelles à tout navire de guerre étranger si la Russie le demande.

☐ **7 (19) sept.** Convention de Münchengraetz entre la Russie et l'Autriche : garantie mutuelle de leurs territoires polonais.

☐ **3 (15) oct.** Convention de Berlin : accord secret d'assistance entre la Prusse, l'Autriche et la Russie.

1834

Dans le Caucase, soulèvement dirigé par Chāmil, troisième imam du Daghestan. L'insurrection dure jusqu'en 1859 (capture de Chāmil).

1836

Occupation temporaire de la ville libre de Cracovie par les troupes russes, autrichiennes et prussiennes (évacuation en 1841).

1838

☐ **Juill.** Déclaration austro-russe de Teplitz appuyant la Turquie dans son conflit avec l'Égypte.

1839

Nouvelles interventions des puissances européennes dans le conflit turco-égyptien, la Russie cherchant un rapprochement avec l'Angleterre.

☐ **Nov.** Départ d'Orenbourg d'une expédition russe contre Khiva ; échec.

1840

☐ **3 (15) juill.** Convention de Londres entre Angleterre, Russie, Autriche et Prusse : pas de bâtiments de guerre étrangers dans les Détroits en temps de paix.

1841

☐ **1er (13) juill.** La convention des Détroits (Angleterre, Russie, Autriche, Prusse et France) réaffirme que le Bosphore et les Dardanelles seront fermés en temps de paix à tout navire de guerre étranger. La Russie perd ses positions privilégiées.

1842

☐ **17 (29) août** Traité de Nankin entre l'Angleterre et la Chine. Concurrence anglaise au commerce russo-chinois : le thé chinois importé par les navires anglais en Europe est moins cher que le thé acheminé par terre à Irkoutsk.

1844

☐ **Juin** Nicolas 1er à Londres.

1846

Domination russe étendue à la plupart des terres kazakhes.

☐ **Mars** Participation des troupes russes à la répression du soulèvement de la ville libre de Cracovie.

☐ **4 (16) nov.** L'Autriche annexe Cracovie.

1847

☐ **22 juill. (3 août)** Concordat entre la Russie et le Saint-Siège. Il définit la situation de l'Église catholique en Russie mais ne règle pas tous les litiges.

1848

☐ **Juill.** Intervention des troupes russes pour ramener l'ordre dans les principautés danubiennes.

1849

☐ **19 avr. (1er mai).** Convention de Balta Liman entre la Russie et la Turquie : occupation conjointe des principautés (retrait en 1851).

☐ **Juin.** Aide russe à l'Autriche pour réprimer l'insurrection de la Hongrie (170 000 hommes commandés par Paskevitch).

☐ **1er (13) août** À Vilagos, défaite des Hongrois, qui capitulent.

1849-1855.

Expédition du capitaine G. Nevelskoï en Extrême-Orient : bouches de l'Amour, reconnaissance du caractère insulaire de Sakhaline, premier établissement russe à Nikolaïevsk (en août 1850).

1850
Début de la « querelle des Lieux saints » entre la France et la Russie.

□ **17 (29) nov.** « Reculade d'Olmütz » : la Russie aide l'Autriche à empêcher la formation d'un État fédéral allemand sous l'égide des Hohenzollern.

1852
Développement de la « querelle des Lieux saints ». Les catholiques, appuyés par la France, et les orthodoxes, soutenus par la Russie, s'en disputent la garde ; les deux puissances font pression sur la Turquie, qui donne finalement satisfaction à la France (déc.).

1853
Occupation temporaire de Sakhaline. Conquête de la forteresse d'Ak Metchet, en territoire de Kokand.

□ **Janv.** Nicolas laisse entrevoir à l'ambassadeur anglais lord Seymour la possibilité d'un démembrement de la Turquie, « homme malade » de l'Europe. Fortes réticences du gouvernement anglais.

□ **23 févr. (7 mars)** Envoi d'un ambassadeur extraordinaire à Constantinople (A. Menchikov). La Russie exige un droit absolu de protection sur les orthodoxes de l'Empire ottoman. Refus turc (appuyé par l'Angleterre).

□ **9 (21) mai** Rupture des relations russo-turques.

□ **Début juin** Arrivée d'une force navale franco-anglaise à l'entrée des Dardanelles.

□ **21 juin (3 juill.)** Invasion des principautés danubiennes par les troupes russes, sous le commandement de M. Gortchakov.

□ **14 (26) sept.** Rencontre à Olmütz entre François-Joseph et Nicolas Ier. Échec des tentatives de conciliation avec l'Angleterre et la France.

□ **4 (16) oct.** Déclaration de guerre de la Turquie à la Russie. Début des opérations militaires dans les Balkans.

□ **18 (30) nov.** Destruction d'une escadre turque à Sinope, par l'amiral Nakhimov.

□ **23 déc. (4 janv. 1854)** Passage du Bosphore par l'escadre franco-anglaise.

1854
Fondation de Vierny (Alma Ata).

□ **15 (27) févr.** Ultimatum franco-anglais à la Russie exigeant l'évacuation des principautés danubiennes.

□ **28 févr. (12 mars)** Traité d'alliance franco-anglo-turc.

□ **15-16 (27-28) mars** Déclaration de guerre de l'Angleterre et de la France à la Russie. Début de la guerre de Crimée.

□ **28 mars (9 avr.)** L'Angleterre, la France, la Prusse et l'Autriche réclament le respect de l'intégrité de l'Empire ottoman : la Russie est isolée.

□ **Avr.-sept.** Pressions de l'Autriche pour obtenir l'évacuation des principautés danubiennes par la Russie.

□ **8 (20) avr.** Alliance austro-prussienne.

□ **2 (14) juin** Accord austro-turc.

□ **Juill.-sept.** Retrait des armées russes et occupation autrichienne des principautés.

□ **27 juill. (8 août)** Conférence de Vienne. Exigences en 4 points de l'Autriche, de l'Angleterre et de la France : garantie collective pour les principautés danubiennes et la Serbie, protection internationale des chrétiens ottomans, libre navigation sur le Danube, révision de la convention des Détroits de 1841 dans un sens défavorable à la Russie, qui refuse.

□ **Juill.-août** Concentration de troupes françaises et anglaises à Varna.

□ **2 (14) sept.** Débarquement franco-anglo-turc à Eupatoria en Crimée.

□ **8 (20) sept.** La défaite russe de l'Alma ouvre aux alliés la route de Sébastopol.

□ **14 (26) sept.** Début du siège de Sébastopol, fortifiée par Totleben et défendue par Nakhimov.

□ **Oct. (oct.-nov.)**
Échec de deux tentatives russes pour briser l'encerclement :

□ **13 (25) oct.** Bataille de Balaklava.

□ **24 oct. (5 nov.)** Bataille d'Inkerman.

□ **20 nov. (2 déc.)** L'Autriche est prête à entrer en guerre si la Russie n'accepte pas les exigences formulées en juillet à Vienne.

1855

□ **14 (26) janv.** Entrée en guerre de la Sardaigne contre la Russie.
La guerre de Crimée se poursuivra sous le règne d'Alexandre II jusqu'au traité de Paris, le 18 (30) mars 1856.

□ **26 janv. (7 févr.)** Traité russo-japonais : partage des Kouriles, possession commune de Sakhaline.

Économie et société

1826

Dans sa réponse au concours organisé par l'Académie des sciences sur la baisse des prix du blé, Fomine établit un lien entre la crise et le système social.
Multiplication des soulèvements paysans.
Dissolution de la Société biblique de Russie.

1827

Fondation de l'université d'Helsingfors (Helsinki).
Abolition du monopole d'État sur la vente de l'alcool. Retour au système de la ferme.
Création de la première société d'assurance par actions.

□ **Août** L'accès des universités, des écoles supérieures et des gymnases est réservé aux personnes de condition libre.

□ **26 août (7 sept.)** Obligation du service militaire pour les Juifs (avec possibilité de conscription dès l'âge de 12 ans).

1828

Création de l'Institut technologique de Saint-Pétersbourg.
Création d'un Conseil des manufactures.

□ **8 (20) déc.** Nouveau statut des écoles primaires et secondaires.

1830-1831

Épidémies de choléra, accompagnées d'« émeutes du choléra » à Saint-Pétersbourg et en province.

1831

Interdiction d'envoyer des jeunes gens de moins de 18 ans étudier à l'étranger.
Développement de la construction de machines agricoles (établissement des frères Butenop à Moscou).

1832

Création de l'École des ingénieurs civils.
Traité de commerce avec les États-Unis.
Introduction d'une barrière douanière entre la Pologne et le reste de l'Empire.

□ **10 (22) févr.** Création d'une catégorie individuelle ou héréditaire de « bourgeois de marque », dotés de privilèges, mais qui n'accèdent pas pour autant à la noblesse.

1832-1834

Mauvaises récoltes et disette généralisée.

1833

Interdiction de la vente aux enchères de serfs sans terre pour acquitter des dettes privées, et des ventes dispersant les membres d'une même famille.

1834

Fondation de la *Revue du ministère de l'Instruction publique.*
Fondation de l'université de Kiev.

1835
Nouveau statut des Juifs : redéfinition de la zone de résidence dans 15 provinces de l'Ouest et du Sud.
Fondation à Saint-Pétersbourg de la filature russe de l'Anglais Wilson, une des premières sociétés par actions en Russie.
Première loi introduisant un début de réglementation des rapports entre patrons et ouvriers.
□ **Mars** Création d'un comité secret pour examiner la question paysanne, sans résultats pratiques.
□ **26 juill. (7 août)** Nouveau statut des universités : suppression de fait de l'autonomie universitaire, renforcement des pouvoirs du curateur.

1836
Premiers essais de puddlage dans des établissements métallurgiques du Centre et de l'Oural (en 1845, ce procédé touche 45 p. 100 de la production de fer ouralien).

1837
Achèvement du premier chemin de fer destiné aux passagers : Saint-Pétersbourg-Tsarskoïe Selo (26 km).
Le prince Anatole Demidov, maître de forge de l'Oural, confie à l'ingénieur français Le Play la mission d'étudier l'exploitation du charbon du Donets (production encore insignifiante : 15 000 tonnes en 1839 contre 250 000 en 1871 et 25 millions en 1913).

1839
□ **1er (13) mars** Réunion forcée à l'orthodoxie des uniates des provinces occidentales de l'Empire.
□ **1er (13) juill.** Réforme monétaire de Kankrin : le rouble argent devient l'unité monétaire officielle, les assignats de papier circulent à parité de 3,5 pour 1 rouble argent. En 1843, échange obligatoire des assignats contre des roubles de crédit circulant au pair avec l'argent. Cette stabilisation monétaire dure jusqu'à la guerre de Crimée.
Début des travaux de la ligne de chemin de fer Varsovie-Vienne (terminée en 1848).
Mécanisation de la filature de coton Geyer à Łódź, avec une machine à vapeur importée de Belgique.

1840
□ **18 (30) juin** Loi autorisant l'affranchissement des serfs d'entreprise. Essor du travail salarié dans l'industrie textile, mais maintien d'une importante main-d'œuvre servile dans la métallurgie.
□ **Août** Mesures gouvernementales pour accroître la culture de la pomme de terre. Fortes résistances paysannes (« émeutes des pommes de terre », soulèvement des paysans d'État de la moyenne Volga en 1842).

1841
Assouplissement du tarif douanier.
Déportation en Transcaucasie de membres de la secte des Doukhobors.
Soulèvement paysan en Gourie.

1842
□ **2 (14) avr.** Loi sur les « paysans obligés », préconisant un contrat bilatéral entre les propriétaires et leurs paysans, qui recevraient à vie la jouissance de parcelles de terre en échange d'obligations définies. Peu de succès.
Début de la construction de la voie ferrée Moscou-Saint-Pétersbourg (achevée en 1851).
En Angleterre, fin de l'interdiction d'exporter des machines à filer. Grand développement des filatures russes et des importations de coton brut dans les années 1840-1850.

1843
Première liaison télégraphique Saint-Pétersbourg-Tsarskoïe Selo.
□ **8 (20) avr.** Oukase organisant les migrations, amorce de la mise en valeur de la Sibérie (50 000 départs officiels entre 1844 et 1861).

1844

☐ **12 (24) juin** Autorisation donnée aux propriétaires de libérer les serfs domestiques sans terre par un contrat bilatéral.

☐ **19 (31) déc.** Abolition de l'institution du Kahal, organisation autonome des communautés juives.

1844-1848

Introduction progressive dans les provinces occidentales de l'Empire d'*inventaires* fixant strictement les obligations des serfs et limitant la puissance des propriétaires polonais.

1845

☐ **11 (23) juin** Manifeste limitant l'accès à la noblesse par service (noblesse héréditaire à partir du 5ᵉ rang de la hiérarchie civile et non plus du 8ᵉ).

☐ **Août** Interdiction du travail de nuit des enfants âgés de moins de 12 ans.

1846

Abolition des « corn laws » en Angleterre : augmentation des exportations de grains russes.

Fondation à Moscou de la Société des manufactures d'indiennes Hübner.

L'enseignement en Russie en 1855

1) *Enseignement élémentaire* (statistiques de 1856) :

	Nombre d'élèves	Nombre d'écoles	% de la population
49 gouvernements européens	432 889	7 841	0,75 %
Caucase	5 505	74	0,19 %
Sibérie	11 608	312	0,35 %
Total	450 002	8 227	0,70 %

2) *Gymnases :* nombre : 74 ; effectifs : 17 827 élèves

3) *Etablissements supérieurs* : a) Nombre d'étudiants dans les universités :

Pétersbourg	Moscou	Kazan	Kharkov	Dorpat	Kiev	Total
399	1 203	340	483	618	616	3 659

b) Nombre d'étudiants dans les autres établissements supérieurs : 366

D'après A. Besançon, *Éducation et société en Russie dans le second tiers du XIXᵉ siècle,* Paris-La Haye, 1974.

1847
☐ **27 oct. (8 nov.)** Autorisation donnée aux serfs d'acheter leur liberté si le domaine de leur maître est mis en vente pour dettes (effets très limités).

1847-1848
Épidémies de choléra.

1848
☐ **3 (15) mars** Droit reconnu aux serfs d'acquérir des terres non peuplées et des immeubles (avec l'accord du maître).

1849
Reprise en main des universités par le nouveau ministre Chirinski-Chikhmatov : limitation des effectifs étudiants (300 étudiants payants par université), suspension de certains enseignements comme la philosophie et le droit constitutionnel.
Fondation de l'usine de construction de bateaux de Sormovo.

1850
Publication d'une liste de familles nobles géorgiennes. En revanche, déclassement progressif, depuis 1831, d'une grande partie de la noblesse polonaise d'Ukraine.

1851
Abolition des barrières douanières entre la Pologne et le reste de l'Empire.

1852
Fondation de la Société du chemin de fer méridional. Longueur du réseau ferré en 1855 : 1 044 km.

1854
Avec la guerre de Crimée, dépréciation du rouble, dont la convertibilité sera abandonnée jusqu'à l'adoption de l'étalon or en 1897.
Mouvements massifs de serfs des provinces centrales vers Moscou, après l'oukase du 3 (15) avril demandant des volontaires pour la flotte de la Baltique. Répression par la troupe.

Culture et civilisation

1826 Joukovski devient précepteur du tsarévitch Alexandre. ☐ Élaboration d'une géométrie non-euclidienne par Lobatchevski.

1827 Fondation du *Messager de Moscou* (M. Pogodine). ☐ À Saint-Pétersbourg, début de la construction des Portes de Narva (1827-1834, V. Stassov). ☐ Portrait de Pouchkine par O. Kiprenski.

1828 Pouchkine écrit *Poltava* (publié en 1829) et commence *le Maure de Pierre le Grand*. ☐ A. Polejaïev : *le Chant du marin naufragé*.

1829 Publication de la traduction de *l'Iliade* par N. Gneditch. ☐ Lermontov commence *le Démon* (achevé en 1839). ☐ M. Zagoskine lance le genre de la nouvelle historique avec *Iouri Miloslavski ou les Russes en 1612*. ☐ N. Polevoï : *Histoire du peuple russe* (6 volumes publiés de 1829 à 1833). ☐ À Saint-Pétersbourg, début de la construction du Sénat et du Synode (K. Rossi).

1830 Fondation de *la Gazette littéraire* de Delvig. ☐ Pouchkine écrit *les Récits d'Ivan Bielkine* et commence *le Convive de pierre*. ☐ Création d'une École d'architecture.

1831 Première du *Malheur d'avoir trop d'esprit* de Griboïedov. ☐ Pouchkine achève *Eugène Onéguine*, commence des contes (*le Coq d'or, le tsar Saltan*) et réplique aux défenseurs européens de la Pologne : *Aux détracteurs de la Russie*. ☐ Gogol : *les Veillées au hameau près de Dikanka*. ☐ Fondation du *Télescope* de N. Nadejdine. ☐ À Saint-Pétersbourg, ouverture au public des collections du musée Roumiantsev (transportées en 1861 à Moscou).

1832 A. Bestoujev : *Ammalat Bek*. ☐ Lermontov : *l'Ange*. ☐ M. Glinka :

Trio pathétique. □ Fondation de l'Institut de peinture et de sculpture de Moscou (plus progressiste que la vieille Académie). □ Achèvement du théâtre Alexandra à Saint-Pétersbourg (K. Rossi).

1833 Lenz découvre la loi sur le sens des courants induits. □ Pouchkine écrit *le Cavalier de bronze.* □ Brioullov achève son tableau *le Dernier Jour de Pompéi.* □ Nicolas Ier commande à A. Lvov l'hymne national *Dieu protège le tsar.*

1834 Fondation de la *Bibliothèque de lecture* (J. Senkovski) .□ V. Bielinski : *Rêveries littéraires.* □ Pouchkine : *la Dame de pique, Histoire de la révolte de Pougatchev.* □ Construction de la colonne Alexandrine à Saint-Pétersbourg par Ricard de Montferrand).

1835 Inauguration de la chaire d'histoire russe de l'université de Moscou par M. Pogodine. □ Premier volume de vers de A. Koltsov. □ Gogol : *Mirgorod* (avec *Tarass Boulba*) et *Arabesques* (avec *la Perspective Nevski, le Journal d'un fou* et *le Portrait*) ; *le Nez.* □ N. Pavlov : *Trois contes.* □ A. Vierstovski : *le Tombeau d'Askold* (opéra).

1836 Pouchkine achève *la Fille du capitaine, le Convive de pierre* et fonde *le Contemporain*, qui publie des poèmes de F. Tioutchev. □ Gogol : *Le Revizor.* □ Opéra de Glinka : *Ivan Soussanine (la Vie pour le Tsar*).

1837 M. Lermontov : *la Mort du poète* (sur la mort de Pouchkine, tué en duel le 29 janv. [10 févr.]). □ P. Tchaadaïev : *Apologie d'un fou.* □ A. Ivanov commence son tableau monumental : *l'Apparition du Christ au peuple* (1837-1857). □ À Moscou, début de la construction de l'église du Sauveur (C. Thon), achevée en 1883.

1838 M. Lermontov : *le Chant du tsar Vassilievitch.* □ Début de la construction du Grand Palais du Kremlin à Moscou (1838-1849, par C. Thon).

1839 Création de l'Observatoire de Poulkovo, près de Saint-Pétersbourg (F. Strouve). □ Développement des idées « slavophiles » : A. Khomiakov, *l'Ancien et le nouveau ;* I. Kireïevski, *En réponse à A.S. Khomiakov.* □ Fondation des *Annales de la patrie* par A. Kraïevski. Bielinski y est responsable de la critique littéraire (orientation « occidentaliste »). □ T. Granovski occupe la chaire d'histoire universelle de l'université de Moscou.

1840 M. Lermontov : publication d'*Un héros de notre temps* et de *Mtsyri.* □ N. Nekrassov : *Rêves et sons.* □ S. Aksakov commence *Chroniques de famille.* □ Publication du *Kobzar*, premier recueil de vers de l'Ukrainien T. Chevtchenko.

1841 Lermontov est tué en duel. □ Fondation du *Moscovite*, organe slavophile de M. Pogodine. □ Alexis Tolstoï : *le Vampire.* □ Adoption officielle du style russo-byzantin de Thon dans la construction des églises et des bâtiments publics.

1842 Synthèse de l'aniline par N. Zinine. □ Gogol : première partie des *Âmes mortes* (il brûlera la seconde), *le Manteau, Hyménée.* □ E. Baratinski : *la Tsigane.* □ *Rouslan et Lioudmila*, opéra de Glinka.

1843 A. Herzen : *le Dilettantisme dans la science.* □ Le Français Astolphe de Custine publie *la Russie en 1839.*

1844 V. Odoïevski : *les Nuits russes.*

1845 Fondation de la Société russe de géographie. □ M. Petrachevski collabore au *Dictionnaire de poche des mots étrangers introduits dans la langue russe* (1845-1846), où sont exposées avec prudence les idées des socialistes prémarxistes.

1846 F. Dostoïevski : *le Double, les Pauvres Gens.* □ A. Herzen achève *À qui la faute ?.*

1847 Reprise par N. Nekrassov du *Contemporain,* qui commence la publication des *Récits d'un chasseur* de Tourgueniev. □ Gogol : *Passages choisis de ma correspondance avec des amis.* Réponse de Bielinski qui écrit en Allemagne sa *Lettre à Gogol.* □ Dostoïevski : *la Logeuse.* □ I. Gontcharov : *Une histoire ordinaire.* □ S. Soloviev, titulaire de la chaire d'histoire russe de l'université de Moscou. □ Publication par le baron prussien Haxthausen des *Études sur la situation intérieure, la vie nationale et les institutions rurales de la Russie.* □ Arrivée du maître de ballet français Marius Petipa à Saint-Pétersbourg.

1848 Dostoïevski : *les Nuits blanches.* □ M. Glinka : *Kamarinskaïa.* □ Tableau de P. Fedotov : *la Demande en mariage du commandant.*

1849 Traduction de *l'Odyssée*, par Joukovski. □ Construction du palais des Armures au Kremlin de Moscou (1849-1851, C. Thon).

1850 I. Tourgueniev : *le Journal d'un homme de trop, Un mois à la campagne.* □ A. Ostrovski : *Entre soi, on s'arrange toujours.* □ A. Herzen : *De l'autre rive* et *Sur le développement des idées révolutionnaires en Russie* (en allemand).

1851 S. Soloviev : premier volume de *l'Histoire de la Russie depuis les temps les plus reculés* (29 volumes publiés entre 1851 et 1879).

1852 Tourgueniev achève *les Récits d'un chasseur.* □ A. Herzen entreprend *Passé et pensées.* □ Léon Tolstoï : *Enfance.* □ Inauguration du musée de l'Ermitage à Saint-Pétersbourg.

1854 Premier recueil de poésies de Tiouttchev. □ A. Ostrovski : *Pauvreté n'est pas vice.* □ Léon Tolstoï : *Adolescence.* □ Tourgueniev : *Deux amis, Un coin tranquille.*

Biographie

Konovalov, Pierre Kouzmitch (1781-1846). Serf d'un petit village du gouvernement de Kostroma, vieux-croyant de stricte observance, P. Konovalov appartient à un milieu d'artisans ruraux dont les propriétaires tirent une redevance en argent (*obrok*), plus rentable sur ces terres pauvres que la corvée. À la fois fabricant et intermédiaire, il est, en 1812, à la tête d'une petite entreprise d'ourdissage de filés de coton et d'impression d'indiennes, tout en faisant tisser à domicile. Ses affaires prospèrent, et il s'affranchit vers 1825 pour une somme qu'on dit s'élever à 2 400 roubles. En 1827, inscrit à la 2e guilde des marchands, P. Konovalov produit pour 52 000 roubles de tissu imprimé, dont 90 p. 100 sont vendus à la foire de Nijni-Novgorod. En 1841, son entreprise occupe 228 ouvriers et 8 maîtres-ouvriers, et la valeur de la production atteint 217 700 roubles. Mais le chiffre d'affaires global s'élève à plus de 800 000 roubles, car P. Konovalov développe parallèlement ses opérations commerciales, achetant de grosses quantités de toile et de linge qu'il vend à bon prix, en particulier sur le marché ukrainien. Il meurt avant l'introduction de la mécanisation, qui fera des entreprises Konovalov l'une des grandes firmes textiles de Russie jusqu'à la Première Guerre mondiale.

Bibliographie

Marquis de Custine, *Lettres de Russie* (*La Russie en 1839*). Édition présentée et établie par Pierre Nora (morceaux choisis, Paris, 1975).

C. de Grunwald, *la Vie de Nicolas Ier,* Paris, 1946.

W. B. Lincoln, *Nicholas I : Emperor and Autocrat of all the Russias* (Londres – Bloomington, 1978).

Chapitre 15 — 1855-1881

Alexandre II, « tsar libérateur » ?

> *Je suis convaincu que, tôt ou tard, nous devrons nous pencher sur le problème du servage. Je pense que vous serez tous de mon avis : il vaut beaucoup mieux que l'initiative vienne d'en haut plutôt que d'en bas.*
>
> Discours d'Alexandre II à la noblesse de Moscou, 30 mars (11 avril) 1856.

Arrivé au pouvoir en pleine guerre de Crimée, le tsar Alexandre II lance, dès la fin du conflit, un programme de réformes profondes : c'est d'abord la libération des serfs, mais aussi toute une série de mesures qui transforment l'administration locale, la justice, l'enseignement et, plus tard, l'armée. Les changements sont réels, même s'il ne s'agit pas d'abolir le système autocratique, mais de le moderniser. L'application des réformes reste soumise à la volonté du tsar, qui peut, selon les circonstances, en restreindre ou en modifier la portée. Ces réformes n'excluent pas la répression impitoyable de l'insurrection polonaise de 1863, et leurs limites poussent à la rupture une fraction radicalisée de l'intelligentsia : révolte de la nouvelle génération avec le nihilisme des années 60, marche vers le peuple des populistes dans les années 70, dérive terroriste conduisant en 1881 à l'assassinat du tsar.

Cette modernisation inachevée maintient la paysannerie dans le cadre pesant de la commune rurale, lui octroyant des terres nettement insuffisantes pour faire face à une croissance démographique accélérée. On assiste cependant, dans le même temps, à la mise en place d'infrastructures économiques qui seront à l'origine du futur démarrage industriel : multiplication des voies ferrées, dont le réseau commence à relier les principales régions de la Russie d'Europe, lent développement d'un système bancaire, fondation d'établissements pionniers dans la production de charbon et de fer en Ukraine, de pétrole à Bakou.

Une politique extérieure active et souvent brillante permet à Alexandre II d'effacer l'humiliation du traité de Paris, en utilisant à l'occasion la force d'un panslavisme auquel adhère une partie de la société : la Russie se pose en libératrice de la Bulgarie et en protectrice des orthodoxes balkaniques. Elle confirme ses positions dans le Caucase, tout en poursuivant sa progression en Asie centrale et en Extrême-Orient, éveillant l'inquiétude d'autres puissances coloniales, l'Angleterre et le Japon.

Événements intérieurs – réformes

1855

☐ **18 févr. (2 mars)** À la mort de Nicolas Ier, avènement de son fils Alexandre II.

1856

Multiplication des soulèvements paysans (80 mouvements par an en moyenne, de 1855 à 1861).
Animation du débat sur le servage, multiplication des projets (K. Kaveline, A. Kochelev, I. Samarine), discussions reprises par la presse (*le Contemporain*) et par les publications de A. Herzen à Londres.

☐ **30 mars (11 avr.)** Discours du tsar à la noblesse de Moscou : mieux vaut réformer le servage d'en haut qu'affronter une révolte des masses paysannes.

☐ **Mai** À Varsovie, discours du tsar à la noblesse polonaise : « Point de rêveries, Messieurs ». Une amnistie permet cependant le retour de plusieurs milliers de Polonais déportés en Sibérie.

1857

Création à Varsovie d'une Société d'agriculture (avec le comte A. Zamoyski).
Début de la publication à Londres du périodique *Kolokol* (« la Cloche ») par A. Herzen et N. Ogarev. Porte-parole de l'opposition, il est lu en Russie jusque dans les milieux de la Cour.

☐ **Janv.** Création d'un Comité secret pour l'étude d'un projet de libération du servage.

☐ **20 nov. (2 déc.)** Rescrit impérial demandant la formation de comités provinciaux de la noblesse chargés d'élaborer des propositions sur la libération du servage.

1858

Transformation du Comité secret en Comité principal pour les affaires paysannes. Dans les comités provinciaux, discussions acharnées sur les modalités de la réforme : libération des serfs avec la terre (opinion majoritaire parmi la noblesse des terres pauvres du Nord) ou sans la terre (noblesse des « terres noires »).
Libération des paysans des apanages (domaines de la famille impériale).
Fondation (avec approbation officielle) du Comité slave de Moscou.

1859

☐ **Mars** Création des commissions de rédaction (avec N. Milioutine et une majorité de réformateurs) pour examiner les travaux des comités provinciaux.

1860

☐ **10 (22) oct.** Fin du travail des commissions de rédaction : un projet de statut est proposé au Comité principal.

1861

☐ **Févr.** Manifestations patriotiques en Pologne. Les troubles persistent malgré la tentative du gouvernement tsariste de se rallier une partie de l'aristocratie (A. Wielopolski).

☐ **19 févr. (3 mars)** Statut des paysans libérés du servage : il donne la liberté aux 20 millions de serfs des domaines privés (la moitié de la paysannerie), avec de nombreuses restrictions. Soumission au nouveau cadre de la commune rurale (issue du mir), étroitement contrôlée par l'administration ; « dépendance temporaire » vis-à-vis du seigneur jusqu'au rachat (en 49 annuités) des terres concédées aux paysans, dont la surface va très vite s'avérer insuffisante ; maintien d'un système de possession communautaire et de redistributions périodiques des terres.

☐ **Avr.** Répression du soulèvement de Bezdna, dans la province de Kazan, où les paysans réclament immédiatement la liberté et la terre. Dans les mois qui suivent, multiplication des dénoncia-

La libération du servage

1) *Serfs et paysans de l'État en 1858*
(estimation de la population des 2 sexes d'après la 10e *Révision des âmes*)
Population totale de l'Empire : 74 500 000 habitants environ.

Serfs des domaines privés	20 173 000
Serfs des domaines impériaux	2 019 000
Paysans de l'État	18 308 000
Travailleurs des mines et des usines rattachés aux paysans de l'État	616 000
Paysans de l'État assignés aux usines privées	518 000
Paysans libérés par le service militaire	1 093 000

2) *La réduction des lots paysans lors de l'émancipation des serfs des domaines privés* (sur 36 provinces de Russie d'Europe, en milliers de déciatines).

	Quantité de terres à la disposition des paysans avant 1861	Importance des réductions	% des réductions
15 provinces sans terres noires	14 550	1 437	9,9 %
21 provinces à terres noires	14 619	3 825	26,2 %
Total 36 provinces	29 169	5 262	18,1 %

3) *Les indemnités de rachat* (en millions de roubles)

	Valeur des terres au prix du marché 1854–58	1863–72	Montant des indemnités de rachat	Plus-value foncière
Terres noires	219	284	342	123
Autres terres	155	180	342	187
Terres occidentales (provinces prises à la Pologne)	170	184	183	13

D'après P.I. Lyashchenko, *History of the National Economy of Russia*, New York, 1949.

tions du caractère incomplet de la réforme : A. Herzen et N. Ogarev dans *Kolokol*, N. Tchernychevski dans *le Contemporain*. Naissance du « nihilisme » dans la jeune génération : textes de D. Pisarev, N. Dobrolioubov, appels à la révolte de N. Chelgounov et M. Mikhaïlov (*À la jeune génération*) et de P. Zaïtchnevski (*la jeune Russie,* 1862).

☐ **Sept.-oct.** Agitation étudiante à Kazan, Saint-Pétersbourg et Moscou.

☐ **2 (14) oct.** En Pologne, proclamation de l'état de siège.

☐ **Fin 1861** Fondation de la société secrète *Ziemlia i Volia* (« Terre et Liberté »), fédération de cercles révolutionnaires à Saint-Pétersbourg et en province (avec A. et N. Serno-Solovievitch).

1862

En Pologne, active propagande et préparatifs d'insurrection menés par les « Rouges » (révolutionnaires, par opposition aux « Blancs », modérés).

☐ **Févr.** La noblesse (libérale) de la province de Tver réclame la réunion d'un *Zemski Sobor.*

☐ **Mai** Gigantesques incendies à Saint-Pétersbourg. Le pouvoir les utilise pour dénoncer les agissements « nihilistes ». Nombreuses arrestations dans les mois qui suivent (D. Pisarev, N. Tchernychevski, qui écrira en prison *Que faire* ?). Démantèlement de la société secrète *Ziemlia i Volia,* qui se dissoudra en 1864.

☐ **24 sept. (6 oct.)** En Pologne, la conscription ne se fait plus par tirage au sort mais selon des listes que dresse l'administration.

1863

☐ **10 (22) janv.** Déclenchement prématuré de l'insurrection polonaise. Malgré son extension à certaines provinces occidentales de l'empire (Lituanie), elle souffre de ses faibles effectifs, des divisions entre Rouges et Blancs, et de l'inertie paysanne. Rencontrant l'hostilité de l'opinion russe, à l'exception de quelques personnalités comme Herzen et Bakounine, la révolte est brutalement écrasée par les armées tsaristes. Répression extrêmement violente en Lituanie et dans le royaume polonais, qui deviendra « Pays de la Vistule ». Suppression des restes d'autonomie, confiscations, déportations et russification. Dans les provinces du Nord-Ouest et du Sud-Ouest, rachat obligatoire des lots paysans à des conditions plus avantageuses que dans le reste de l'empire (mesure dirigée contre les propriétaires polonais).

☐ **18 (30) juin** Statut libéral des universités (A. Golovnine) : large autonomie, élection des recteurs, doyens et professeurs, limitation des pouvoirs des curateurs.

☐ **26 juin (8 juill.)** Statut des paysans des apanages leur accordant un lot de terre important et en rendant le rachat obligatoire.

1864

☐ **1er (13) janv.** Création des zemstvos : assemblées de district élues pour 3 ans par 3 collèges (grands propriétaires fonciers, citadins, paysans), et élisant à leur tour une assemblée de province. Les zemstvos ont la gestion (sous la tutelle de l'administration) de la santé publique, de l'instruction locale, des transports régionaux et des aides à la vie économique. Leur création est limitée à 34 gouvernements centraux.

☐ **19 févr. (2 mars)** Réforme agraire en Pologne : conditions avantageuses pour les paysans qui reçoivent la terre sans rachat.

☐ **14 (26) juill.** Statut des écoles primaires publiques : leur création et leur gestion matérielle sont confiées aux zemstvos, la tutelle pédagogique est assurée par un conseil scolaire représentant l'administration, l'Église et les zemstvos.

☐ **19 nov. (1er déc.)** Statut des établissements secondaires : des gymnases classiques donnent accès à l'université, des gymnases « modernes » (sur le modèle des *Realschulen*) mènent aux écoles supérieures techniques.

☐ **20 nov. (2 déc.)** Réforme judiciaire (commission M. Zaroudny) : égalité de tous devant la loi, indépendance et inamovibilité des juges, introduction du jury en matière criminelle ; création de juges de paix élus par les zemstvos de districts, de tribunaux d'arrondissement au niveau provincial et de chambres de justice jugeant en appel.

1865
Nouveau Code de justice militaire, dans le cadre des réformes menées par D. Milioutine, ministre de la Guerre de 1861 à 1881.

☐ **Janv.** L'assemblée de la noblesse de Moscou demande la réunion d'une assemblée de la Terre russe. Refus du tsar.

☐ **6 (18) avr.** Nouveau statut de la censure, relativement libéral.

1866

☐ **4 (16) avr.** Attentat manqué de D. Karakozov contre Alexandre II (acte isolé d'un membre du petit groupe moscovite d'Ichoutine). Vague de répression : suppression définitive du *Contemporain* et de *la Parole russe*, arrivée au pouvoir de conservateurs hostiles aux réformes. Nomination au ministère de l'Instruction publique de D. Tolstoï, procureur général du Saint-Synode depuis 1856.

☐ **24 nov. (6 déc.)** Nouveau statut des paysans d'État : confirmation de leur droit d'usufruit perpétuel sur leur lot actuel, possibilité théorique de rachat.

1867
Organisation à Moscou d'un Congrès slave sans représentation polonaise.

1868
Fondation d'un Comité slave à Saint-Pétersbourg (à Kiev et à Odessa en 1869-1870).

1869
Rencontre à Genève entre M. Bakounine et S. Netchaïev (rédaction du *Catéchisme révolutionnaire*). Fondation à Moscou par Netchaïev, de la société secrète « la Vindicte du peuple », qui exécute pour trahison l'un de ses membres, l'étudiant Ivanov (*cf.* Dostoïevski, *les Démons*).
Publication des *Lettres philosophiques* de P. Lavrov (1868-1869).
Publication de *la Russie et l'Europe* de N. Danilevski. Essor du panslavisme.

1870

☐ **9 (21) janv.** Mort de A. Herzen.

☐ **16 (28) juin** Réforme municipale. Élection dans les villes, au suffrage censitaire, d'une douma (assemblée municipale), qui élit son maire. Elle est compétente en matière de transports, d'éducation, de santé, d'éclairage et d'approvisionnement, sous le contrôle de l'administration.

1870-1873
Développement du cercle populiste des *tchaïkovtsy* à Saint-Pétersbourg (M. Natanson, N. Tchaïkovski, S. Perovskaïa, P. Kropotkine, S. Kravtchinski).

1871-1872
Lois des 30 juill. (11 août) 1871 et 15 (27) mai 1872 (dues au ministre de l'Instruction publique D. Tolstoï) : renforcement de l'enseignement des langues anciennes dans les gymnases classiques, transformation des gymnases modernes en « écoles modernes », au cycle d'étude réduit à 6 ans sans aucun accès à l'université.

1872
Droit donné au ministère de l'Intérieur d'interdire toute publication jugée nuisible.

1873
Multiplication des groupes populistes. Bakounine : *État et anarchie.*
Lavrov : 1er numéro de la revue *Vperiod* (« En avant ») à Zurich.

1874
☐ **1er (13) janv.** Réforme militaire de D. Milioutine : service militaire obligatoire pour tous (6 ans au lieu de 25), appel par tirage au sort d'une partie du contingent, réduction de la durée du service selon les études effectuées.

☐ **Printemps-été** Apogée du « mouvement vers le peuple » lancé par les populistes : des milliers d'étudiants vont faire de l'agitation dans les campagnes (particulièrement dans les régions de la Volga, du Don et en Ukraine, vieilles terres d'insurrection). Échec auprès des paysans, nombreuses arrestations.

1875
Fondation à Odessa, par E. Zaslavski (d'origine noble), de l'éphémère Union des ouvriers de la Russie méridionale.
Publication par Tkatchev de la revue *Nabat* (« le Tocsin ») à Genève.

1876
Fondation d'une nouvelle organisation *Ziemlia i Volia* par les populistes, qui préconisent dorénavant une action plus proche des aspirations populaires (G. Plekhanov, A. Mikhaïlov, M. Natanson, V. Figner). Cercle principal à Saint-Pétersbourg, en relation avec de nombreux groupes locaux. Multiplicité des tendances : « émeutiers » dans la lignée de Bakounine (qui meurt le 19 juin [1er juill.]), « propagandistes » selon Lavrov, « conspirateurs » à la manière de Tkatchev.
Répression du mouvement national ukrainien naissant : interdiction par l'oukase d'Ems de l'emploi de l'ukrainien dans toutes les publications n'ayant pas un caractère historique ou philologique. Émigration à Genève de l'historien M. Drahomanov.

☐ **6 (18) déc.** Organisation par *Ziemlia i Volia* d'une manifestation de plus de 200 personnes devant Notre-Dame-de-Kazan à Saint-Pétersbourg (discours de Plekhanov).

1877
Échec d'une insurrection paysanne préparée par le populiste I. Stefanovitch à Tchiguirine, en Ukraine (à l'aide d'un faux manifeste impérial).

1877-1878
Grands procès des populistes (mars 1877 : procès des 50 ; oct. 1877-janv. 1878 : procès des 193).

1878

☐ **24 janv. (5 févr.)** Attentat de Véra Zassoulitch contre le général Trepov, chef de la police de Saint-Pétersbourg. Acquittée par le jury, elle échappe à la police à l'issue du procès grâce à la complicité de la foule (31 mars [12 avr.]).

☐ **4 (16) août** Assassinat par S. Kravtchinski du général Mezentsev, chef de la police politique. Devant la multiplication des attentats, le gouvernement renforce ses moyens répressifs (création de tribunaux militaires, sentences prononcées par voie administrative).

☐ **Fin 1878** Fondation à Saint-Pétersbourg de l'Union septentrionale des ouvriers russes, entretenant des relations avec *Ziemlia i Volia* (S. Khaltourine).

1879
Développement systématique du terrorisme par certains membres de *Ziemlia i Volia* :

☐ **9 (21) févr.** Assassinat du gouverneur général de Kharkov, le prince D. Kropotkine.

☐ **2 (14) avr.** Attentat manqué de A. Soloviev contre le tsar.

☐ **Juin-juill.** Congrès de *Ziemlia i Volia* à Lipietsk et à Voronej, rendant manifestes les divergences sur le terrorisme. Elles entraîneront la scission entre terroristes (formation du groupe *Narodnaïa Volia* [« la Volonté du peuple »] avec A. Mikhaïlov, A. Jeliabov, S. Kravtchinski, S. Perovskaïa) et propagandistes (groupe *Tchernyï Peredel* [« le Partage noir »] avec G. Plekhanov, V. Zassoulitch, P. Axelrod). Ces derniers évolueront par la suite vers le marxisme.

☐ **26 août (7 sept.)** Condamnation à mort du tsar par le Comité exécutif de *Narodnaïa Volia*.

☐ **19 nov. (1er déc.)** Échec d'un attentat contre le train impérial.

1880

K. Pobiedonostsev devient procureur général du Saint-Synode (jusqu'en 1905).

☐ **5 (17) févr.** Nouvel attentat manqué contre le tsar (destruction de la salle à manger impériale au palais d'Hiver).

☐ **12 (24) févr.** Création d'une Commission exécutive suprême présidée par le général Loris-Melikov, doté de pleins pouvoirs. Politique de la « dictature du cœur » : ouverture vers les libéraux modérés, lutte impitoyable contre les mouvements révolutionnaires.

☐ **6 (18) août** Suppression de la Commission exécutive suprême et de la IIIe section, dont les attributions sont rattachées au ministère de l'Intérieur (détenu par Loris-Melikov).

1881

☐ **28 janv. (9 févr.)** Projet de réforme de Loris-Melikov : association limitée de représentants élus des zemstvos et des doumas à l'examen des projets de loi.

☐ **1er (13) mars** Assassinat par *Narodnaïa Volia* d'Alexandre II, qui vient de donner son approbation de principe au projet de Loris-Melikov.

Politique extérieure

1855

Poursuite de la guerre de Crimée après l'avènement d'Alexandre II :

☐ **Mars-juin** Négociations de Vienne, rompues par la Russie devant les exigences des alliés.

☐ **27 août (8 sept.)** Prise par MacMahon de la tour Malakoff. Assaut final sur Sébastopol, évacuée par les troupes russes et occupée le 29 août (10 sept.).

☐ **16 (28) nov.** Succès russe dans le Caucase : capitulation de Kars.

☐ **Déc.** Pressions autrichiennes sur la Russie en faveur de la paix.

1856

☐ **Janv.** La Russie accepte des négociations de paix.

☐ **13 (25) févr.** Ouverture du congrès de Paris (Russie, France, Angleterre, Turquie, Sardaigne, Prusse et Autriche).

☐ **18 (30) mars** Traité de Paris : perte par la Russie de la Bessarabie méridionale, restitution de Kars à la Turquie, neutralisation de la mer Noire et de ses côtes. Garantie collective de l'intégrité de l'Empire ottoman et de l'autonomie des provinces danubiennes.

1857

☐ **Sept.** Rencontre entre Alexandre II et Napoléon III à Stuttgart. Rapprochement franco-russe (contre l'Autriche), qui dure jusqu'en 1862.

1858

Succès diplomatiques dans les Balkans : restauration de Miloš Obrenović en Serbie, intervention en faveur des Monténégrins révoltés contre les Turcs, aide à l'union de la Moldavie et de la Valachie.

☐ **16 (28) mai** Traité d'Aïgoun avec la Chine : annexion du territoire de l'Amour.

1859

□ **26 août (7 sept.)** Reddition de l'imam Châmil dans le Caucase. À l'Ouest, poursuite de la pacification de la Circassie jusqu'en 1864 (émigration de 400 000 Circassiens en Turquie).

1860

□ **2 (14) nov.** Traité de Pékin avec la Chine : annexion par la Russie du territoire de l'Oussouri. Création d'une Province maritime, fondation de Vladivostok.

1863

À la suite de l'insurrection polonaise, rapprochement avec la Prusse, mais rupture avec la France.

□ **27 janv. (8 févr.)** Convention Alvensleben : la Prusse autorise la Russie à poursuivre les insurgés polonais sur son territoire

1864

Progression russe dans le Turkestan : prise de Tchimkent.

1865

Rupture des relations diplomatiques entre le Saint-Siège et la Russie, provoquée par les mesures répressives frappant les catholiques de Pologne et des provinces de l'Ouest après l'insurrection de 1863.

□ **Juin** Prise de Tachkent par le général M. Tchernaïev.

1867

□ **18 (30) mars** Vente de l'Alaska et des îles Aléoutiennes aux États-Unis pour 7 200 000 dollars.

□ **Juill.** Formation d'un gouvernement général du Turkestan, avec pour capitale Tachkent (sous l'autorité du général K. Kaufman).

1868

□ **2 (14) mai** Prise de Samarcande.

□ **Juin** Établissement d'un protectorat sur l'émirat de Boukhara.

1870

Début des expéditions de N. Przewalski en Asie centrale.

□ **19 (31) oct.** Le ministre des Affaires étrangères Gortchakov profite de la guerre franco-prussienne pour annoncer que la Russie ne se considère plus liée par la clause du traité de Paris sur la neutralité de la mer Noire.

1871

□ **Janv.-mars** Conférence de Londres aboutissant à un succès diplomatique de la Russie (convention du 1er [13] mars : fin de la neutralisation de la mer Noire).

1873

Formation de l'Entente des trois empereurs (Allemagne, Autriche-Hongrie, Russie).

□ **Août** Établissement d'un protectorat russe sur le khanat de Khiva.

1875

□ **Avr.-mai** Action diplomatique de la Russie en faveur de la France lors de la crise franco-allemande.

□ **25 avr. (7 mai)** Traité de Saint-Pétersbourg avec le Japon : l'ensemble de Sakhaline revient à la Russie, les îles Kouriles au Japon.

□ **Juill.-août** Soulèvement de l'Herzégovine, puis de la Bosnie contre la domination ottomane. Prudence de l'Autriche et de la Russie.

1876

□ **19 févr. (3 mars)** Annexion du khanat de Kokand.

□ **Avr.** Soulèvement en Bulgarie, sauvagement réprimé par les Turcs.

□ **Juill.** Guerre de la Serbie et du Monténégro contre la Turquie. Défaite, malgré l'afflux de volontaires russes.

□ **Nov.** Mobilisation partielle de l'armée russe contre la Turquie.

1877

□ **3 (15) janv.** Accord austro-russe sur les Balkans.

☐ **4 (16) avr.** Convention russo-roumaine permettant le libre passage des troupes russes.

☐ **12 (24) avr.** Déclaration de guerre de la Russie à la Turquie.

☐ **7 (19) juill.** Prise de la passe de Chipka, dans les Balkans.

☐ **6 (18) nov.** Prise de Kars (Caucase).

☐ **28 nov. (10 déc.)** Après une longue résistance, capitulation de Plevna (Balkans).

1878

☐ **8 (20) janv.** Prise d'Andrinople.

☐ **19 (31) janv.** Armistice russo-turc.

☐ **19 févr. (3 mars)** Traité de San Stefano entre la Russie et la Turquie. Création d'une Grande Bulgarie autonome, dans le cadre de l'Empire ottoman, mais soumise à l'influence directe de la Russie.

☐ **Juin-juill.** Congrès de Berlin. Médiation de Bismarck entre l'Angleterre, l'Autriche-Hongrie et la Russie.

☐ **1er (13) juill.** Traité de Berlin : réduction et morcellement de la Grande Bulgarie (principauté autonome de Bulgarie et province de Roumélie orientale, vassales de la Turquie), administration par l'Autriche de la Bosnie-Herzégovine, indépendance de la Serbie, du Monténégro et de la Roumanie. La Russie conserve la Bessarabie méridionale, Kars et Batoum.

1881

☐ **Janv.** Avance russe dans le pays turkmène, occupation de Gok Tepe.

Économie et société

1855

Agitation paysanne en Ukraine, provoquée par les appels de miliciens pour la guerre de Crimée.
Dépréciation durable du rouble de crédit (monnaie-papier).

1856

Léger assouplissement des mesures discriminatoires à l'encontre des Juifs (abolition de la mobilisation d'enfants juifs, puis dérogations à l'obligation de résidence dans les provinces occidentales).

1857

Création de la Société principale des chemins de fer russes. Première vague d'équipement ferroviaire, fondée sur l'appel aux capitaux privés.
Adoption d'un tarif douanier libéral.

1858

10e « révision » des âmes : évaluation de la population totale de l'empire à 75 000 000 d'habitants (60 millions en Russie d'Europe, dont 55 millions de ruraux). Population de Saint-Pétersbourg : 500 000 habitants ; de Moscou : 450 000 habitants.
Premier timbre-poste russe.

1859

Nouvelle forme d'agitation paysanne : « campagnes de tempérance » contre les abus des employés des débits de boisson.

1860

Création de la Banque d'État, remplaçant les anciens établissements de crédit de l'État ; elle comptera 40 succursales en 1870.

1862

Réforme du ministre des Finances, M. Reutern : organisation et publication d'un budget unifié de l'État, pour la première fois en Russie.
Échec d'une réforme monétaire.

1863

Remplacement du système de la ferme des alcools par celui de l'accise (impôt indirect).
En ville, remplacement de l'ancienne capitation par un impôt foncier.

1864

Multiplication des banques privées : fondation de la 1re banque de crédit commercial à Saint-Pétersbourg et de la 1re banque foncière par le zemstvo de Chersonèse.

1865
Transformation du lycée Richelieu d'Odessa en université.

1868
Tarif douanier modéré.
Rachat par l'ingénieur N. Poutilov de la fonderie d'État créée en 1801 à Saint-Pétersbourg.

1869
Ouverture d'une université russe à Varsovie.
Création d'un corps d'inspecteurs pour surveiller les écoles primaires.
Fondation par le Gallois Hugues d'une entreprise métallurgique dans le Donets.
Publication de la *Situation de la classe ouvrière en Russie*, de V. Bervi Flerovski.

1870
Première grève importante à Saint-Pétersbourg dans la Filature de coton de la Néva.
Constitution à Genève d'une section russe de la Ire Internationale.

1872
Publication en russe du premier volume du *Capital* de Karl Marx (traduction de N. Danielson, autorisée par la censure).
Aggravation continue des prélèvements sur la paysannerie : de 1861 à 1872, la capitation a augmenté de 80 p. 100.

1873
La Russie est touchée par la crise industrielle européenne.
Fondation de l'usine métallurgique de Briansk.

1874
À Taganrog, 1er congrès des propriétaires de mines de la Russie du Sud.

1875
Production des puits de pétrole de Bakou : 82 000 tonnes (1 902 400 tonnes en 1885).

Rattachement forcé à l'orthodoxie des derniers uniates de Pologne (pays de Kholm).

1878
Avec la guerre russo-turque, chute du rouble-papier (à 66 p. 100 du rouble-métal).
Fondation à Saint-Pétersbourg des cours Bestoujev, enseignement supérieur féminin.
☐ **1878-1879** Vague de grèves à Saint-Pétersbourg.

1879
Éclairage électrique à Saint-Pétersbourg.

1880
De 1860 à 1880, le volume des exportations de céréales passe de 12 à 40 millions de quintaux.
Longueur du réseau ferroviaire : plus de 20 000 km (contre 1 500 en 1865).

Culture et civilisation

1855 L. Tolstoï : *Récits de Sébastopol* (1855-1856). ☐ N. Tchernychevski : *les Rapports esthétiques de l'art et de la réalité.* ☐ A. Afanassiev : *Contes populaires russes* (1855-1863). ☐ *Roussalka*, opéra d'A. Dargomijski.

1856 I. Tourgueniev : *Roudine.* ☐ M. Saltykov-Chtchedrine : *Esquisses d'une préfecture* (1856-1857).

1857 L. Tolstoï: *Jeunesse.*

1858 A. Pisemski : *Mille Âmes.*

1859 I. Gontcharov : *Oblomov.* ☐ I. Tourgueniev : *Nid de gentilshommes.* ☐ Fondation de la Société musicale russe sous la direction d'A. Rubinstein.

1860 A. Ostrovski : *l'Orage.* ☐ I. Tourgueniev : *À la veille.*

1861 F. Dostoïevski : *Souvenirs de la maison des morts* (1861-1862). ☐ Peinture de V. Perov: *la Procession de Pâques.*

1862 I. Tourgueniev : *Pères et fils* (le héros, Bazarov, incarne la nouvelle génération « nihiliste »). □ Fondation du Conservatoire de musique de Saint-Pétersbourg. À la même époque, formation du « groupe des Cinq » en réaction contre l'académisme ambiant : M. Balakirev, C. Cui, M. Moussorgski, A. Borodine, N. Rimski-Korsakov.

1863 V. Dahl commence à publier son *Dictionnaire raisonné du russe vivant* (1863-1866). □ N. Tchernychevski : *Que faire ?.* □ N. Nekrassov commence *Pour qui fait-il bon vivre en Russie ?* (1863-1877). □ A. Pisemski : *Mer agitée.* □ Démission de 13 élèves de l'École des beaux-arts, conduits par le peintre I. Kramskoï pour protester contre un sujet trop académique. Fondation de l'« artel des artistes ». □ I. Setchenov : *Les Réflexes de l'encéphale* (ouvrant la voie aux travaux de Pavlov).

1864 F. Dostoïevski : *Mémoires écrits dans un souterrain.*

1865 L. Tolstoï : *Guerre et Paix* (1865-1869). □ Peinture de V. Perov : *Convoi funèbre.*

1866 F. Dostoïevski : *Crime et Châtiment.* □ Fondation du Conservatoire de Moscou. □ Fondation de la Société historique russe, qui publie 148 volumes de travaux de 1867 à 1916.

1867 I. Tourgueniev : *Fumée.* □ N. Rimski-Korsakov : *Sadko* (opéra).

1868 F. Dostoïevski : *l'Idiot.* □ M. Moussorgski : *Boris Godounov* (1868-1872). □ Reprise des *Annales de la Patrie* par N. Nekrassov et M. Saltykov-Chtchedrine.

1869 I. Gontcharov : *le Ravin.* □ A. Borodine commence *le Prince Igor* (achevé par N. Rimski-Korsakov). □ Publication par D. Mendeleïev des *Fondements de la chimie* (esquisse de la classification périodique des éléments).

1870 M. Saltykov-Chtchedrine : *Histoire d'une ville.* □ Fondation de la Société des expositions ambulantes (I. Kramskoï) ayant pour objectif de rapprocher la peinture du peuple. □ Achat par le riche mécène S. Mamontov de la propriété d'Abramtsevo, près de Moscou, où se réunissent artistes et intellectuels et où seront élaborés certains éléments du style « néo-nationaliste ».

1871 N. Nekrassov : *Femmes russes* (1871-1872). □ F. Dostoïevski : *les Démons* (1871-1872). □ A. Ostrovski : *la Forêt.* □ Peinture de V. Verechtchaguine : *l'Apothéose de la guerre* (1871-1872).

1872 N. Leskov : *Gens d'Église.* □ Portrait de F. Dostoïevski par V. Perov. □ M. Moussorgski commence *la Khovanchtchina* (achevée par N. Rimski-Korsakov).

1873 N. Leskov : *le Pèlerin enchanté.* □ L. Tolstoï : *Anna Karénine* (1873-1877). □ Portrait de L. Tolstoï par I. Kramskoï. □ I. Répine achève *les Haleurs de la Volga.*

1874 P. Melnikov achève *Dans les forêts.* □ Peinture de K. Savitski : *Travaux de réparation sur la voie ferrée.* □ Congrès archéologique de Kiev.

1875 V. Soloviev : *la Crise de la philosophie occidentale.*

1876 Ballet de P. Tchaïkovski : *le Lac des cygnes.* □ Invention de la lampe électrique à arc (« lumière russe ») par P. Iablotchkov. □ Première traduction intégrale de la Bible en russe moderne.

1877 I. Tourgueniev : *Terres vierges.* □ N. Rimski-Korsakov : *Chants populaires russes.*

1878 N. Rimski-Korsakov : *la Nuit de*

mai. □ P. Tchaïkovski : *Eugène Onéguine.* □ Peinture de V. Verechtchaguine : *Skobelev devant Chipka.*

1879 Peinture de V. Perov : *le Jugement de Pougatchev.*

1880 M. Saltykov-Chtchedrine achève *les Golovliev.* □ F. Dostoïevski : *les Frères Karamazov* (1879-1880). □ Fondation à Moscou du mensuel libéral *la Pensée russe.* □ P. Tchaïkovski : *Ouverture 1812.* □ A. Borodine : *Dans les steppes de l'Asie centrale.*

1881 Peintures d'I. Répine : *Portrait de Moussorgski*; de V. Sourikov : *le Matin de l'exécution des streltsy*; et de V. Makovski : *Krach bancaire.* □ N. Rimski-Korsakov : *Snegourotchka.*

Biographies

Herzen, Alexandre Ivanovitch (1812-1870). Fils naturel d'un noble et d'une Allemande d'humble origine, il fait des études scientifiques à l'université de Moscou et fonde avec N. Ogarev un cercle qui lui vaut d'être arrêté, puis exilé pour ses idées socialistes. Revenu à Moscou en 1842, il appartient au courant « occidentaliste », publie des essais philosophiques et un roman politico-social (*A qui la faute ?,* 1846). Ayant hérité d'une fortune substantielle, il quitte la Russie en 1847 et s'installe d'abord à Paris. La révolution de 1848 le confirme dans ses déceptions face aux sociétés ouest-européennes, et il commence à se tourner vers la commune rurale russe, où il voit la possibilité d'une transformation sociale qui ferait l'économie du capitalisme. Établi à Londres en 1852, il imprime et fait diffuser clandestinement en Russie des publications dénonçant le régime tsariste, en particulier la revue *Kolokol* (« la Cloche »), dont l'audience est considérable. Soutenant au départ les réformes d'Alexandre II, il critique très vite leur caractère limité et défend l'insurrection polonaise de 1863, ce qui l'éloigne de la majorité de l'opinion russe, au moment où son influence décline auprès d'une jeune génération radicale dominée par Tchernychevski. Il meurt à Paris en 1870, laissant plusieurs volumes autobiographiques dans lesquels il retrace son itinéraire (*Passé et Pensées,* 1852-1868).

Perovskaïa, Sophie Lvovna (1853-1881). Fille d'un ancien gouverneur général de Saint-Pétersbourg, elle appartient en 1871-1872 au cercle populiste de Tchaïkovski et participe à la « marche vers le peuple ». Arrêtée puis acquittée au procès des 193 (1877-1878), elle rejoint l'organisation « Terre et Liberté » en 1878. Après une nouvelle arrestation, elle s'échappe sur la route de l'exil administratif et entre dans la clandestinité, prenant part aux opérations de libération des populistes emprisonnés. Choisissant, en 1879, la ligne de la « Volonté du peuple », membre du Comité exécutif de l'organisation, elle se partage avec passion entre la propagande et l'action terroriste, aux côtés de son ami A. Jeliabov. Ayant joué un rôle décisif dans la préparation de l'attentat du 1er (13) mars 1881 contre Alexandre II, elle est arrêtée, condamnée à mort et pendue le 3 (15) avril 1881 (c'est la première femme exécutée en Russie pour crime politique).

Bibliographie

C. de Grunwald, *le Tsar Alexandre II et son temps* (Paris, 1963).

Le Statut des paysans libérés du servage (recueil d'articles et de documents présentés par R. Portal) [Paris-La Haye, 1963].

F. Venturi, *les Intellectuels, le peuple et la révolution* (Paris, 1972, 2 vol.).

Chapitre 16 **1881-1894**

Alexandre III et les « contre-réformes »

> *Si dans les réformes du règne précédent, le grand mal réside, à nos yeux, dans le fait qu'elles ont détruit la société d'Ordres, la tâche du règne actuel consiste à restaurer ce qui a été détruit.*
>
> A. Pazoukhine (maréchal de la noblesse, province de Simbirsk), *la Situation actuelle de la Russie et le problème des Ordres*, 1886.

L'attentat contre Alexandre II ouvre une période de violente réaction. Alexandre III inaugure son règne par un manifeste autocratique, s'entoure des ministres les plus conservateurs et engage une lutte sans merci contre la « révolution », en recourant à un nouvel arsenal répressif. Il s'attaque aux réformes du règne précédent, qu'il vide d'une bonne partie de leur contenu dans les domaines de l'administration, de la justice et de l'éducation, tandis qu'une nouvelle vague de russification s'accompagne de mesures antisémites, en écho aux premiers grands pogroms de 1881.

L'essor industriel marque une pause jusqu'au début des années 1890, mais certaines décisions préparent déjà le développement accéléré mené par le ministre des Finances Witte à partir de 1892 : retour progressif au protectionnisme, appel aux capitaux français, mise en chantier du chemin de fer transsibérien. Les charges s'aggravent sur une paysannerie dont on renforce l'encadrement par la commune rurale. En 1891, une terrible famine vient mettre en accusation la politique gouvernementale, et creuse le fossé entre l'autocratie et ses élites. Les milieux des zemstvos s'inquiètent de ne pas voir leurs droits et leurs moyens élargis. Le populisme reprend sous une forme « légale », et poursuit sa propagande en faveur d'un socialisme rural. Après l'émergence d'un marxisme russe dans l'émigration, les premiers cercles marxistes commencent à se constituer à l'intérieur du pays, accompagnant la lente formation d'une classe ouvrière encore peu nombreuse et fortement liée au monde rural.

À l'extérieur, la Russie demeure isolée malgré l'Entente des trois empereurs. Elles se heurte à l'Autriche dans les Balkans, à l'Angleterre aux frontières de l'Afghanistan, et sa politique protectionniste l'entraîne dans une véritable guerre commerciale avec l'Allemagne. Seule l'alliance française, progressivement nouée de 1891 à 1894, lui permet de rompre cet isolement tout en lui procurant une partie des capitaux nécessaires à une industrie de nouveau en pleine croissance.

Vie politique et institutionnelle

1881
Mise en place progressive d'une nouvelle police secrète, les « sections de protection de l'ordre et de la sécurité » (Okhrana), à Saint-Pétersbourg, Moscou et Varsovie, puis dans tout l'Empire.

☐ **3 (15) avr.** Pendaison de 5 responsables de l'attentat contre Alexandre II (dont A. Jeliabov et S. Perovskaïa).

☐ **29 avr. (11 mai)** Manifeste impérial inspiré par Pobiedonostsev : le nouveau tsar Alexandre III (fils d'Alexandre II) affirme son attachement à l'autocratie. Démission des ministres « libéraux », Loris-Melikov et D. Milioutine.

☐ **14 (26) août** Loi permettant d'imposer un état de siège de sévérité variable : ces mesures exceptionnelles resteront en vigueur jusqu'en 1917 et seront largement utilisées, en particulier en 1904-1905.

1882
Fondation à Varsovie du groupe socialiste *Prolétariat* de L. Warynski, vite frappé par les arrestations.
Traduction du *Manifeste du parti communiste* par G. Plekhanov et V. Zassoulitch.

☐ **30 mai (11 juin)** D. Tolstoï devient ministre de l'Intérieur. Début d'une longue période de réaction dominée par les noms de Tolstoï, Pobiedonostsev (procureur du Saint-Synode) et Katkov (rédacteur des *Nouvelles de Moscou*).

☐ **27 août (8 sept.)** Nouvelles règles de censure : tout périodique averti 3 fois est soumis à la censure préalable. Disparition dans les années qui suivent de la plupart des périodiques libéraux (à l'exception du *Messager de l'Europe*).

1883
☐ **Sept.** Fondation à Genève du groupe *Émancipation du Travail*, (avec G. Plekhanov, P. Axelrod et V. Zassoulitch), tenu traditionnellement pour le point de départ du marxisme russe. Publication de l'article de Plekhanov, *Socialisme et lutte politique.*
Fondation en Russie des premiers cercles marxistes vite démantelés par la police (groupe de l'étudiant bulgare Blagoïev à Saint-Pétersbourg).

1884
Suppression définitive des *Annales de la Patrie.*
Contrôle du Saint-Synode sur toutes les écoles primaires. Multiplication des écoles paroissiales systématiquement avantagées.

☐ **23 août (4 sept.)** Nouveau statut des universités : suppression de l'autonomie universitaire, renforcement du pouvoir des curateurs, limitation de l'enseignement supérieur féminin.

1885
Renforcement de la russification en Pologne : le russe est obligatoire dans les écoles primaires sauf pour les cours de polonais et de catéchisme.
Le texte de Plekhanov, *Nos désaccords,* marque la rupture entre marxistes et populistes.

1887
Fondation à Genève de la Ligue nationale polonaise et du parti social-démocrate arménien Hintchak.

☐ **8 (20) mai** Exécution de 5 étudiants préparant un complot contre Alexandre III, dont Alexandre Oulianov, frère de Vladimir, le futur Lénine.

☐ **18 (30) juin** Circulaire du ministre de l'Instruction Publique I. Delianov limitant l'accès aux gymnases (exclusion des « fils de cochers, servantes, blanchisseuses et cuisinières »). Le nombre d'élèves passe de 65 750 en 1882 à 63 860 en 1895. Les droits universitaires sont multipliés par 5.

1889

□ **12 (24) juill.** Suppression des juges de paix (sauf dans les grandes villes). Création dans les districts de campagne du chef rural (*Zemski natchalnik*), cumulant pouvoirs administratifs et judiciaires. Ce noble, nommé par le gouvernement, dépend du ministère de l'Intérieur.

1890

Fondation à Tiflis du parti socialiste arménien Dachnak.

□ **12 (24) juin** « Contre-Réforme des zemstvos ». Modification du régime électoral : accroissement de la représentation nobiliaire, restriction du vote paysan, renforcement du contrôle administratif.

1892

Fondation à Paris du parti socialiste polonais (PPS).

Développement du « populisme légal », reprenant l'idée d'un socialisme fondé sur le mir paysan et les groupements de petits producteurs (N. Mikhaïlovski, rédacteur de *La Richesse russe* depuis 1892 ; V. Vorontsov : *la Commune paysanne ;* N. Danielson : *Études sur notre économie nationale après les réformes,* publié en 1893).

□ **11 (23) juin** « Contre-réforme municipale » : le nouveau statut des villes élimine les 2/3 des électeurs par relèvement du cens, et il renforce le contrôle de l'administration. Les Juifs perdent leurs droits d'électeurs aux doumas.

1893

Installation à Saint-Pétersbourg de Vladimir Oulianov (qui prendra en 1901 le nom de Lénine) ; il milite dans les cercles d'intellectuels marxistes.

En Pologne, fondation de la Ligue Nationale (*Liga Narodowa*) et du Parti social-démocrate du royaume de Pologne (SDKP).

En Géorgie, fondation de l'organisation social-démocrate *Mesame Dasi.*

1894

□ **20 oct. (1er nov.)** Mort d'Alexandre III à Livadia, en Crimée.

Politique extérieure

1881

□ **6 (18) juin** Renouvellement de l'Entente des trois empereurs.

1884

Renouvellement pour la dernière fois de l'Entente des trois empereurs.

Annexion de l'oasis de Merv en pays turkmène.

1885

Début de la crise bulgare : rattachement de la Roumélie orientale à la Bulgarie, dénoncé par la Russie.

□ **Mars** Crise avec l'Angleterre provoquée par la progression russe sur la route de l'Afghanistan (occupation de Pendjeh et bataille russo-afghane d'Ak Tepe).

□ **29 août (10 sept.)** Accord anglo-russe sur la délimitation de la frontière afghane.

1886-1887

□ **Août 1886** Rebondissement de la crise bulgare : renversement d'Alexandre de Battenberg par des officiers russophiles.

□ **25 juin (7 juill.) 1887** Malgré les intrigues russes, élection de Ferdinand de Saxe-Cobourg (protégé de l'Autriche) au trône de Bulgarie.

1887

Non-renouvellement de l'Entente des trois empereurs en raison du contentieux russo-autrichien dans les Balkans.

□ **6 (18) juin** Traité de « contre-assurance », négocié par Bismarck avec le ministre russe des Affaires Étrangères Giers. Il n'empêchera pas la dégradation rapide des relations germano-russes (problème des tarifs douaniers).

1891

☐ **Juill.** Visite de la flotte française à Kronstadt.

☐ **15 (27) août** Premier accord politique entre la France et la Russie, par échange de lettres prévoyant des concertations en cas de menaces pour la paix.

1892

☐ **5 (17) août** Convention militaire franco-russe, signée par les chefs d'état-major à Saint-Pétersbourg.

1893

☐ **Oct.** Visite de la flotte russe à Toulon.

1893-1894

☐ **Déc.-janv.** Ratification de la convention militaire franco-russe par échange de lettres entre le ministre Giers et l'ambassadeur français à Saint-Pétersbourg.

1894

Reprise des relations diplomatiques avec le Saint-Siège.

Économie et société

1881

Début d'une courte crise industrielle, liée à une crise cyclique mondiale, et aggravée par le ralentissement en Russie de l'équipement ferroviaire.

☐ **Printemps-été** Première vague de pogroms contre les Juifs d'Elizavetgrad, de Kiev et d'Odessa.

☐ **28 déc. (9 janv. 1882)** Loi rendant le rachat des terres obligatoire pour le million de feux paysans restés sous le statut de la dépendance temporaire. Diminution générale des annuités de rachat.

1882

Création d'une Banque des Paysans pour leur faciliter l'acquisition de terres à titre individuel ou collectif. Elle profite surtout aux paysans riches.
Création d'une Inspection du Travail. Interdiction d'employer des enfants de moins de 12 ans. Limitation à 8 heures de la journée de travail entre 12 et 15 ans.
Nouveau statut des Juifs, les ramenant dans les bourgs de la zone de résidence et leur interdisant de posséder des terres.
Installation de lignes téléphoniques à Saint-Pétersbourg, Moscou, Odessa et Riga.

1883

Loi sur les sectes leur donnant le droit de culte mais limitant très strictement leurs activités et rappelant l'interdiction des conversions d'orthodoxes.
Début de la publication à Bakhtchissaraï (Crimée) du journal pan-turc *Terdjüman* (« l'Interprète ») d'I. Gasprinski.
Achèvement du chemin de fer transcaucasien (Bakou-Batoum).

1885

Loi abolissant la capitation avec effet général au 1er janv. 1887.
Création d'une Banque de la noblesse. Malgré des prêts à taux réduits, les ventes de terres de la noblesse ne cessent pas (propriété nobiliaire : 73 millions de déciatines en 1877, 65 millions en 1887, 55 millions en 1904).
La ligne de chemin de fer Catherine relie le charbon du Donets au fer de Krivoï Rog et facilite le grand essor de la métallurgie ukrainienne.

☐ **Janv.** Grève massive des ouvriers du coton des usines Morozov à Orekhovo-Zouïevo (8 000 grévistes sur 11 000 employés).

☐ **Juin.** Interdiction du travail de nuit des femmes et des adolescents.

1886

☐ **18 (30) mai** Loi subordonnant les partages familiaux à l'autorisation du mir pour lutter contre la réduction des lots.

☐ **3 (15) juin** Loi aggravant les sanctions pour délit de grève (4 mois de prison pour les participants, 8 mois pour les organisateurs), et limitant les amendes au tiers des salaires.

☐ **12 (24) juin** Loi obligeant les paysans d'État à racheter leur lot.

1887

Relèvement des tarifs douaniers (I. Vychniegradski, ministre des Finances de 1886 à 1892). Conflit avec l'Allemagne qui élève les droits sur les blés et ferme son marché financier aux emprunts russes.
Introduction d'un numerus clausus pour l'accès des Juifs aux universités (10 p. 100 des étudiants dans la zone de résidence, 3 p. 100 à Saint-Pétersbourg et à Moscou, 5 p. 100 dans le reste de l'Empire).
Création d'un Congrès permanent des Maîtres de Forges.

1888

Premier emprunt obligataire d'État sur le marché français.
Ouverture de l'Université de Tomsk.
Liaison ferroviaire Caspienne-Samarcande.

1889

☐ **1er (13) juill.** Loi restrictive sur les migrations : nécessité d'obtenir une permission du ministère de l'Intérieur et du ministère des Domaines de l'État.

1891

Famine catastrophique dans l'est des terres noires, touchant 20 provinces et 40 millions de paysans, suivie d'une épidémie de choléra en 1892.
Courte période de récession économique liée à une crise cyclique mondiale (1891-1892).
Établissement d'un tarif douanier général résolument prohibitif qui entraîne de 1892 à 1894 une guerre commerciale avec l'Allemagne. Des traités de commerce bilatéraux établiront des tarifs préférentiels.
Expulsion de plus de 20 000 Juifs de Moscou.

☐ **17 (29) mars** Rescrit impérial annonçant la construction du Transsibérien, qui sera achevé pour l'essentiel en 1902. Nouvelle « fièvre ferroviaire »,

Le tarif protectionniste de 1891
(comparé au tarif de 1868)
en kopecks-or par poud
(le poud vaut environ 16,4 kg)

	1868	1891
Charbon	pas de droits	2 à 3
Minerai de fer	pas de droits	10,5
Fonte brute	5	45 à 52,5
Fonte travaillée	50 à 250	112,5 à 255
Fer	20 à 50	90 à 150
Rails	20	90
Locomotives	75	300
Machines agricoles	pas de droits	70 à 140
Coton brut	pas de droits	120 à 135
Coton filé, blanchi	325	420 à 540

D'après P.I. Lyashchenko, *History of the National Economy of Russia*, New York, 1949.

l'État prenant le relais des sociétés privées.

1892

☐ **30 août (11 sept.)** S. Witte devient ministre des Finances et mène jusqu'en 1903 une politique d'industrialisation accélérée. Alourdissement de la fiscalité indirecte : augmentation de 100 p. 100 des taxes sur les allumettes, de 50 p. 100 des taxes sur la bière, le tabac et le pétrole.

1893

Russification de l'Université de Dorpat (Iouriev, future Tartu).

☐ **8 (20) juin** Interdiction des redistributions partielles de terres dans le mir et obligation de respecter un intervalle de 12 ans entre 2 redistributions générales.

☐ **14 (26) déc.** Interdiction des transferts de terres communautaires à des possesseurs non paysans. Obligation pour toute sortie du mir d'un vote de l'assemblée communale à la majorité des 2/3.

1894

Introduction progressive d'un monopole de l'État sur la vente de l'alcool, qui fournit près de 1/4 des recettes budgétaires ordinaires pour la période 1894-1899.

Création d'un impôt sur les loyers.

La baisse du prix des céréales, commencée vers 1875, atteint son point le plus bas.

Mesures répressives contre les stundistes (baptistes ukrainiens).

☐ **29 janv. (10 févr.)** Traité de commerce avec l'Allemagne.

Culture et civilisation

1882 L. Tolstoï achève *Confession.* ☐ G. Ouspenski : *la Puissance de la terre.* ☐ Succès de la 1re symphonie d'A. Glazounov, dirigée par Balakirev. ☐ Construction dans le style néonationaliste de l'Église de la Résurrection à Saint-Pétersbourg (A. Parland, 1882-1907).

1883 A. Fet : *Feux du soir.*

1884 Peinture d'I. Répine : *Ils ne l'attendaient pas.* ☐ Départ de la mathématicienne S. Kovalevskaïa pour l'université de Stockholm.

1885 V. Korolenko : *le Songe de Makar.* ☐ K. Leontiev : *la Russie, l'Orient et les Slaves* (1885-1886). ☐ Peintures d'I. Répine : *Ivan IV meurtrier de son fils* et *le Refus de la confession.* ☐ Fondation à Moscou de l'Opéra privé du mécène S. Mamontov.

1886 L. Tolstoï : *la Puissance des ténèbres.* ☐ Classification des sols et fondation de la pédologie par V. Doukoutchaïev.

1887 Peintures de V. Sourikov : *la Boïarine Morozova*, et de V. Serov : *Jeune Fille aux pêches.*

1888 A. Tchekhov : *la Steppe.* ☐ N. Rimski-Korsakov : *Schéhérazade* et *la grande Pâque russe.*

1889 V. Soloviev : *la Russie et l'Église universelle.* ☐ Construction à Moscou dans le style néo-nationaliste des Galeries marchandes de l'actuel GOUM (A. Pomerantsev, 1889-1893).

1890 L. Tolstoï : *la Sonate à Kreutzer.* ☐ V. Rozanov : *la Légende du Grand Inquisiteur.* ☐ P. Tchaïkovski : *la Dame de pique.* ☐ *le Prince Igor*, opéra posthume d'A. Borodine, est achevé par Rimski-Korsakov. ☐ Peinture de M. Vroubel : *Démon assis.* ☐ Voyage d'A. Tchekhov à Sakhaline (dénonciation des conditions de vie des bagnards dans son ouvrage : *l'Île de Sakhaline*).

1891 I. Répine achève *les Cosaques Zaporogues écrivant au sultan turc.*

1892 A. Tchekhov : *la Chambre n° 6.* ☐ F. Sologoub : *le Démon mesquin*

(1892-1902). □ Peintures d'I. Lévitan : *la Route de Vladimir*, et d'I. Répine : *l'Arrestation du propagandiste*. □ Le marchand Tretiakov fait don de sa collection de peintures à la ville de Moscou.

1893 D. Merejkovski : *Sur les causes de l'actuelle décadence et sur les nouveaux courants de la littérature russe contemporaine.*

1894 Publication du recueil *les Symbolistes russes* (avec des poèmes de V. Brioussov). □ K. Balmont : *Sous le ciel nordique.*

Biographies

Mendeleïev, Dimitri Ivanovitch (1834-1907). Fils du directeur du gymnase de Tobolsk, il termine en 1856 des études de sciences à Saint-Pétersbourg et les complète à l'étranger. Professeur de chimie à l'Université de Saint-Pétersbourg en 1865, il démissionne en 1890 pour protester contre l'attitude du ministre de l'Instruction publique Delianov, qui refuse de recevoir une pétition des étudiants. Il devient alors directeur du Bureau central des poids et mesures qu'il réorganise en 1893. Surtout connu pour sa classification périodique des éléments chimiques, élaborée dès 1869, il s'intéresse aussi aux applications pratiques de la recherche scientifique et effectue plusieurs missions pour étudier le pétrole de Bakou, le charbon du Donets et la métallurgie ouralienne. Mendeleïev participe également à la définition du tarif douanier de 1891, très protectionniste.

Plekhanov, Georges Valentinovitch (1856-1918). Issu d'une famille de petite noblesse, il quitte en 1874 une école militaire de Saint-Pétersbourg pour l'Institut des Mines. Lié au groupe populiste « Terre et Liberté », il harangue les manifestants du 6 (18) décembre 1876 devant Notre-Dame-de-Kazan. Lors de la scission de « Terre et Liberté » en 1879, il prend la tête du groupe « Partage Noir », hostile au terrorisme. Émigré en 1880, Plekhanov évolue vers le marxisme et crée en 1883, à Genève, l'organisation « Émancipation du Travail ». Traduisant en russe les ouvrages de Marx et d'Engels, il se consacre à la réfutation des populistes et à une analyse marxiste de la société russe. Il participe aux Congrès de la IIe Internationale et lutte contre le révisionnisme allemand, l'économisme et le marxisme légal russes. Plekhanov collabore à la rédaction de l'*Iskra* et appuie encore Lénine au 2e Congrès du Parti ouvrier social-démocrate de Russie (1903), mais il rejoint rapidement les mencheviks. En 1914, il préconise le « défensisme patriotique » et regagne la Russie en avril 1917. Hostile à la révolution d'octobre, ce « père du marxisme russe » meurt en 1918 en Finlande.

Zassoulitch, Vera Ivanovna (1849-1919). Issue d'une famille noble, elle milite très jeune dans les cercles révolutionnaires de Saint-Pétersbourg. Emprisonnée en 1869 lors de l'affaire Netchaïev, exilée, elle entre dans la clandestinité en 1875 et participe à l'agitation des groupes bakouninistes à Kiev, puis à Saint-Pétersbourg. Le 24 janvier (5 févr.) 1878, elle tire sur le gouverneur de Saint-Pétersbourg, Trepov. Acquittée par le jury, elle émigre et revient clandestinement en Russie en 1879, faisant partie du groupe « Partage noir » hostile au terrorisme. À nouveau dans l'émigration en 1880, elle évolue vers le marxisme et adhère en 1883 à l'organisation « Émancipation du travail », traduisant des œuvres de Marx et d'Engels. Retournée illégalement en Russie en 1899, membre du Parti ouvrier social démocrate, elle s'aligne sur la minorité menchevik au congrès de 1903, soutient « l'Union sacrée » en 1914 et se montre hostile à la révolution bolchevik de 1917.

Bibliographie

R. Byrnes, *Pobiedonostsev : His Life and Thought* (Bloomington, 1968).

R. Girault, *Emprunts russes et investissements français en Russie* (1887-1914) [Paris, 1973].

P. A. Zaionchkovskii, *The Russian Autocracy under Alexander III* (Gulf Breeze, Floride, 1976).

Chapitre 17 **1894-1903**

Nicolas II et la poursuite de la réaction autocratique

> *On tremble à la pensée de ce qui arriverait si le destin nous réservait ce don fatal : un parlement de toutes les Russies. Ainsi ne soit-il pas !*
>
> Pobiedonostsev, procureur général du Saint-Synode, 1897.

Le règne de Nicolas II est marqué jusqu'à la fin du siècle par la poursuite d'une croissance accélérée conduite par le ministre des Finances Witte, qui réussit en 1897 sa réforme monétaire (adoption de l'étalon-or). La production double de 1890 à 1900, le réseau ferroviaire s'étend à l'Asie, une nouvelle géographie de l'industrie se dessine, où les mines et la métallurgie ukrainiennes tiennent une place de choix. Mais cette industrialisation se fait au détriment de la paysannerie. Malgré les premières formes de colonisation organisée en Sibérie, la surcharge démographique demeure forte et les contraintes de la commune rurale entravent la mobilité paysanne.

La vie politique commence à se structurer : issus des zemstvos et d'une bourgeoisie encore peu nombreuse, les libéraux cherchent à obtenir une réelle participation au pouvoir, leurs éléments les plus avancés fondant en 1903 l'Union de Libération. Les socialistes révolutionnaires reprennent la tradition populiste d'agitation rurale et, pour certains, de terrorisme. Les marxistes, confortés dans leur analyse par le développement rapide du capitalisme et par les premiers mouvements ouvriers de grande ampleur, restent en revanche divisés sur la manière d'organiser le parti social-démocrate créé en 1898. Entre 1900 et 1903, la conjonction des crises (crise industrielle, troubles agraires, agitation étudiante endémique) précipite les mutations et montre l'urgence des problèmes à résoudre.

L'autocratie n'apporte pour unique réponse qu'un raidissement de ses pratiques répressives, s'aliénant les zemstvos par son refus de toute représentation nationale, cherchant à canaliser l'agitation ouvrière par un syndicalisme policier difficile à maîtriser, recourant aux formes les plus extrêmes de la diversion nationaliste ou antisémite. Son aveuglement la lance pour finir dans une politique extrême-orientale de plus en plus aventureuse, conduisant en 1904 au conflit russo-japonais.

Vie politique et institutionnelle

1894

À la mort d'Alexandre III, son fils Nicolas II lui succède.
Poursuite de la controverse sur les voies du développement russe. Critiques marxistes du populisme : Lénine, *Ce que sont les amis du peuple ;* P. Strouve, *Notes critiques sur la question du développement économique de la Russie.*

1895

☐ **17 (29) janv.** En réponse à l'adresse des députés du zemstvo provincial de Tver, Nicolas II condamne le « rêve insensé » d'une assemblée élue.

☐ **Nov.** Après avoir rencontré à Genève G. Plekhanov, V. Oulianov (Lénine) fédère les cercles marxistes de Saint-Pétersbourg en une organisation qui prendra le nom d'Union de lutte pour la libération de la classe ouvrière.

☐ **9 (21) déc.** Arrestation de la plupart des dirigeants du groupe, dont Lénine et Martov. Lénine passe près de 15 mois en prison, puis 3 ans d'exil en Sibérie.

1896

☐ **Août** Organisation d'une réunion des présidents de zemstvos à la foire de Nijni-Novgorod (à l'initiative du libéral D. Chipov, président du zemstvo de Moscou). Une nouvelle réunion, prévue pour 1897, est interdite.

1897

Développement de nouveaux groupes issus de la tradition populiste, en particulier à Saratov, Minsk et Kharkov. Se proclamant « socialistes révolutionnaires » (S.R.), ils veulent renouer avec l'agitation en milieu paysan.
Fondation du parti national-démocrate polonais, avec R. Dmowski.

☐ **25-27 sept. (7-9 oct.)** Fondation à Vilna du *Bund,* Union générale des travailleurs juifs de Russie et de Pologne.

1898

☐ **1er-3 (13-15) mars** Fondation à Minsk du Parti Ouvrier Social-Démocrate de Russie (POSDR), par un Congrès de 9 délégués des comités marxistes et du *Bund.* Manifeste rédigé par P. Strouve.

1899

Apparition de nouveaux courants au sein du marxisme russe : l'économisme de l'Union de Saint-Pétersbourg, qui donne la priorité aux revendications ouvrières quotidiennes (avec la revue *la Pensée ouvrière*) ; l'économisme de l'Union des sociaux-démocrates russes à l'étranger (avec la revue *la Cause ouvrière* et le *Credo* d'E. Kouskova) ; le marxisme légal, influencé par l'Allemand Bernstein et évoluant avec Strouve vers le libéralisme.

☐ **3 (15) févr.** Manifeste impérial annonçant la prééminence des lois de l'Empire russe sur la législation finlandaise. Début d'une vaste entreprise de russification de la Finlande menée par le nouveau gouverneur général N. Bobrikov.

☐ **Févr.** Agitation étudiante ; manifestations et grèves dans la capitale, puis dans toutes les universités de l'Empire.

☐ **29 juill. (10 août)** Règlements provisoires du ministre de l'Instruction Publique N. Bogoliepov permettant d'enrôler les meneurs étudiants comme simples soldats.

1900

La Social-démocratie du Royaume de Pologne devient Social-démocratie du Royaume de Pologne et de Lituanie (SDKPiL).
Publication en Finlande du 1er numéro de *la Russie révolutionnaire,* organe des socialistes révolutionnaires.

☐ **Juin** Le russe devient la langue officielle de l'administration finlandaise.

☐ **Juill.** Première émigration de Lénine.

□ **11 (24) déc.** Publication du 1er numéro de l'*Iskra* (« l'Étincelle »), imprimé à Leipzig, servant à exprimer les vues du groupe constitué par Lénine, Martov, Potressov, Plekhanov, Axelrod et Zassoulitch. Double objectif de cette revue colportée clandestinement en Russie : lutter contre l'économisme et créer une structure de comités clandestins.

1901
Fondation à Berlin du Parti socialiste révolutionnaire (S.R.) par la réunion des groupes de Russie, de l'Union des socialistes révolutionnaires à l'étranger et de la Ligue socialiste agraire qui conserve son autonomie (V. Tchernov, E. Brechko-Brechkovskaïa, G. Guerchouni, M. Goetz). Agitation en milieu paysan (socialisme rural), programme politique fédéraliste, et pour certains, recours au terrorisme (organisation de combat dirigée par G. Guerchouni, puis par l'agent double Azev).
Le procureur général du Saint-Synode Pobiedonostsev fait prononcer l'excommunication de L. Tolstoï.

□ **Févr.** Assassinat du ministre de l'Instruction Publique N. Bogoliepov par le socialiste révolutionnaire P. Karpovitch.

□ **Mars** Recrudescence de l'agitation étudiante ; manifestations de rue violemment réprimées.

□ **23 août (5 sept.)** Interdiction des relations directes entre zemstvos.

1902
Dans *Que faire ?,* Lénine précise ses vues sur la construction d'un parti révolutionnaire fortement centralisé. La majorité des groupes sociaux-démocrates de Russie se rallient à la ligne de l'*Iskra.*

□ **2 (15) avr.** Assassinat du ministre de l'Intérieur D. Sipiaguine par S.Balmachev, lié à l'organisation de combat SR. Il est remplacé par V. Plehve, qui mène une politique systématiquement répressive.

□ **23-26 juin (6-9 juill)** Programme libéral modéré élaboré lors d'une réunion informelle de présidents de zemstvos à Moscou (à l'initiative de D. Chipov).

□ **Juill.** Parution à Stuttgart du 1er numéro de la revue *Osvobojdenie* (« Libération »). Naissance d'un libéralisme constitutionnel et démocratique plus radical, recrutant parmi les éléments les plus avancés des zemstvos (I. Petrounkievitch), mais aussi parmi la bourgeoisie urbaine, les professions libérales et intellectuelles (professeur P. Milioukov, avocat V. Maklakov), avec l'apport d'anciens marxistes (P. Strouve) et d'anciens populistes.

1903
Fondation à Schaffhausen de l'Union de Libération par les diverses composantes libérales rassemblées autour de la revue *Libération.*

□ **Juin.** Confiscation des biens du clergé arménien et accentuation d'une politique de russification en Arménie, en particulier dans le domaine scolaire.

□ **17 (30) juill.-10 (23) août** 2e congrès du POSDR, à Bruxelles, puis à Londres. Division entre bolcheviks (avec Lénine) et mencheviks (avec Martov) sur la conception du parti. Retrait du *Bund* auquel on refuse l'autonomie.

□ **Août.** Disgrâce de Witte, contraint d'abandonner le ministère des Finances.

Politique extérieure

1895
Fin de la guerre sino-japonaise : la Russie se pose en protectrice de la Chine. Fondation d'une Banque russo-chinoise avec appel aux capitaux étrangers.
Accord anglo-russe sur le partage du Pamir.

1896

☐ **22 mai (3 juin)** Traité russo-chinois, alliance défensive contre le Japon. La Banque russo-chinoise se voit accorder le droit de construire et d'exploiter pendant 80 ans le chemin de fer de l'Est chinois (liaison directe Tchita-Vladivostok par la Mandchourie).

☐ **23-27 sept. (5-9 oct.)** Visite officielle de Nicolas II en France.

1897

☐ **Avr.-mai** Accord austro-russe sur le maintien du statu quo dans les Balkans.

☐ **Août** Visite à Saint-Pétersbourg de Félix Faure, président de la République française.

1898

☐ **15 (27) mars** Traité sino-russe : la Chine cède à bail à la Russie pour 25 ans la presqu'île de Liao-Toung avec Port-Arthur. Concession à la Société du chemin de fer de l'Est chinois de la construction du Sud-mandchourien (Kharbine-Port-Arthur).

☐ **13 (25) avr.** Accord russo-japonais, reconnaissant les intérêts particuliers du Japon en Corée.

1899

☐ **6 (18) mai** Ouverture à La Haye de la 1re Conférence internationale de la paix, réunissant 26 États à l'initiative de la Russie.

☐ **Août** Visite à Saint-Pétersbourg du ministre français des Affaires Étrangères Delcassé. Resserrement de l'alliance franco-russe.

1900

Guerre des Boxers en Chine : occupation militaire de la Mandchourie par la Russie.

1902

☐ **17 (30) janv.** Alliance anglo-japonaise. Reconnaissance des intérêts particuliers du Japon en Corée.

☐ **26 mars (8 avr.)** Convention russo-chinoise sur un retrait progressif des troupes russes de Mandchourie.

1903

Dégradation des relations russo-japonaises, liée en grande partie à l'action de certains milieux dirigeants russes : intrigues du « lobby » coréen d'A. Bezobrazov, nomination de l'amiral E. Alexeïev comme vice-roi d'Extrême-Orient, maintien de troupes d'occupation russes en Mandchourie.

☐ **19 sept. (2 oct.)** Rencontre entre François-Joseph et Nicolas II à Mürzsteg. Accord sur la Macédoine.

Économie et société

1895

1re ligne de tramway électrique à Moscou.

1896

Exposition industrielle et 1er Congrès panrusse de l'industrie et du commerce à Nijni-Novgorod.

Création d'un Bureau des Migrations pour encourager le peuplement de la Sibérie, à l'issue de la mission d'A. Koulomzine : facilités de voyage et d'installation, mais la liberté des départs n'est pas complète (165 000 immigrants entre 1885 et 1896, 900 000 entre 1896 et 1900. Population sibérienne en 1897 : 5 700 000 habitants).

☐ **Mai** Tragique bousculade lors des fêtes du couronnement de Nicolas II à Moscou : plus de 1 000 morts.

☐ **Mai-juin** 35 000 ouvriers du textile en grève à Saint-Pétersbourg, point culminant d'une flambée d'agitation commencée en 1894, et coïncidant avec la reprise industrielle.

1897

1er recensement complet de la population de l'Empire russe (129 000 000 habitants, dont 13 p. 100 de population

urbaine ; l'accroissement annuel atteint 1 600 000 habitants).
Réforme monétaire de S. Witte : dévaluation du rouble d'un tiers de sa valeur, adoption de l'étalon-or, convertibilité du rouble papier grâce à une forte encaisse.

□ **2 (14) juin.** Limitation de la journée de travail à 11 h 30, obligation du repos dominical.

1898
Réforme des impôts sur le commerce et l'industrie.
Publication de *la Fabrique russe dans le passé et le présent,* du marxiste légal M. Tougan-Baranovski.
Soulèvement d'Andijan en Asie Centrale.

1899
Rapport de D. Mendeleïev montrant le retard de la métallurgie ouralienne (« l'Oural dort ») : fonte au charbon de bois, peu de capitaux étrangers. L'Ukraine, en revanche, produit 65 p. 100 du charbon, 50 p. 100 de la fonte et 45 p. 100 de l'acier russes.
Publication du *Développement du capitalisme en Russie,* ouvrage écrit par Lénine durant son exil sibérien (critique du populisme).

1900
Début d'une crise économique courte mais brutale, liée à une crise mondiale (1900-1903). Elle touche surtout la métallurgie, avec la fin des grands pro-

L'essor industriel de 1890 à 1900
en millions de pouds (1 poud valant 16,4 kg)

Production	1890	1900
Fonte	56,6	179,1
Charbon	367,2	986,3
Coton	8,3	16
Fer et acier	48,3	163
Pétrole	226	631
Sucre	24,6	48,5

D'après R. Portal, *la Russie industrielle (1881-1927),* Paris, CDU, 1966.

Longueur du réseau ferré (en km)	29 000	53 000
Investissements étrangers dans les sociétés industrielles et bancaires (en roubles-or)	214 000 000	911 000 000

D'après R. Philippot, « *la Modernisation inachevée (1855-1900)* », *Histoire de la Russie,* t. II, Paris, 1974.

grammes ferroviaires. Faillites, licenciements et baisse des salaires.
Participation de la Russie à l'Exposition Universelle de Paris.

1901
De mauvaises récoltes montrent à nouveau l'urgence d'une réforme agraire. Pour canaliser les mouvements ouvriers, organisation par l'Okhrana d'un « syndicalisme policier » (associations manipulées par S. Zoubatov).

1902
Achèvement du Transsibérien (grâce au Transmandchourien) avec cependant encore rupture de charge pour le passage du lac Baïkal. 15 jours de voyage de Moscou à Vladivostok.
Reprise de l'agitation ouvrière : grande manifestation en mai dans le faubourg de Sormovo (qui inspirera à Gorki son roman *la Mère*), grève générale en novembre à Rostov.

□ **22 janv. (4 févr.)** Création d'une Commission spéciale d'étude des besoins de l'industrie agricole, présidée par Witte, qui lance une vaste enquête par l'intermédiaire de 618 comités locaux. Forte opposition du nouveau ministre de l'Intérieur V. Plehve.

□ **Mars-avr.** Dans les provinces de Kharkov et de Poltava, forte vague de troubles agraires (attaque et pillage des grands domaines). Violente répression, mise en évidence des blocages et de la situation catastrophique du monde rural : surcharge démographique, exiguïté des lots, lourdeur des prélèvements. Renforcement de l'implantation S.R. dans les campagnes.

□ **Juill.** Face à la crise industrielle, formation d'un cartel de vente des produits métallurgiques (Prodameta) qui écoulera en 1908 90 p. 100 de la production métallurgique du Sud et 45 p. 100 de la production totale de l'Empire. La cartellisation touchera également le charbon (Prodougol en 1904), le matériel ferroviaire, le pétrole.

Les principaux partenaires commerciaux de la Russie en 1901

1) *Exportations* (en roubles-or)

Allemagne	178 855 000
Grande-Bretagne	156 751 000
Hollande	84 689 000
France	61 222 000
Autriche	30 217 000
États-Unis	4 000 000

Total des exportations russes : 761 583 000 roubles-or

2) *Importations* (en roubles-or)

Allemagne	210 954 000
Grande-Bretagne	102 954 000
États-Unis	34 921 000
France	27 792 000
Autriche	24 901 000

Total des importations russes : 593 425 000 roubles-or

D'après R. Portal, *La Russie industrielle (1881-1927)*, Paris, 1966.

1903
Accroissement des mouvements de grève (200 000 grévistes en 1903). À Odessa et en Russie du Sud, ces mouvements montrent la faillite du « zoubatovisme ».

□ **26 févr.(11 mars)** Manifeste impérial proclamant l'immutabilité du lot communal, mais aussi le droit des paysans de créer des tenures extérieures.

□ **12 (25) mars** Abolition de la responsabilité collective de la commune rurale pour le paiement des charges de rachat.

□ **6 (19) avr.** Début du grand pogrom de Kichinev, qui dure 2 jours avec la complicité des autorités locales (diversions antisémites encouragées par le ministre de l'Intérieur Plehve). Plusieurs centaines de morts et de blessés, grand retentissement à l'étranger.

□ **2 (15) juin** Loi sur la responsabilité de l'employeur dans les accidents du travail.

□ **10 (23) juin** Création d'un délégué ouvrier (staroste) dans les usines.

Culture et civilisation

1895 Présentation à la Société de physique-chimie du principe des transmissions sans fil de l'alphabet morse par A. Popov. □ D. Merejkovski commence sa trilogie *Christ et Antéchrist* avec *Julien l'Apostat.* □ Fondation à Moscou du quotidien à grand tirage *la Parole russe* (700 000 exemplaires en 1916).

1896 A. Tchekhov : *la Mouette.* □ Débuts de Chaliapine à l'Opéra privé de Moscou. □ 1re projection cinématographique à Saint-Pétersbourg.

1897 A. Tchekhov : *Oncle Vania, les Moujiks.*

1898 V. Soloviev : *la Justification du bien.* □ Le peintre V. Vasnetsov achève *les Bogatyrs.* □ Fondation du Théâtre d'Art de Moscou par K.Stanislavski et V. Nemirovitch-Dantchenko. Triomphe de *la Mouette* de Tchekhov. □ 1er numéro de la revue *le Monde de l'Art* qui paraît jusqu'en 1904 et joue un rôle de premier plan dans la diffusion de la culture artistique et la fondation d'un art moderne en Russie (avec S. Diaghilev, L. Benois, L. Bakst, M. Vroubel).

1899 M. Gorki : *Thomas Gordeïev.* □ L. Tolstoï achève *Résurrection* (qui consacre sa rupture avec l'Église).

1900 Peinture de M. Vroubel : *la Princesse cygne.* □ N. Rimski-Korsakov : *Tsar Saltan.*

1901 L. Chestov : *Dostoïevski et Nietzsche : Philosophie de la Tragédie.* □ 1re représentation des *Trois Sœurs* d'A. Tchekhov.

1902 M. Gorki écrit *les Bas-fonds* et prend la direction de la société d'édition Znanie (« le Savoir »), publiant des volumes bon marché. □ Publication du recueil *Problèmes de l'idéalisme* (avec N. Berdiaïev et S. Boulgakov). □ Aménagement « modern style » du Théâtre artistique de Moscou (F. Chekhtel). □ Démission d'A. Tchekhov et de V. Korolenko de l'Académie des sciences pour protester contre l'exclusion de Gorki.

1903 Réunions philosophico-religieuses de D. Merejkovski, Z. Hippius et D. Filosofov, qui fondent la revue *Voie nouvelle.* □ S. Boulgakov : *du Marxisme à l'idéalisme.* □ A. Bogdanov : *l'Empiriomonisme.* □ V. Rozanov : *le Problème familial en Russie.* □ Aménagement de la gare de Iaroslavl à Moscou par F. Chekhtel (1903-1904). □ K. Tsiolkovski : *Exploration des espaces cosmiques par des engins à réaction.*

Biographies

Strouve, Pierre Berngardovitch (1870-1944). Fils du gouverneur de la province de Perm, il fait des études de droit à Saint-Pétersbourg et se rallie d'abord au marxisme, dénonçant le populisme dans ses *Remarques critiques sur le* *problème du développement économique de la Russie* (1894). Il assiste au 4e congrès de la IIe Internationale en 1896, et rédige en 1898 le manifeste du nouveau Parti ouvrier social-démocrate de Russie. Du « marxisme légal », Strouve évolue ensuite vers le libéralisme, rejetant les idées de révolution et de dictature du prolétariat. Rédacteur en 1902 de la revue *Libération,* il devient l'un des leaders de l'Union de Libération en 1903, puis du parti K.D. en 1905. Député à la 2e douma en 1907, il collabore en 1909 au célèbre recueil *Viekhi* (« les Jalons »). Hostile à la révolution d'octobre, il fait partie en 1920 du gouvernement « blanc » de Wrangel, avant de prendre la route d'un exil qui le mènera à Prague, à Paris et à Belgrade.

Witte, Serge Ioulievitch, *comte* (1849-1915). Né à Tiflis dans une famille de noblesse balte, il fait des études à l'université d'Odessa et entre en 1870 dans l'administration des chemins de fer. Nommé en 1889 directeur du département des chemins de fer au ministère des Finances, ministre des Finances en 1892, il apporte une vue d'ensemble du développement économique de la Russie, influencée par les idées de l'Allemand Frédéric List. Son programme met l'accent sur l'industrialisation, avec intervention de l'État, appel aux capitaux étrangers, stabilisation monétaire, maintien d'un strict protectionnisme et rigueur de la politique fiscale (institution d'un monopole d'État sur la vente des alcools). Si la croissance industrielle s'accélère à la fin du siècle, l'agriculture reste à la traîne et Witte lance en 1902 une vaste consultation, où les cercles conservateurs voient le prélude à une réforme agraire dont ils ne veulent pas. Partisan d'une expansion économique en Extrême-Orient, mais opposé aux aventures militaires et à la rupture avec le Japon, il doit démissionner en août 1903. Chef de la délégation russe à Portsmouth, il négocie le traité qui met fin en septembre 1905 à la guerre russo-japonaise. Nicolas II le rappelle en pleine crise révolutionnaire (octobre 1905) et concède avec le manifeste d'octobre les réformes indispensables pour mettre fin au mouvement. Witte est nommé président du Conseil, et obtient en 1906 le placement en France d'un nouvel emprunt qui permet le rétablissement des finances russes mises à mal par la guerre. Aussitôt après, il est renvoyé par le tsar qui accepte mal les limitations imposées à l'autocratie. Witte ne jouera plus de rôle politique jusqu'à sa mort en 1915.

Bibliographie

F. X. Coquin, *la Sibérie, peuplement et immigration paysanne au XIXe siècle,* (Paris, 1969).

C. de Grunwald, *le Tsar Nicolas II* (Paris, 1965).

T. H. von Laue, *Sergueï Witte and the Industrialization of Russia,* (New York, 1963).

T. G. Stavrou (sous la dir. de), *Russia under the Last Tsar,* (University of Minnesota Press, 1969).

Chapitre 18 **1904-1907**

La première révolution russe et son échec

> Je me suis épris de l'orage en ces premiers jours de février...
>
> B. Pasternak, *l'Année 1905.*

Les revers militaires essuyés lors de la guerre russo-japonaise en 1904 s'accompagnent d'une nouvelle agitation : grèves ouvrières, attentats terroristes, campagnes des zemstvos pour obtenir une représentation nationale ; la crise connaît un tournant décisif avec le Dimanche rouge de Saint-Pétersbourg qui brise l'image traditionnelle du tsar protecteur. C'est une véritable révolution qui commence, inventant les premiers « soviets » et gagnant même l'armée (mutinerie du cuirassé Potemkine). À la grève générale, l'autocratie répond par le Manifeste du 17 (30) octobre 1905, inspiré par Witte, qui garantit les libertés et crée une douma législative élue au suffrage universel. S'il satisfait les forces conservatrices ou modérées, le manifeste n'empêche pas la radicalisation des éléments les plus avancés, jusqu'à l'insurrection du soviet de Moscou écrasée par la force en décembre 1905. Très rapidement, le nouveau régime constitutionnel se voit limité par une pratique autoritaire, avec le renvoi de Witte et la dissolution de la première douma.

La réaction s'accentue sous le ministère de Stolypine, qui fait renvoyer en juin 1907 la seconde douma par un véritable « coup d'État » accompagné d'une nouvelle loi électorale. En apparence, le pouvoir semble surmonter la crise. Les mouvements ouvriers et paysans sont brisés par la répression, et le renvoi de la douma montre les limites imposées aux éléments libéraux et constitutionnels. La Russie sort néanmoins profondément transformée de l'épreuve : des partis politiques se sont affirmés, le système autocratique est ouvertement contesté, la douma, même vidée de ses pouvoirs, peut servir de tribune aux oppositions. La social-démocratie, en plein reflux, cherche cependant à tirer les leçons de l'expérience de 1905, en particulier des soviets, proposant une nouvelle stratégie de la révolution que Lénine tentera de mettre en œuvre en 1917.

Vie politique et institutionnelle événements intérieurs

1904

☐ **3-5 (16-18) janv.** Congrès de l'Union de Libération à Saint-Pétersbourg.

☐ **Mai** Lénine publie *Un pas en avant, deux pas en arrière.*

☐ **3 (16) juin** Assassinat de Bobrikov, gouverneur général de Finlande, par un jeune fonctionnaire du Sénat finlandais.

☐ **15 (28) juill.** Assassinat du ministre de l'Intérieur V. Plehve par le S.R. E. Sazonov.

☐ **11 (24) août** Suppression des châtiments corporels infligés par les tribunaux de canton.
Naissance du prince héritier Alexis.

☐ **26 août (8 sept.)** Nomination du prince P. Sviatopolk-Mirski au ministère de l'Intérieur.

☐ **6-9 (19-22) nov.** Congrès à Saint-Pétersbourg des représentants des zemstvos. Adoption d'un programme libéral en 11 points que les libéraux popularisent par une « campagne des banquets ».

☐ **Déc.** Grande grève des ouvriers du pétrole à Bakou.

☐ **12 (25) déc.** Oukase impérial promettant des réformes limitées.

☐ **22 déc. (4 janv. 1905).** Premier numéro du journal *Vperiod* (« En Avant »), de Lénine qui a rompu avec l'*Iskra.*

1905

☐ **3 (16) janv.** Grève des usines Poutilov à Saint-Pétersbourg.

☐ **9 (22) janv.** « Dimanche rouge » de Saint-Pétersbourg. Fusillade contre les 100 000 personnes venues présenter, avec le pope Gapone, une pétition au tsar.

☐ **14 (27) janv.** Début d'une grève générale à Varsovie. Manifestation violemment réprimée le 16 (29).

☐ **20 janv. (2 févr.)** Boulyguine remplace Sviatopolk-Mirski au ministère de l'Intérieur.

☐ **29 janv. (11 févr.)** Création de la « Commission Chidlovski » chargée d'enquêter sur la condition ouvrière (rapidement dissoute).

☐ **4 (17) févr.** Assassinat du grand-duc Serge, oncle du tsar.

☐ **6-9 (19-22) févr.** Violents affrontements à Bakou entre Arméniens et Tatars.

☐ **18 févr. (3 mars)** Manifeste invitant à lutter contre la sédition, rescrit promettant la participation d'élus au travail législatif (« rescrit à Boulyguine ») et oukase reconnaissant le droit de pétition.

☐ **Févr. (mars)** Première flambée de troubles agraires. Pillage et incendie des manoirs.

☐ **Mars (avr.)** Formation des premières « Unions professionnelles » (union des académiciens, union des avocats).

☐ **12-17 avr. (25 avr.-10 mai)** Congrès bolchevik à Londres, conférence menchevik à Genève.

☐ **17 (30) avr.** Oukase de tolérance : liberté religieuse, qui ne sera jamais vraiment respectée.

☐ **18 avr. (1er mai)** Grèves et manifestations en Pologne (Varsovie, Lodz).

☐ **22-26 avr. (5-9 mai)** 1er congrès régulier des zemstvos à Moscou.

☐ **8-9 (21-22) mai** Fondation à Moscou de l'Union des Unions (exécutif présidé par Milioukov)

☐ **12 (25) mai** Début de la grève des ouvriers du textile à Ivanovo-Voznessensk.

☐ **15 (28) mai** Formation à Ivanovo du 1er soviet qui siègera 65 jours.

☐ **24-26 mai (6-8 juin)** 2e congrès régulier des zemstvos à Moscou.

Adresse au tsar et Manifeste de la Nation.

□ **9-11 (22-24) juin** Grèves insurrectionnelles à Łódź. L'agitation gagne toute la Pologne, avec un caractère nationaliste marqué.

□ **14-24 juin (27 juin-7 juill.)** Mutinerie du cuirassé Potemkine et émeutes d'Odessa.

□ **Juin (juill.)** Amplification des troubles agraires.
Publication par Lénine à Genève de *Deux tactiques de la social-démocratie dans la révolution démocratique.*

□ **6-8 (19-21) juill.** Congrès des zemstvos et des doumas à Moscou.

□ **31 juill.-1er août (13-14 août)** Congrès de fondation de l'Union paysanne panrusse à Moscou.

□ **Août** Création à Nijni-Novgorod d'une Union musulmane panrusse.

□ **6 (19) août** Manifeste annonçant la création de la « douma Boulyguine ». Organe purement consultatif, son système électoral combine suffrage censitaire et suffrage par ordre.

□ **27 août (9 sept.)** Réouverture des universités. Elles retrouvent leur autonomie.

□ **19 sept.-5 oct. (2-18 oct.)** Grève des typographes de Moscou.

□ **8 (21) oct.** Début de la grève des chemins de fer, qui se transforme en grève générale à caractère nettement politique.

□ **12-18 (25-31) oct.** À Moscou, congrès de fondation du parti constitutionnel-démocrate (parti « cadet » ou K.D.), issu de l'Union de Libération.

□ **13 (26) oct.** Formation du soviet de Saint-Pétersbourg, qui édite un bulletin d'information (les *Izvestia*).

□ **Mi-oct. (fin oct.)** 1 500 000 grévistes en Russie, dont 700 000 cheminots.

□ **17 (30) oct.** Manifeste d'octobre élaboré par Witte : libertés civiques, développement futur du suffrage universel, association réelle d'une douma élue au processus législatif.

□ **18-21 oct. (31 oct.-3 nov.)** Pogrom d'Odessa. Multiplication des violences antisémites dans les provinces occidentales, à l'instigation des militants nationalistes des « centuries noires ».

□ **19 oct. (1er nov.)** Démission du procureur du Saint-Synode Pobiedonostsev.
Création d'un véritable conseil des ministres présidé par Witte.

□ **22 oct. (4 nov.)** Amnistie partielle. Restauration de l'autonomie finlandaise. Fondation de l'Union du Peuple Russe, organisation d'extrême-droite.

□ **26-28 oct. (8-10 nov.)** Mutinerie de Kronstadt.

□ **29 oct. (11 nov.)** Le soviet de Saint-Pétersbourg appuie la grève pour la journée de travail de 8 heures.

□ **3 (16) nov.** Abolition des annuités de rachat encore dues par les paysans libérés du servage.

□ **6-10 (19-23) nov.** 2e congrès de l'Union paysanne à Moscou, dominé par les S.R. Exacerbation des troubles agraires.

□ **8 (21) nov.** Retour de Lénine en Russie.

□ **10 (23) nov.** Formation de l'Union du 17 octobre, qui deviendra le Parti octobriste.

□ **10-15 (23-28) nov.** Émeutes de la flotte en mer Noire.

□ **11-15 (24-28) nov.** Insurrection de Sébastopol.

□ **22 nov. (5 déc.)** Formation du soviet de Moscou.

□ **26 nov. (9 déc.)** Arrestation du président du soviet de Saint-Pétersbourg Nosar-Khroustalev, remplacé par une direction collégiale de 3 membres (dont Trotski).

□ **2 (15) déc.** « Manifeste financier » du soviet de Saint-Pétersbourg, appelant à la grève fiscale et financière.

☐ **3 (16) déc.** Arrestation du soviet de Saint-Pétersbourg.

☐ **8-18 (21-31) déc.** Insurrection à Moscou, à l'appel du soviet en majorité gagné aux idées bolcheviks. Échec du mouvement, qui s'achève par les combats de rues du quartier de la Presnia.

☐ **11 (24) déc.** Loi électorale. Refus du suffrage universel. Suffrage censitaire, indirect et par curie : un grand électeur pour 2 000 propriétaires fonciers, 7 000 citadins, 30 000 paysans et 90 000 ouvriers.

☐ **12-17 (25-30) déc.** Conférence social-démocrate de Tammersfors.

☐ **Déc.** Début de la pacification des provinces baltes, de la Pologne, de l'Ukraine, du Caucase et de la Sibérie.

☐ **31 déc. (13 janv. 1906)** 1er congrès du parti socialiste révolutionnaire en Finlande.

1906

Mise en place d'une commission chargée de préparer un concile de l'Église orthodoxe qui n'aboutira pas.

☐ **8-12 (21-25) févr.** Congrès fondateur du parti octobriste.

☐ **20 févr. (5 mars)** Réforme du Conseil d'État, qui devient une véritable chambre haute, moitié nommée, moitié élue sur une base très restreinte.

☐ **4 (17) mars** Autorisation de constituer des associations politiques et des organisations professionnelles (avec de nombreuses restrictions).

☐ **3 (16) avr.** Signature de l'emprunt international destiné à rétablir les finances russes après la guerre russo-japonaise : 2,25 milliards de francs couverts pour plus de la moitié par la France.

☐ **10-25 avr. (23 avr.-8 mai)** Congrès du POSDR à Stockholm (« congrès d'unification »).

☐ **16 (29) avr.** Démission de Witte, remplacé par Goremykine.

☐ **23 avr. (6 mai)** Publication des « lois fondamentales » : restriction des pouvoirs de la douma, devant laquelle les ministres ne sont pas responsables.

☐ **27 avr. (10 mai)** Réunion de la 1re douma. Majorité aux forces d'opposition, avec 37 p. 100 de Cadets et 20 p. 100 de travaillistes (aile modérée des S.R., élue malgré les consignes de boycott).

Les mouvements populaires de l'année 1905

Mois	Nombre de manifestations paysannes	Nombre d'ouvriers en grève
Janvier	17	443 929
Février	109	293 152
Mars	103	73 081
Avril	144	104 646
Mai	299	220 523
Juin	492	155 741
Juillet	248	152 474
Août	155	104 133
Septembre	71	37 851
Octobre	219	518 752
Novembre	796	325 534
Décembre	575	433 357
Total	3 228	2 863 173

D'après F.X. Coquin, *1905, la révolution russe manquée*, Bruxelles, 1985.

LES SLAVES AU VIIIe ET AU IXe S.

L'ÉTAT DE KIEV

LES PRINCIPAUTÉS RUSSES AU XIIe ET AU XIIIe S.

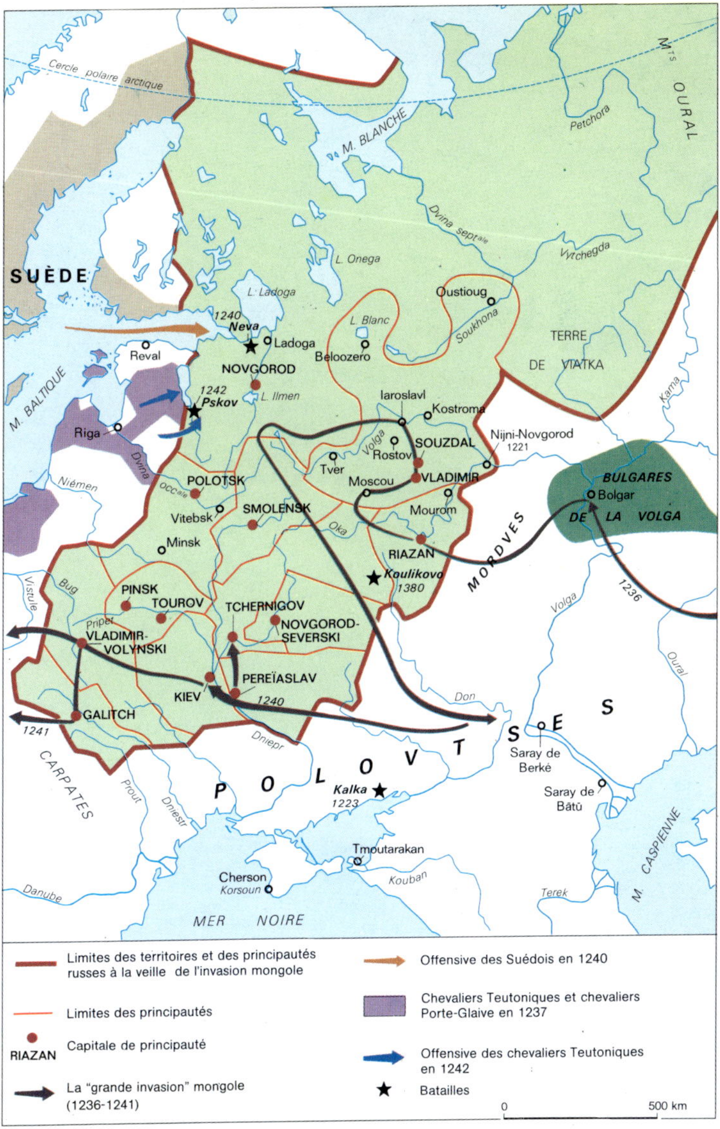

LA MOSCOVIE DE 1300 À 1598

LA RUSSIE DE PIERRE LE GRAND ET DE CATHERINE II (1682 – 1796)

DÉCOUVERTE DE L'EURASIE (XVIe – XVIIe S.)

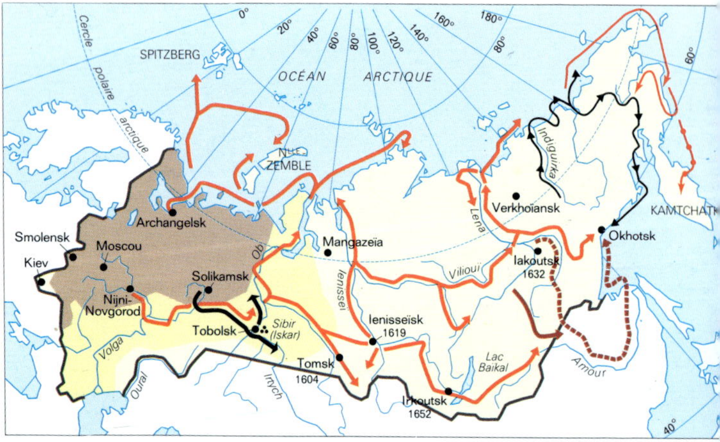

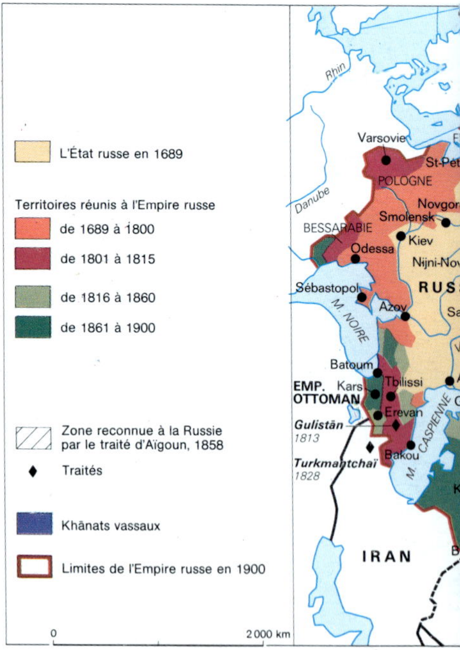

FORMATION DE L'EMPIRE RUSSE (1689 – 1900)

LA GUERRE CIVI

1918-1919

Débarquement des troupes japonaises, britanniques, françaises et américaines à Vladivostok, avril-août 1918

Mouvements de ces troupes

Légion tchèque

Transsibérien

1919-1922

Progression de l'Armée rouge 1920-1922

République d'Extrême-Orient, sept. 1920-nov. 1922

Limites de l'Empire russe en 1914

Brest-Litovsk, armistice du 15 déc. 1917, paix du 3 mars 1918

Interventions des armées allemandes, févr.-juin 1918

Interventions des armées turques, avr.-oct. 1918

Offensives des armées blanch

Denikine Chefs des armées blanch

Interventions des armées de l'Entente, nov. 1918-1920

Front en juin 1919

Offensive polonaise, avr.-mai

Contre-offensives de l'Armée

Soulèvements antisoviétiques

Quartier général de Makhno, 1920-1921

Territoires restés constamme sous contrôle soviétique

Républiques sécessionnistes

Territoires de l'Empire russe perdus par la Russie soviétiq

Limites de l'U.R.S.S. en 1922

A Azerbaïdjan G Géor

0 10

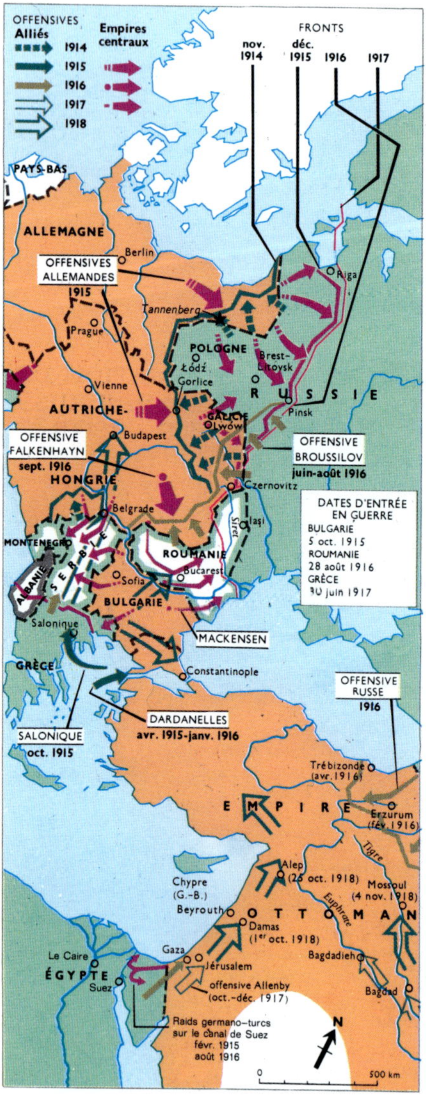

LA RUSSIE DANS LA PREMIÈRE GUERRE MONDIALE- FRONTS D'EUROPE ORIENTALE ET DU MOYEN-ORIENT

L'INTERVENTION ÉTRANGÈRE (1917 – 1922)

FORMATION DE L'U.R.S.S. (1918 – 1924)

La République fédérative de Transcaucasie

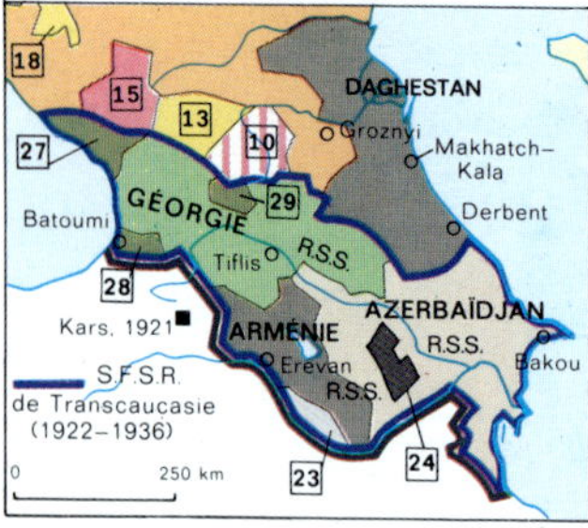

L'Asie centrale après 1924

R.S.F.S.R., 1918, Rép. socialiste fédérative soviétique de Russie
R.S.S.A. du Turkestan, **1918**
R.S.S.A. bachkire **1919**
R.S.S.A. tatare, **1920**
Commune prolétaire de Carélie *(transformée en juillet 1923 en* R.S.S.A. *de Carélie)*
R.A. tchouvache
R.S.S.A. de Kirghizie
R.A. des Votes (Oudmourtes)
R.A. des Maris
R.S.S.A. de la montagne, 1921 à 1924
1922, autonomie des régions
- *kabardine*
- *tchetchène*
- *karatchaï-tcherkesse*

1924, régions autonomes
- *d'Ossétie du Nord*
- *Ingouche*

R.S.S.A. du Daghestan, **1921**
R.A. des Komis *(Zyrianes)*
R.A. des Kabardines
R.A. des Bouriates-Mongols, **1923**
R.A. des Tcherkesses
R.S.S.A. de Iakoutie
R.A. des Oïrotes

18 R.A. des Adyguéens (Tcherkesses)
19 R.S.S. d'Ukraine
20 R.S.S. de Biélorussie
21 R.S.S. fédérative de Transcaucasie
22 R.S.S. d'Azerbaïdjan
23 R.A. de Nakhitchevan
24 R.A. du Haut-Karabakh, **1923**
25 R.S.S. d'Arménie
26 R.S.S. de Géorgie
27 R.S.S.A. d'Abkhazie, **1921**
28 R.S.S.A. d'Adjarie, **1921**
29 R.A. d'Ossétie du Sud
30 République populaire soviétique du Khorezm (anc. Khiva), **1920**
31 République populaire soviétique de Boukhara, **1920**

R.S.S. République socialiste soviétique
R.S.S.A. République socialiste soviétique autonome
R.A. Région autonome
1918 Date de formation : des républiques, des républiques autonomes, des régions
République d'Extrême-Orient de 1920 à 1922
Chemin de fer
Traités

APPLICATION DU PACTE GERMANO-SOVIÉTIQUE (1939 – 1940)

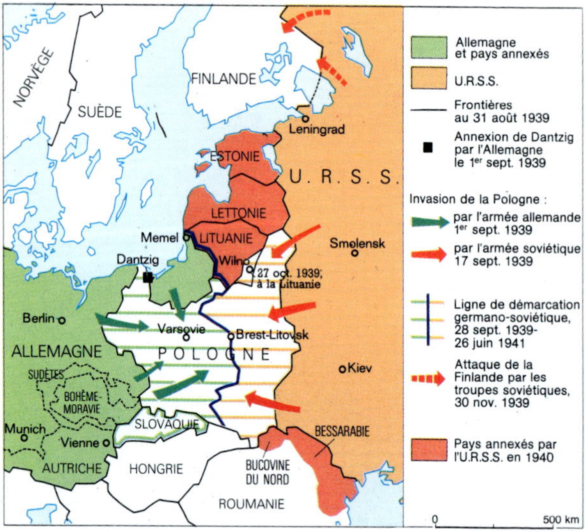

LA GUERRE EN EUROPE (1939 – 1942)

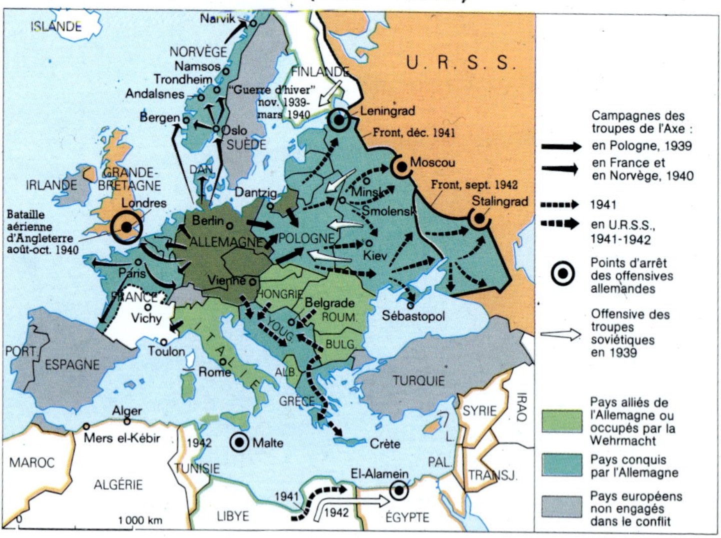

LE BLOCUS DE LENINGRAD (SEPT. 1941 – JANV. 1943)

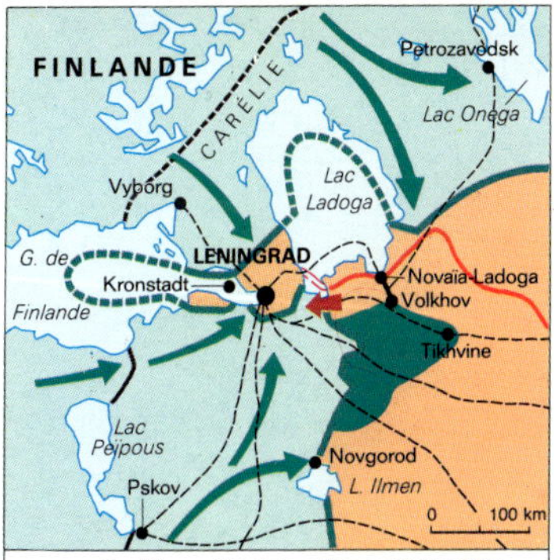

- Frontière soviéto-finlandaise au 22 juin 1941
- Offensives germano-finlandaises
- Front du blocus (sept. 1941-janv. 1943)
- "Poche de Tikhvine" tenue par les Allemands du 9 nov. au 10 déc. 1941
- Percée soviétique en janv. 1943
- Voies ferrées existant en juin 1941
- Route de secours (nov. 1941)
- Voie Volkhov-Novaïa Ladoga (1942)
- Voie sur glace (hiver 1941-42 et 1942-43)

STALINGRAD (SEPT. 1942 – FÉVR. 1943)

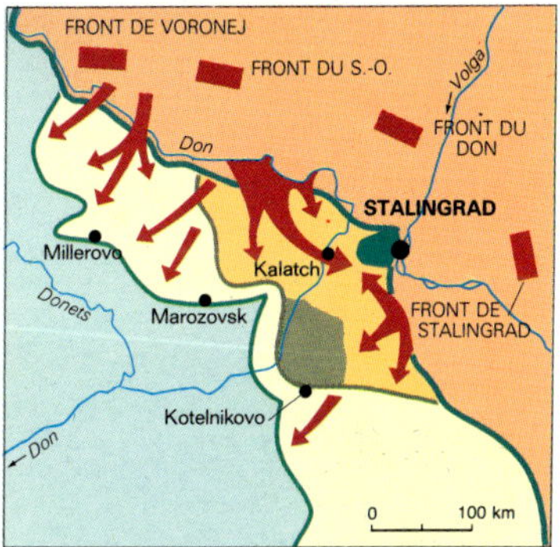

Lignes germano-roumaines :
- le 18 nov. 1942
- le 30 nov. 1942
- le 1er janv. 1943
- Territoires réoccupés par les Allemands en déc. 1942
- Offensives soviétiques
- Encerclement de la VIe armée et d'une partie de la IVe armée blindée allemande (janv.-fév. 1943), par les Soviétiques

LA GUERRE EN EUROPE (1942 – 1945)

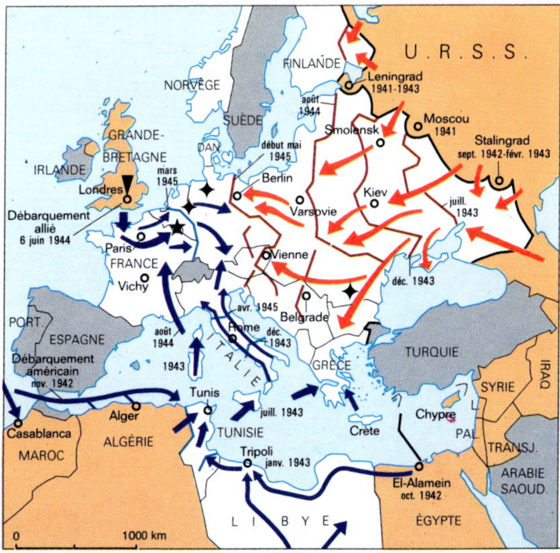

- Pays alliés ou entraînés dans la guerre aux côtés des Alliés
- Pays de l'Axe ou occupés par les troupes de l'Axe
- Extrême avance de l'Axe vers l'est
- Pays neutres non touchés par la guerre
- ✦ Attaques aériennes des forces alliées
- ▼ Attaques aériennes allemandes (V 1, V 2)
- ★ Bataille des Ardennes, déc. 1944-févr. 1945

Avance des Alliés
- Front occidental
- Front oriental

L'U.R.S.S. APRÈS LA SECONDE GUER

NDIALE

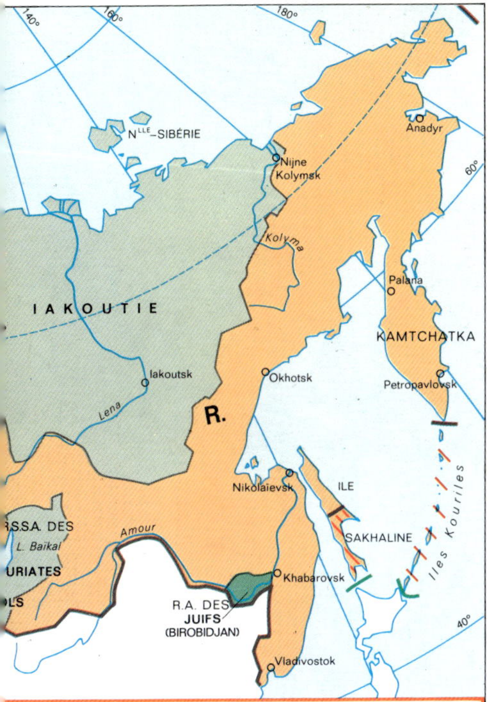

Limites de l'U.R.S.S. de 1924 à 1940

Limites de l'U.R.S.S. en 1947

Acquisitions de l'U.R.S.S. de 1940 à 1947

re administrative :

● Capitale fédérale

R.S.F.S.R. : République socialiste fédérative soviétique de Russie

R.S.S. : République socialiste soviétique

R.S.S.A. : République socialiste soviétique autonome

R.A. : Région autonome

S.S. de Géorgie
S.S. d'Azerbaïdjan
S.S. d'Arménie
S.S.A. tatare
S.S.A. bachkire
S.S.A. du Daghestan
S.S.A. des Kabardines
S.S.A. des Maris
S.S.A. des Mordves
S.S.A. d'Ossétie du Nord

11 R.S.S.A. des Oudmourtes
12 R.S.S.A. des Tchouvaches
13 R.S.S.A. d'Abkhazie
14 R.S.S.A. d'Adjarie
15 R.S.S.A. du Nakhitchevan
16 R.A. des Adyguéens
17 R.A. des Tcherkesses
18 R.A. d'Ossétie du Sud
19 R.A. du Haut-Karabakh

0 1000 km

LES GRANDES RÉGIONS ÉCONOMIQUES DE L'U.R.S.S. CONTEMPORAINE

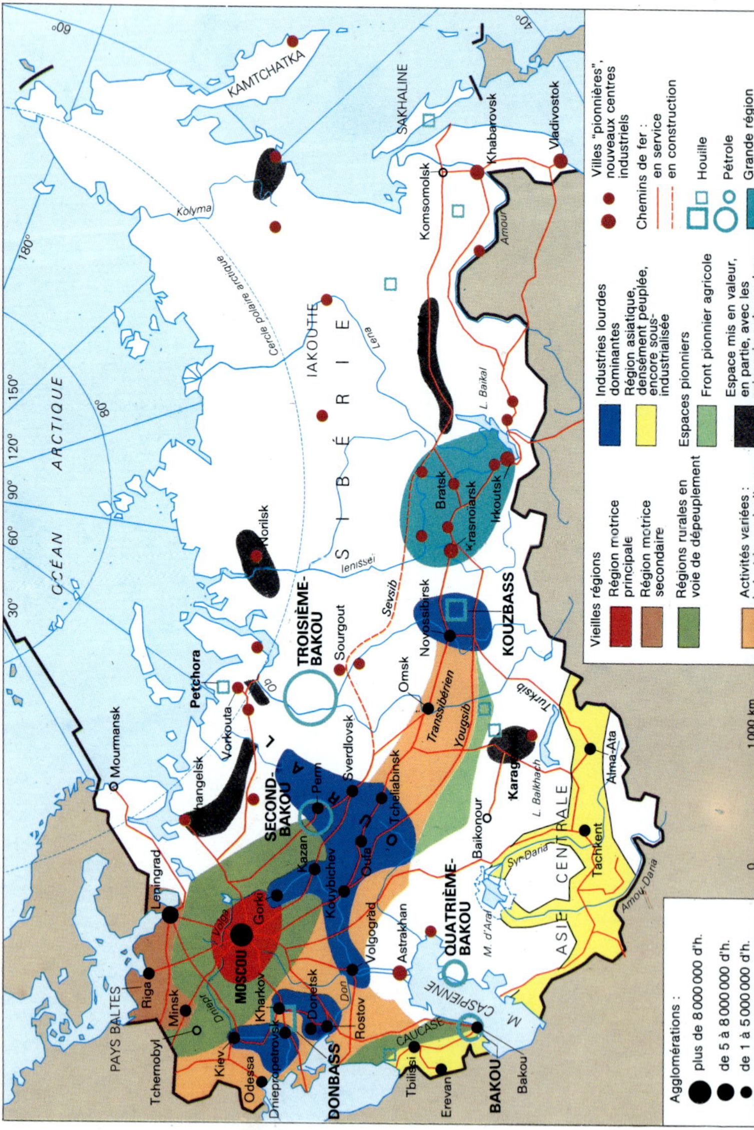

□ **5 (18) mai** Adoption par la douma d'une adresse au tsar demandant un véritable régime constitutionnel.

□ **Juin** Nouvelle flambée de troubles agraires.

□ **1er-3 (14-16) juin** Pogrom de Bialystok.

□ **8 (21) juill.** Stolypine remplace Goremykine à la présidence du Conseil.

□ **9 (22) juill.** Dissolution de la 1re douma.

□ **10 (23) juill.** Appel de Vyborg : 182 députés d'opposition recommandent la grève de l'impôt et du service militaire.

□ **17-20 juill. (30 juill.-2 août)** Mutineries sans lendemain de Sébastopol, Kronstadt et Reval.

□ **12 (25 août)** Attentat manqué contre Stolypine.

□ **19 août (1er sept.)** Création de tribunaux militaires de campagne (1 000 condamnations à mort en 8 mois).

□ **9 (22) nov.** Réforme agraire de Stolypine : oukase donnant la possibilité aux paysans de sortir de la commune rurale et favorisant le regroupement des terres. Objectif : créer une classe de petits propriétaires. Selon les estimations, le nombre de propriétés privées paysannes (par opposition à la propriété communautaire) passe de 2,8 millions en 1905 à 5,5 millions en 1914, ce qui représente environ 44 p. 100 des exploitations paysannes. (Mesures renforcées par les lois de 1910 et 1911).

□ **Nov.** Scission du parti socialiste polonais en PPS-Gauche et PPS-Fraction révolutionnaire (avec J. Pilsudski).
Journée de travail théoriquement limitée à 10 heures (mesure peu appliquée).
Achèvement de l'oléoduc Bakou-Batoum.

1907

□ **20 févr. (5 mars)** Réunion de la 2e douma, dite « douma rouge » ou « douma des extrêmes ». Forte poussée des sociaux-démocrates, qui abandonnent le boycott, et de l'extrême-droite, recul des K.D.

□ **30 avr.-19 mai (13 mai-1er juin)** 5e congrès du POSDR à Londres. Les bolcheviks sont majoritaires.

□ **Mai-juin.** Multiplication des attentats terroristes.

□ **1er (14) juin** Stolypine demande l'exclusion de 55 députés sociaux-démocrates et la levée de l'immunité parlementaire de 16 d'entre eux.

□ **3 (16) juin** « Coup d'État » : dissolution de la douma, modification de la loi électorale. La voix d'un grand propriétaire foncier vaut 7 voix citadines, 30 voix paysannes, 60 voix ouvrières.

Politique extérieure faits de guerre

1904

□ **26-27 janv. (8-9 févr.)** Attaque surprise de la flotte japonaise contre Port-Arthur. Début de la guerre russo-japonaise.

□ **31 mars (13 avr.)** Défaite navale russe devant Port-Arthur. Mort du vice-amiral S. Makarov.

□ **17 (30) juill.** Début du siège de Port-Arthur par les Japonais.

□ **28 juill. (10 août)** Nouvelle défaite de la flotte russe de Port-Arthur qui cherchait à gagner Vladivostok.

□ **13-21 août (26 août-3 sept.)** Bataille de Liaoyang. Retraite russe sur Moukden.

□ **20 déc. (2 janv. 1905)** Capitulation russe de Port-Arthur.

1905

□ **25 févr. (10 mars)** Défaite russe de Moukden.

□ **14-15 (27-28) mai** Destruction à Tsoushima de la flotte russe de la

Baltique (après un périple de 7 mois et demi par le Cap de Bonne Espérance sous le commandement de l'amiral Rojdestvenski).

□ **11 (24) juill.** Traité de Björkö, conclu secrètement entre Guillaume II et Nicolas II.

□ **23 août (5 sept.)** Traité de Portsmouth signé entre la Russie et le Japon grâce à la médiation du président américain T. Roosevelt. La Russie cède au Japon Port-Arthur, la voie ferrée sud-mandchourienne et la moitié sud de Sakhaline.

Culture et civilisation

1904 A. Tchekhov : *la Cerisaie.* □ A. Blok : *Vers sur la Belle Dame.* □ Début de la publication du *Cours d'histoire russe* de V. Klioutchevski, professeur à l'université de Moscou. □ V. Serov : portrait de Gorki. □ N. Rimski-Korsakov : *Kitèje.* □ I. Pavlov, prix Nobel de physiologie et de médecine pour ses travaux en neurophysiologie.

1905 A. Kouprine : *le Duel.* □ Installation à Paris de Sonia Terk (Delaunay). □ Essor de la presse qui profite d'une relative libéralisation : 1 000 périodiques en 1900, près de 1 500 en 1905, 2 400 en 1913.

1906 V. Brioussov : *Stephanos.* □ V. Korolenko commence *Histoire de mon contemporain.*

1907 M. Gorki : *la Mère.* □ D. Merejkovski, Z. Hippius, D. Filosofov : *le Tsar et la Révolution* (publié à Paris). □ N. Rimski-Korsakov : *le Coq d'Or.* □ A. Scriabine : *le Poème de l'extase.* □ Exposition de peinture symboliste de la Rose bleue organisée à Moscou avec l'aide du mécène N. Riabouchinski.

Biographie

Gapone, Georges Apollonovitch (1870-1906). Fils d'un petit notable paysan de la région de Poltava, il devient prêtre et poursuit ses études à l'Académie de théologie de Saint-Pétersbourg, se consacrant à l'action pastorale dans les milieux populaires de la capitale. Il se lie aux associations ouvrières de Zoubatov, contrôlées par l'Okhrana, et devient en 1904 président de l'Union des ouvriers d'usine de Saint-Pétersbourg, cherchant à réconcilier le peuple avec un tsar orthodoxe fidèle à sa tradition de « père juste et bon ». Très populaire, il acquiert une grande audience auprès des ouvriers de la ville. Quand la grève éclate, en janvier 1905, aux usines Poutilov, après le renvoi de quatre ouvriers, Gapone profite de l'extension du mouvement pour rédiger une pétition au tsar. Signée par plus de cent cinquante mille personnes, elle associe des revendications économiques, sociales et politiques à une foi mystique dans les pouvoirs et les devoirs du souverain. C'est Gapone qui conduit le cortège venu porter la pétition au tsar (absent de Saint-Pétersbourg) le dimanche 9 (22) janvier 1905. Après la fusillade et les charges de cosaques de ce « dimanche rouge », il s'enfuit à l'étranger. Revenu en Russie, il est démasqué par les socialistes révolutionnaires comme agent de l'Okhrana, et pendu en 1906 près de Saint-Pétersbourg.

Bibliographie

F. X. Coquin, *1905, la révolution russe manquée* (Editions Complexe, Bruxelles, 1985).

1905, la première révolution russe, (actes du colloque de juin 1981 édités par F. X. Coquin et C. Gervais-Francelle, Paris, 1986).

Chapitre 19 **1907-1914**

Blocages politiques et croissance économique

Il s'agit de créer des normes matérielles dans lesquelles les nouvelles relations juridiques, issues des réformes récentes, trouveront à s'incarner. Notre patrie réformée conformément à la volonté du monarque doit se transformer en un État de droit.

Discours de P.A. Stolypine à la deuxième douma, 6 (19) mars 1907.

Après la dissolution de la deuxième douma, la vie politique de l'Empire reste dominée, jusqu'à son assassinat en 1911, par la figure de Stolypine : ce dernier grand réformateur du tsarisme est persuadé que la modernisation du pays passe par de profondes réformes agraires qui, seules, peuvent créer les conditions préalables à la transformation de la Russie en un État de droit. Il s'attaque à la commune rurale, dont le démantèlement doit permettre la création d'une nouvelle classe de paysans-propriétaires, et assurer la stabilité du régime. Mais Stolypine a du mal à obtenir le soutien des députés, qu'il heurte autant par sa pratique autoritaire du pouvoir que par ses projets. La troisième douma, à majorité conservatrice, puis la quatrième où se renforcent une droite et une extrême-droite virulentes, siègent dans une atmosphère de crise latente qui mène une partie des octobristes à rejoindre l'opposition et détourne du pouvoir une bonne fraction de l'opinion modérée.

La nouvelle bourgeoisie d'affaires, encore peu nombreuse mais active, aspire à jouer en politique un rôle à la mesure de celui qu'elle commence à tenir dans la croissance économique du pays. On assiste en effet à une nouvelle accélération du développement, marquée par la domination de cartels industriels et de monopoles bancaires. Les ouvriers, dont le nombre peut être estimé à 3 millions, se détachent de plus en plus du monde rural. Comme les paysans appauvris, ils se montrent plus sensibles à la propagande des partis révolutionnaires (sociaux-démocrates dans les villes, S.R. dans les campagnes).

Malgré leurs divisions – la rupture entre bolcheviks et mencheviks est consommée en 1912 –, ces partis reprennent de la vigueur après 1912, alors que se multiplient à nouveau troubles agraires, grèves ouvrières, mouvements étudiants, et que les nationalités manifestent de plus en plus fortement leur rejet de la russification. Cette mutation économique et sociale s'accompagne d'un renouveau intellectuel où le matérialisme et le positivisme de la génération précédente font place à de nouvelles conceptions esthétiques, philosophiques ou religieuses.

Vie politique et institutionnelle

1907

☐ **Juin** « Expropriation » spectaculaire menée par le social-démocrate Kamo, qui s'empare de 250 000 roubles destinés à la Banque d'État de Tiflis.

☐ **1er (14) nov.** Réunion de la 3e douma, dite « des Seigneurs ». 1/3 des sièges à la droite et à l'extrême-droite, 1/3 aux octobristes, 1/3 aux K.D., aux allogènes et aux petits groupes de gauche.

☐ **Déc.** Nouvelle émigration de Lénine, qui dure près de 10 ans.

1908

Début de l'« affaire Azev » : le chef de l'organisation de combat du parti S.R. s'avère être un agent double.

1909

Crise politique latente à la douma : une partie des octobristes, avec Goutchkov, veulent défendre les prérogatives des députés.

Les bolcheviks sont divisés par de nouvelles tendances : les « conciliateurs » sont favorables à un rapprochement avec les mencheviks, les « otzovistes » réclament le rappel (*otzyv*) des députés sociaux-démocrates de la douma ; les « constructeurs de Dieu » remettent en cause, avec Bazarov et Bogdanov, le matérialisme du marxisme orthodoxe. Lénine y répond par son ouvrage *Matérialisme et empiriocriticisme,* et organise, en 1911, l'école des cadres bolcheviks de Longjumeau pour répliquer à l'école de Capri, fondée autour de Gorki.

☐ **31 mai (13 juin)** Vote d'une loi renforçant la russification de la Finlande.

1910

☐ **7 (20) nov.** Mort de L. Tolstoï. Manifestations à l'occasion de ses funérailles.

1911

Fondation à Bakou du parti *Musawat* (« Égalité »), d'abord socialisant, puis nationaliste azéri.

☐ **14 (27) mars** Introduction des zemstvos dans les provinces occidentales de l'Empire.

☐ **5 (18) sept.** Mort de Stolypine à la suite d'un attentat perpétré par un agent double. V. Kokovtsev devient président du Conseil.

1912

Pologne : rattachement à la Russie du pays de Kholm, considéré comme terre russe et orthodoxe.

☐ **5-17 (18-30) janv.** VIe Conférence du POSDR à Prague : rupture consommée entre bolcheviks et mencheviks.

☐ **Mars** Mise en cause par Goutchkov à la douma du rôle que joue Raspoutine dans l'entourage impérial.

☐ **22 avr. (5 mai)** 1er numéro du quotidien bolchevik *Pravda* (« la Vérité ») à Saint-Pétersbourg (tirage moyen de 40 000 exemplaires en 1913). Staline fait partie du comité de rédaction.

☐ **Juin** Lénine quitte Paris pour s'installer en Galicie autrichienne.

☐ **9 (22) juin** La 3e douma arrive à son terme.

☐ **15 (28) juin** Restauration de la justice de paix abolie en 1889. L'accès en est interdit aux Juifs.

☐ **Août** Formation à Vienne du « bloc d'août » par Trotski. Cette tentative de réunification de la social-démocratie russe échoue.

☐ **15 (28) nov.** Réunion de la 4e douma. Renforcement de la droite, érosion du centre octobriste.

1913

Célébration du tricentenaire de la dynastie des Romanov.

Staline écrit, à la demande de Lénine,

le Marxisme et la question nationale. Critique du fédéralisme et de l'autonomie culturelle austro-marxiste, mais affirmation du droit à l'indépendance des nations opprimées.

1914

□ **30 janv. (12 févr.)** Goremykine remplace Kokovtsev à la présidence du Conseil.

Politique extérieure

1907

□ **2 (15) juin-5 (18) oct.** Participation de la Russie à la 2e Conférence de La Haye.

□ **17 (30) juill.** Accord russo-japonais. Partage des zones d'influence : Mandchourie du Nord et Mongolie extérieure à la Russie, Mandchourie du Sud et Corée au Japon.

□ **18 (31) août** Accord anglo-russe sur les zones d'influence en Asie, permettant la constitution de la « Triple Entente » (France, Angleterre, Russie).

1908

□ **10 (23) avr.** Accord sur les îles d'Åland avec l'Allemagne, le Danemark et la Suède.

□ **Juill.** Congrès « néo-slave » de Prague, avec participation russe et polonaise (rapprochement sans lendemain).

□ **24 sept. (7 oct.)** Annonce par l'Autriche de l'annexion de la Bosnie-Herzégovine. Crise balkanique et tension austro-russe.

1909

□ **Mars** Pression allemande sur la Russie qui oblige la Serbie à s'incliner dans la crise balkanique.

□ **Oct.** Accord russo-italien (reconnaissance des intérêts russes dans les Détroits, des intérêts italiens en Libye).

1910

□ **22 oct. (4 nov.)** Entrevue de Potsdam entre Nicolas II et Guillaume II.

1911

□ **6 (19) août.** Accord russo-allemand sur la Perse.

□ **Déc.** La Mongolie extérieure proclame son autonomie vis-à-vis de la Chine, avec l'appui russe.

1912

□ **Mars-mai** Constitution de la Ligue balkanique (Bulgarie, Serbie, Monténégro, Grèce), favorisée par la Russie qui se donne un droit d'arbitrage.

□ **21 oct. (3 nov.)** Traité d'amitié entre la Russie et la Mongolie.

□ **Oct.** 1re guerre balkanique (Serbie, Monténégro, Grèce, Bulgarie contre la Turquie).

1913

Augmentation prévue des effectifs de l'armée russe de 1 200 000 à 1 420 000 hommes en 1914, et à 1 800 000 en 1917.

□ **17 (30) mai** Traité de Londres. Fin de la 1re guerre balkanique, la Turquie vaincue perd la plus grande partie de ses territoires européens. Dissensions immédiates entre les vainqueurs.

□ **16 (29) juin** Début de la 2e guerre balkanique opposant les Bulgares à leurs anciens alliés, aux Roumains et aux Turcs.

□ **28 juill. (10 août)** Traité de Bucarest consacrant la défaite bulgare. Complications diplomatiques pour la Russie dans les Balkans, la Bulgarie vaincue se rapproche de l'Autriche-Hongrie.

□ **23 oct. (5 nov.)** Accord sino-russe reconnaissant l'autonomie de la Mongolie.

1913-1914

□ **Déc.-janv.** Crise germano-russe, avec la mission à Constantinople du général allemand Liman von Sanders, chargé de moderniser l'armée turque.

Économie et société

1907

Renforcement des processus de cartellisation dans la métallurgie ouralienne (Krovlia), dans la production de cuivre (Med), de minerai de fer (Prodaroug), de caoutchouc, de ciment.

Accélération de la colonisation de la Sibérie, encouragée par l'État. De 1906 à 1914, 4 millions de migrants, avec plus de 15 p. 100 de retours.

1908

☐ **3 (16) mai** Loi adoptant le principe d'un enseignement primaire obligatoire avec application dans les 10 ans (en 1900 : 4 000 000 d'élèves, en 1914 : 7 200 000 dont 2 300 000 filles).

1909

Récoltes exceptionnelles. La Russie devient le 1er fournisseur mondial de céréales avec 30 p. 100 des quantités commercialisées.

Fondation de l'Université de Saratov.

Restrictions à l'accès des femmes aux universités et application stricte du numerus clausus imposé aux Juifs.

Refus par le Conseil d'État de la formation légale de congrégations de Vieux-Croyants.

1910

Fondation de la Banque Russo-asiatique, par fusion de la Banque Russo-chinoise et de la Banque du Nord. 60 p. 100 des capitaux sont d'origine française.

Accentuation des monopoles financiers, qui contrôlent des secteurs entiers de l'économie.

Nouvelle période de développement industriel accéléré.

Mesures destinées à favoriser l'installation de colons russes dans le Turkestan. À la même époque, on compte déjà 40 % de population russe dans le gouvernement général des steppes.

Construction des premières automobiles et des premiers avions en Russie.

☐ **14 (27) juin** Loi institutionnalisant l'oukase du 9 (22) nov. 1906, élargissant les possibilités de sortie de la commune rurale.

1911

☐ **Janv. (févr.)** Agitation étudiante. Interdiction de toute réunion à l'intérieur des universités et limitation de l'autonomie universitaire par le ministre L. Kasso.

☐ **29 mai (11 juin)** Loi agraire facilitant encore davantage la dissolution de la commune rurale.

1912

☐ **4 (17) avr.** « Massacres de la Léna » : répression d'une manifestation des ouvriers des mines d'or sibériennes ; 270 morts.

☐ **23 juin (6 juill.)** Loi sur les assurances-accident et les assurances-maladie.

1913

Population de l'Empire : 170 millions d'habitants.

Rachat par le gouvernement russe de la Compagnie de chemin de fer Varsovie-Vienne. Longueur du réseau ferré en 1914 : 70 000 km.

Développement des mouvements de grèves : 1 750 000 grévistes de juin 1913 à juillet 1914.

☐ **28 oct. (10 nov.)** Fin du procès Beyliss à Kiev (Juif accusé de meurtre rituel, il est acquitté par le jury).

1914

Nouveau prêt français (500 millions de francs accordés chaque année pendant 5 ans) pour le développement des chemins de fer stratégiques de l'Ouest.

Total des emprunts effectués ou garantis par l'État russe : 8 à 9 milliards de roubles, dont 50 p. 100 d'origine française.

Évolution de la population

	Population totale	% de population rurale	% de population urbaine
1897	129 000 000	87 %	13 %
1913	172 000 000	84,5 %	15,5 %

Croissance de la population des principales villes
(en milliers d'habitants)

	1863	1897	1914
Saint-Pétersbourg	539	1 265	2 119
Moscou	462	1 039	1 763
Riga	77	282	558
Kiev	68	248	520
Odessa	119	404	500

Croissance de quelques villes industrielles nouvelles
(en milliers d'habitants)

	1863	1897	1917
Bakou	14	112	232
Ekaterinoslav	20	118	211
Ivanovo	1,5	54	146

D'après A. Rowley, *Évolution économique de la Russie du milieu du XIXe siècle à 1914*, Paris, 1982.

Total des investissements étrangers privés : 2 milliards de roubles (1/3 d'origine française).

□ **Févr. (mars)** Manifestations en Ukraine à l'occasion du centenaire de la naissance du poète T. Chevtchenko.

□ **Juin-juill.** Grèves massives à Bakou et à Saint-Pétersbourg.

Culture et civilisation

1908 Second volume de vers d'A. Blok. □ L. Tolstoï : *Je ne peux plus me taire.* □ M. Gorki : *Une confession.* □ *Stenka Razine,* 1er grand film russe, mis en scène par V. Romachkov.□ 1re exposition de peinture de la Toison d'Or à

L'immigration paysanne en Sibérie : les migrants familiaux de 1901 à 1913

	Nombre total des migrants familiaux	Nombre de retours	% du mouvement aller
1901	83 326	26 530	31,8
1902	77 272	19 997	25,8
1903	88 072	14 153	16,1
1904	37 063	6 428	17,6
1905	37 168	5 535	14,6
1906	135 274	8 940	6,6
1907	421 335	20 176	4,8
1908	649 866	30 318	5,6
1909	593 806	56 775	9,6
1910	285 878	76 118	26,6
1911	161 519	74 717	46,3
1912	176 528	34 783	19,6
1913	219 976	23 506	10,7

D'après F.X. Coquin, *La Sibérie, peuplement et immigration paysanne au XIXe siècle*, Paris, 1969.

Moscou (forte représentation de l'art français depuis l'impressionnisme). □ Prix Nobel de médecine à I. Metchnikov pour ses travaux sur la phagocytose et l'immunologie.

1909 Publication du recueil *Viekhi* (« les Jalons ») avec, entre autres, des articles de N. Berdiaïev, S. Boulgakov et P. Strouve. Réquisitoire contre les tendances positivistes et matérialistes de l'intelligentsia socialisante. □ A. Biély : *le Pigeon d'argent*, *Cendres, l'Urne.* □ Publication de la 1re *Histoire de l'art russe*, par I. Grabar (1909-1916).

1910 Présentation à Paris par S. Diaghilev de *l'Oiseau de feu* d'I. Stravinski. Début du succès des Ballets russes (M. Fokine pour la chorégraphie, L. Bakst et A. Benois pour les décors, T. Karsavina, A. Pavlova et V. Nijinski pour la danse). □ Arrivée à Paris de M. Chagall (qui retourne en Russie en 1914). □ Formation à Moscou du groupe de peintres *le Valet de carreau* (autour de M. Larionov) dont les expositions font connaître l'avant-garde russe.

1911 N. Berdiaïev : *la Philosophie de la liberté.* □ A. Lounatcharski : *Religion et socialisme.* □ Formation à Munich du groupe *der blaue Reiter* avec V. Kandinski qui publie *Du spirituel dans l'art.* □ I. Stravinski : *Petrouchka.*

1912 Fondation de l' « Atelier des poètes » par A. Akhmatova, N. Goumilev et O. Mandelstam. Début de l'acméisme, en réaction contre le symbolisme. □ S. Prokofiev : 1er concerto pour piano. □ Manifeste futuriste *Une gifle au goût public* (V. Maïakovski, V. Khlebnikov). □ Exposition de la Queue de l'âne organisée par M. Larionov à Moscou, où figurent des œuvres de K. Malevitch et de V. Tatline.

1913 M. Gorki : *Enfance.* □ A. Biély : *Pétersbourg* (1913-1916). □ V. Rozanov : *Feuilles tombées* (1913-1915). □ O. Mandelstam : *Pierre.* □ Formulation du rayonnisme par M. Larionov et L. Gontcharova. □ Peinture de K. Malevitch : *Carré noir sur fond blanc.* □ Création à Paris du *Sacre du printemps*, d'I. Stravinski, par les Ballets russes.

1914 A. Akhmatova : *le Rosaire.* □ V. Tatline : *Bouteille* (relief). □ Participation de la Russie à la Foire du livre de Leipzig : 106 millions de volumes édités en Russie en 1913.

Biographies

Diaghilev, Serge Pavlovitch (1872-1929). Né à Novgorod, il fait des études de droit à Saint-Pétersbourg et se lie aux milieux artistiques de la capitale. Fondateur en 1898 de la revue *le Monde de l'Art,* il cherche autant à faire connaître la culture artistique du passé qu'à promouvoir un art moderne en Russie, avec les peintres A. Benois et L. Bakst. Touchant à tous les domaines artistiques, il organise en 1901 à Saint-Pétersbourg des soirées musicales où sont jouées des œuvres de Debussy et de Ravel. Une exposition de peinture dans la capitale (1905) est suivie d'une exposition d'art russe au Salon d'automne de Paris en 1906. Un an plus tard, il inaugure ses « saisons russes à l'étranger » par des concerts symphoniques à Paris, et présente en 1908 *Boris Godounov,* de Moussorgski, avec Chaliapine. En 1909, les Ballets russes se produisent pour la première fois au théâtre du Châtelet et commencent une carrière triomphale qui durera jusqu'en 1929, révélant le talent conjugué des compositeurs, chorégraphes, peintres et danseurs russes.

Stolypine, Pierre Arkadievitch (1862-1911). Issu d'une famille de vieille noblesse, après avoir exercé les fonctions de gouverneur dans les provinces de Grodno et de Saratov, il est appelé au ministère de l'Intérieur en avril (mai) 1906 et devient président du Conseil en juillet de la même année. Face aux attentats terroristes, il se montre d'une grande rigueur et institue des tribunaux d'exception qui enverront à la mort plusieurs centaines de révolutionnaires, d'où l'expression « cravate de Stolypine ». Mais il impose en même temps un programme de réformes agraires très profondes (oukase de 1906, lois de 1910-1911) qui cherchent à libérer les paysans du carcan de la commune rurale, de façon à constituer progressivement une classe de paysans propriétaires ; seule cette transformation permettra, à ses yeux, de mener à bien les autres réformes nécessaires à la modernisation de la Russie. En conflit avec la seconde douma, il fait prononcer sa dissolution en juin 1907, et modifier illégalement la loi électorale. La troisième douma, à majorité conservatrice, ne lui est cependant pas entièrement acquise ; l'alliance avec les octobristes demeure fragile ; le nationalisme de Stolypine heurte les allogènes, et les milieux les plus réactionnaires s'inquiètent de sa politique agraire. C'est dans cette atmosphère de crise latente qu'il est mortellement blessé à Kiev, en septembre 1911, par Bogrov, agent double appartenant aux socialistes-révolutionnaires et à l'Okhrana.

Bibliographie

M. S. Conroy, *Peter Arkadievitch Stolypin* (Boulder, Colorado, 1976).

G. A. Hosking, *The Russian Constitutional Experiment : Government and Duma 1907-1914,* (New-York, 1973).

H. Troyat, *la Vie quotidienne en Russie au temps du dernier tsar,* (Paris, 1959).

Chapitre 20 **1914-1916**

La Russie dans la Première Guerre mondiale

> *Nous luttons pour délivrer notre patrie de l'invasion étrangère, pour libérer l'Europe et le slavisme de l'hégémonie germanique, pour délivrer le monde entier du poids insupportable des armements toujours croissants.*
>
> Milioukov, au nom des K.D. de la douma, 26 juill. (8 août) 1914.

Lorsqu'elle accepte le risque de guerre et annonce la mobilisation générale le 18 (31) juillet 1914, la Russie veut donner l'image d'un État sûr de sa force, fidèle à sa mission de protection du « petit frère serbe », après plusieurs années de revers diplomatiques dans les Balkans. La guerre, en août 1914, n'est pas impopulaire dans l'opinion publique, et la majorité de la douma adhère à « l'Union sacrée », à laquelle ne font défaut que quelques groupes socialistes. Mais sur le terrain, les sérieux avertissements que sont les défaites de Prusse orientale sont difficilement compensés par l'occupation d'une partie de la Galicie autrichienne, et par des victoires contre la Turquie dans le Caucase. Cette guerre, qui devait être courte, s'installe pour durer : les échecs militaires de l'été 1915 s'accompagnent d'une perte de confiance dans la capacité du pouvoir à conduire un effort prolongé. Les députés du centre et de la gauche modérée constituent à la douma un « bloc progressiste », qui réclame en vain un ministère possédant la confiance du pays. Tandis que se multiplient organisations industrielles ou commerciales et comités de secours destinés à pallier les insuffisances gouvernementales, le régime se coupe progressivement de tous ses appuis potentiels. Nicolas II choisissant de prendre personnellement le commandement des armées, le pouvoir offre une image de vide politique, ministères et scandales se succédant dans une atmosphère trouble illustrée par l'assassinat de Raspoutine, en décembre 1916. Dès 1915, les difficultés économiques s'accumulent, aggravées par la perte d'une partie du territoire et par la rupture des liaisons directes avec les pays alliés. La désorganisation des transports perturbe le ravitaillement du front et de l'arrière, en particulier dans les villes où l'afflux de réfugiés accroît la précarité de l'approvisionnement, et où la hausse des prix dépasse largement celle des salaires. Les grèves, tombées à un niveau insignifiant au début du conflit, reprennent de l'ampleur et rassemblent en 1916 plus d'un million de participants, tandis que l'agitation gagne l'armée et que grandit l'opposition des socialistes à la « guerre impérialiste ». C'est un régime à la fois discrédité et affaibli que viendront surprendre les événements de février (mars) 1917.

Vie politique et institutionnelle

1914

☐ **7-10 (20-23) juill.** Visite à Saint-Pétersbourg du président de la République française Poincaré et du président du Conseil Viviani.

☐ **16 (29) juill.** Loi donnant dans les zones militaires la priorité au commandement militaire sur les autorités civiles.

☐ **26 juill. (8 août)** Réunion extraordinaire de la douma. « Union sacrée » : vote des crédits de guerre (abstention des travaillistes et des sociaux-démocrates). À la suite de la déclaration de guerre, division des socialistes russes : ralliement à « l'Union sacrée » (Plekhanov), internationalisme (Martov) ou défaitisme (Lénine écrit *la Guerre et la social-démocratie russe).*

☐ **Juill. (août)** Formation d'une Union panrusse des villes et d'une Union panrusse des zemstvos (présidée par le prince Lvov) pour le secours aux blessés et aux malades.

☐ **14 (27) août** Proclamation aux Polonais du grand-duc Nicolas, commandant en chef russe (programme de réunification des terres polonaises sous le sceptre du tsar). Du côté autrichien, formation de légions polonaises (avec Pilsudski).

☐ **18 (31) août** Saint-Pétersbourg est rebaptisée Pétrograd.

☐ **Sept.** Arrestation et déportation à Kiev, puis à Souzdal, du métropolite uniate de Lvov A. Szeptycki. « Russification » des Ukrainiens de Galicie.

☐ **Nov.** Arrestation de 5 membres bolcheviks de la douma condamnés en 1915 à la déportation en Sibérie.

1915

☐ **27-29 janv. (9-11 févr.)** Réunion pour 3 jours de la douma, qui vote le budget. En dehors des sessions, le gouvernement légifère par décrets.

☐ **Mars** Exécution pour trahison du colonel Miasoïedov. Discrédit du ministre de la Guerre Soukhoumlinov, qui démissionnera et sera mis en accusation.

☐ **19 juill. (1er août)** Début d'une nouvelle session de la douma, qui réclame en vain un ministère possédant la confiance du pays.

☐ **Août** Aggravation de la crise politique : formation à la douma du « Bloc progressiste », coalition rassemblant les 2/3 des députés autour des octobristes et des K.D.

☐ **23 août (5 sept.)** Arrivée de Nicolas II au Grand Quartier Général de Moghilev, où il prend en personne le commandement des armées.

☐ **23-26 août (5-8 sept.)** Conférence socialiste de Zimmerwald avec la participation de mencheviks et de bolcheviks russes. Lénine et Zinoviev trouvent insuffisant le *Manifeste pour la paix* élaboré à cette occasion et constituent une « gauche zimmerwaldienne », préconisant la transformation de la guerre « impérialiste » en « guerre civile révolutionnaire ».

☐ **26 août (8 sept.)** Publication du programme du Bloc progressiste (réformes politiques et administratives).

☐ **3 (16) sept.** Clôture de la session de la douma, sans que soit fixée la date de reprise des travaux.

1916

☐ **20 janv. (2 févr.)** Remplacement de Goremykine par Stürmer, créature de Raspoutine, réputé germanophile.

☐ **11-17 (24-30) avr.** Conférence socialiste de Kienthal, renforcement de la « gauche zimmerwaldienne ». Lénine écrit *l'Impérialisme, stade suprême du capitalisme,* publié en 1917.

☐ **Juin** Cumul par Stürmer de la présidence du Conseil et du portefeuille des Affaires étrangères.

☐ **1er (14) nov.** Célèbre discours du K.D. P. Milioukov à l'ouverture de la session d'automne de la douma : « Qu'y a-t-il là ? Stupidité ou trahison ? » Critique généralisée du gouvernement et de l'entourage impérial, y compris par la droite nationaliste.

☐ **10 (23) nov.** Renvoi de Stürmer, remplacé par A. Trepov.

☐ **17 (30 déc.)** Clôture des travaux de la douma.

☐ **Nuit du 16-17 (29-30) déc.** Assassinat de Raspoutine par le prince Ioussoupov et le député nationaliste Pourichkievitch avec l'aide du grand-duc Dimitri.

☐ **27 déc. (9 janv. 1917)** Démission de Trepov, remplacé par N. Golitsyne à la présidence du Conseil. Rumeurs de pressions sur le tsar pour l'amener à abdiquer.

Faits de guerre

1914

☐ **15 (28) juin** Attentat de Sarajevo.

☐ **15 (28) juill.** Déclaration de guerre de l'Autriche à la Serbie.

☐ **16-17 (29-30) juill.** Mobilisation partielle, puis mobilisation générale des armées russes (annoncée le 18 [31] juill.).

☐ **18 (31) juill.** Ultimatum allemand à la Russie.

☐ **19 juill. (1er août)** Déclaration de guerre de l'Allemagne à la Russie.

☐ **24 juill. (6 août)** Déclaration de guerre de l'Autriche-Hongrie à la Russie.

☐ **4 (17) août** Début de l'offensive russe en Prusse orientale : Victoire de P. Rennenkampf à Gumbinnen (7 [20] août). Écrasante défaite de Tannenberg (13-17 [26-30] août). Suicide du général A. Samsonov et retraite russe (nouvelle défaite des lacs mazures).

☐ **5 (18) août** Début de l'offensive russe en Galicie orientale contre l'Autriche : Prise de Lvov (21 août [3 sept.]). Siège de Przemysl, occupation de la Galicie orientale jusqu'au San et contrôle des cols des Carpathes.

☐ **16-17 (29-30) oct.** Bombardement par les Turcs des côtes de la mer Noire. La guerre avec la Turquie ouvre un nouveau front dans le Caucase.

☐ **Nov.-déc.** Offensive allemande en Pologne russe (23 nov [6 déc.] : prise de Lodz), arrêtée avant Varsovie.

☐ **Déc.** 6 550 000 mobilisés (15 000 000 en 1917, dont 55 p. 100 seront capturés, blessés ou tués).

1915

☐ **Janv.** Échec de l'offensive lancée fin 1914 par la Turquie dans le Caucase.

☐ **27 févr. (12 mars)** Accord du gouvernement britannique (suivi, le 28 mars [10 avr.] par le gouvernement français) sur le principe d'une annexion de Constantinople par la Russie.

☐ **9 (22) mars** Capitulation de la place autrichienne de Przemysl.

☐ **19 avr. (2 mai)** Début d'une grande offensive austro-allemande. Rupture du front à Gorlice en Galicie.

☐ **21 mai (3 juin)** Évacuation de Przemysl par l'armée russe.

☐ **9 (22) juin** Perte de Lvov.

☐ **1er (14) juill. :** Offensive allemande sur le Niémen et la Narew.

☐ **22-23 juill. (4-5 août)** Évacuation de Varsovie par les forces russes.

☐ **12 (25) août** Perte de Brest-Litovsk.

☐ **Sept.** Perte de Vilna.

☐ **Oct.** Stabilisation du front sur une ligne Riga-Pinsk-Tarnopol.

☐ **23-25 nov. (6-8 déc.)** Conférence alliée de Chantilly. Coordination des plans d'offensive pour 1916.

1916

☐ **3 (16) févr.** Prise d'Erzeroum sur les Turcs.

☐ **5 (18) avr.** conquête de Trébizonde.

☐ **22 mai (4 juin)** Début de l'offensive victorieuse du général Broussilov en Galicie et en Bukovine. Elle dure jusqu'au 31 juill. (13 août).

☐ **14 (27) août** Entrée en guerre de la Roumanie aux côtés des alliés. L'invasion du pays par les Allemands met en difficulté le front russe méridional.

☐ **Oct.** Procès de marins mutinés de la flotte de la Baltique.
Multiplication des désertions et, parfois, des fraternisations.

☐ **23 oct. (5 nov.)** « Acte des deux Empereurs » : l'Autriche-Hongrie et l'Allemagne promettent la création d'un État polonais monarchique, héréditaire et constitutionnel sur les territoires pris à la Russie.

Économie et société

1914
L'agitation sociale tombe avec le début du conflit (70 mouvements de grève, 35 000 participants pour les 5 derniers mois de 1914).
Fermeture des frontières occidentales de l'Empire, de la Baltique à la mer Noire. Les échanges avec les alliés transitent par Arkhangelsk ou Vladivostok (ouverture du chemin de fer de Mourmansk : 1916).
Interdiction totale de la vente d'alcool pour la durée de la guerre.

1915

☐ **28-29 mai (10-11 juin)** Émeutes et manifestations xénophobes à Moscou.

☐ **7 (20) juin** Création d'un comité central des industries de guerre, sous la pression des milieux d'affaires qui veulent participer à la gestion de l'économie de guerre et dénoncent l'incurie gouvernementale.

☐ **Juill.** Création par les Unions des zemstvos et des villes du *Zemgor*, organisme chargé de centraliser les fournitures aux armées.

☐ **Août** En réponse aux demandes de la douma, création de nouveaux organismes techniques : conseils de la Défense nationale, des transports, du ravitaillement, des combustibles et plus tard des réfugiés.
Reprise des mouvements de grève (heurts sanglants à Ivanovo).

1916
Dégradation rapide de la situation économique et sociale. Rupture des circuits économiques, pénurie de produits industriels et alimentaires, hausse des prix largement supérieure à la hausse des salaires.
1 400 grèves dans l'année, rassemblant plus de 1 million d'ouvriers et prenant de plus en plus un caractère politique.

☐ **Janv.** Valeur du rouble papier : 56 kopecks (27 kopecks en févr. 1917).
De 1914 à 1917, multiplication par 3 de la dette publique, par 4 des dépenses budgétaires, par 6 des billets en circulation.

☐ **Mai** On dénombre 3 300 000 réfugiés, parfois déplacés de façon autoritaire lors du recul du front.

☐ **25 juin (8 juill.)** Oukase décrétant la mobilisation pour le travail obligatoire de près de 400 000 habitants du Turkestan et de la région des steppes. Insurrection massive des tribus kazakhes, violemment réprimée.

Culture et civilisation

1915 V. Maïakovski : *le Nuage en pantalons.* ☐ I. Bounine : *le Monsieur de San Francisco.* ☐ M. Gorki : *Parmi les gens.* ☐ À Petrograd, expositions futuristes *Tramway V* et *0,10.* ☐ *Manifeste suprématiste* d'I. Puni et de

La hausse des prix agricoles et industriels
1914 - 1917
(en roubles et en kopecks)

	avant la guerre	avril 1917
Farine de seigle (un sac)	6 r 50 k	40 r
Farine de blé (un poud, 16,38 kg)	2 r 50 k	16 r
Pommes de terre (un sac)	1 r	7 r
Viande (une livre)	10 / 12 k	60 / 70 k
Matières grasses	12 / 15 k	90 k
Pétrole	4 / 5 k	11 / 12 k
Une paire de chaussures	5 à 8 r	40 r
Tissu (une archine, 0,71 m)	10 / 12 k	50 / 70 k
2 m³ de bois	6 r	40 r

Salaires des ouvriers et des employés
1913 - 1917

période	indice des prix	salaire des ouvriers		salaire des employés	
		nominaux	réels	nominaux	réels
1913	100	21 / 22	21 / 22	85,5	85,5
1914	101	22,9	22,7	85,5	84,6
1915	130	27 / 32	21 / 24	103	79,2
1916	203	44 / 50	22 / 25	142	69,8
1917 (début)	673	142 / 143	21,2	255	38,0

D'après M. Ferro, *la révolution de 1917* (tome 1, Paris, 1967).

K. Malevitch, qui publie également *Du cubisme au suprématisme.*

1916 S. Prokofiev : *Suite scythe.*

Biographie

Raspoutine, Grégoire Efimovitch Novykh, dit (1872 ?-1916). Fils de paysans sibériens de la région de Tioumen, influencé dans sa jeunesse par la secte des Flagellants, il se dit inspiré de Dieu et affirme posséder des pouvoirs de guérisseur, dont il abuse pour se livrer à la débauche (d'où le surnom de Raspoutine, le débauché). Adoptant le rôle de *stariets* (saint homme), il arrive en 1903 à Saint-Pétersbourg et s'introduit dans les milieux ecclésiastiques et dans la haute société, où le mysticisme est alors à la mode. Présenté à la Cour en 1905, il semble avoir le pouvoir de guérir le tsarévitch Alexis, atteint d'hémophilie, et gagne une grande influence sur l'impératrice Alexandra et sur une partie de l'entourage impérial. « Homme de Dieu », il prétend faire entendre au tsar la voix du simple moujik. Écarté une première fois en 1911 à la demande de Stolypine, il effectue un voyage en Terre Sainte et revient à l'automne à Saint-Pétersbourg. Sa conduite et ses pouvoirs – réels ou supposés – sont l'objet d'une violente discussion à la douma en 1912. Il survit en 1914 à une tentative d'assassinat dans son village natal de Pokrovskoïe, et son retour dans la capitale alimente toutes les rumeurs sur l'influence occulte qu'il exercerait jusque sur les choix politiques et militaires de Nicolas II. C'est pour briser cette atmosphère d'intrigues que le prince Ioussoupov, le grand-duc Dimitri et le député de droite Pourichkievitch organisent son assassinat dans la nuit du 16 au 17 (29 au 30) décembre 1916.

Bibliographie

M. Paléologue, *la Russie des Tsars pendant la guerre* (Paris, 1921-1923, 3 vol).

R. Pearson, *The Russian Moderates and the Crisis of Tsarism. 1914-1917* (Londres, 1977).

W. Rutherford, *The Russian Army in World War I* (Londres, 1975).

N. Stone, *The Eastern Front 1914-1917* (Londres, 1975).

Chapitre 21 **1917**

La révolution de Février 1917 et la chute des Romanov

> *Tout le pouvoir aux Soviets*
> Lénine, *Thèses d'avril,* 1917.

Le manque de pain et de charbon dans la capitale entraîne, dès le début de l'année 1917, des émeutes et des manifestations populaires qui gagnent en intensité jusqu'aux journées décisives de la « révolution de Février » (8-11 mars). Avec la chute du tsarisme se forme un gouvernement provisoire, qui s'inspire de la politique du bloc progressiste de la douma et se voit rapidement reconnu par plusieurs démocraties occidentales. Ce gouvernement annonce immédiatement une amnistie générale, proclame la liberté syndicale et le droit de grève, et promet l'autonomie aux nationalités. Il doit cependant compter avec l'autorité croissante du soviet des ouvriers et soldats installé depuis la même date au palais de Tauride. Les relations entre les deux pouvoirs sont difficiles, faites de pressions et de négociations.

Une succession de crises finit par enlever au gouvernement toute crédibilité : simple gestionnaire dans l'attente d'une future Assemblée constituante, il ajourne les réformes de fond, provoquant l'impatience des masses paysannes et ouvrières ; fidèle aux buts de guerre et aux alliances de l'ancien régime, il se heurte au désir de paix d'une armée de moins en moins apte à poursuivre le combat. Malgré les tentatives de coalition avec les éléments modérés du soviet de Petrograd, il se montre incapable d'apprécier l'état d'esprit de la population, et se prête chaque jour davantage aux attaques des extrémistes de la révolution, en particulier des bolcheviks, dont les mots d'ordre, simples et efficaces, savent, pour leur part, emporter l'adhésion populaire.

Vie politique et institutionnelle

1917

☐ **9 (22) janv.** Grève de 50 000 ouvriers et manifestation à Petrograd pour commémorer le Dimanche rouge de la révolution de 1905.

☐ **5 (18) févr.** Pour prévenir les émeutes, création de la région militaire spéciale de Petrograd, commandée par le général Khabalov, qui avait participé à la répression de 1905.

☐ **14 (27) févr.** Ouverture de la session parlementaire. Des députés de la douma réclament le départ des ministres incapables. 80 000 ouvriers en grève à Petrograd.

☐ **18 févr. (3 mars)** Début de la grève des usines Poutilov à Petrograd.

☐ **22 févr. (7 mars)** Lock-out aux usines Poutilov.

☐ **23 févr. (8 mars)** Journée internationale des femmes. Grande manifestation à Petrograd contre les difficultés d'approvisionnement.

☐ **24 févr. (9 mars)** Le mouvement de protestation grandit à Petrograd. Slogans hostiles à la guerre et à l'autocratie. Premiers heurts avec la police.

☐ **25 févr. (10 mars)** Grève quasi générale à Petrograd. Intervention de la police, mais les cosaques hésitent à tirer. Le soir, télégramme de Nicolas II (du grand quartier général de Moghilev) ordonnant de « faire cesser dès le lendemain les désordres dans la capitale ».

☐ **26 févr. (11 mars)** Heurts violents avec l'armée, que les officiers obligent à tirer (150 victimes). Renvoi de la douma, malgré les appels de son président, M. Rodzianko, en faveur d'un ministère de confiance.

☐ **27 févr. (12 mars)** Mutineries à Petrograd, fraternisation entre ouvriers et soldats, qui s'emparent de l'Arsenal, des bâtiments publics et du palais d'Hiver.
Mise en place d'un double pouvoir : le comité provisoire de la douma, formé de députés du centre et de la gauche modérée ; le soviet des députés ouvriers de Petrograd, que rejoindront les délégués des soldats. Présidé par le menchevik N. Tchkheidzé, avec le travailliste A. Kerenski comme vice-président, le Soviet s'installe au palais de Tauride.

☐ **28 févr. (13 mars)** 1er numéro des *Izvestia,* organe des soviets de Petrograd. Dans les semaines qui suivent, multiplication des soviets en province.

☐ **1er (14) mars** Par son *prikaz* (ordre) nº 1, le soviet de Petrograd invite les soldats à élire des comités dans chaque unité et subordonne l'armée à son contrôle. Il accepte, sous certaines conditions, de soutenir un gouvernement formé par la douma.

☐ **2 (15) mars** Un gouvernement provisoire succède au comité provisoire de la douma. Il est présidé par le prince G. Lvov, avec P. Milioukov (K.D.) aux Affaires étrangères, A. Goutchkov (octobriste) à la Guerre et à la Marine, A. Kerenski (travailliste) à la Justice. À Pskov, abdication de Nicolas II (en son nom et au nom de son fils, Alexis, en faveur de son frère, le grand-duc Michel.

☐ **3 (16) mars** Le grand-duc Michel, à qui l'on ne peut « garantir la vie sauve », refuse la couronne.

☐ **4 (17) mars** À Kiev, formation d'une *Rada* (Conseil central ukrainien) qui sera présidée par l'historien M. Hrouchevski.

☐ **5 (18) mars** La *Pravda,* organe bolchevik, reprend sa parution.

☐ **6 (19) mars** Publication du programme du gouvernement provisoire : amnistie, convocation d'une Assemblée constituante élue au suffrage universel, garantie des libertés politiques et de l'égalité civile, poursuite de la guerre jusqu'à la victoire finale.

☐ **7 (20) mars** Rétablissement de la Constitution finlandaise.

☐ **7-12 (20-25) mars** Lénine écrit à Zurich les *Lettres de loin.* Il y réclame la rupture du soviet avec le gouvernement provisoire et le passage immédiat à une nouvelle phase de la révolution.

☐ **8 (21) mars** Arrestation de la famille impériale.

☐ **12 (25) mars** Arrivée à Petrograd des bolcheviks J. Staline et L. Kamenev, de retour de déportation.
Abolition de la peine de mort.

☐ **17 (30) mars** Reconnaissance par le

gouvernement provisoire du droit de la Pologne à l'indépendance.

☐ **23 mars (5 avr.)** Obsèques solennelles des victimes de la révolution à Petrograd.

☐ **29 mars-3 avr. (11-16 avr.)** Première conférence panrusse des soviets de députés ouvriers et soldats. Élection du Comité exécutif central (VTsIK) à majorité menchevik et S.R.

☐ **3 (16) avr.** Arrivée de Lénine à Petrograd.

☐ **4 (17) avr.** Lénine expose aux bolcheviks ses *Thèses d'avril :* lutte contre la poursuite de la guerre, refus de tout soutien au gouvernement provisoire, création d'une république des soviets, remise des terres aux soviets paysans, nationalisation des banques, rénovation de l'Internationale.

☐ **7 (20) avr.** Publication des *Thèses d'avril* dans la *Pravda.*

☐ **12 (25) avr.** Loi sur la liberté de réunion et d'association.

☐ **18 avr. (1er mai)** Grande manifestation pacifiste à Petrograd à l'occasion de la fête du travail.

☐ **20-21 avr. (3-4 mai)** « Journées d'avril » : vives réactions du soviet à la note Milioukov (confirmant aux Alliés l'engagement de la Russie dans la guerre), manifestations d'ouvriers et de soldats contre la politique extérieure du gouvernement provisoire. Les bolcheviks cherchent à rallier les manifestants à leurs mots d'ordre. Violents heurts avec les éléments nationalistes. À la suite des journées d'avril, les bolcheviks soutiennent la formation de gardes rouges (unités prolétariennes armées).

☐ **24-29 avr. (7-12 mai)** 7e conférence du parti bolchevik. Malgré de fortes oppositions, elle adopte l'essentiel des thèses de Lénine.

☐ **29 avr. (12 mai)** Le ministre de la Guerre A. Goutchkov, qui estime ne plus avoir d'autorité sur l'armée, annonce sa démission.

☐ **1er (14) mai** Après avoir négocié avec le gouvernement provisoire, le soviet autorise ses représentants à participer à un gouvernement de coalition.

☐ **2 (15) mai** Démission de Milioukov.

☐ **4 (17) mai** L. Trotski rentre d'exil en Russie. Il se rapproche des bolcheviks avec son groupe des *mejraïontsy.*

☐ **5 (18) mai** Formation d'un nouveau gouvernement provisoire où entrent des représentants du soviet (1er gouvernement de coalition), sous la présidence du prince G. Lvov, avec le travailliste A. Kerenski à la Guerre, le S.R. V. Tchernov à l'Agriculture et le menchevik I. Tseretelli aux Postes.

☐ **7-12 (20-25) mai** Conférence panrusse des mencheviks.

☐ **25 mai – 4 juin (7-17 juin)** Congrès des S.R. à Moscou. Les S.R. de gauche y présentent leur propre plate-forme.

☐ **3-24 juin (16 juin – 7 juill.)** 1er Congrès panrusse des soviets des députés ouvriers et soldats à Petrograd (285 S.R., 248 mencheviks, 105 bolcheviks sur 822 délégués). Contre la majorité favorable au gouvernement de coalition, Lénine y affirme que les bolcheviks sont prêts à prendre le pouvoir.

☐ **10 (23) juin** 1er *Universal* (loi fondamentale) de la *Rada* ukrainienne proclamant l'autonomie de l'Ukraine.

☐ **18 juin (1er juill.)** Le jour où l'offensive russe est lancée en Galicie, une manifestation organisée à Petrograd par le soviet pour soutenir le gouvernement provisoire tourne à l'avantage des mots d'ordre bolcheviks (contre la guerre).

☐ **1er (14) juill.** Accord de compromis entre le gouvernement provisoire et la *Rada* ukrainienne.
Introduction des zemstvos dans les provinces de l'Ouest et du Sud.

☐ **2 (15) juill.** Début d'une nouvelle crise ministérielle (démission des ministres K.D. en désaccord avec la politique ukrainienne du gouvernement provisoire).

□ **3-4 (16-17) juill.** « Journées de juillet » à Petrograd. Violentes manifestations d'ouvriers, de soldats et de marins de Kronstadt contre le gouvernement provisoire et le soviet. Mouvement soutenu, après un temps d'hésitation, par les bolcheviks. Répression par les troupes loyalistes. Des mesures sévères sont prises contre les bolcheviks, accusés d'être des agents à la solde de l'Allemagne. Lénine passe à la clandestinité et s'installe en Finlande.

□ **8 (21) juill.** Après la démission du prince G. Lvov, A. Kerenski forme un cabinet de transition.

□ **18 (31) juill.** Dissolution par le gouvernement provisoire de la Diète de Finlande, qui a proclamé l'autonomie du pays.

□ **24 juill. (6 août)** Avec l'accord du soviet, formation par A. Kerenski d'un second gouvernement de coalition à majorité socialiste.

□ **26 juill.-3 août (8-16 août)** VIe Congrès du parti bolchevik à Petrograd : la conquête de l'État se fera par une insurrection armée, qu'il faut préparer. Le Congrès ratifie le ralliement aux bolcheviks des *mejraïontsy* de Trotski et élit un Comité central dont font partie, entre autres, Lénine, L. Kamenev, G. Zinoviev, J. Staline et L. Trotski.

□ **12-15 (25-28) août** Réunion à Moscou d'une conférence d'État consultative (près de 2 500 participants désignés par le gouvernement provisoire dans toutes les catégories de la population). Le général L. Kornilov y réclame le renforcement de la discipline dans l'armée.

□ **25 août (7 sept.)** Début du « putsch de Kornilov ». Sous prétexte de prévenir un éventuel soulèvement bolchevik, il envoie sur Petrograd le 3e corps de cavalerie du général A. Krymov et la fameuse « division sauvage », et demande le retrait des ministres.

□ **27 août (9 sept.)** Démission des ministres K.D. Après avoir eu une attitude ambiguë, A. Kerenski destitue L. Kornilov de ses fonctions de commandant en chef et fait appel aux soviets : ouvriers, cheminots et marins prennent la défense de la capitale et bloquent l'avance des troupes de A. Krymov.

□ **30 août (12 sept.)** Kerenski prend le commandement en chef de l'armée. Fin de la tentative de putsch.

□ **31 août (13 sept.)** Suicide du général Krymov.

□ **1er (14) sept.** Proclamation de la république et formation par Kerenski d'un directoire de 5 membres chargé de gouverner jusqu'à la constitution d'un nouveau ministère. Arrestation du général L. Kornilov.

□ **4 (17) sept.** Libération sur caution de L. Trotski.

□ **6-15 (19-28) sept.** Un Congrès des peuples de Russie réuni à Kiev réclame la création d'un État démocratique et fédéral.

□ **9 (22) sept.** Les bolcheviks prennent le contrôle de la direction du soviet de Petrograd (Trotski en sera élu président).

□ **13 (26) sept.** Dans ses *Lettres historiques* adressées au Comité central bolchevik, Lénine se prononce pour l'insurrection.

□ **14-22 sept. (27 sept.-5 oct.)** Réunion à Petrograd d'une conférence démocratique chargée de fixer les principes du futur gouvernement jusqu'à l'Assemblée constituante. Seul résultat : la conférence désigne un pré-Parlement.

□ **25 sept. (8 oct.)** Formation par A. Kerenski d'un 3e gouvernement de coalition.

Guerre et politique étrangère

□ **6 (19) mars** Le gouvernement provisoire affirme vouloir respecter les accords conclus avec les Alliés et mener la guerre jusqu'à la victoire.

□ **9 (22) mars** Reconnaissance du gouvernement provisoire par les États-Unis.

□ **11 (24) mars** Reconnaissance du gouvernement provisoire par la France, la Grande-Bretagne et l'Italie.

□ **14 (27) mars** Appel du soviet de Petrograd aux peuples du monde entier pour une paix sans annexions.

□ **27 mars (9 avr.)** Sous la pression du soviet, le ministre des Affaires étrangères P. Milioukov lance un appel aux citoyens de Russie pour une paix juste et durable, sans annexions.

□ **Avr.** Envoi en Russie de missions alliées composées de personnalités socialistes chargées d'obtenir le maintien du pays dans la guerre (missions Thomas-Henderson et mission Cachin-Moutet-Sanders).

□ **18 avr. (1er mai)** Note de P. Milioukov aux Alliés réaffirmant l'engagement de la Russie jusqu'à la victoire finale et la nécessité d'assurer la paix par « des garanties et des sanctions ».

□ **5 (18) mai** Déclaration du premier ministère de coalition en faveur d'une paix « sans annexions ni indemnités, fondée sur le droit des peuples à disposer d'eux-mêmes ».

□ **22 mai (4 juin)** A. Broussilov est nommé commandant en chef en remplacement de M. Alekseïev.

□ **11 juin (1er juill.)** Début d'une offensive russe en Galicie (ordonnée le 16 [29] juin par A. Kerenski et commandée par A. Broussilov). Elle est arrêtée à la mi-juillet après quelques succès. Contre-offensive austro-allemande : occupation de Tarnopol le 11 [24] juillet. Les mouvements de désertion s'amplifient dans l'armée russe.

□ **12 (25) juill.** Rétablissement de la peine de mort au front.

□ **18 (31) juill.** L. Kornilov est nommé commandant en chef en remplacement d'A. Broussilov.

□ **19 août (1er sept.)** Début d'une offensive allemande sur le front balte.

□ **21 août (3 sept.)** Occupation de Riga par les Allemands, qui menacent Petrograd.

□ **30 août (12 sept.)** A. Kerenski se proclame commandant en chef après la destitution de L. Kornilov.

Économie et société

□ **Févr.** Le pain manque à Petrograd.

□ **10 (23) mars** À Petrograd, la journée de travail est fixée à 8 heures sous la pression du soviet.

□ **12 (25) et 16 (29) mars** Transfert à l'État des propriétés de la Couronne.

□ **15 (28) mars** Installation à Moscou et à Petrograd d'un Bureau central des syndicats.

□ **20 mars (2 avr.)** Abolition de toutes les restrictions en matière de nationalité et de religion.

□ **25 mars (7 avr.)** Monopole d'État des céréales, contrôle des prix et rationnement du pain à Petrograd, création de comités locaux d'approvisionnement.

□ **26 mars (8 avr.)** Lancement d'un « Emprunt de la liberté ».

□ **21 avr. (4 mai)** Règlement sur les comités agraires : organisation de comités locaux et d'un Comité central agraire chargés de préparer la voie à une réforme agraire. Confronté à la multiplication des initiatives paysannes, le gouvernement provisoire affirme la nécessité d'attendre la réunion de l'Assemblée constituante avant toute décision de fond.

□ **23 avr. (6 mai)** Loi sur la formation

de comités d'usines (qui contrôlent les licenciements et l'embauche).

☐ **1er (14) mai** Ouverture à Moscou d'un Ier Congrès panmusulman.

☐ **4-28 mai (17 mai - 10 juin)** Ier Congrès panrusse des députés paysans à Petrograd ; à majorité S.R., il se prononce pour le transfert des grandes propriétés aux paysans, sans indemnisation.

☐ **5 (18) mai** Création d'un ministère du Travail (détenu par le menchevik M. Skobelev) dans le 1er gouvernement de coalition.

☐ **19 mai (1er juin)** 1re réunion du Comité central agraire.

☐ **30 mai - 3 juin (12-16 juin)** 1re conférence des comités d'usines de Petrograd. Elle adopte les thèses bolcheviks.

☐ **12 (25) juin** Impôt exceptionnel sur le revenu.

☐ **21 juin (4 juill.)** Création d'un Conseil économique et d'un Comité économique central chargés de coordonner la vie économique du pays.

☐ **21-28 juin (4-11 juill.)** Conférence panrusse des syndicats à Petrograd.

☐ **Juill.** Dégradation accrue de la situation économique et sociale : chute de la production (métallurgie : – 40 %, textile : – 20 % depuis février), inflation, chômage aggravé par les mesures de lock-out, multiplication des pillages et des violences dans les campagnes.

☐ **15 (28) août** Ouverture à Moscou d'un concile de l'Église orthodoxe russe.

Civilisation et culture

A. Biély : *Révolution et Culture.* ☐ Siméon Frank : *l'Âme de l'homme, introduction à la psychologie philosophique.* ☐ 1er numéro de la revue philosophique *la Pensée et la Parole,* du néokantien G. Chpet.

Biographie

Kerenski, Alexandre Fedorovitch (1881-1970). Né à Simbirsk, Kerenski devient avocat et se rend célèbre en plaidant avec éloquence la cause des révolutionnaires. Élu en 1912 député travailliste à la IVe douma, il adhère à la franc-maçonnerie russe. Sa carrière politique commence véritablement en mars 1917 : il apparaît alors comme le trait d'union entre le soviet de Petrograd (dont il est vice-président) et le gouvernement provisoire où il détient le portefeuille de la Justice (mars-mai) puis de la Guerre (mai-juillet). Persuadé qu'une paix démocratique, sans annexions, ne peut être obtenue que par la défaite des Allemands, il lance en juin, en Galicie, une grande offensive qui se solde par un échec. Devenu Premier ministre après les journées de juillet, il conserve le portefeuille de la Guerre et prétend défendre la révolution contre ses ennemis de gauche comme de droite. Kerenski se révèle alors incapable d'exercer le pouvoir dans une société en pleine décomposition, obligé d'en appeler au Soviet pour faire échec au putsch de Kornilov, avec qui il avait pourtant négocié le rétablissement de l'ordre par la force à Petrograd. Renversé par la révolution d'octobre, il rejoint à Pskov le général Krasnov et tente en vain de reprendre la capitale. Émigré en 1918, Kerenski s'établit en Europe occidentale, puis en 1940 aux États-Unis, consacrant de nombreux ouvrages à la justification de sa politique.

Bibliographie

Marc Ferro, *la Révolution de 1917,* tome 1 : *la Chute du tsarisme et les origines d'octobre* (Paris, 1967).

G. Katkov, *Russia, 1917 : The February Revolution* (New York, 1967).

Chapitre 22 **1917**

Lénine et la révolution d'Octobre

> *Le gouvernement hésite. Il faut l'achever à tout prix ! La temporisation dans l'action, c'est la mort !*
>
> **Lénine**

À la différence de la révolution de Février, la révolution d'Octobre est minutieusement préparée par les bolcheviks, que Lénine, après de fortes résistances, a fini par rallier à ses vues. Les 24 et 25 octobre (6 et 7 novembre), quelques milliers de gardes rouges, de matelots et de soldats gagnés aux bolcheviks investissent la capitale et en occupent les points stratégiques, gares, arsenaux, entrepôts, central téléphonique, banque d'État. Le Comité militaire révolutionnaire, état-major de l'insurrection, proclame le 25 octobre (7 novembre), la destitution du gouvernement provisoire. Le 26 octobre (8 novembre), aux petites heures du matin, après la canonnade d'intimidation tirée par le croiseur *Aurore,* les insurgés prennent le palais d'Hiver, où se sont retirés les ministres, surmontant sans peine la résistance des jeunes cadets et du « bataillon féminin » qui constituent l'unique défense d'un gouvernement impuissant. Au même moment, placé devant le fait accompli, le IIe Congrès des soviets, dominé par les bolcheviks, ratifie l'insurrection. Il entérine ensuite, lors de sa dernière séance, la création du nouveau Conseil des commissaires du peuple, et approuve les décrets sur la paix et sur la terre. En quelques jours, la « grande révolution d'Octobre », accomplie presque sans coup férir, marque une rupture totale avec le passé. Il faudra cependant aux bolcheviks de longues années de lutte acharnée pour établir finalement un pouvoir absolu.

Vie politique et institutionnelle

1917

□ **29 sept. (12 oct.)** Publication dans le journal bolchevik *Rabotchii pout* de l'article de Lénine intitulé *La crise est mûre.* Son appel en faveur d'une insurrection immédiate se heurte à l'opposition de la majorité des bolcheviks.

□ **7 (20) oct.** Ouverture du pré-Parlement. Retrait des bolcheviks dès la séance inaugurale.
Retour clandestin de Lénine à Petrograd.

□ **10 (23) oct.** Réunion secrète du Comité central bolchevik. Lénine y obtient un vote de principe en faveur de l'insurrection par 10 voix contre 2 (L. Kamenev et G. Zinoviev), grâce à

I. Sverdlov qui fait état d'un complot militaire à Minsk. Création d'un bureau politique avec Lénine, Zinoviev, Kamenev, Trotski, G. Sokolnikov et A. Boubnov.

□ **12 (25) oct.** Création par le soviet de Petrograd d'un Comité militaire révolutionnaire destiné à défendre la ville contre les Allemands. Les bolcheviks, avec Trotski, le transforment en foyer d'organisation du soulèvement armé. Le Comité demande aux régiments de la capitale, aux gardes rouges et aux marins de Kronstadt de se rallier à lui.

□ **16 (29) oct.** Réunion élargie du Comité central bolchevik, qui approuve l'appel de Lénine à l'insurrection. La préparation technique en sera confiée à un Centre militaire révolutionnaire agissant au nom du parti, en coordination avec le Comité militaire du soviet.

□ **18 (31) oct.** Parution dans le journal de M. Gorki *Novaïa Jizn* (« Vie nouvelle »), d'un article de Kamenev hostile au déclenchement prématuré d'une insurrection.

□ **22 oct. (4 nov.)** Le Comité militaire révolutionnaire du soviet déclare que seuls sont désormais valides les ordres du quartier général contresignés par lui.

□ **24 oct. (6 nov.)** Rupture ouverte du soviet avec le gouvernement provisoire qui a fait poser des scellés sur l'imprimerie des journaux bolcheviks tout en appelant des renforts à Petrograd.
Les bolcheviks brisent les scellés, empêchent dans la journée les troupes gouvernementales de relever les ponts de la ville. Début de l'insurrection dirigée depuis l'Institut Smolny : dans la nuit du 24 au 25 octobre (6 au 7 novembre), les gardes rouges, les marins et les soldats ralliés aux bolcheviks prennent sans grande difficulté le contrôle de la capitale. Lénine gagne l'Institut Smolny où est convoqué le IIe Congrès des soviets, les ministres se retirent au palais d'Hiver, A. Kerenski s'enfuit à la recherche de renforts.

□ **25 oct. (7 nov.)** Petrograd aux mains des insurgés (à l'exception du palais d'Hiver). Le Comité militaire révolutionnaire proclame la destitution du gouvernement provisoire et prend le pouvoir au nom du Soviet.

□ **Nuit du 25 au 26 oct. (7 au 8 nov.)** Attaque du palais d'Hiver (avec l'appui du croiseur *Aurore*), qui tombe aux mains des insurgés à 2 h 30 du matin.
Ouverture à l'Institut Smolny du IIe Congrès des soviets (environ 390 bolcheviks et 150 S.R. de gauche sur 650 députés). Élection d'un nouveau Présidium à majorité bolchevik, retrait des mencheviks et des S.R. de droite hostiles au coup de force, ratification de l'insurrection par le Congrès qui vote *l'appel aux ouvriers, soldats et paysans de Russie.*

□ **26 oct. (8 nov.)** Début de l'insurrection bolchevik à Moscou, qui s'achève, après de violents combats, par la prise du Kremlin le 3 (16) novembre.
Formation par la douma municipale de Petrograd d'un Comité pour la sauvegarde de la patrie et de la révolution, où se retrouvent mencheviks et S.R. de droite hostiles aux bolcheviks.

□ **Nuit du 26 au 27 oct. (8 au 9 nov.)** Dernière séance du IIe Congrès des soviets : approbation de la formation d'un nouveau gouvernement entièrement bolchevik, le *Sovnarkom* (Conseil des commissaires du peuple), présidé par Lénine, avec L. Trotski aux Affaires étrangères, J. Staline aux Nationalités, A. Rykov à l'Intérieur, A. Lounatcharski à l'Instruction publique. Élection d'un nouveau Comité exécutif central (VTsIK) à majorité bolchevik et S.R. de gauche. Adoption du décret sur la paix et du décret sur la terre rédigés par Lénine.

□ **27 oct. (9 nov.)** Offensive de A. Kerenski et du général P. Krasnov en direction de Petrograd (arrêtée à Poulkovo le 30 octobre [12 novembre]).

□ **28 oct. (10 nov.)** Publication d'un décret sur la presse interdisant les journaux contre-révolutionnaires.

□ **29 oct. (11 nov.)** Écrasement du soulèvement des élèves officiers à Petrograd.
Ultimatum du Comité exécutif du syndicat des cheminots (Vikjel) pour la formation d'un gouvernement socialiste de coalition.

□ **31 oct. (13 nov.)** Le soviet de Bakou prend le pouvoir.

□ **1er (14) nov.** Une résolution du Comité central bolchevik consacre l'échec des pourparlers engagés avec les autres socialistes sur la formation d'un gouvernement de coalition.
À Gatchina, les envoyés bolcheviks rallient à la révolution les troupes rassemblées par Kerenski et Krasnov. Fuite de Kerenski, arrestation de Krasnov (qui sera libéré peu après et rejoindra les forces contre-révolutionnnaires du Don).
Le soviet de Tachkent prend le pouvoir.
À cette date, le pouvoir soviétique est déjà reconnu à Iaroslavl, Tver, Smolensk, Riazan, Nijni-Novgorod, Kazan, Samara, Saratov, Rostov, Oufa.

□ **2 (15) nov.** Déclaration des droits des peuples de Russie : égalité et souveraineté, droit à l'autodétermination jusqu'à la sécession.

□ **4 (17) nov.** Pour protester contre le refus de former un gouvernement de coalition, plusieurs bolcheviks (dont Kamenev, Zinoviev et Rykov) démissionnent du Comité central du parti ou du Sovnarkom. Ils réintégreront cependant peu après leurs fonctions.

□ **7 (20) nov.** 3e *Universal* de la *Rada* ukrainienne : il proclame la constitution d'une République populaire d'Ukraine (sans rompre avec la Russie, appelée à se transformer en fédération).

□ **8 (21) nov.** Ia. Sverdlov est élu à la tête du VTsIK (Comité exécutif central des soviets).

□ **10-25 nov. (23 nov.-8 déc.)** Congrès extraordinaire des soviets paysans à Petrograd. À majorité S.R., il approuve le décret sur la terre et envoie 108 membres au Comité exécutif central des soviets.

□ **12 (25) nov.** Début des élections à l'Assemblée constituante ; elles donneront 58 % des voix aux S.R., 25 % aux bolcheviks (mais ces derniers dominent à Petrograd, à Moscou et dans les armées de l'Ouest et du Nord), 13 % aux partis K.D. et « bourgeois ».

□ **15 (28) nov.** Formation à Tiflis d'un Commissariat de Transcaucasie qui organise en Géorgie, en Arménie et en Azerbaïdjan la résistance aux bolcheviks.

□ **19-28 nov. (2-11 déc.)** À Petrograd, Ier Congrès des S.R. de gauche qui se constituent en parti indépendant.

□ **20 nov. (3 déc.)** Appel de Lénine et de Staline aux musulmans de Russie et de l'Orient, invités à se libérer de toute forme d'oppression.
À Oufa, réunion d'une Assemblée nationale musulmane pour préparer l'autonomie nationale culturelle des musulmans de Russie.

□ **24 nov. (7 déc.)** La Finlande proclame son indépendance.

□ **26 nov.-10 déc. (9-23-déc.)** IIe Congrès des soviets des députés paysans à Petrograd. Il est dominé par les S.R. de gauche qui approuvent la politique bolchevik.

□ **28 nov. (11 déc.)** Décret sur l'arrestation des chefs du parti K.D., accusés d'organiser la guerre civile.

□ **Nov.** Organisation des premières armées contre-révolutionnaires : à Novotcherkassk, les généraux Alekseïev et Kornilov forment une « armée des volontaires », et constituent en décembre un « triumvirat » avec l'ataman du Don A. Kalédine.

□ **2 (15) déc.** Les K.D. sont exclus de l'Assemblée constituante.

Prise de Rostov par l'armée des volontaires.

☐ **4 (17) déc.** Ultimatum à la *Rada* ukrainienne, sommée de reconnaître le pouvoir des soviets en Ukraine.

☐ **7 (20) déc.** Création de la Vétchéka, ou Tchéka (Commission extraordinaire panrusse de lutte contre le sabotage et la contre-révolution), dirigée par F. Dzerjinski.

☐ **9 (22) déc.** Accord entre les bolcheviks et les S.R. de gauche sur l'entrée de ceux-ci au gouvernement (où ils détiennent en particulier l'Agriculture, la Justice, les Postes et Télégraphes).

☐ **11 (24) déc.** Ouverture à Kharkov du Ier Congrès panukrainien des soviets (dominé par les bolcheviks). Il proclame la République soviétique d'Ukraine le 12 (25) décembre.

☐ **13 (26) déc.** Publication par la *Pravda* des *Thèses sur l'Assemblée constituante* de Lénine : elle devra se soumettre entièrement au pouvoir soviétique.

☐ **18 (31) déc.** Reconnaissance de l'indépendance de la Finlande par le *Sovnarkom*.

Guerre mondiale et politique étrangère

☐ **26 oct. (8 nov.)** Décret sur la paix : il propose à tous les belligérants d'entamer immédiatement des pourparlers en vue d'une paix juste et démocratique, sans annexions ni indemnités.

☐ **1er (14) nov.** Après la fuite d'A. Kerenski, le général N. Doukhonine devient commandant en chef.

☐ **8 (21) nov.** Note de Trotski, commissaire du peuple aux Affaires étrangères, proposant à tous les belligérants l'ouverture de négociations de paix.

☐ **9 (22) nov.** Destitution du général N. Doukhonine, qui refuse d'engager des pourparlers d'armistice avec les Allemands. Il est remplacé par N. Krylenko. Annonce de la publication des traités secrets relatifs à la guerre.

☐ **14 (27) nov.** Le haut commandement allemand accepte des négociations d'armistice.

☐ **20 nov. (3 déc.)** À Brest-Litovsk, ouverture de négociations d'armistice entre la Russie et les puissances centrales (Allemagne, Autriche-Hongrie, Bulgarie et Turquie).
N. Krylenko s'empare du grand quartier général de Moghilev. N. Doukhonine est massacré par des soldats et des marins.

☐ **2 (15) déc.** Conclusion à Brest-Litovsk d'un armistice de 28 jours.

☐ **9 (22) déc.** Ouverture des pourparlers de paix à Brest-Litovsk : l'Allemagne est représentée par le ministre des Affaires étrangères von Kühlmann et par le général Hoffmann, l'Autriche par le ministre des Affaires étrangères Czernin. La délégation soviétique (dirigée par A. Ioffé) réclame une paix sans annexions ni réparations, respectant le droit des peuples à disposer d'eux-mêmes.

☐ **27 déc. (9 janv.)** Après une interruption de 10 jours (demandée par la partie soviétique pour permettre – sans succès – aux puissances de l'Entente de se joindre aux pourparlers), reprise des négociations de Brest-Litovsk. La délégation soviétique est désormais dirigée par Trotski.

Économie, société et culture

☐ **16-19 oct. (29 oct.-1er nov.)** 1re Conférence des organisations prolétariennes d'éducation culturelle de Petrograd (avec A. Lounatcharski) ; elles prendront officiellement en novembre le nom de *Proletkult*.

☐ **26 oct. (8 nov.)** Décret sur la terre : abolition sans indemnité de la grande propriété foncière, remise des terres aux comités agraires et aux soviets paysans. Le décret légitime souvent une situation de fait, et donne en moyenne 1 déciatine supplémentaire par foyer paysan.

☐ **29 oct. (11 nov.)** Décret sur la journée de travail de 8 heures.

☐ **5 (18) nov.** Élection du métropolite Tikhon au patriarcat de Moscou (qui vient d'être rétabli par le concile de l'Église orthodoxe).

☐ **7 (20) nov.** À Petrograd, la ration de pain tombe à 150 grammes.

☐ **9 (22) nov.** Décret sur l'assurance accident.

☐ **10 (23) nov.** Suppression des grades et des inégalités de rang dans l'administration.

☐ **14 (27) nov.** Décret instituant le contrôle ouvrier dans les entreprises industrielles de plus de 5 salariés (comités élus coiffés par un Conseil national).

☐ **22 nov. (5 déc.)** Réorganisation du système judiciaire (élection des juges, création de tribunaux révolutionnaires).

☐ **2 (15) déc.** Création d'un Conseil supérieur de l'économie nationale (VSNKH) chargé de contrôler l'ensemble de l'économie, et dont dépendent des conseils provinciaux (sovnarkhozes).

☐ **11 (24) déc.** Décret sur l'assurance chômage.

☐ **14 (27) déc.** Nationalisation des banques.

☐ **15 (28) déc.** Nationalisation de la Société russo-belge de métallurgie.

☐ **18 (31) déc.** Institution du mariage civil et laïcisation de l'état-civil. Décret sur le divorce.

☐ **22 déc. (4 janv.)** Décret sur l'assurance-maladie.

☐ **27 déc. (9 janv.)** Nationalisation des usines Poutilov.

Biographie

Lénine, Vladimir Ilitch Oulianov, dit (1870-1924). Né à Simbirsk, fils d'un inspecteur de l'enseignement primaire, il commence des études de droit à l'université de Kazan d'où il est vite expulsé après des manifestations étudiantes ; son frère aîné, Alexandre, est exécuté en 1887 pour sa participation à un complot populiste contre la vie d'Alexandre III. Le jeune Vladimir passe avec succès ses examens en 1891 à Saint-Pétersbourg. Il devient alors marxiste, rencontre Plekhanov en Suisse et fonde, à son retour dans la capitale en 1895, l'« Union de lutte pour la libération de la classe ouvrière ». Aussitôt arrêté, il est emprisonné puis exilé en Sibérie pour 3 ans. Il y rédige *le Développement du capitalisme en Russie,* qui paraît en 1899 et doit servir à la critique des théories populistes. À l'issue de son exil forcé en 1900, il quitte la Russie pour fonder en émigration le journal l'*Iskra* (« l'Étincelle »), organe de propagande marxiste dont la diffusion permet également de constituer un solide réseau de militants clandestins à l'intérieur de l'Empire. Il adopte alors le pseudonyme de Lénine et publie en 1902 *Que faire ?,* texte fondamental où il expose sa conception d'un parti de révolutionnaires professionnels peu nombreux, très centralisé, avant-garde de la classe ouvrière dans sa lutte contre la bourgeoisie. En 1903, le second congrès du P.O.S.D.R. voit la rupture entre bolcheviks (conduits par Lénine) et mencheviks, en désaccord sur l'organisation du parti. Rentré en Russie lors de la révolution de 1905, contraint à un nouvel exil par la réaction stolypinienne, il continue à batailler avec intransigeance pour imposer sa conception de la lutte révolutionnaire, attaquant jusqu'à certains bolcheviks accusés d'idéalisme, rompant définitivement avec les mencheviks en 1912 et dirigeant de loin un nouveau journal fondé légalement en Russie, la *Pravda* (« la Vérité »). Lénine s'installe en Autriche en 1912, puis en Suisse après le déclenchement du premier conflit mondial ; il défend aux conférences de Zimmerwald (1915) et de Kienthal (1916) ses thèses sur la nécessité de transformer la guerre impérialiste en guerre civile, en même temps qu'il affirme possible la victoire de la révolution socialiste en Russie *(l'Impérialisme, stade suprême du capitalisme).* Après la révolution de Février 1917, il est autorisé à traverser en train l'Allemagne et regagne la Russie où il reprend en main le parti bolchevik et met à l'ordre du jour une seconde révolution *(Thèses d'avril).* Il impose – avec certaines difficultés – l'insurrection d'octobre à ses compagnons de lutte, fait adopter les décrets sur la terre et sur la paix, et dirige les premières années de « construction du socialisme » au cours desquelles les controverses ne manquent pas, de la paix de Brest-Litovsk aux questions syndicales ou nationales. Sachant à l'occasion faire preuve de souplesse, comme pour l'adoption en 1921 d'une nouvelle politique économique (NEP) rendue nécessaire par la ruine complète du pays, Lénine se montre de la dernière intransigeance dans la lutte contre toute forme d'opposition, de la dissolution de l'Assemblée constituante en 1918 jusqu'à l'expulsion des intellectuels « contre-révolutionnaires » en 1922. Déjà frappé par la maladie, il essaie encore, fin 1922-début 1923, d'intervenir dans les prises de décision et exprime ses inquiétudes dans les notes connues plus tard sous le nom de « Testament » ; bientôt paralysé et aphasique, il ne mène plus qu'une vie végétative jusqu'à sa mort, en janvier 1924.

Bibliographie

F. X. Coquin, *la Révolution russe* (Paris, 1982 [rééd.]).

M. Ferro, *La Révolution de 1917,* tome 2 : *Octobre, naissance d'une société* (Paris, 1976).

Chapitre 23 **1918-1920**

La guerre civile et le communisme de guerre

> *Si le péril était en nous, le salut aussi devait être en nous.*
>
> V. Serge, *Mémoires d'un révolutionnaire*

Si la prise du pouvoir fut relativement facile à Petrograd, le nouveau régime soviétique doit affronter durant plus de 3 ans de nombreuses oppositions. La paix de Brest-Litovsk, en mars 1918, met fin à la guerre contre les Puissances centrales, mais les conditions imposées par l'Allemagne pèsent lourd sur les débuts de l'État soviétique.

À l'intérieur du pays, les premières formes de résistance, encore localisées au début de 1918, entraînent par la suite entre les armées « blanches » et les partisans du nouveau pouvoir une longue guerre civile, que complique la virulence des revendications nationales. À cette guerre civile « russo-russe » s'ajoute l'intervention militaire des Alliés, qui prend de l'ampleur avec la paix séparée de Brest-Litovsk et s'intensifie après l'armistice de novembre 1918. Mal coordonnés sur des fronts immenses, divisés sur l'avenir de la Russie, fortement dépendants des Alliés, les « Blancs » ont perdu la partie en 1920, même si la guerre polono-soviétique et les dernières tentatives de Wrangel en Russie du Sud prolongent durant de longs mois les incertitudes.

Mobilisant toutes leurs forces dans cette lutte sans merci, les bolcheviks choisissent d'établir un régime de dictature politique et économique sans concessions. Ils créent la Tchéka dès décembre 1917, dissolvent en janvier 1918 l'Assemblée constituante où ils sont minoritaires, éliminent méthodiquement toutes les oppositions, jusqu'aux socialistes-révolutionnaires. Le parti affirme son droit au monopole du pouvoir et légitime la « terreur rouge » par la nécessité de sauver la révolution, tout en élaborant la première Constitution de la République socialiste fédérative soviétique de Russie (R.S.F.S.R.), qui lui garantit un rôle dirigeant. Dans le domaine économique, le communisme de guerre provoque un durcissement du programme initial, avec pour objectif premier le ravitaillement des armées et des citadins : les nationalisations s'étendent dans l'industrie, le travail devient obligatoire et, surtout, la brutalité des réquisitions dans les campagnes dresse contre le pouvoir central une paysannerie attachée à ses récentes conquêtes.

Vie politique et institutionnelle

1918

☐ **5 (18) janv.** À Petrograd, réunion de l'Assemblée constituante. Les bolcheviks, très minoritaires (environ 175 élus contre 410 S.R.), quittent la séance.

☐ **6 (19) janv.** Dissolution de la Constituante par un décret du Comité exécutif central des soviets.

☐ **10-18 (23-31) janv.** IIIe Congrès des soviets. Il adopte la « Déclaration des droits du peuple travailleur et exploité » et proclame la République socialiste fédérative soviétique de Russie (R.S.F.S.R.).

☐ **6-8 mars** VIIIe Congrès du parti bolchevik, qui prend le nom de « parti communiste (bolchevik) de Russie ». Il approuve les thèses de Lénine contre les « communistes de gauche », favorables avec N. Boukharine à la poursuite de la guerre révolutionnaire.

☐ **12 mars** Moscou devient capitale de l'État soviétique.

☐ **14-16 mars** IVe Congrès des soviets, qui ratifie la paix de Brest-Litovsk. En signe de protestation, les S.R. de gauche quittent le gouvernement.

☐ **Avr.** Dans *les Tâches immédiates du pouvoir des soviets,* Lénine affirme la nécessité d'un État fort.

☐ **11-12 avr.** Opération de la Tchéka contre les anarchistes de Moscou.

☐ **14 juin** Le Comité exécutif central des soviets exclut de tous les soviets les S.R. de droite et les mencheviks, pour activités contre-révolutionnaires.

☐ **4-10 juill.** Ve Congrès des soviets à Moscou.

☐ **6 juill.** Durant le Congrès, tentative de soulèvement des S.R. de gauche à Moscou : assassinat par I. Bloumkine du nouvel ambassadeur d'Allemagne, le comte von Mirbach ; arrestation de F. Dzerjinski (chef de la Tchéka) ; occupation de la poste centrale.

☐ **7 juill.** Le gouvernement rétablit la situation grâce aux tirailleurs lettons de Vatsetis. Nombreuses arrestations parmi les S.R. de gauche. En province, le soulèvement de Iaroslavl mené par le terroriste S.R. B. Savinkov dure jusqu'au 21 juillet.

☐ **10 juill.** Ratification par le Ve Congrès des soviets de la première Constitution de la R.S.F.S.R. : les soviets locaux sont élus au suffrage universel, limité cependant aux citoyens dont les revenus proviennent uniquement de leur travail. Ces soviets locaux élisent des députés au Congrès des soviets, qui délègue ses pouvoirs au Comité exécutif central (VTsIK). Le président du VTsIK, Ia. Sverdlov, fait fonction de chef de l'État. Les membres du gouvernement *(Sovnarkom)* sont élus par le VTsIK.

☐ **Nuit du 16 au 17 juill.** Massacre de la famille impériale à Ekaterinbourg.

☐ **4 août** Interdiction de tous les journaux « bourgeois ».

☐ **30 août** Assassinat de M. Ouritski, président de la Tchéka de Petrograd, par l'étudiant S.R. L. Kanegiesser. Le même jour, à Moscou, la S.R. Fanny Kaplan blesse grièvement Lénine. Le pouvoir soviétique annonce qu'il répondra à la « terreur blanche » par la « terreur rouge ».

☐ **Oct.** Devant la menace des Blancs et de l'intervention étrangère, les mencheviks apportent leur soutien critique au pouvoir. Leur exclusion des soviets est levée le 30 novembre.

1919

☐ **16 mars** Mort de Ia. Sverdlov. M. Kalinine lui succède à la présidence du VTsIK le 30 mars.

☐ **18-23 mars** VIIIe Congrès du parti communiste à Moscou. Adoption d'un nouveau programme, création d'un véritable Bureau politique (Politburo) de 5 membres (Lénine, L. Kamenev, L. Trotski, J. Staline, N. Krestinski), d'un Bureau d'organisation (Orgburo) et d'un Secrétariat du Comité central.

□ **2-4 déc.** VIIIe Conférence du parti qui adopte de nouveaux statuts et veut exercer un contrôle rigoureux sur le recrutement.

1920

□ **7 févr.** Le Commissariat du peuple au contrôle de l'État devient l'Inspection ouvrière et paysanne *(Rabkrin)*, aux mains de Staline.

□ **29 mars-5 avr.** IXe Congrès du parti communiste. L'opposition du groupe « centralisme démocratique » y dénonce la centralisation excessive et l'abus des mesures d'autorité.

□ **Juin** Publication de l'ouvrage de Lénine, *le Gauchisme, maladie infantile du communisme.*

□ **22-25 sept.** IXe Conférence du parti communiste. Création d'une Commission de contrôle.

□ **22-29 déc.** VIIIe Congrès des soviets à Moscou, où peuvent s'exprimer pour la dernière fois des mencheviks et des S.R.

Économie et société

1918

□ **7-14 (20-27) janv.** Ier Congrès panrusse des syndicats à Petrograd. Les bolcheviks préconisent la soumission des comités d'usine aux organes syndicaux.

□ **21 janv. (3 févr.)** Annulation des dettes intérieures et extérieures de l'État russe.

□ **23 janv. (5 févr.)** Nationalisation de la flotte marchande.
Séparation de l'Église et de l'État, de l'Église et de l'école.

□ **1er (14) févr.** Entrée en vigueur du calendrier grégorien.

□ **19 févr.** Loi réaffirmant le principe de la socialisation des terres.

□ **2 avr.** Le Commissariat du peuple au ravitaillement obtient de larges pouvoirs dans la répartition de l'approvisionnement.

□ **3 avr.** Renforcement de la discipline du travail et introduction du salaire aux pièces.

□ **22 avr.** Nationalisation du commerce extérieur.

□ **13 mai** Le Commissariat au ravitaillement reçoit des pouvoirs extraordinaires contre les paysans qui refusent de livrer leur production.

□ **11 juin** Formation dans les campagnes de comités de paysans pauvres *(Kombiedy)*, chargés d'engager la lutte contre les koulaks. Plus de 100 000 en novembre 1918, ces comités devront être dissous en raison de leurs excès.

□ **28 juin** Nationalisation générale de la grande industrie.

□ **2 août** Ouverture sans condition de l'enseignement supérieur à tous les jeunes de plus de 16 ans.

□ **20 août** Socialisation des logements urbains.

□ **14 sept.** Introduction du système métrique.

□ **16 sept.** 1er Code de la famille.

□ **10 oct.** Décret sur la réforme de l'orthographe.

□ **16 oct.** Décret sur « l'école unique du travail ».

□ **29 oct.- 4 nov.** À Moscou, Ier Congrès des organisations de jeunesse ouvrières et paysannes. Fondation du Komsomol.

□ **21 nov.** Nationalisation du commerce intérieur.

□ **10 déc.** Publication d'un Code du travail.

1919

☐ **11 janv.** Mise en place d'un système général de prélèvement par la contrainte des excédents agricoles.

☐ **14 févr.** Décret proclamant toutes les terres propriété d'État et annonçant « le passage de l'utilisation individuelle à l'utilisation collective du sol ».

☐ **20 mars** Les coopératives de consommation contrôlent l'ensemble du système de distribution.

☐ **12 avr.** 1er « samedi communiste » (travail bénévole et gratuit) organisé par les cheminots de la ligne Moscou – Kazan.

☐ **10 oct.** La Russie soviétique est soumise au blocus économique des Alliés qui dure jusqu'en janvier 1920.

☐ **Déc.** Trotski affirme la nécessité de « militariser le travail ».

☐ **26 déc.** Décret sur la liquidation de l'analphabétisme.

1920

☐ **29 janv.** Décret sur le travail obligatoire.

☐ **21 févr.** Mise en place d'une commission chargée d'élaborer un plan d'électrification de la Russie (GOELRO). Elle prévoit la construction d'une trentaine de centrales en 10 à 15 ans.

☐ **17 sept.** Décret sur les « facultés ouvrières » *(Rabfak)*.

☐ **Nov.-déc.** Développement de la controverse syndicale : l'opposition ouvrière critique violemment Trotski qui, responsable des transports, met en pratique ses vues sur une nécessaire étatisation des syndicats.

☐ **29 nov.** Nationalisation de toutes les petites entreprises (employant plus de 10 ouvriers, et même 5, si elles sont mécanisées).

☐ **Déc.** Le rouble papier vaut 13 000 fois moins qu'en 1913. Multiplication des opérations de troc et de rémunération en nature.

Guerre mondiale, guerre civile, intervention étrangère

1918

☐ **5 (18) janv.** À Brest-Litovsk, le général allemand Hoffmann expose, sous forme d'ultimatum, les conditions de paix des Puissances centrales (privant la Russie de ses territoires de l'Ouest).

☐ **11 (24) janv.** Au Comité central du parti bolchevik, 3 positions s'affrontent sur la suite à donner aux pourparlers de Brest-Litovsk : Lénine veut accepter les conditions de paix pour consolider la révolution à l'intérieur, les « communistes de gauche », avec N. Boukharine, veulent la poursuite d'une guerre révolutionnaire, Trotski propose une formule intermédiaire (mettre fin à la guerre sans conclure de paix) qui obtient la majorité des voix.
Proclamation de l'indépendance de l'Ukraine par le 4e *Universal* de la Rada.

☐ **15 (28) janv.** Décret sur la création d'une Armée rouge des ouvriers et des paysans. Organisée par Trotski, elle deviendra un instrument puissant et discipliné (passage du volontariat au service militaire obligatoire, recrutement massif de cadres de l'armée tsariste, abolition de l'élection des officiers, envoi de commissaires politiques).

☐ **26 janv. (8 févr.)** Les bolcheviks prennent le pouvoir à Kiev.

☐ **27 janv. (9 févr.)** À Brest-Litovsk, paix séparée entre les Puissances centrales et la Rada ukrainienne.

☐ **28 janv. (10 févr.)** Trotski déclare : « l'état de guerre a pris fin entre la Russie et les Empires centraux », appliquant sa formule « ni paix, ni guerre ».

☐ **29 janv. (11 févr.)** Décret instituant une Flotte rouge. Suicide de l'ataman

A. Kalédine, qui n'est pas parvenu à soulever les cosaques du Don.

□ **18 févr.** Après un ultimatum à la Russie, reprise de l'offensive austro-allemande sur l'ensemble du front. Malgré l'acceptation des conditions de paix par les Soviétiques dans la nuit du 18 au 19 février, les armées des Puissances centrales poursuivent leur offensive.

□ **23 févr.** Nouvel ultimatum allemand, aggravant les conditions de paix. Lénine obtient au Comité central une majorité favorable à la paix immédiate (7 pour, 4 contre dont Boukharine, 4 abstentions dont Trotski). La « patrie socialiste » est déclarée en danger, l'ennemi arrêté devant Narva et Pskov.

□ **Févr.** L'armée des volontaires, en difficulté sur le Don (perte de Rostov et de Novotcherkassk), doit se replier sur le Kouban (« Campagne des glaces »). Après la prise de Kokand par les troupes du soviet de Tachkent, dispersion du Gouvernement autonome du Turkestan.

□ **1er mars** Avec l'aide de l'Allemagne, retour de la Rada ukrainienne à Kiev.

□ **3 mars** À Brest-Litovsk, signature de la paix entre la R.S.F.S.R. et les Puissances centrales (Allemagne, Autriche-Hongrie, Bulgarie et Turquie). La Russie perd la Pologne, la Finlande, les pays Baltes, l'Ukraine et une partie de la Biélorussie. Elle cède à la Turquie Kars, Ardahan et Batoum. Ces pertes représentent 1/4 de sa population, 1/4 des terres cultivables, près des 3/4 de la sidérurgie et du charbon. Après la conclusion du traité, Trotski quitte le Commissariat aux Affaires étrangères et devient, le 8 avril, commissaire à la Guerre.

□ **9 mars** Débarquement anglais à Mourmansk (destiné à l'origine à repousser les attaques des Allemands et de leurs alliés finlandais).

□ **5 avr.** Débarquement de troupes japonaises à Vladivostok. Les Japonais seront suivis par les Américains, les Anglais et les Français.

□ **13 avr.** L. Kornilov est tué devant Ekaterinodar. Il est remplacé par le général A. Denikine à la tête de l'armée des volontaires.

□ **22 avr.** Sous la pression turque, proclamation d'une « République démocratique fédérative de Transcaucasie », indépendante de la Russie.

□ **29 avr.** En Ukraine, dissolution de la Rada et prise du pouvoir par l'hetman P. Skoropadski, avec le soutien de l'Allemagne.

□ **11 mai** P. Krasnov est élu ataman des cosaques du Don.

□ **25 mai** La légion tchécoslovaque (formée d'environ 50 000 anciens prisonniers de guerre), qui devait être évacuée par Vladivostok, rejoint les adversaires du régime soviétique.

□ **26 mai** Dissolution de la République démocratique fédérative de Transcaucasie, remplacée par trois Républiques indépendantes de Géorgie, d'Arménie et d'Azerbaïdjan.

□ **29 mai** Décret sur la mobilisation générale dans l'Armée rouge.

□ **30 mai** G. Tchitcherine devient commissaire du peuple aux Affaires étrangères.

□ **8 juin** Formation à Samara d'un « Comité des membres de la Constituante » (S.R. et mencheviks).

□ **23 juin** Formation à Omsk d'un « Gouvernement sibérien » composé de conservateurs et de monarchistes.

□ **Juill.** Début des attaques menées par les Blancs contre Tsaritsyne.

□ **2 août** Débarquement de troupes de l'Entente à Arkhangelsk. Mise en place d'un « gouvernement du Nord de la Russie », dirigé par le vieux populiste N. Tchaïkovski.

□ **4 août** Occupation de Bakou par les Anglais, partis de Perse.

□ **6 août** Prise de Kazan par les armées blanches.

□ **8-23 sept.** Conférence d'Oufa, réunissant les partis et les organisations antibolcheviks : compromis sur la création d'un « Directoire d'Oufa », dirigé par le S.R. N. Avksentiev.

☐ **10 sept.** 1re grande victoire de l'Armée rouge, qui reprend Kazan.

☐ **15 sept.** Les Anglais abandonnent Bakou aux Turcs.

☐ **13 nov.** Après la signature de l'armistice entre les Alliés et l'Allemagne, le gouvernement soviétique déclare nul le traité de Brest-Litovsk.

☐ **14 nov.** En Ukraine, formation d'un Directoire (avec S. Petlioura), qui renverse l'hetman P. Skoropadski et s'installe à Kiev le 14 décembre.

☐ **18 nov.** Coup d'État de l'amiral Koltchak à Omsk. Appuyé par les Alliés, il renverse le Directoire d'Oufa et se proclame « régent suprême de la Russie ».

☐ **23 nov.** Début de l'intervention française et anglaise en mer Noire.

☐ **30 nov.** Création d'un « Conseil de défense ouvrière et paysanne » présidé par Lénine.

☐ **Nov.** Offensive de l'Armée Rouge dans les pays Baltes, jusqu'au début de janvier 1919. La R.S.F.S.R. soutient la création d'éphémères régimes soviétiques en Estonie, Lettonie et Lituanie.

1919

☐ **1er janv.** Création d'une République soviétique de Biélorussie.

☐ **8 janv.** Le général A. Denikine unifie sous son commandement l'armée des volontaires et les forces du Don et du Kouban.

☐ **22 janv.** Le président américain Wilson propose de tenir aux îles des Princes une conférence de toutes les parties en conflit en Russie. Elle est refusée par les Blancs.

☐ **5 févr.** Prise de Kiev par l'Armée rouge (le Directoire ukrainien de S. Petlioura se met sous la protection de la France).

☐ **2-6 mars** À Moscou, Congrès de fondation du Komintern (IIIe Internationale, ou Internationale communiste), réunissant 52 délégués venus de 30 pays. G. Zinoviev est élu président.

☐ **4 mars** Début de l'offensive de l'amiral Koltchak, qui progresse en direction de Simbirsk et de Samara.

☐ **6 avr.** Les bolcheviks occupent Odessa, évacuée par les Français, qui se retirent également de Crimée.

☐ **28 avr.** Début de la contre-offensive de l'Armée rouge contre Koltchak.

☐ **Mai** Offensive lancée par le général blanc N. Ioudenitch en direction de Petrograd. Elle est repoussée à la fin du mois de juin.

☐ **19 mai** Début de l'offensive du général Denikine en direction de l'Ukraine et de la Volga.

☐ **26 mai** Le Conseil suprême des Alliés accorde son soutien à l'amiral Koltchak, à condition qu'il mette en place un régime démocratique et reconnaisse les droits des nationalités.

☐ **9 juin** L'Armée rouge reprend Oufa à Koltchak, qui est forcé de battre en retraite et perd l'Oural en juillet-août.

☐ **24 juin** Prise de Kharkov par les troupes de Denikine.

☐ **30 juin** Prise de Tsaritsyne par les Blancs de Denikine.

☐ **31 août** Les armées blanches occupent Kiev.

☐ **12 sept.** Nouvelle offensive lancée par Denikine en direction de Moscou. Prise de Koursk (20 septembre) et d'Orel (13 octobre), menaces sur Toula.

☐ **28 sept.** Nouvelle offensive de Ioudenitch contre Petrograd. Elle arrive aux faubourgs de la ville le 20 octobre.

☐ **11 oct.** Début de la contre-offensive de l'Armée rouge contre Denikine.

☐ **Fin oct.** Contre-offensive soviétique contre Ioudenitch, qui est rejeté en novembre en Estonie.

☐ **14 nov.** L'Armée rouge reprend Omsk à Koltchak.

☐ **17 nov.** L'Armée rouge reprend Koursk à Denikine.

☐ **8 déc.** Le Conseil suprême des Alliés fixe provisoirement la frontière orientale de la Pologne à la « ligne Curzon ».

☐ **Déc.** L'Armée rouge reprend Kharkov (le 12) et Kiev (le 16).

1920

☐ **4 janv.** L'amiral Koltchak renonce à son titre de régent suprême de la Russie au profit de Denikine.

☐ **Janv.** L'Armée rouge reprend Tsaritsyne (le 3), Krasnoïarsk (le 7) et Rostov (le 10).

☐ **2 févr.** À Dorpat, traité de paix entre la R.S.F.S.R. et l'Estonie.

☐ **7 févr.** Exécution à Irkoutsk de l'amiral Koltchak, abandonné par les Tchécoslovaques.

☐ **Févr.-mars** Les Bolcheviks reprennent le contrôle d'Arkhangelsk et de Mourmansk.

☐ **27 mars** Prise de Novorossiïsk par l'Armée rouge. Denikine se retire en Crimée, où il transmet le pouvoir au général P. Wrangel (4 avril).

☐ **6 avr.** Création d'une République d'Extrême-Orient en Sibérie orientale.

☐ **25 avr.** Début de la guerre polono-soviétique. Offensive menée par J. Pilsudski (allié à l'Ukrainien S. Petlioura) en vue de régler le problème des frontières orientales de la Pologne et de créer une fédération polono-ukrainienne.

☐ **26 avr.** Proclamation d'une République populaire soviétique du Khorezm.

☐ **28 avr.** Installation du pouvoir soviétique en Azerbaïdjan.

☐ **7 mai** Occupation de Kiev par les troupes polonaises.
Signature d'un traité de paix entre la R.S.F.S.R. et la Géorgie indépendante.

☐ **5 juin** Dans la guerre polono-soviétique, contre-offensive des troupes du front sud-ouest. Elles percent à Jitomir et reprennent Kiev le 12 juin.

☐ **Juin** Profitant de la guerre polono-soviétique, les armées blanches de Wrangel lancent, à partir de la Crimée, une offensive en Ukraine.

☐ **4 juill.** Offensive des troupes soviétiques du front ouest commandées par M. Toukhatchevski, qui arrivent aux abords de Varsovie début août. Pour Lénine, l'invasion de la Pologne doit y conduire à l'établissement d'un pouvoir soviétique et annonce la révolution en Allemagne.

☐ **12 juill.** Signature d'un traité de paix entre la R.S.F.S.R. et la Lituanie, à laquelle les Soviétiques reconnaissent un droit sur Vilna (Vilnius), revendiquée par la Pologne.

☐ **19 juill.-7 août** IIe Congrès du Komintern. Il adopte les « 21 points » de Lénine, qui posent les conditions d'adhésion à la IIIe Internationale (rupture avec le modèle social-démocrate, alignement sur le modèle bolchevik).

☐ **11 août** Signature à Riga d'un traité de paix entre la R.S.F.S.R. et la Lettonie.

☐ **16 août** « Miracle de la Vistule » : les Polonais (soutenus par une mission franco-britannique, avec le général Weygand) dégagent Varsovie et reprennent l'offensive. Fin des espoirs soviétiques de révolution européenne.

☐ **1er-8 sept.** Ier Congrès des peuples de l'Orient à Bakou.

☐ **8 oct.** Création d'une République populaire soviétique de Boukhara.

☐ **12 oct.** Armistice et préliminaires de paix polono-soviétiques à Riga.

☐ **14 oct.** À Dorpat, traité de paix entre la Finlande et la R.S.F.S.R. (qui conserve la Carélie orientale).

☐ **28 oct.** L'Armée rouge commence son offensive contre Wrangel, force l'isthme de Perekop (7-11 novembre) et occupe l'ensemble de la Crimée (17 novembre). Des navires alliés évacuent près de 140 000 civils et militaires blancs sur Constantinople.

□ **29 nov.** Proclamation de la République soviétique d'Arménie.

Civilisation et culture

1918 La révolution occupe une position centrale dans la production littéraire : *les Douze* d'A. Blok , *Christ est ressuscité* d'A. Biely, *Mystère-Bouffe* de V. Maïakovski, mis en scène par V. Meyerhold. □ A. Kollontaï : *la Famille et l'État communiste, la Nouvelle Morale et la classe ouvrière.* □ M. Chagall, commissaire aux Beaux-Arts à Vitebsk. □ Réorganisation de l'enseignement artistique. Création des Ateliers nationaux libres (devenus, en 1920, Ateliers supérieurs d'art et de technique [*Vkhoutemas*]).

□ **Févr.** Conférence du Proletkult de Moscou, qui affirme, avec A. Bogdanov, son autonomie face à l'État.

1919 L'expression des artistes ralliés à la révolution trouve de nouveaux supports, avec les trains d'agit-prop et les « fenêtres ROSTA ».

□ **Janv.** Manifeste du groupe littéraire des imaginistes. Œuvre représentative : *les Clés de Marie* de S. Essenine (1920).
□ **Mai** Fondation des Éditions d'État *(Gosizdat)*.
□ **26 août** Nationalisation des théâtres.
□ **27 août** Nationalisation de l'industrie cinématographique.

1920
□ **Oct.** Fondation de l'Association panrusse des écrivains prolétariens (VAPP) par un groupe dissident du Proletkult, la Forge *(Kouznitsa)*.
□ **Nov.** « Fête de masse » à Petrograd pour le 3e anniversaire de la révolution d'Octobre.
□ **10 déc.** Lettre du Comité central sur les Proletkults : fin de l'autonomie, soumission au parti communiste, exclusion de A. Bogdanov.

Biographie

Wrangel, Pierre Nikolaïevitch, *baron* de (1878-1928). Né dans une famille noble d'ascendance suédoise, il fait des études d'ingénieur des mines et entre ensuite dans l'armée, prenant part à la guerre russo-japonaise et se distinguant au cours de la Première Guerre mondiale en Prusse orientale et en Galicie. Après la révolution d'Octobre, il refuse d'entrer au service de l'hetman Skoropadski soutenu en Ukraine par les Allemands, et il rejoint en 1918 l'armée des volontaires. Il remplace Denikine lorsque ce dernier, réfugié en Crimée, quitte la direction des armées blanches en avril 1920. Profitant de la guerre polono-soviétique pour reconstituer ses troupes, Wrangel reprend l'offensive en Ukraine et forme un gouvernement reconnu par la France. À nouveau menacé à l'automne par l'Armée rouge (à qui l'armistice polono-soviétique rend les mains libres), il bat en retraite en Crimée et organise, en novembre 1920, l'évacuation sur Constantinople de près de 140 000 militaires et civils. Réfugié avec une partie de ses troupes et de son état-major en Turquie, puis en Yougoslavie, il renonce en 1925 à la lutte armée et s'installe en Belgique, où il meurt en 1928.

Bibliographie

M. Liebman, *le Léninisme sous Lénine,* tome 2 : *l'Épreuve du pouvoir* (Paris, 1973).

E. Mawdsley, *The Russian Civil War* (Boston, 1987).

L. Schapiro, *les Bolcheviks et l'opposition, 1917-1922* (Paris, 1986 [rééd.]).

Chapitre 24 — 1921-1924

Les débuts de la NEP ou le recul tactique

> *Nous sommes stupides et faibles ; nous avons pris l'habitude de dire que le socialisme est un bien et que le capitalisme est un mal. Mais le capitalisme n'est un mal que par rapport au socialisme ; par rapport au Moyen Âge où s'attarde encore la Russie, le capitalisme est un bien.*
>
> Lénine, *l'Impôt en nature,* 1921.

Après plus de six ans de guerre et de dévastations, le bilan est lourd pour le nouvel État, confronté à l'ampleur des pertes humaines, à la famine et aux épidémies, à la désorganisation complète de l'économie ; la production industrielle et agricole recule bien au-dessous du niveau d'avant-guerre, le mécontentement populaire s'exprime par des révoltes paysannes, des grèves ouvrières, l'insurrection des marins de Kronstadt en février-mars 1921. Le pouvoir réprime impitoyablement le soulèvement, et le Xe Congrès du parti cherche au même moment à renforcer la discipline et la cohésion de ses membres. Mais ce congrès marque aussi le lancement de la NEP (Nouvelle Politique Économique), qui doit permettre le relèvement du pays : son objectif premier est de rallier la paysannerie au régime et de restaurer la confiance, avec la fin des réquisitions, la levée d'un impôt en nature puis en argent, et la liberté de vendre les surplus. Dans le commerce et l'industrie, l'État fait une place au secteur privé, tout en gardant le contrôle des mécanismes essentiels. Dès 1924-1925, l'augmentation de la production et de la productivité témoigne d'un net redressement économique, dont bénéficie l'ensemble de la population.

Cette période est aussi celle d'une refonte des institutions, marquée par la création de l'U.R.S.S. en 1922 et par l'élaboration d'une Constitution fédérale, ratifiée en janvier 1924. Mais les réformes économiques et constitutionnelles s'accompagnent d'un durcissement de la lutte contre les opposants, d'une intensification de la pression idéologique et, dans le parti lui-même, d'un renforcement des moyens de centralisation et de contrôle. Avec la maladie de Lénine, frappé par une première attaque en mai 1922, se développent d'âpres luttes pour le pouvoir. C'est le début d'une nouvelle période au cours de laquelle Staline, devenu secrétaire général du parti en 1922, mettra progressivement en place un pouvoir absolu, avec pour toile de fond le débat sur la NEP et sur ses effets.

Vie politique et institutionnelle

1921

Création des Républiques socialistes soviétiques autonomes du Daghestan, d'Abkhazie, d'Adjarie et de Crimée.

☐ **Janv.-févr.** Profonde crise politique liée aux dissensions au sein du parti sur un fond de crise sociale.

☐ **8 févr.** Mort de P. Kropotkine. Dernière manifestation anarchiste à Moscou à l'occasion de ses funérailles.

☐ **25 févr.** Prise de Tiflis par l'Armée rouge et les bolcheviks géorgiens. Renversement du gouvernement du menchevik N. Jordania, proclamation de la République socialiste soviétique de Géorgie.

☐ **28 févr.-18 mars** Insurrection de Kronstadt : les 14 000 marins de la flotte de la Baltique et ouvriers de la base de Kronstadt se soulèvent contre le pouvoir communiste. 28 février : pétition réclamant le retour des libertés, la reconnaissance des droits des partis, l'élection de nouveaux soviets ; 2 mars : formation d'un Comité révolutionnaire provisoire, qui appelle à une nouvelle révolution. Forte influence des idées anarchistes ; 7 mars : début d'une répression sanglante dirigée par M. Toukhatchevski selon les plans de Trotski ; 18 mars : fin de l'insurrection. La répression signifie aussi la fin des activités des autres partis.

☐ **8-16 mars** Xe Congrès du parti communiste à Moscou. En même temps qu'il lance la NEP (Nouvelle politique économique), Lénine affirme la nécessité de maintenir l'unité du parti. Il fait condamner les fractions (« Opposition ouvrière », « Centralisme démocratique ») et adopter une mesure extrême (alors secrète) qui permet au Comité central d'exclure les responsables d'activités fractionnelles. Purge du parti.

1922

☐ **6 févr.** La Guépéou (GPOU : Direction Politique de l'État, devenue OGPOU en 1923) remplace la Tchéka.

☐ **12 mars** Les Républiques soviétiques de Géorgie, d'Arménie et d'Azerbaïdjan sont regroupées dans une Union fédérative de Transcaucasie.

☐ **3 avr.** Staline est élu secrétaire général du Comité central.

☐ **27 avr.** Création de la République socialiste soviétique autonome de Yakoutie.

☐ **26 mai** Une première attaque écarte Lénine de la vie politique jusqu'au début d'octobre.

☐ **9 juin-9 août** Grand procès organisé contre un groupe de S.R.

☐ **23-24 sept.** Staline présente son projet d'« autonomisation » des Républiques soviétiques, qui signifie leur absorption par la R.S.F.S.R. Il est contraint par Lénine de modifier ses vues et de préparer l'union volontaire de toutes les Républiques au sein d'une nouvelle formation étatique.

☐ **6 oct.** Ratification par le Comité central d'un nouveau projet garantissant l'égalité des Républiques fédérées. Staline et G. Ordjonikidzé refusent cependant l'entrée directe de la Géorgie dans la Fédération, et une République socialiste soviétique de Transcaucasie est créée le 13 décembre.

☐ **25 oct.** Prise de Vladivostok, évacuée par les Japonais.

☐ **15 nov.** Union de la République d'Extrême-Orient à la R.S.F.S.R.

☐ **16 déc.** Lénine est frappé par une seconde attaque.

☐ **23-26 déc.** Dans son « Testament », Lénine exprime ses inquiétudes devant l'évolution du parti et juge ses compagnons de lutte.

☐ **30 déc.** À Moscou, le Ier Congrès des soviets de l'Union approuve la déclaration et le traité d'Union entre les Républiques soviétiques de Russie, d'Ukraine, de Biélorussie et de Transcaucasie, qui forment l'U.R.S.S. (Union des Républiques socialistes soviétiques). Élection par le Congrès d'un Comité exécutif central de l'Union, présidé par M. Kalinine.

1923

☐ **4 janv.** Dans un post-scriptum à son « Testament », Lénine recommande d'écarter Staline du Secrétariat général.

☐ **5 mars** Lénine charge Trotski de la défense des communistes géorgiens devant le Comité central (contre Staline et F. Dzerjinski).

☐ **9 mars** Lénine, frappé par une 3e attaque, se voit définitivement écarté de la scène politique.

☐ **17-25 avr.** XIIe Congrès du parti communiste (en l'absence de Lénine). Unanimité de façade, renforcement du pouvoir de Staline, qui forme avec L. Kamenev et G. Zinoviev une *troïka*.

☐ **30 mai** Création de la République socialiste soviétique autonome des Bouriates.

☐ **6 juill.** Approbation du projet de constitution par le Comité exécutif central : L'U.R.S.S. est un État fédéral, garantissant l'égalité des peuples et leur droit à la sécession. Le Comité exécutif central (VTsIK), formé d'un Soviet de l'Union élu par le Congrès des soviets et d'un Soviet des nationalités, délègue ses pouvoirs à son Présidium et au Conseil des commissaires du peuple. Maintien des restrictions au suffrage universel.

☐ **25 juill.** Création de la République socialiste soviétique autonome de Carélie.

☐ **8 oct.** Trotski dénonce dans une lettre au Comité central les risques de dégénérescence du parti et la puissance du secrétaire général.

☐ **15 oct.** Dans une déclaration adressée au Bureau politique, 46 « vieux bolcheviks » (dont E. Preobrajenski, L. Serebriakov et G. Piatakov) critiquent la politique économique du parti et la « dictature » exercée par certains de ses membres.

1923-1924

☐ **Déc. 1923 - janv. 1924** Discussion publique sur le « cours nouveau » réclamé par Trotski. Le 15 décembre, Staline engage dans la *Pravda* la lutte contre le « trotskisme ».

1924

☐ **16-18 janv.** XIIIe Conférence du parti. Staline rend publique la clause secrète adoptée au Xe Congrès sur l'exclusion pour activité fractionnelle et fait condamner les « erreurs » de Trotski.

☐ **21 janv.** Mort de Lénine, qui devient l'objet d'un véritable culte. A. Rykov lui succède à la présidence du Conseil des commissaires du Peuple.

Relations extérieures

1921

☐ **26 févr.** Traité d'amitié avec la Perse.

☐ **28 févr.** Traité d'amitié avec l'Afghanistan.

☐ **16 mars** Traité d'amitié avec la Turquie.

Accord commercial avec la Grande-Bretagne, négocié par L. Krassine. Première brèche importante dans l'isolement de la Russie soviétique.

☐ **18 mars** Traité de Riga avec la Pologne. La frontière, à l'est de la « ligne Curzon », rattache à la Pologne des territoires peuplés d'Ukrainiens et de Biélorusses.

☐ **6 mai** Accord commercial provisoire avec l'Allemagne.

☐ **22 juin-12 juill.** IIIe Congrès du Komintern à Moscou. Tenant compte du reflux révolutionnaire en Europe, il prône la consolidation des partis communistes.

☐ **3-19 juill.** Congrès de fondation de l'Internationale syndicale rouge (Profintern), à Moscou.

☐ **5 nov.** Traité d'amitié et de coopération avec la Mongolie.

1922

☐ **10 avr.-19 mai** Conférence de Gênes pour le redressement économique de l'Europe, avec la participation d'une délégation soviétique. Pas de solution au problème des emprunts russes.

☐ **16 avr.** En marge de la Conférence de Gênes, signature du traité de Rapallo avec l'Allemagne : rétablissement des relations diplomatiques, développement des relations économiques et commerciales. Des tractations secrètes aboutiront à une coopération militaire.

☐ **15 juin-20 juill.** Une Conférence tenue à La Haye n'arrive pas à régler le problème des dettes de la Russie tsariste.

1923

☐ **27 janv.** Accord entre l'U.R.S.S. et Sun Yat-sen en Chine du Sud. Envoi de conseillers militaires soviétiques à Canton, alliance du parti communiste chinois avec le Kuo-min-tang nationaliste.

☐ **Mai** Tension dans les relations de l'U.R.S.S. avec l'Europe occidentale : dénonciation par la Grande-Bretagne de la « propagande antibritannique » en Inde, en Iran et en Afghanistan ; assassinat le 10 mai à Lausanne du diplomate soviétique V. Vorovski par un émigré blanc.

☐ **1er août** Signature par l'U.R.S.S. (mais sans ratification par le gouvernement soviétique) de la convention des Détroits négociée à la conférence de Lausanne (novembre 1922 – juillet 1923) : démilitarisation des Détroits, libre circulation des navires de guerre et de commerce.

Économie et société

1921

☐ **Janv.-févr.** Agitation sociale dans les villes et dans les campagnes.

☐ **22 févr.** Création d'une Commission d'État à la planification (Gosplan).

☐ **8-16 mars** Xe Congrès du parti. Lénine fait adopter ses vues sur le rôle des syndicats, « école du communisme ». Le Congrès marque la fin du communisme de guerre et le début d'une nouvelle politique économique (NEP). Objectifs : retrouver la confiance de la paysannerie, lui permettre de ravitailler librement le marché et faciliter l'essor industriel par la restauration des relations commerciales entre la ville et la campagne. Tout en acceptant certaines formes de retour à l'entreprise privée et l'appel aux spécialistes étrangers, l'État garde le contrôle des banques, des transports, des grandes entreprises industrielles et du commerce extérieur.

☐ **21 mars** Décret remplaçant les réquisitions de produits agricoles par un impôt en nature, qui sera progressivement transformé en impôt en argent.

☐ **28 mars** Décret autorisant le libre échange des produits agricoles.

☐ **7 avr.** Décret restaurant l'indépendance des coopératives de consommateurs.

☐ **17 mai** Révocation du décret de novembre 1920 sur la nationalisation de la petite industrie.

☐ **5 juill.** Décret autorisant la cession à bail d'entreprises d'État à des personnes privées.

☐ **7 juill.** Décret autorisant la création de petites entreprises privées dans l'artisanat et l'industrie (employant jusqu'à 20 ouvriers, ou 10 si elles sont mécanisées).

☐ **Été** Récolte désastreuse. La famine touche plus de 30 millions d'habitants et fera 5 millions de morts, malgré la mobilisation nationale et internationale : signature en août d'un accord avec l'American Relief Administration (A.R.A.).

□ **9 août** Instruction du Conseil des commissaires du peuple sur les principes de la NEP.

□ **12 août** Définition par le Conseil du travail et de la défense (STO) des nouveaux principes de fonctionnement de la grande industrie : les entreprises d'État reçoivent une complète autonomie de gestion et sont invitées à travailler sur des bases commerciales, tandis que sont favorisés les regroupements en vastes trusts.

□ **2 sept.** Nouveau statut des universités.

□ **4 oct.** Décret sur la réouverture d'une banque d'État (Gosbank).

□ **10 déc.** Reprivatisation de toutes les entreprises employant jusqu'à 10 salariés.

1922

Publication d'un Code civil, d'un Code pénal et d'un nouveau Code du travail.

□ **26 févr.** Décret sur la confiscation des trésors des églises pour venir en aide aux affamés. La résistance du patriarche Tikhon sert de prétexte à une violente campagne antireligieuse.

□ **1er mai** Mise en service de la centrale électrique de Kachira, près de Moscou.

□ **19 mai** Création de l'organisation communiste des « Pionniers », destinée à encadrer les écoliers.

□ **11 oct.** Décret sur la mise en circulation par la Banque d'État d'une nouvelle monnaie papier, le *tchervonets,* correspondant à l'ancienne pièce de 10 roubles, gagée sur l'or et des devises étrangères. Non convertible, le *tchervonets* sert aux grandes transactions. Les prix en 1922 ont été multipliés par 200 000 par rapport à 1913.

□ **1er déc.** Entrée en vigueur du Code agraire, qui laisse le paysan libre de choisir entre exploitation individuelle et exploitation collective, et autorise l'emploi d'ouvriers agricoles.

1923

Ouverture de la première ligne aérienne soviétique.
Plan d'alphabétisation de tous les habitants de 18 à 35 ans avant 1927.

□ **Janv.** Instauration d'un monopole d'État sur l'alcool.

□ **10 avr.** Décret précisant le statut des trusts d'État.

□ **17-25 avr.** Au XIIe Congrès du parti communiste, Trotski analyse la « crise des ciseaux » (hausse des prix industriels, baisse des prix agricoles) qui atteindra son point culminant à l'automne. La crise se résoudra en 1924 avec l'intervention de l'État qui pèsera sur les prix industriels et favorisera le relèvement des prix agricoles.

□ **16 juin** Le patriarche Tikhon reconnaît ses « fautes » passées et fait une déclaration de loyalisme envers le régime. Il est libéré peu après.

□ **19 août** Ouverture à Moscou de la 1re Exposition de l'agriculture.

Civilisation et culture

1921 Fondation à Moscou de l'institut Marx-Engels et de l'Institut des professeurs rouges. □ Formation à Petrograd du groupe littéraire « les Frères de Sérapion ». □ Création par le bolchevik A. Voronski de la revue *Krasnaïa Nov* (« Terre vierge rouge »), qui accueillera les « compagnons de route », écrivains non communistes ralliés au régime. □ Épanouissement de l'école « formaliste » avec I. Tynianov, B. Eikhenbaum, V. Chklovski. □ Publication à Prague du recueil *Smena Vekh* (« Changement de Jalons », par des émigrés prônant la collaboration avec le nouveau régime dans une perspective nationaliste. □ Fondation de la FEKS (Fabrique de l'acteur excentrique) par G. Kozintsev, L. Trauberg et S. Ioutkévitch. □ *La Formule du prolétariat de Petrograd,* peinture de P. Filonov (1920-1921).

□ **7 août** Mort du poète A. Blok.

□ **24 août** Exécution du poète acméiste N. Goumiliev, accusé de complot.

□ **Oct.** M. Gorki, malade et en désaccord avec la politique suivie par le parti, quitte la Russie.

1922 Fondation du Front artistique de gauche (LEF), par V. Maïakovski et O. Brik. □ *L'Année nue,* roman de B. Pilniak. □ *Train blindé n° 14-69,* nouvelle de V. Ivanov. □ *Kotik Letaïev,* récit autobiographique d'A. Biely. □ Publication des poésies de M. Tsvétaïeva *(Verstes)* et d'A. Akhmatova *(Anno Domini MCMXXI).* □ Décors constructivistes de L. Popova pour *le Cocu magnifique* de F. Crommelynck, mis en scène par V. Meyerhold. □ Mise en place de la censure (*Glavlit :* Direction générale des affaires littéraires). □ Expulsion massive à l'étranger de personnalités du monde littéraire, scientifique ou religieux (entre autres, les philosophes N. Berdiaïev et S. Boulgakov).

□ **1er mai** 1re exposition à Moscou des peintres de l'Association des artistes de la Russie révolutionnaire (AKhRR).

1923 Publication du journal *Na Postou* (« En sentinelle ») par les écrivains prolétariens du groupe Octobre, qui prennent le contrôle de l'Association des écrivains prolétariens et attaquent systématiquement les « compagnons de route ». Ces derniers créent un nouveau groupe littéraire, *Pereval* (« le Passage du col »). □ *Tchapaïev,* roman historique de D. Fourmanov sur le héros de la guerre civile. □ Fondation de l'Association des musiciens prolétariens. □ Création de l'Association des nouveaux architectes (avec N. Ladovski et N. Dokoutchaïev).

Biographie

Lounatcharski, Anatole Vassilievitch (1875-1933). Gagné très jeune au marxisme, il fait, à Zurich, des études de philosophie. Après trois ans de déportation à Vologda (1901-1904), il se rallie aux bolcheviks et déploie en même temps que son travail de propagande une activité intellectuelle considérable, écrivant sur l'art, la philosophie, la religion ou la littérature. Des désaccords avec Lénine l'éloignent pour un temps des rangs bolcheviks, et il participe avec A. Bogdanov et M. Gorki à l'organisation des écoles de propagande de Capri et de Bologne en 1910-1911, contribuant avec son ouvrage *Religion et Socialisme* au mouvement des « constructeurs de Dieu ». Rentré en Russie en 1917, il devient après la révolution d'Octobre commissaire du peuple à l'Instruction publique. Défendant en matière scolaire l'importance de la formation générale, partisan d'une « culture prolétarienne », il permet néanmoins dans la vie culturelle soviétique l'expression d'un relatif pluralisme, afin d'attirer vers le nouveau régime des intellectuels non communistes. Critiqué avant même la fin de la NEP tant pour sa politique scolaire que pour sa politique culturelle, Lounatcharski démissionne en 1929 du commissariat à l'Instruction, travaille un temps à l'Académie des sciences et meurt en 1933.

Bibliographie

C. de Boisanger, *Vivre en Russie au temps de la NEP* (Paris, 1981).

I. et P. Sorlin, *Lénine, Trotski, Staline, 1921-1927* (Paris, 1972).

Chapitre 25 **1924-1929**

L'ascension de Staline

> *Le socialisme dans un seul pays*
>
> Staline

La lutte pour la succession a commencé avant la mort de Lénine, qui exprime, dès 1922-1923, son inquiétude devant l'évolution du parti. L'ascension de Staline se fera par étapes, l'une de ses grandes forces étant, dès 1924, de se poser en humble porte-parole du léninisme, soucieux des intérêts du parti, sachant rester en retrait lors des grandes controverses pour jouer ensuite un rôle apparemment modérateur. Il emploie en même temps ses fonctions de secrétaire général à un patient investissement de l'appareil, contrôlant peu à peu les rouages d'une organisation qui se renouvelle profondément avec l'arrivée massive de nouveaux membres à la conscience politique encore limitée, plus dociles que les vétérans de la révolution ou de la guerre civile. Moins brillant que nombre de ses adversaires, Staline est, en revanche, plus proche d'une base qu'il sait mobiliser dans de grandes certitudes, n'hésitant pas à utiliser des méthodes répressives héritées des années précédentes contre de nouveaux « ennemis », non plus extérieurs mais intérieurs au parti.

Les rivalités de personnes se doublent de controverses politiques et économiques, relevant de choix décisifs pour l'avenir de l'U.R.S.S. (poursuite ou abandon de la NEP, possibilité de construire le socialisme dans un seul pays, rôle du Komintern). Mais les débats sont souvent empreints de confusion et d'ambiguïté, alliances et retournements d'alliances se succédant dans une lutte sans merci pour le pouvoir : la *troïka* Staline – Zinoviev – Kamenev contre Trotski en 1924-1925 ; la rupture de 1925, Staline écartant les adversaires de la NEP regroupés en 1926-1927 en une « Opposition unifiée » (avec Trotski, Zinoviev et Kamenev, et l'« Opposition ouvrière » de Chliapnikov), qui s'effondre fin 1927 ; le revirement de 1928, par lequel Staline abandonne l'alliance avec la paysannerie, engageant le pays sur la voie de l'industrialisation accélérée, de la planification et de la collectivisation, avant d'éliminer, en 1929, l'« opposition de droite » attachée à la défense de la NEP, avec Boukharine, Rykov et Tomski. Staline se pose dès lors en maître du parti et lance le pays tout entier dans l'épreuve d'une nouvelle bataille.

Vie politique et institutionnelle

1924

□ **26 janv.** Petrograd prend le nom de Leningrad.

□ **26 janv.-2 févr.** IIe Congrès des soviets de l'Union. Staline s'y présente en fidèle héritier du léninisme. Ratification de la Constitution de l'U.R.S.S.

□ **Fin janv.** Lancement par le parti d'une campagne de recrutement massif dans les milieux ouvriers.

□ **9 févr.** Création de la République socialiste soviétique autonome du Nakhitchevan.

□ **1er avr.** 1er numéro du *Bolchevik,* organe du Comité central du parti communiste.

□ **23-31 mai** XIIIe Congrès du parti. Le « Testament » de Lénine n'est pas rendu public, Staline est confirmé dans ses fonctions de secrétaire général.

□ **Août-sept.** Soulèvement anticommuniste en Géorgie, rapidement écrasé par les troupes soviétiques.

□ **12 oct.** Création de la République socialiste soviétique autonome de Moldavie.

□ **14 oct.** Création de la République socialiste soviétique autonome du Tadjikistan.

□ **27 oct.** Création des Républiques socialistes soviétiques d'Ouzbékistan et de Turkménie.

□ **Oct.** Dans la préface au tome III de ses œuvres, intitulée *les Leçons d'octobre,* Trotski attaque Zinoviev et Kamenev, qui lancent une vigoureuse contre-offensive en novembre-décembre. Ils sont appuyés avec modération par Staline, qui commence à élaborer la théorie du « socialisme dans un seul pays ».

1925

□ **15 janv.** Trotski donne sa démission de commissaire du peuple à la Guerre. Il est remplacé le 26 janvier par M. Frounzé, lui-même remplacé dans l'année par K. Vorochilov.

□ **10 avr.** Tsaritsyne prend le nom de Stalingrad.

□ **21 avr.** Création de la République socialiste soviétique autonome des Tchouvaches.

□ **27-29 avr.** XIVe Conférence du parti, confirmant l'effacement de Trotski et approuvant la « construction du socialisme dans un seul pays ». Divergences au sein de la troïka, Staline soutenant contre Kamenev et Zinoviev la « droite » favorable, avec N. Boukharine, à la poursuite de la NEP.

□ **18-31 déc.** XIVe Congrès du parti, qui compte 1 080 000 membres et stagiaires, et devient le « parti communiste (bolchevik) de l'U.R.S.S. ». Échec des attaques de la « Nouvelle Opposition » (Kamenev et Zinoviev) contre Staline. Kamenev est rétrogradé au rang de membre suppléant du Bureau politique. Zinoviev perd le contrôle de l'appareil de Leningrad, dont l'épuration est confiée à S. Kirov.

1926

□ **1er févr.** Création de la République socialiste soviétique autonome de Kirghizie.

□ **Avr.** Formation d'une « Opposition unifiée », par le rapprochement entre Trotski et Kamenev-Zinoviev. Elle réclame le développement de l'industrie lourde, la lutte contre les koulaks, l'aide aux mouvements révolutionnaires mondiaux.

□ **14-23 juill.** Plénum du Comité central : violentes controverses (F. Dzerjinski meurt d'une crise cardiaque) et condamnation des méthodes « illégales » de l'Opposition unifiée, qui a publié son programme dans la « Déclaration des 13 ». Zinoviev est exclu du Bureau politique.

□ **16 oct.** L'Opposition unifiée, dans une autocritique, désavoue ses « manœuvres scissionnistes ».

□ **18 oct.** Publication par le *New York Times* du « Testament » de Lénine. Trotski est accusé de duplicité par Staline.

□ **23-26 oct.** Plénum du Comité central : Trotski et Kamenev sont exclus du Bureau politique, Zinoviev perd la présidence de l'Internationale communiste .

□ **26 oct.-3 nov.** XVe Conférence du parti communiste, confirmant la victoire de Staline sur l'Opposition unifiée.

1927

□ **Printemps** Staline, attaqué par Trotski pour sa politique chinoise, utilise les échecs internationaux de l'U.R.S.S. (rupture des relations diplomatiques avec la Grande-Bretagne) pour souligner la nécessaire unité du parti contre la « menace de guerre ».

□ **3 sept.** Dans une plate-forme adressée au Comité central, les chefs de l'opposition reprennent leurs critiques contre Staline.

□ **21-23 oct.** Plénum au cours duquel Trotski et Zinoviev sont exclus du Comité central.

□ **7 nov.** Pour le 10e anniversaire de la Révolution, les leaders de l'Opposition unifiée organisent des manifestations de rue à Moscou et à Leningrad.

□ **12-14 nov.** Plénum du Comité central : Trotski et Zinoviev sont exclus du parti, Kamenev et Rakovski sont exclus du Comité central.

□ **2-19 déc.** Le XVe Congrès du parti consacre la défaite totale des opposants. Exclusion du parti de 75 « trotskistes-zinoviévistes » (dont L. Kamenev, G. Piatakov, K. Radek et C. Rakovski), ainsi que des partisans du groupe « Centralisme démocratique ». Certains, comme Kamenev et Zinoviev, feront leur autocritique et seront réintégrés en 1928.

1928

□ **17 janv.** Trotski quitte Moscou pour un exil forcé à Alma Ata. Les arrestations d'opposants se multiplient.

□ **Printemps-été** Aggravation des divergences au sein du parti sur les grands choix économiques. Staline affirme la nécessité d'accélérer le développement de l'industrie lourde et la collectivisation de l'agriculture. La « droite », avec N. Boukharine, A. Rykov et M. Tomski, défend la poursuite de la NEP et de l'alliance avec la paysannerie.

□ **18 mai-6 juill.** Procès Chakhty : accusation de sabotage industriel portée contre 53 ingénieurs et techniciens du Donbass. 11 condamnations à mort, 5 exécutions.

□ **11 juill.** Entrevue secrète entre N. Boukharine et L. Kamenev.

□ **30 sept.** Le conflit entre la « droite » et Staline est porté au grand jour par la publication dans la *Pravda* des *Notes d'un économiste,* de N. Boukharine.

□ **16-24 nov.** Staline fait condamner par un plénum du Comité central « l'opportunisme de droite » sans dénoncer nommément les chefs droitistes.

1929

□ **22 janv.** Trotski, frappé par une mesure d'expulsion vers la Turquie, quitte Alma Ata pour Constantinople.

□ **16-23 avr.** Un plénum du Comité central condamne la « déviation de droite » et décide de démettre N. Boukharine de ses fonctions à la *Pravda* et au Komintern. Une épuration est ordonnée par la XVIe Conférence du parti (23-29 avril).

□ **10-17 nov.** Un plénum du Comité central exclut N. Boukharine du Bureau politique et réitère ses accusations contre les 3 leaders de la « droite » (Boukharine, Rykov et Tomski), qui publient une autocritique complète le 26 novembre.

□ **5 déc.** Création de la République socialiste soviétique du Tadjikistan.

☐ **21 déc.** Le 50ᵉ anniversaire de la naissance de Staline est marqué par les débuts du culte de la personnalité.

Politique extérieure

1924

☐ **2 févr.** Établissement de relations diplomatiques avec la Grande-Bretagne.

☐ **7 févr.** Établissement de relations diplomatiques avec l'Italie.

☐ **31 mai** Établissement de relations diplomatiques avec la Chine. Administration conjointe du chemin de fer de l'Est chinois.

☐ **17 juin-8 juill.** Vᵉ Congrès du Komintern, marqué par une offensive contre les éléments « trotskistes ».

☐ **8 août** Nouvel accord commercial avec la Grande-Bretagne. Les conservateurs britanniques empêchent cependant sa ratification en octobre, après la publication de la « lettre Zinoviev » (par laquelle le Komintern aurait invité les communistes anglais à préparer un soulèvement dans l'armée).

☐ **28 oct.** Établissement de relations diplomatiques avec la France.

1925

☐ **20 janv.** Accord sur le rétablissement de relations diplomatiques avec le Japon, qui achève d'évacuer en mai le nord de l'île de Sakhaline.

☐ **12 oct.** Nouvel accord commercial avec l'Allemagne.

1926

☐ **20 mars** Tchang Kaï-chek, nouveau dirigeant du Kuo-min-tang, lance un coup de force contre les communistes chinois de Canton et les conseillers soviétiques.

☐ **24 avr.** Traité de neutralité avec l'Allemagne (traité de Berlin).

☐ **Mai** La Grande-Bretagne accuse l'U.R.S.S. de soutenir les syndicats britanniques qui ont déclenché une grève générale le 4 mai.

☐ **28 sept.** Signature d'un pacte de non-agression avec la Lituanie.

☐ **Oct.** G. Zinoviev perd la présidence du Komintern. Il est remplacé par N. Boukharine.

1927

☐ **12 avr.** Le massacre des militants communistes chinois à Chang-hai par les forces de Tchang Kaï-chek rend manifeste l'échec de la politique stalinienne en Chine.

☐ **27 mai** Après une perquisition à Londres au siège de la société soviétique Arcos, la Grande-Bretagne rompt ses relations diplomatiques avec l'U.R.S.S.

☐ **Mai** Participation de l'U.R.S.S. à la Conférence économique internationale de Genève.

☐ **7 juin** Assassinat par un émigré blanc de P. Voïkov, représentant de l'U.R.S.S. à Varsovie.

☐ **10-12 nov.** Congrès mondial des amis de l'U.R.S.S. à Moscou.

☐ **30 nov.** M. Litvinov, adjoint du commissaire aux Affaires étrangères G. Tchitcherine, présente à la S.D.N. un plan quadriennal de suppression totale des forces armées.

☐ **Déc.** Écrasement par le Kuo-min-tang d'une insurrection communiste à Canton, qui marque un refroidissement des relations entre l'U.R.S.S. et la Chine.

1928

☐ **17 juill.-1ᵉʳ sept.** VIᵉ Congrès du Komintern. Adoption du programme de l'Internationale communiste, rupture avec les éléments « droitistes », retour à une tactique offensive qui prend pour cible la social-démocratie.

☐ **6 sept.** Après l'avoir critiqué, l'U.R.S.S. se joint au pacte Briand-Kellogg de renonciation à la guerre.

1929

☐ **9 févr.** Signature du « protocole

Litvinov » par l'U.R.S.S., la Pologne, la Roumanie, la Lettonie et l'Estonie, qui s'engagent à appliquer avant terme le pacte Briand-Kellogg.

☐ **27 mai** Raid chinois contre le consulat soviétique de Kharbine.

☐ **10-11 juill.** Mainmise chinoise sur le chemin de fer de l'Est chinois, qui entraîne, le 17 juillet, la rupture des relations diplomatiques entre l'U.R.S.S. et la Chine.

☐ **3 oct.** Reprise des relations diplomatiques avec la Grande-Bretagne.

☐ **22 déc.** Protocole de Khabarovsk entre l'U.R.S.S. et la Chine. Après des affrontements armés à la frontière soviéto-chinoise et l'entrée des troupes soviétiques en Mandchourie, retour au statu quo ; administration conjointe du chemin de fer de l'Est chinois.

Économie et société

1924

L'U.R.S.S. compte 1 200 000 chômeurs. Création de l'ordre du Drapeau rouge.

☐ **5-22 févr.** Réforme monétaire : retrait et destruction des *sovznaki* après échange contre une nouvelle monnaie divisionnaire du *tchervonets* à raison d'un nouveau rouble pour 50 000 anciens. Retour à la stabilité monétaire.

☐ **Avr.** Fondation de la Ligue des sans-dieu.

☐ **7 avr.** Mort du patriarche Tikhon, qui n'est pas remplacé. Dans son « testament », il appelle à la loyauté envers le régime soviétique.

1925

☐ **Avr.** N. Boukharine déclare : « Aux paysans, à tous les paysans, nous devons dire : enrichissez-vous. » Cette politique de conciliation avec la paysannerie est approuvée par la XVIe Conférence du parti (27-29 avril).

☐ **10 juill.** Fondation de l'Agence télégraphique de l'Union soviétique (TASS).

☐ **23 sept.** Loi sur le service militaire obligatoire de 2 ans.

☐ **6 déc.** Mise en service de la centrale électrique Lénine à Chatoura, près de Moscou.

☐ **18-31 déc.** Au XIVe Congrès du parti, Staline prône une industrialisation massive.

1926

1er recensement de l'U.R.S.S. : la population s'élève à 147 millions d'habitants. La population rurale représente 82 % du total et la population urbaine, 18 %.

☐ **18 juin** Impôt spécial sur les profits des *nepmen*.

☐ **6 juill.** Inauguration de la 1re ligne de chemin de fer électrifiée entre Bakou et Sabountchi.

☐ **19 nov.** Nouveau Code de la famille, encore plus libéral pour les mariages et les divorces que celui de 1918.

☐ **19 déc.** Mise en service de la centrale hydroélectrique sur le Volkhov.

1927

Expérience de prêt de matériel agricole par le sovkhoze Chevtchenko près d'Odessa, à l'origine des « Stations de machines et de tracteurs » (MTS) organisées en 1929.
Début de la construction de la centrale hydroélectrique Lénine, sur le Dniepr (Dnieprogues). Le chantier devient un modèle d'« héroïsme du travail ».
À la suite de mauvaises récoltes et de la réduction des prix d'achat par l'État, baisse des livraisons de céréales. Le pain manque à nouveau dans les villes au début de 1928.

☐ **30 mars** Libération du métropolite Serge (arrêté en décembre 1926), qui prônera la soumission la plus complète aux autorités soviétiques pour assurer la survie de l'Église orthodoxe.

☐ **18-26 avr.** Le IVe Congrès des soviets adopte le principe d'un plan de 5 ans auquel travaillent les économistes du VSNKh (Conseil supérieur de l'économie nationale, dirigé par V. Kouibychev) et du Gosplan (présidé par G. Krjijanovski).

☐ **16 oct.** Annonce du passage progressif à la journée de 7 heures de travail.

☐ **2-19 déc.** Le XVe Congrès du parti approuve l'élimination des éléments capitalistes de l'économie et donne la priorité à l'industrie lourde et à une collectivisation progressive (en 10 à 15 ans) de l'agriculture.

1928

Début d'une attaque frontale contre l'islam : fermeture de mosquées, interdiction du pèlerinage à La Mecque.

☐ **Janv.** Staline, lors d'une tournée dans l'Oural et en Sibérie, lance une violente campagne contre les paysans qui refusent de livrer leur blé : dénonciation des « koulaks », retour aux réquisitions, arrestation des récalcitrants (méthode appelée par la suite « ouralo-sibérienne »).

☐ **4-12 juill.** Plénum du Comité central. La « droite » (Boukharine, Tomski et Rykov) attaque la politique économique de Staline, qui se défend de vouloir abandonner la NEP.

☐ **1er sept.** Création de l'ordre du Drapeau rouge du travail.

☐ **30 sept.** Publication, par la *Pravda,* des *Notes d'un économiste* de N. Boukharine, qui réaffirme la nécessité de ne pas rompre avec la paysannerie.

☐ **1er oct.** Point de départ officiel du 1er plan quinquennal. Les conceptions volontaristes et autoritaires l'emportent, avec la définition arbitraire d'objectifs ambitieux (dénoncée par le statisticien N. Kondratiev). Priorité absolue à l'industrie lourde (78 % des investissements industriels), collectivisation lente de l'agriculture (17,5 % des terres exploitées), qui sera bien vite accélérée dans la pratique.

☐ **4 nov.** Mise en service de l'usine d'équipements électriques de Moscou.

☐ **10-24 déc.** VIIIe Congrès des syndicats. Mise en cause de Tomski, qui sera officiellement évincé de la direction des syndicats en juin 1929.

☐ **15 déc.** Nouveau Code agraire restreignant les facilités accordées aux paysans en 1922.

1929

Début de la construction du combinat métallurgique et de la ville de Magnitogorsk.
Retour au rationnement du pain dans les villes.

☐ **8 avr.** Décret réglant la vie religieuse et renforçant le contrôle des autorités sur les paroisses. En mai, un amendement à l'article 13 de la Constitution substituera à la liberté de religion et de non-religion la liberté de confession religieuse et de propagande antireligieuse.

☐ **23-29 avr.** La XVIe Conférence du parti approuve le plan en cours (dont les objectifs sont révisés à la hausse) et lance un appel à la généralisation de « l'émulation socialiste ».

☐ **20-28 mai** Approbation du 1er plan quinquennal par le Ve Congrès des soviets.

☐ **5 juin** Les pressions se renforcent pour une collectivisation plus rapide : arrêté sur l'organisation des Stations de machines et de tracteurs ; les MTS, entreprises d'État où est concentré le matériel agricole, passent des contrats avec les kolkhozes pour l'exécution des gros travaux.

☐ **27 août** Introduction de la production continue par roulement des équipes. La « semaine de 5 jours » enlève au dimanche son caractère de jour férié régulier.

☐ **Sept.** Renforcement des pouvoirs du directeur d'entreprise.

□ **13 sept.** A. Lounatcharski est relevé de ses fonctions de commissaire du peuple à l'Instruction. En 1929-1930, une grande partie de l'enseignement technique passe sous le contrôle des organes du VSNKh.

□ **7 nov.** Dans la *Pravda*, Staline évoque le « tournant radical » en cours dans la collectivisation des campagnes. Un plénum du Comité central (10-17 novembre) décide d'en accélérer le rythme et de créer un Commissariat du peuple à l'Agriculture (mis en place en décembre avec J. Iakovlev).

□ **5-10 déc.** 1er Congrès des Brigades de choc à Moscou. La fin de l'année voit se répandre le mot d'ordre : « le plan quinquennal en 4 ans ! ».

□ **27 déc.** Staline annonce la généralisation de la collectivisation et le passage à la « liquidation des koulaks en tant que classe ».

Civilisation et culture

1924 Fondation du Centre littéraire des constructivistes (LTsK). □ *V.I. Lénine*, poème de V. Maïakovski. □ *Les Blaireaux*, roman de L. Leonov. □ *Les Villes et les Années*, roman de C. Fedine. □ *Retour au pays natal, la Russie des soviets, la Russie qui s'en va*, poésies de S. Essenine. □ S. Eisenstein tourne son premier grand film, *la Grève*. □ *Les Aventures extraordinaires de Mr West au pays des bolcheviks*, film de L. Koulechov. □ Fondation de l'Association de musique contemporaine par des artistes refusant l'idée d'une « musique prolétarienne ». □ Ralliement au régime de l'historien ukrainien M. Hrouchevski.

1925 *La Garde blanche*, roman de M. Boulgakov. □ *Le Ciment*, roman de F. Gladkov. □ *Le Cuirassé Potemkine*, film de S. Eisenstein. □ Fondation de l'Association des architectes contemporains (OSA) par les constructivistes A. Vesnine et M. Guinzbourg.

□ **18 juin** Résolution du Comité central « sur la politique du parti dans le domaine de la littérature » : elle recommande la tolérance envers les « compagnons de route », contre les plus virulents des écrivains prolétariens qui s'organisent en Association des écrivains prolétariens de Russie (RAPP).

□ **28 déc.** Suicide du poète S. Essenine.

1926 *Cavalerie rouge*, recueil de récits d'I. Babel. □ *Les Journées des Tourbine*, pièce de théâtre de M. Boulgakov. □ *Le Conte de la lune non éteinte*, de B. Pilniak. □ *La Mère*, film de V. Poudovkine, d'après le roman de M. Gorki. □ *La Fonderie*, épisode symphonique d'A. Mossolov.

1927 *L'Envie*, roman de I. Olecha. □ *La Défaite*, roman d'A. Fadeïev sur la guerre civile. □ *L'Année 1905*, poème de B. Pasternak. □ *La Fin de Saint-Pétersbourg*, film de V. Poudovkine. □ *Octobre*, film de S. Eisenstein. □ *À Octobre*, symphonie de D. Chostakovitch. □ *La Déléguée*, peinture de G. Riajski. □ *La Mort du commissaire*, peinture de K. Petrov-Vodkine. □ Immeuble des Izvestia à Moscou.

1928 Début de la publication du *Don paisible*, roman de M. Cholokhov. □ *Les Douze Chaises*, roman satirique sur la société de la NEP (I. Ilf et E. Petrov). □ *La Punaise*, pièce satirique de V. Maïakovski. □ *Le Lieutenant Kijé*, roman du formaliste I. Tynianov. □ Manifeste de l'OBERIOU (Union de l'Unique Art Réel). □ *Tempête sur l'Asie*, film de V. Poudovkine. □ *La Défense de Petrograd*, peinture d'A. Deneïka. □ Visite à Moscou de Le Corbusier, qui fait le projet de l'immeuble du *Tsentrosoïouz.* □ Séjour en U.R.S.S. de M. Gorki, qui finit par se rallier au régime au début des années 30.

1929 Campagne d'intimidation de l'Association des écrivains prolétariens contre les « compagnons de route ». Mise en accusation de E. Zamiatine, qui émigre en 1931, et de B. Pilniak, qui se soumet et écrit *La Volga se jette dans la mer Caspienne,* concession à l'esprit nouveau des années du « grand tournant ». □ Début de la publication de *Pierre Ier,* vaste fresque historique d'A. Tolstoï. □ *La Ligne générale,* film de S. Eisenstein. □ *L'Homme à la caméra,* film de D. Vertov. □ Fondation de l'Union des architectes prolétariens de Russie, qui dénonce le « formalisme » en architecture.

Biographie

Trotski, Léon Davidovitch Bronstein, dit (1879-1940). Né dans une famille paysanne juive d'Ukraine méridionale, il milite dès ses études dans les milieux ouvriers de Nikolaïev, est arrêté en 1898 et devient marxiste en prison. Déporté en Sibérie, il s'évade en 1902 (prenant le nom de Trotski) et gagne Londres, où est alors installée la direction de l'*Iskra* avec Lénine. En 1903, il soutient la fraction menchevik du P.O.S.D.R., mais s'en écarte dès 1904 et commence à élaborer, sous l'influence de Parvus, sa théorie de la « révolution permanente ». De retour en Russie lors de la révolution de 1905, il préside le soviet de Saint-Pétersbourg avant d'être arrêté et condamné à une nouvelle déportation en Sibérie. Il se réfugie en Europe occidentale, adoptant une position « centriste » au congrès du P.O.S.D.R. à Londres en 1907, et finit par s'installer à Vienne. Il cherche alors, sans succès, à réaliser contre les bolcheviks l'unité de la social-démocratie russe (« bloc d'août », 1912). Chassé d'Autriche par la déclaration de guerre, il préconise la « lutte pour la paix » et participe en 1915 à la conférence de Zimmerwald. Il regagne la Russie et fait partie de l'organisation des internationalistes *mejraïontsy* qui rejoint officiellement les bolcheviks en juillet (août) 1917. Membre du Comité central, élu président du soviet de Petrograd, il joue un rôle essentiel dans l'insurrection d'octobre et devient commissaire du peuple aux Affaires étrangères. En désaccord avec Lénine, Trotski démissionne de ses fonctions après la paix de Brest-Litovsk. Il est alors nommé commissaire à la Guerre : véritable organisateur de l'Armée rouge, il participe personnellement aux victoires de la guerre civile. S'il défend avec éclat ses idées dans les grands débats des années 20, il se révèle piètre tacticien dans la lutte pour le pouvoir. Dépouillé de 1925 à 1927 de ses fonctions dans le parti et dans l'État, il est exilé à Alma Ata puis expulsé en 1929 vers la Turquie. Échouant à faire de la IVe Internationale une organisation de poids contre la « dégénérescence stalinienne », il est assassiné en août 1940 au Mexique par Ramon Mercader.

Bibliographie

S.F. Cohen, *Nicolas Boukharine, la vie d'un bolchevik* (Paris, 1979).

R.C. Tucker, *Staline révolutionnaire, 1879-1929* (Paris, 1975).

Chapitre 26 **1930-1934**

La formation de l'U.R.S.S. stalinienne

> *Le Parti disait tout net que cette entreprise exigerait de sérieux sacrifices et que, si nous voulions atteindre le but, nous devrions consentir ces sacrifices ouvertement et en toute conscience.*
>
> Staline, 7 janvier 1953

La mise en œuvre du premier plan quinquennal – officiellement lancé le 1er octobre 1928 – marque un tournant décisif dans l'histoire de l'U.R.S.S. La priorité est donnée à l'industrialisation et, en particulier, à une industrie lourde guidée par d'ambitieux objectifs. Cette mutation exige un gigantesque effort, une main-d'œuvre nombreuse dont il faut améliorer la qualification, des techniciens compétents, parfois le recours à l'expérience étrangère. Les énergies sont mobilisées par une véritable « mystique du plan », mais aussi par des stimulants matériels et par un système de contraintes qui pèse de plus en plus lourd sur l'ouvrier soviétique. Au début de 1933, on proclame le Ier plan accompli avec 9 mois d'avance, et des résultats exceptionnels dans l'industrie lourde, qui augmente sa production de 273 %. Mais nombre d'objectifs ne sont pas atteints, tandis qu'apparaissent des difficultés liées à la rigidité de la planification. Dans les campagnes, on avait d'abord envisagé une mise en œuvre progressive de la collectivisation. À la fin de 1929, le rythme s'accélère, la généralisation des kolkhozes est à l'ordre du jour en même temps que le parti décrète la « liquidation des koulaks en tant que classe ». Dès lors, la collectivisation est menée par la contrainte et le plus souvent par la terreur. À l'issue du Ier plan, le régime recense 210 000 kolkhozes (70 % des terres cultivées), 4 300 sovkhozes (10 % des terres cultivées) et 2 400 stations de machines et de tracteurs. Le bilan de l'opération est catastrophique, avec un recul général de la production et le repli sur elle-même d'une paysannerie violentée. La vie politique est, elle aussi, engagée dans la bataille pour le plan : le parti semble se forger une nouvelle unité, avec la mise à l'écart ou le ralliement des opposants et les purges qui frappent les « mauvais communistes ». La responsabilité des échecs est rapidement imputée aux saboteurs de l'économie nationale, dont les procès se succèdent jusqu'en 1933. En 1934 cependant, après le XVIIe Congrès, une relative détente semble se dessiner, en même temps que l'U.R.S.S. confirme par son admission à la S.D.N. son retour dans le concert des nations.

Vie politique et institutionnelle

1930

□ **7 avr.** Nouveau décret marquant l'extension des camps de travail : limités jusqu'en 1928 aux alentours de la mer Blanche, ils forment maintenant le Goulag (l'administration principale des camps) sous la direction de l'OGPOU.

□ **26 juin-13 juill.** Le XVIe Congrès du parti confirme la défaite de la droite (M. Tomski est écarté du bureau politique) en même temps qu'il annonce le passage accéléré au socialisme. Sont membres du nouveau Bureau politique : J. Staline, K. Vorochilov, L. Kaganovitch, M. Kalinine, S. Kirov, S. Kossior, V. Kouïbychev, V. Molotov, A. Rykov, I. Roudzoutak.

□ **25 nov.-7 déc.** Procès du « parti industriel », accusé de préparer une intervention étrangère avec les émigrés de Paris. On dénonce en même temps un « parti paysan du travail », accusé de saboter la collectivisation (avec les professeurs N. Kondratiev et A. Tchaïanov).

□ **19 déc.** V. Molotov succède à A. Rykov (exclu du Bureau politique) à la présidence du Conseil des commissaires du peuple.

1931

□ **1er-9 mars** Procès du « bureau fédéral des mencheviks ».

1932

□ **20 févr.** Trotski est déchu de la citoyenneté soviétique.

□ **20 mars** Création de la République socialiste soviétique autonome des Karakalpaks.

□ **Fin de l'été** M. Rioutine et A. Slepkov font circuler une plate-forme (dite « plate-forme Rioutine ») favorable aux idées économiques de la droite et réclamant, avec le retour de la démocratie au sein du parti, la mise à l'écart de Staline, « mauvais génie de la révolution ». Une majorité du Bureau politique (avec S. Kirov) refuse à Staline la sentence de mort qu'il demande contre M. Rioutine, accusé de terrorisme et de tentative d'assassinat.

□ **9 oct.** Exclusion du parti de militants accusés de complicité avec M. Rioutine, dont L. Kamenev et G. Zinoviev, envoyés en déportation.

□ **8-9 nov.** Suicide dans des circonstances mystérieuses de la femme de Staline, N. Allilouïeva.

1933

□ **12 janv.** Résolution du Comité central sur une purge du parti (800 000 exclusions en 1933, 340 000 en 1934). Les effectifs (membres et stagiaires) tombent de 3 500 000 au 1er janvier 1933 à 2 350 000 au 1er janvier 1935.

□ **12-18 avr.** Procès d'ingénieurs accusés de sabotage.

□ **8 mai** Instruction secrète de Staline et de Molotov pour mettre fin au caractère massif et désordonné des arrestations.

□ **7 juill.** Suicide du vieux bolchevik ukrainien N. Skrypnik. Purge des cadres nationaux en Ukraine.

1934

□ **26 janv.-10 févr.** XVIIe Congrès du parti communiste, dit « Congrès des vainqueurs ». Compromis entre Staline et les membres modérés du Bureau politique. Autocritique des anciens opposants (N. Boukharine élu membre suppléant du Comité central). Nouveau secrétariat : Staline, L. Kaganovitch, A. Jdanov et S. Kirov (figure remarquée du Congrès). Composition du Bureau politique : membres : Staline, V. Molotov, L. Kaganovitch, K. Vorochilov, M. Kalinine, G. Ordjonikidzé, V. Kouïbychev, S. Kirov, A. Andreev, S. Kossior ; suppléants : A. Mikoyan, V. Tchoubar, G. Petrovski, P. Postychev, I. Roudzoutak. Abolition de l'Inspection ouvrière et paysanne (RABKRIN).

☐ **7 mai** Création sur l'Amour du territoire autonome juif du Birobidjan, dont le peuplement doit renforcer la capacité de défense de la frontière soviéto-chinoise.

☐ **27 mai** Mesures d'amnistie rendant partiellement leurs droits aux anciens koulaks.

☐ **8 juin** Loi sur la « trahison de la patrie » (peine de mort, responsabilité collective des familles).

☐ **24 juin** Déménagement de Kharkov à Kiev du gouvernement et du parti d'Ukraine.

☐ **10 juill.** Les fonctions de police et de sécurité de l'OGPOU sont transférées à un commissariat du peuple aux Affaires intérieures (NKVD), réorganisé sous la direction de G. Iagoda. Le NKVD prend également en charge l'administration des camps, en plein développement.

Politique extérieure

1930

☐ **26 janv.** Enlèvement à Paris par les services spéciaux soviétiques du général blanc A. Koutiepov.

☐ **21 juill.** M. Litvinov remplace G. Tchitcherine au commissariat aux Affaires étrangères.

1931

☐ **6 mai** Renouvellement du pacte de non-agression soviéto-lituanien du 28 septembre 1926 pour cinq ans.

☐ **24 juin** Un traité de neutralité et de non-agression est signé à Kaboul entre l'U.R.S.S. et l'Afghanistan : il remplace le traité du 31 août 1926 et sera prolongé le 29 mars 1936. Prolongation pour trois ans du traité de neutralité signé avec l'Allemagne en 1926 (« traité de Berlin »). Le protocole sera ratifié le 5 mai 1933, quelques mois après l'arrivée de Hitler au pouvoir.

☐ **Août** Rédaction d'un projet de pacte de non-agression franco-soviétique.

1932

☐ **21 janv.** Pacte de non-agression avec la Finlande.

☐ **2 févr.** Ouverture à Genève de la Conférence du désarmement, où M. Litvinov renouvelle ses propositions de désarmement général et complet.

☐ **5 févr.** Pacte de non-agression signé pour trois ans avec la Lettonie.

☐ **4 mai** Pacte de non-agression avec l'Estonie (pour trois ans).

☐ **25 juill.** Pacte de non-agression avec la Pologne (également pour trois ans).

☐ **29 nov.** Signature du pacte de non-agression franco-soviétique (pour deux ans), comme contre-poids à la montée du militarisme allemand.

☐ **12 déc.** Rétablissement des relations diplomatiques avec la Chine face à la menace japonaise (création du Mandchoukouo en 1932).

1933

☐ **18 mai** Ratification à l'unanimité du pacte de non-agression franco-soviétique par la Chambre des députés.

☐ **2 sept.** Pacte de non-agression avec l'Italie (pour cinq ans).

☐ **16 nov.** Établissement de relations diplomatiques avec les États-Unis.

☐ **29 déc.** Discours de V. Molotov et de M. Litvinov au Comité central, affirmant que l'Allemagne hitlérienne constitue une menace pour l'U.R.S.S. La détérioration des relations soviéto-allemandes entraîne la fin de la coopération militaire entre les deux pays.

1934

Élaboration d'un projet de « pacte de l'Est » par le ministre français des

Affaires étrangères L. Barthou, qui cherche jusqu'à son assassinat, le 9 octobre, à fonder un système de sécurité collective en Europe centrale et orientale, complété par un traité d'assistance franco-soviétique.

☐ **11 janv.** Conclusion d'un accord commercial avec la France (qui sera modifié le 6 janvier 1936).

☐ **4 févr.** Établissement de relations diplomatiques avec la Hongrie.

☐ **16 févr.** Conclusion d'un nouvel accord commercial avec l'Angleterre (visant l'équilibre des échanges pour 1937).

☐ **Avr.-mai** Renouvellement pour 10 ans des pactes de non-agression avec la Lituanie, la Lettonie et l'Estonie (4 avril), la Finlande (7 avril), la Pologne (5 mai).

☐ **9 juin** Établissement de relations diplomatiques avec la Roumanie et la Tchécoslovaquie.

☐ **11-23 juill.** Établissement de relations diplomatiques avec la Bulgarie.

☐ **18 sept.** Admission de l'U.R.S.S. à la S.D.N. (39 voix pour, 3 contre (Hollande, Suisse, Portugal), 7 abstentions). Elle devient aussitôt membre du Conseil.

Économie et société

1930

☐ **5 janv.** Décision du Comité central « sur les rythmes de la collectivisation et les dispositions prises par l'État pour aider à l'édification des kolkhozes », qui distingue 3 étapes régionales dans le processus « volontaire » de collectivisation. Dans la pratique, accélération de l'entrée forcée dans les kolkhozes.

☐ **30 janv. et 1er févr.** Résolutions du Comité central, du Comité exécutif central et du Sovnarkom sur la lutte contre les koulaks. En 1929-1930, 240 000 familles de koulaks, interdites d'entrée dans les kolkhozes, sont officiellement déportées. Mais le total réel des déportés, selon les estimations, varie de 5 à 10 millions pour 1929-1933. Résultats immédiats de la collectivisation forcée et de la « dékoulakisation » : désorganisation complète du travail, résistance active et surtout passive des paysans, qui abattent massivement leur bétail.

☐ **1er mars** Statut modèle de la coopérative agricole (qui prend la forme de l'*artel*, avec mise en commun des terres, du bétail et du matériel). On recommande de laisser au paysan sa maison, un lopin de terre et le droit d'élever une vache et du petit bétail.

☐ **2 mars** Article de Staline dans la *Pravda* : « le Vertige du succès ». Il rejette la responsabilité des résultats catastrophiques de la collectivisation sur les excès des autorités locales et met un frein aux méthodes coercitives.

☐ **14 mars** Résolution du Comité central « sur la lutte contre les déviations de la ligne du parti dans le mouvement de collectivisation ». Le nombre de foyers paysans collectivisés tombe de 55 % en mars à 24 % en juillet (mais remonte régulièrement dans les années qui suivent : 52 % en 1931, 71 % en 1934).

☐ **6 avr.** Création de l'ordre de l'Étoile rouge et de l'ordre de Lénine.

☐ **1er mai** Achèvement du Turksib (liaison ferroviaire entre le Turkestan et la Sibérie).

☐ **17 juin** Mise en service de l'usine de tracteurs F. Dzerjinski à Stalingrad (construite avec l'aide d'ingénieurs américains).

☐ **26 juin-13 juill.** Le XVIe Congrès du parti approuve le mot d'ordre du « plan en 4 ans », relance la collectivisation et accorde une priorité absolue au progrès technique.

☐ **14 août** Résolution du Comité exécutif central et du Sovnarkom sur l'enseignement primaire général obligatoire. De 1927 à 1933, le nombre d'élèves dans les écoles d'enseignement général passe de 11 600 000 à 21 400 000.

□ **Nov.** G. Ordjonikidzé prend la direction du Conseil supérieur de l'économie nationale (VSNKh).

1931

On compte près de 5 000 ingénieurs et techniciens étrangers en U.R.S.S. (dont 2 000 Américains).

□ **1er janv.** Mise en service de l'usine de machines agricoles de Rostov-sur-le-Don.

□ **Févr.** Introduction d'un livret de travail pour les travailleurs de l'industrie.

□ **Mars** Résolution du VIe Congrès des soviets sur un nouveau mode de rémunération des kolkhoziens : la répartition se fait non plus par tête, mais en fonction du travail effectué, comptabilisé en « unités de travail journalier » (troudodien).

□ **23 juin** Discours de Staline à la Conférence des dirigeants de l'industrie : il réclame le recrutement organisé et la stabilisation de la main-d'œuvre et part en guerre contre l'égalitarisme des salaires.

□ **2 août** Résolution du Comité central sur le rythme de la collectivisation et le renforcement des kolkhozes.

□ **1er oct.** Mise en service de l'usine de tracteurs de Kharkov et (après reconstruction) de l'usine d'automobiles de Moscou, AMO. Production automobile soviétique : 4 000 véhicules lourds et légers en 1931, 136 500 en 1936.

□ **11 oct.** Décision de liquider ce qu'il reste du commerce privé.

1931-1933

Construction du canal mer Blanche – Baltique (canal Staline) par plusieurs centaines de milliers de détenus. Les camps de l'OGPOU puis du NKVD jouent un rôle économique croissant dans les premiers plans quinquennaux soviétiques.

1932

Ouverture de marchés kolkhoziens, où les kolkhozes et les kolkhoziens sont autorisés, après avoir effectué les livraisons dues à l'État, à vendre leurs excédents de blé et de produits agricoles à des prix non taxés.
Mise en chantier de la ville nouvelle de Komsomolsk sur l'Amour, en même temps que sont prises des mesures d'incitation à la colonisation de l'Extrême-Orient. Début de la construction du métro de Moscou.

□ **1er janv.** Mise en service de l'usine d'automobiles de Gorki.

□ **5 janv.** Transformation du Conseil supérieur de l'économie nationale (VSNKh), qui est divisé en 3 Commissariats du peuple : industrie lourde, industrie légère et industrie forestière. Passage à un système d'administration de l'industrie par les ministères.

□ **30 janv.- 4 févr.** Adoption par la XVIIe Conférence du parti des directives du IIe plan quinquennal (1933-1937), proposées par V. Kouïbychev et V. Molotov. Objectifs moins ambitieux : priorité maintenue à l'énergie, à la sidérurgie, aux constructions mécaniques, aux transports. Amélioration de la production de biens de consommation. Poursuite de la collectivisation dans l'agriculture.

□ **31 janv.** Mise en service du premier haut-fourneau du combinat métallurgique de Magnitogorsk, associant le fer de l'Oural au charbon du Kouzbass.

□ **Avr.** Mise en service du combinat métallurgique de Kouznetsk.

□ **20-29 avr.** IXe Congrès des syndicats, qui perdent beaucoup de leur pouvoir revendicatif. Le congrès suivant n'aura lieu qu'en 1949.

□ **7 août** La loi sur « la protection des biens des entreprises d'État, des kolkhozes et des coopératives et le renforcement de la propriété publique » prévoit pour les contrevenants des sanctions allant jusqu'à la peine de mort (en cas de vol).

☐ **25 août** Renforcement du pouvoir directorial dans les écoles.

☐ **4 oct.** Ouverture du premier puits de mine dans le bassin houiller de la Petchora.

☐ **10 oct.** Mise en service de la centrale hydroélectrique sur le Dniepr (Dnieprogues). Elle alimente l'électro-métallurgie et l'électro-chimie de Dniepropetrovsk et de Zaporojié.

☐ **15 nov.** Renforcement de la discipline du travail : un jour d'absence non justifié provoque le renvoi de l'ouvrier (et la perte des avantages sociaux liés à l'emploi : logement, carte de rationnement).

☐ **27 déc.** Réintroduction du passeport intérieur (supprimé après la révolution), qui permet de contrôler et de limiter les mouvements de la population urbaine, en particulier ouvrière. Les kolkhoziens n'y ont pas droit et sont désormais fixés à la terre.

☐ **31 déc.** Le 1er plan quinquennal est déclaré achevé en 4 ans et 3 mois, et la propagande soviétique oppose ce succès à la crise qui frappe, depuis 1929, le monde capitaliste. L'industrie lourde a augmenté de 273 % (110 % des prévisions), mais les objectifs ne sont pas atteints pour le charbon, la fonte, l'électricité. Retard dans la production des biens de consommation (84 % des prévisions). En agriculture, on compte 210 000 kolkhozes (61 % des exploitations sont collectivisées), 4 300 sovkhozes, 2 400 MTS, mais la production reste irrégulière et le cheptel a diminué de 40 % et plus, selon les régions. Forte inflation estimée à 9 % par an sur la période 1928-1932.

1932-1933

Terrible famine, largement provoquée par les excès des réquisitions et passée sous silence par les autorités. Elle frappe particulièrement l'Ukraine et sera délibérément utilisée pour briser les forces vives de la république (l'estimation des pertes varie de 3 à 6 millions de morts).

1933

Lancement de la première fusée soviétique à combustion liquide.

☐ **7-12 janv.** Un plénum du Comité central décide la création de « sections politiques » dans les MTS, afin de faire l'éducation politique des kolkhoziens.

☐ **19 janv.** Retour à un système de livraisons obligatoires de céréales par les kolkhozes (selon les normes et à des prix fixés par l'État).

☐ **Juin** Dissolution du commissariat au Travail. Ses fonctions sont attribuées aux syndicats, qui deviennent de véritables administrations d'État.

☐ **1er juill.** Mise en service de l'usine de tracteurs de Tcheliabinsk.

☐ **15 juill.** Mise en service de l'usine de machines lourdes de l'Oural, à Sverdlovsk.

☐ **15 nov.** Mise en service du premier haut-fourneau de l'usine sidérurgique de Zaporojié.

1934

Large publicité donnée au sauvetage de l'équipage du navire *Tcheliouskine,* pris par les glaces en cherchant à relier Mourmansk à Vladivostok.

☐ **23 janv.** Mise en service de l'usine de construction de turbines de Kharkov.

☐ **26 janv.-10 févr.** Adoption par le XVIIe Congrès du parti d'un projet de IIe plan quinquennal révisé à la baisse (en raison des difficultés rencontrées en 1933, première année de réalisation du plan).

☐ **16 avr.** Création de la distinction de Héros de l'U.R.S.S.

□ **Sept.** L'aviateur M. Gromov bat le record du monde de distance.
Éclatement des syndicats, qui passent de 47 à 154 fédérations.

Culture et civilisation

1930 Multiplication des attaques contre les historiens (E. Tarlé dénoncé par l'école officielle de M. Pokrovski et condamné à la déportation). □ *La Terre,* film d'A. Dovjenko. □ Construction du second mausolée de Lénine à Moscou (architecte : A. Chtchoussev). □ *Lénine au Smolny,* peinture d'I. Brodski.

□ **Janv.** V. Chklovski répudie le formalisme dans la *Literatournaïa Gazeta.*

□ **14 avr.** Suicide de V. Maïakovski, qui a adhéré en février à l'Association des écrivains prolétariens.

1931 Accusé de « nationalisme », l'historien ukrainien M. Hrouchevski est obligé de quitter Kiev pour Moscou. Son école est démantelée par les limogeages et les arrestations. □ *Le Veau d'or,* satire d'I. Ilf et de E. Petrov. □ *L'Hydrocentrale,* roman de M. Chaguinian. □ *Le Chemin de la vie,* film d'Ekk sur les enfants errants.

□ **Oct.** Publication, par la revue *Révolution prolétarienne,* d'un article de Staline intitulé : « Sur quelques questions de l'histoire du bolchevisme ». Début d'une véritable dictature idéologique.

1932 La production littéraire exalte les nouvelles tâches de la construction socialiste : *Temps, en avant !,* roman de V. Kataïev ; *Énergie* (1932-1938), roman de F. Gladkov ; *Terres défrichées* (1932-1960), roman de M. Cholokhov ; *Et l'acier fut trempé* (1932-1934), roman de N. Ostrovski ; *Skoutarevski,* roman de L. Leonov.
□ **23 avr.** Résolution du Comité central sur « la refonte des organisations littéraires et artistiques ». Dissolution de tous les mouvements existants. Fondation de nouvelles unions étroitement contrôlées : Union des écrivains, Union des architectes, Union des compositeurs. Obligation de se conformer aux dogmes du réalisme socialiste. Création d'un institut de littérature pour former les jeunes écrivains.

□ **15 nov.** Ouverture du musée d'Histoire de la religion dans la cathédrale Notre-Dame-de-Kazan à Leningrad.

1933 Création à Leningrad de l'Académie panrusse des arts, devenue, en 1947, Académie des arts d'U.R.S.S. et transférée à Moscou. □ I. Bounine, émigré à Paris, reçoit le prix Nobel de littérature. □ *Le Gardien du kolkhoze,* peinture de S. Guerassimov. □ Début de la publication d'une nouvelle *Petite Encyclopédie soviétique* (1933-1947). Elle corrige la première (1928-1931), qui ne répond plus à l'idéologie officielle.

1934 Déménagement de l'Académie des sciences de Leningrad à Moscou. □ Arrestation du poète O. Mandelstam, qui a lu à ses amis un poème contre Staline. Il est condamné à trois ans d'exil intérieur. □ Films : *Trois Chants sur Lénine* (D. Vertov), *Tchapaïev* (G. et S. Vassiliev), *les Joyeux Garçons* (comédie musicale de G. Alexandrov).

□ **1er janv.** Création de l'Académie d'architecture d'U.R.S.S.

□ **15 mai** Résolution du Comité central et du Sovnarkom sur « l'enseignement de l'histoire nationale dans les écoles d'U.R.S.S. ». Redécouverte de l'histoire nationale russe et réhabilitation de l'État, contre l'école historique de M. Pokrovski. Staline, A. Jdanov et S. Kirov écrivent en août des « Remarques critiques sur le projet de manuel d'histoire de l'U.R.S.S. » (publiées en 1936).

□ **17 août-1er sept.** Ier Congrès de

l'Union des écrivains soviétiques (avec la participation d'invités étrangers comme A. Malraux et L. Aragon). Approbation des statuts de l'Union, obligation rappelée par A. Jdanov de se plier aux règles du réalisme socialiste et autocritique des « compagnons de route » (dont Vsevolod Ivanov).

Biographie

Staline, Joseph Vissarionovitch Djougachvili (1879-1953). Fils d'un pauvre cordonnier de Gori, en Géorgie, il entre pour satisfaire sa mère au séminaire orthodoxe de Tiflis (Tbilissi), mais s'y initie en fait au marxisme. Expulsé du séminaire en 1899, il mène dans le Caucase, sous le pseudonyme de Koba, la vie d'un militant clandestin du P.O.S.D.R. Il soutient, après 1903, les bolcheviks, participe aux congrès du parti à Tammerfors (1905), Stockholm (1906) et Londres (1907), et fait la connaissance de Lénine. Arrêté et évadé à plusieurs reprises, ce docile exécutant est coopté en 1912 au « comité central » du parti bolchevik, et Lénine l'appelle en Autriche pour rédiger *le Marxisme et la question nationale*. À nouveau arrêté en 1913, Staline (son nouveau pseudonyme) est déporté en Sibérie orientale. Il rentre à Petrograd au lendemain de la révolution de Février, participe à la politique de conciliation avec le gouvernement provisoire menée par les bolcheviks avant le retour de Lénine, et ne joue qu'un rôle mineur dans l'insurrection d'Octobre. Staline est alors nommé commissaire du peuple aux Nationalités. Il se distingue par sa brutalité dans le règlement des questions nationales (mise au pas des communistes géorgiens) et s'oppose à Lénine sur les principes de la future fédération soviétique. Chargé durant la guerre civile de tâches militaires, il nourrit une longue querelle avec le commissaire à la Guerre Trotski, et se glorifiera plus tard de succès imaginaires. Celui que ses pairs considèrent alors comme « la plus éminente médiocrité du parti » devient, en 1922, secrétaire général du parti, poste qui lui donnera peu à peu la mainmise sur l'appareil. Dans la lutte pour le pouvoir qui suit la mort de Lénine, il élimine progressivement ses adversaires, jouant des oppositions et des programmes, s'appuyant sur un parti largement renouvelé et sur une bureaucratie en gestation. Trotski, Kamenev et Zinoviev, Boukharine sont successivement écartés des centres du pouvoir, jusqu'au tournant de 1929-1930 où la « construction du socialisme dans un seul pays » prend le visage de la planification et d'une collectivisation à marches forcées, avant que le pays ne sombre dans la grande terreur des purges, des procès et des déportations. D'abord accablé par l'invasion allemande et largement responsable de la défaite de l'Armée rouge, Staline parvient rapidement à tirer profit des énergies mobilisées dans la « grande guerre patriotique ». La figure du nouveau « petit père des peuples » semble en 1945 sortir renforcée de l'épreuve, inspiratrice de vénération et de terreur jusque dans son entourage le plus proche. C'est dans la hantise des complots qu'il passe les dernières années de sa vie, entretenant en U.R.S.S. comme dans les États satellites d'Europe centrale et orientale un climat de méfiance et d'angoisse dans lequel sa mort même, en 1953, provoquera d'abord plus de désarroi que d'espoir.

Bibliographie

M. Lewin, *la Paysannerie et le pouvoir soviétique (1928-1930)* [Paris, 1976 (rééd.)].

N. Werth, *Être communiste en U.R.S.S. sous Staline* (Paris, 1981).

Chapitre 27 **1934-1938**

La révolution devant le tribunal

> *Les citoyens soviétiques ont la garantie de l'inviolabilité de la personne.*
>
> Art. 127,3 de la Constitution de 1936.

Après l'assassinat de Kirov, sans doute à l'instigation de Staline, le 1er décembre 1934 à Leningrad, s'ouvre une période de répression et de terreur, dont l'ampleur et la brutalité marqueront pour longtemps l'ensemble de la société soviétique. L'aspect le plus spectaculaire en est la série de trois procès qui, de 1936 à 1938, mènent à l'élimination des représentants les plus en vue de la vieille garde bolchevik. Les aveux arrachés aux accusés les accablent des crimes les plus divers et souvent les plus invraisemblables – complot contre les dirigeants, relations avec Trotski, trahison au profit de l'Allemagne ou du Japon, sabotage de l'industrie et de l'agriculture – en même temps qu'une série de procès secrets fait disparaître, en 1937, les hauts responsables de l'Armée rouge. À tous les niveaux, le parti est frappé par de grandes purges, éliminant ceux qui se sont, à un moment ou à un autre, opposés à la politique stalinienne, facilitant la promotion d'hommes nouveaux dont l'avenir reste cependant incertain, dans un climat de peur où la méfiance, le calcul ou la fidélité aveugle font taire les désarrois. Au-delà du parti, l'ensemble de la société soviétique est touchée par cette pédagogie infernale au cours de laquelle une propagande soigneusement calculée désigne les responsables de tous les échecs : paysans, ingénieurs, écrivains. Tous peuvent être pris dans le tourbillon d'arrestations et de procès expéditifs qui mènent à la mort ou peuplent les camps de travail d'une main-d'œuvre exploitée sans retenue.

En même temps que cette pratique de la terreur quotidienne renforce le pouvoir stalinien, la Constitution de 1936 vient donner à l'État soviétique – « État socialiste » de type nouveau – une façade démocratique. Sont affirmés le rôle dirigeant du parti et le choix d'une économie planifiée. Les IIe et IIIe plans reprennent, pour l'essentiel, les objectifs et les méthodes du premier, poursuivent l'industrialisation et achèvent la collectivisation des campagnes. Forte de succès économiques hautement revendiqués, l'U.R.S.S. prétend désormais jouer un rôle international : cherchant des alliés contre la menace nazie en Europe et les agressions japonaises en Asie, elle fait adopter par le Komintern, en 1935, la tactique du « front commun » des partis de gauche contre la montée du fascisme.

Vie politique et institutionnelle

1934

☐ **1er déc.** Assassinat à Leningrad de S. Kirov par le jeune communiste L. Nikolaïev. Ce meurtre, vraisemblablement inspiré par Staline, donne le signal de mesures d'exception et de terreur et prépare l'assaut contre le parti.
Au soir du 1er décembre, décret accélérant la procédure et rendant immédiatement exécutoire la peine de mort dans les affaires de terrorisme. Dans les jours qui suivent, exécution expéditive, à Leningrad, à Moscou et à Kiev, de prétendus « gardes blancs » et de prisonniers politiques.

☐ **16 déc.** Arrestation de L. Kamenev et de G. Zinoviev, A. Jdanov remplace S. Kirov au secrétariat du parti à Léningrad.

☐ **20 déc.** Création de la République socialiste soviétique autonome des Mordves.

☐ **28 déc.** Création de la République socialiste soviétique autonome des Oudmourtes.

☐ **29 déc.** D'après les annonces officielles, condamnation à mort et exécution de L. Nikolaïev et de ses « complices ».

1935

☐ **15-16 janv.** Procès à huis clos du « Centre moscovite » accusé d'avoir encouragé le meurtre de Kirov : G. Zinoviev est condamné à 10 ans de prison, L. Kamenev à 5 ans. Vague d'arrestations et de déportations des derniers éléments « bourgeois » de Leningrad et de sa région.

☐ **26 janv.** Annonce de la mort subite (officiellement d'une crise cardiaque) de V. Kouïbychev, responsable du Gosplan et considéré comme un « modéré ».

☐ **28 janv.-6 févr.** VIIe Congrès des soviets, qui décide la rédaction d'une nouvelle Constitution.

☐ **1er févr.** Plénum du Comité central : A. Mikoyan et V. Tchoubar sont élus membres titulaires du Bureau politique, A. Jdanov et R. Eikhé membres suppléants.

☐ **23 févr.** N. Ejov (secrétaire du Comité central en remplacement de S. Kirov) prend la tête de la Commission centrale de contrôle du parti.

☐ **9 mars** La *Pravda* annonce la nomination de N. Khrouchtchev comme premier secrétaire de l'organisation du parti à Moscou.

☐ **8 avr.** Extension de la responsabilité pénale aux enfants de plus de 12 ans, qui deviennent passibles de la peine de mort.

☐ **25 mai** Dissolution de la Société des Vieux Bolcheviks, qui avait critiqué les condamnations des « oppositionnels ».

☐ **Juin** A. Vychinski devient procureur général de l'U.R.S.S.

☐ **25 juin** Dissolution de la société des anciens prisonniers politiques.

☐ **20 oct.** Création de la République socialiste soviétique autonome des Kalmouks.

1936

Création des Républiques socialistes soviétiques autonomes des Maris, des Komis, des Tchétchènes-Ingouches, des Ossètes du Nord et des Kabardines-Balkars.

☐ **Janv.** Début d'une nouvelle purge du parti, avec renouvellement des cartes.

☐ **12 juin** Publication du projet de nouvelle Constitution, soumis à discussion publique.

☐ **19-24 août** Premier procès public à Moscou, dit « procès des 16 » (dont G. Zinoviev, L. Kamenev, G. Evdokimov et I. Smirnov). Accusés d'avoir constitué un « centre terroriste trotskiste-zinoviéviste », les 16 inculpés reconnaissent des contacts avec Trotski, une participation au meurtre de Kirov, des complots contre Staline et d'autres dirigeants et mettent en cause N. Boukharine, A. Rykov et M. Tomski. Condamnés à mort, ils sont exécutés le 25 août.

□ **23 août** Suicide de M. Tomski, ancien responsable des syndicats.

□ **10 sept.** L'instruction ouverte contre N. Boukharine et A. Rykov est officiellement close, faute de « fondement légal » à une mise en accusation.

□ **22 sept.** Arrestation de K. Radek.

□ **25 sept.** Dans un télégramme envoyé de Sotchi, Staline et A. Jdanov ordonnent le remplacement à la tête du NKVD de G. Iagoda par N. Ejov, qui donne son nom à une période de terreur de 2 ans (la *Ejovchtchina*).

□ **25 nov.-5 déc.** VIIIe Congrès (extraordinaire) des soviets, qui adopte, le 5 décembre, la nouvelle Constitution : fin des restrictions au suffrage universel, garantie des libertés individuelles, affirmation du rôle dirigeant du parti, référence à la planification et à la collectivisation. Les institutions assurent l'égalité des Républiques fédérées, qui passent de 7 à 11 par la promotion de 2 Républiques autonomes (Kazakhstan et Kirghizie) et par l'éclatement de la Transcaucasie en 3 Républiques d'Arménie, d'Azerbaïdjan et de Géorgie. Élection directe tous les 4 ans par les citoyens d'un Soviet suprême composé de 2 chambres (Soviet de l'union et Soviet des nationalités). Le président du Présidium du Soviet suprême fait fonction de chef de l'État. Large publicité donnée à cette Constitution, « la plus démocratique du monde » selon Staline, rédigée sous la direction de N. Boukharine.

1937

□ **23-30 janv.** Second procès public de Moscou (« procès des 17 », dont G. Piatakov, K. Radek, L. Serebriakov, G. Sokolnikov). Contre ce « centre trotskiste antisoviétique » sont portées de nouvelles accusations : sabotage économique, espionnage et trahison au profit de l'Allemagne et du Japon. Aveux des inculpés, qui mettent en cause N. Boukharine et A. Rykov. 13 condamnations à mort (dont celles de G. Piatakov et L. Serebriakov), 4 peines de prison (10 ans pour K. Radek et G. Sokolnilkov).

□ **18 févr.** Mort de G. Ordjonikidzé (officiellement d'une crise cardiaque, en réalité acculé au suicide ou assassiné).

□ **23 févr.-5 mars** Un plénum du Comité central décide l'exclusion du parti de N. Boukharine et d'A. Rykov, qui sont arrêtés le 27 février. Staline affirme la nécessité de renforcer la lutte contre l'ennemi.

□ **Mai** Restauration des pouvoirs des commissaires politiques dans l'armée, qui avaient été abolis le 15 mars 1934.

□ **31 mai** Suicide du général J. Gamarnik, chef de la Direction politique de l'armée.

□ **11 juin** Annonce par la presse de l'arrestation et du jugement à huis clos de 8 chefs militaires accusés de trahison sur la base de faux documents rédigés de concert par le NKVD et la Gestapo : parmi eux, le maréchal M. Toukhatchevski, les commandants d'armée I. Iakir, I. Ouborevitch, R. Eideman, A. Kork et V. Poutna. Leur exécution est rendue publique le lendemain. Avec les purges des mois suivants, l'Armée rouge est décapitée et a perdu ses maréchaux (3 sur 5), ses amiraux (8 sur 8), ses commandants d'armée (14 sur 16), les 9/10 des commandants de corps d'armée, 35 000 officiers sur 80 000.

□ **15 août** Les commissaires politiques dans l'armée sont placés au même rang que les officiers militaires. Les ordres doivent être signés conjointement.

□ **12 déc.** Premières élections au Soviet suprême : 98,6 % des voix au « bloc des communistes et des sans-parti ».

□ **20-21 déc.** Le 20e anniversaire de la

création des services de sécurité est fêté au théâtre Bolchoï.

☐ **31 déc.** Création d'un commissariat à la Marine, marquant l'importance nouvelle accordée à la flotte de guerre.

1937-1938

☐ **Janv. 1937** 5 millions de détenus dans les prisons ou dans les camps.

☐ **Janv. 1937-déc. 1938** 7 millions d'arrestations. Exécutions et décès dans les camps : 3 millions.

☐ **Fin 1938** Entre 5 et 8 millions de détenus dans les camps.

1938

☐ **12-19 janv.** Ire session du Soviet suprême. M. Kalinine est confirmé à la tête de l'État.

☐ **Janv.** N. Khrouchtchev devient premier secrétaire du parti d'Ukraine (en remplacement de S. Kossior) et succède à P. Postychev comme membre suppléant du Bureau politique.

☐ **2-13 mars** 3e procès public de Moscou (« procès des 21 »), où l'on trouve des personnalités aussi diverses que les « droitistes » N. Boukharine et A. Rykov, le « trotskiste » C. Rakovski et l'ancien chef du NKVD G. Iagoda. Variété des chefs d'accusation contre ce « bloc des droitistes et trotskistes antisoviétiques » : complot contre Lénine et Staline, assassinat de S. Kirov, de V. Kouïbychev et de M. Gorki, sabotage et trahison. Condamnation à mort et exécution de tous les inculpés, sauf 3 (dont C. Rakovski, qui sera fusillé le 11 septembre 1941).

☐ **20 juill.** L. Beria est adjoint à N. Ejov au NKVD, où il introduit une certaine modération.

☐ **Fin juill.** Ian Roudzoutak, membre du Bureau politique, est fusillé sans procès public.

☐ **1er oct.** Publication du *Précis d'histoire du parti communiste (bolchevik) de l'U.R.S.S.,* fixant les dogmes staliniens.

☐ **23 nov.** Une purge des responsables du Komsomol est annoncée.

☐ **8 déc.** L. Beria succède à N. Ejov à la tête du NKVD. Relâchement notable de la terreur.

Politique extérieure

1935

☐ **23 mars** Accord entre le Japon et l'U.R.S.S., qui vend au Mandchoukouo ses droits sur le chemin de fer de l'Est chinois.

☐ **2 mai** Signature à Paris d'un pacte d'assistance mutuelle franco-soviétique (qui n'est cependant pas assorti d'une convention militaire en raison des réticences de P. Laval).

☐ **16 mai** Signature à Prague d'un pacte d'assistance mutuelle soviéto-tchécoslovaque (qui n'entrerait en action que si la France respectait elle-même ses engagements envers le pays agressé).

☐ **12 juill.** Établissement de relations diplomatiques avec la Belgique.

☐ **13 juill.** Conclusion d'un accord commercial avec les États-Unis (qui sera renouvelé chaque année jusqu'en 1941). La part des importations soviétiques en provenance des États-Unis passera de 7,7 % en 1934 à 28,5 % en 1938.

☐ **25 juill.-25 août** VIIe et dernier Congrès du Komintern, qui entérine la tactique des « fronts populaires », rassemblant toutes les forces de gauche contre le fascisme.

1936

☐ **10 janv.** Rapport de Molotov qui insiste une nouvelle fois sur les passages du livre de Hitler, *Mein Kampf,* où la Russie est désignée comme une terre d'expansion pour l'Allemagne. Cinq jours plus tard, rapport de Toukhatchevski sur la menace allemande et sur la modernisation de l'armée soviétique.

□ **Févr.-mars** Ratification tardive du pacte franco-soviétique par la Chambre des députés et le Sénat français.

□ **12 mars** Signature d'un traité d'assistance mutuelle avec la République populaire de Mongolie (contre la menace japonaise).

□ **20 juill.** Signature à Montreux de la nouvelle Convention des Détroits, qui rend à la Turquie sa souveraineté sur le Bosphore et les Dardanelles, garantit en temps de paix une liberté totale de circulation des navires de commerce et précise les limitations de tonnage imposées aux navires de guerre.

□ **Août** Adhésion officielle de l'U.R.S.S. à la politique de non-intervention préconisée par la France dans la guerre civile espagnole.

□ **23 oct.** I. Maïski, ambassadeur à Londres, proteste contre l'aide apportée à Franco par l'Allemagne et l'Italie et annonce que l'U.R.S.S. ne se considère plus liée par les accords de non-intervention. Envoi en Espagne de matériel et de conseillers militaires (mais les Brigades internationales ne comprennent pas de volontaires soviétiques, et l'aide aux républicains s'accompagne d'une lutte sans merci contre les trotskistes et les anarchistes).

□ **26 nov.** Signature du Pacte anti-Komintern entre l'Allemagne et le Japon (assorti d'un protocole secret dirigé contre l'U.R.S.S.). Rapprochement soviétique avec la Chine de Tchang Kaï-chek.

1937

Les services spéciaux soviétiques frappent au-delà des frontières de l'U.R.S.S. : enlèvement à Paris du général blanc E. Miller, assassinat en Suisse de l'ex-agent du NKVD I. Reiss.

□ **Juill.** L'U.R.S.S. appelle les communistes chinois à résister aux côtés du Kuo-min-tang à l'agression japonaise.

□ **21 août** Signature, pour une durée de cinq ans, d'un pacte de non-agression avec la Chine, à qui l'U.R.S.S. fournit du matériel militaire.

1938

Dissolution par le Komintern du parti communiste polonais, dont nombre de dirigeants, réfugiés en U.R.S.S., disparaissent dans les prisons et les camps.

□ **1er mars** Accord de commerce germano-soviétique (qui prolonge celui du 24 décembre 1936).

□ **15 mars** Protestation de l'U.R.S.S. contre l'Anschluss (mainmise de l'Allemagne sur l'Autriche, 11-13 mars).

□ **29 juill.-11 août** Conflit armé entre l'U.R.S.S. et le Japon dans la région du lac Khassan (à la frontière avec le Mandchoukouo et la Corée).

□ **Sept.** Dans la crise des Sudètes, l'U.R.S.S. se déclare prête à tenir ses engagements envers la Tchécoslovaquie (mais pose depuis mai le problème du passage de ses troupes par la Pologne ou par la Roumanie).

□ **29-30 sept.** Conférence de Munich, à laquelle ni la Tchécoslovaquie, ni l'U.R.S.S. ne sont invitées. Accord entre l'Allemagne, l'Italie, la France et l'Angleterre sur l'annexion des Sudètes par le Reich. Protestation de l'U.R.S.S. (le 2 octobre), qui dénonce le non-respect de ses engagements par la France et condamne par ailleurs l'occupation de la région de Těšín (Cieszyn) par la Pologne.

Économie et société

1935

□ **1er janv.** Suppression des cartes de rationnement pour le pain et la farine, mais accroissement considérable de leur prix.

□ **17 févr.** Nouveau statut des kolkhozes, adopté par le IIe Congrès des kolkhoziens de choc. Il précise en particulier les limites de la « petite exploitation individuelle » laissée au kolkhozien : un lopin de terre de 25 à 50 ares, une vache, deux veaux, une truie et ses petits, dix moutons et chèvres, des volailles et des lapins à volonté.

□ **4 mai** Staline lance la formule : « Les cadres décident de tout ».

□ **15 mai** Mise en service de la 1re ligne de métro de Moscou.

□ **10 juill.** Résolution du Comité central et du Sovnarkom sur un plan de reconstruction de Moscou.

□ **Nuit du 30 au 31 août** A. Stakhanov, mineur de la mine Irmino du Donets, extrait 102 tonnes de charbon (14 fois la norme). Cet exploit marque les débuts du mouvement stakhanoviste, émulation fondée sur une utilisation « rationnelle » des ressources humaines et techniques, qui servira à imposer des normes de plus en plus élevées. (Cet « exploit » est maintenant remis en cause dans la presse soviétique.)

□ **3 sept.** Nouvelle loi scolaire, renforçant l'autorité du maître et la discipline.

□ **22 sept.** Rétablissement des grades dans l'Armée rouge. (Ses cinq premiers maréchaux sont Vorochilov, Toukhatchevski, Egorov, Blioukher et Boudenny.)

□ **29 sept.** Suppression dans les villes des coopératives de consommation au profit des magasins d'État.

□ **1er oct.** Suppression des cartes de rationnement pour la viande, la graisse, le poisson, le sucre, les pommes de terre. Hausse des prix réglementés qui se rapprochent des prix du marché libre.

□ **14-17 nov.** 1re Conférence des ouvriers stakhanovistes d'U.R.S.S. Discours de Staline, le 17 novembre : « La vie maintenant est meilleure, camarades. La vie est devenue plus joyeuse. »

□ **25 nov.** Création d'un nouvel ordre, l'Insigne d'honneur.

□ **30 déc.** Fin des limitations d'accès à l'enseignement supérieur en fonction de l'origine sociale.

1936

□ **1er avr.** Dévaluation du rouble dont le cours est déterminé non plus par rapport au dollar, mais par rapport au franc français (1 rouble pour 3 francs). Retour au dollar en 1937 sur la base de 5,30 roubles pour 1 dollar.

□ **27 juin** Interdiction de l'avortement (légalisé par le décret du 18 novembre 1920), aides à la maternité et entraves au divorce : réhabilitation de la famille et de son rôle dans la société soviétique.

1937

Net ralentissement de la croissance industrielle.

□ **6 janv.** Recensement de la population, dont les résultats ne sont pas rendus publics (ils révèlent en particulier l'ampleur du déficit démographique).

□ **1er avr.** Le IIe plan quinquennal est déclaré achevé en 4 ans et 3 mois. Augmentation de la production : 137 % dans l'industrie lourde (mais les objectifs ne sont atteints ni pour le charbon ni pour la fonte), 100 % dans les biens de consommation. On compte 240 000 kolkhozes (93 % des exploitations sont collectivisées), 4 000 sovkhozes, 5 000 MTS, et la production céréalière enregistre quelques progrès.

□ **28 avr.** Résolution du Sovnarkom sur le IIIe plan quinquennal (1938-1942).

□ **18-20 juin** Vol sans escale Moscou-Portland par l'aviateur V. Tchkalov (qui passe par le pôle Nord).

□ **15 juill.** Ouverture du canal Moscou-Volga.

1938

□ **1er janv.** Début officiel du IIIe plan quinquennal (1938-1942). Objectifs : augmentation de 92 % de la production industrielle, de 52 % de la production agricole. Accent mis sur le développement des secteurs modernes : aluminium, chimie, appareillage électrique. Avant même d'être interrompu par la guerre (1941), le IIIe plan souffre des crises intérieures (conséquences des purges et de la terreur) et extérieures (accentuation de l'effort militaire).

□ **13 mars** Décret rendant obligatoire l'enseignement du russe dans toutes les écoles des républiques non russes.

□ **5 sept.** Nouveau statut des établissements d'enseignement supérieur.

□ **20 déc.** Généralisation de l'obligation du livret de travail (qui restreint encore la liberté réelle des ouvriers).

□ **27 déc.** Création de la distinction de « Héros du travail socialiste ».

□ **28 déc.** Décret sur le renforcement de la discipline du travail ; la mobilité de l'employé est découragée par la réduction, voire la suppression, des avantages sociaux en cas de changement d'entreprise.

Culture et civilisation

1934

□ **20 déc.** Mort du linguiste N. Marr, dont la doctrine (la langue comme phénomène de classe) règne sur la linguistique soviétique jusqu'en 1950.

1935 A. Akhmatova commence à écrire son poème *Requiem* (1935-1940).

□ **7 mars** Une circulaire ordonne de retirer des salles de lecture de toutes les bibliothèques les œuvres de Trotski, Zinoviev, Kamenev. Quelques mois plus tard, les noms de Preobrajenski, Chliapnikov, Lounatcharski et de bien d'autres seront ajoutés à la liste.

1936

□ **Janv.-mars** Violentes attaques contre les artistes qui ne respectent pas à la lettre les directives officielles : D. Chostakovitch pour son opéra *Katerina Ismaïlova,* M. Boulgakov pour sa pièce *Molière,* montée au Théâtre d'art de Moscou et vite retirée de l'affiche.

□ **15 mai** Ouverture du musée central Lénine à Moscou.

□ **18 juin** Mort de M. Gorki dans des conditions restées mystérieuses. Éloge funèbre prononcé sur la place Rouge par A. Gide, en voyage en U.R.S.S.

1937 Célébration solennelle du 125e anniversaire de la bataille de Borodino. Un nouveau manuel d'histoire de l'U.R.S.S. confirme la réhabilitation de « l'histoire nationale » et présente sous un jour plus positif la colonisation tsariste. □ Les milieux artistiques et scientifiques sont durement touchés par la terreur stalinienne. Arrestation et disparition de l'écrivain B. Pilniak. □ *Le Pain,* roman d'A. Tolstoï à la gloire de Staline. □ *Lénine en octobre,* film de M. Romm. □ *L'Ouvrier et la Kolkhozienne,* sculpture monumentale de V. Moukhina pour le pavillon soviétique de l'Exposition universelle de Paris. □ Retour d'émigration de l'écrivain A. Kouprine.

1938 Fermeture du théâtre de V. Meyerhold, qui a dénoncé la politique artistique de Staline. Arrêté et accusé d'espionnage en 1939, il sera exécuté en 1940. □ Sortie sur les écrans d'*Alexandre Nevski,* film de S. Eisenstein illustrant le retour à une appréciation positive des grands hommes du passé russe. Musique de S. Prokofiev, rentré en 1932 en U.R.S.S. □ M. Donskoï commence à porter à l'écran la trilogie de Gorki : *Enfance* (1938), *En gagnant mon pain* (1939), *Mes universités* (1940). □ *Staline et Vorochilov au Kremlin,* peinture d'Alexandre Guerassimov. □ Les bibliothèques sont purgées de tous les ouvrages considérés comme nuisibles pour l'État et la société.

□ **Mai** Nouvelle arrestation du poète Ossip Mandelstam (qui mourra le 27 décembre dans un camp de transit de l'Extrême-Orient soviétique).

Biographies

Litvinov, Maxime Maximovitch (1876-1951). Né dans une famille juive de Bialystok, il adhère dès 1898 au Parti ouvrier social-démocrate de Russie et milite activement dans les réseaux de distribution du journal l'*Iskra.* Il se rallie en 1903 à la fraction bolchevik et organise durant la révolution de 1905 un trafic d'armes vers la Russie, avant de s'établir en 1908 à Londres. Nommé en décembre 1917 chargé d'affaires du gouvernement soviétique en Grande-Bretagne, arrêté en 1918, il est échangé contre des citoyens britanniques détenus en Russie et devient, en 1921, adjoint au commissaire du peuple aux Affaires étrangères, Tchitcherine. Spécialiste des premières négociations avec les puissances occidentales, Litvinov dirige la délégation soviétique à la Conférence de La Haye (1922), puis à la Commission préparatoire à la conférence sur le désarmement de la S.D.N. (1927-1930). Commissaire du peuple aux Affaires étrangères en 1930, il est l'artisan d'une nouvelle orientation de la diplomatie soviétique, prenant ses distances avec l'Allemagne nazie en 1933, renouant la même année des relations officielles avec les États-Unis et recherchant en Europe l'établissement d'un système de sécurité collective : entrée de l'U.R.S.S. dans la S.D.N en 1934, alliance avec la France et la Tchécoslovaquie en 1935. Mais la guerre d'Espagne et la signature des accords de Munich (1938) amènent Staline à rompre avec cette politique et à remplacer Litvinov par Molotov en mai 1939. Tombé en disgrâce, exclu du Comité central en février 1941, Litvinov bénéficie pour un court moment du choc de l'invasion allemande et se voit nommer à l'automne ambassadeur à Washington. Rappelé à Moscou en 1943, vice-commissaire aux Affaires étrangères jusqu'en 1946, il retombe avec la guerre froide dans une obscurité d'où il ne devait plus sortir avant sa mort en 1951.

Toukhatchevski, Michel Nikolaïevitch (1893-1937). Ancien officier de la Garde impériale, il se rallie après la révolution aux bolcheviks et se distingue en commandant plusieurs fronts de la guerre civile, puis le front ouest durant la guerre polono-soviétique. Il réprime en 1921 le soulèvement des marins de Kronstadt, et devient, en 1925, chef d'état-major de l'Armée rouge. Sa contribution à l'organisation des forces armées soviétiques est essentielle, tant par la définition des stratégies que par la professionnalisation du corps des officiers et la modernisation des armements. Devenu adjoint au commissaire du peuple à la Défense, il est promu au rang de maréchal en 1935. Cette brillante carrière s'interrompt brutalement en 1937 : démis de ses fonctions, accusé de trahison sur la base de documents truqués, Toukhatchevski est exécuté avec 7 autres chefs militaires, victime la plus en vue de l'entreprise d'élimination systématique des cadres de l'Armée rouge engagée par Staline à l'avant-veille de la Seconde Guerre mondiale.

Bibliographie

P. Broué, *les Procès de Moscou* (Paris, 1964).

R. Conquest, *la Grande Terreur – Les purges staliniennes des années 30* (Paris, 1976 [rééd.]).

Chapitre 28 1939-1945

La Seconde Guerre mondiale

> *On dirait qu'à nouveau je renonce à ce que j'ai perdu depuis longtemps.*
> *On dirait qu'avec un signe de croix sous des voûtes je descendis.*
>
> Anna Akhmatova, *le Poème sans héros*,
> 21 août 1941, Leningrad assiégée.

Après la signature en septembre 1938 des accords de Munich, Staline rompt avec la politique de sécurité collective de son ministre des Affaires étrangères Litvinov : il le remplace en mai 1939 par Molotov et fait conclure, le 23 août 1939, le pacte germano-soviétique. Ce traité de « non-agression » est complété par un protocole secret sur le partage des zones d'influence en Europe orientale, qui permet à l'U.R.S.S. d'annexer dans les mois qui suivent la Pologne orientale, la Carélie, les États baltes, la Bessarabie et la Bukovine du Nord. Malgré le répit accordé par le pacte, l'effort de réorganisation d'une armée décimée par les purges et le renforcement du potentiel militaire soviétique ne peuvent remédier à l'impréparation criante du pays, envahi le 22 juin 1941 par des forces allemandes très supérieures en détermination et en matériel. Cette offensive éclair mène en quelques mois l'ennemi aux portes de Leningrad et de Moscou, et au-delà de Kiev. Pourtant, l'offensive marque une première pause avant de reprendre en 1942 vers le Caucase et la Volga. Malgré ses difficultés, le pouvoir soviétique cherche à mobiliser toutes les ressources spirituelles, humaines et matérielles dans un grand élan d'union nationale dirigé par Staline, commandant suprême et bientôt maréchal. L'attaque allemande sort l'U.R.S.S. de son isolement international ; l'aide anglo-saxonne se traduit par des livraisons d'armes et de matériel, les Soviétiques attendant en outre avec impatience l'ouverture d'un second front européen. De novembre 1942 au début de février 1943, la bataille de Stalingrad marque la fin de la progression allemande. L'Armée rouge reprend l'initiative, occupe l'Europe orientale et centrale jusqu'à la prise de Berlin, qui est suivie de la capitulation allemande en mai 1945. Sûre de sa force, l'U.R.S.S. discute désormais avec les Alliés des conditions de la paix et de la reconstruction de l'après-guerre. Mais déjà se dessinent les divisions de l'Europe.

Vie politique et institutionnelle

1939

☐ **23 févr.** Fête de l'Armée rouge : lecture par les soldats d'un nouveau serment de fidélité, au ton patriotique.

☐ **10-21 mars** XVIIIe Congrès du parti communiste, auquel ne participent que 59 délégués du Congrès précédent (1 108 ayant été arrêtés sur les 1 966) ; discours de Jdanov sur l'abandon des épurations massives, nouvelle campagne de recrutement (2 307 000 membres et stagiaires en janvier 1939, 3 400 000 en janvier 1940), adoption de nouveaux statuts. Renforcement de la centralisation et du contrôle du parti sur la vie économique.
Entrée au Bureau politique de Jdanov, Khrouchtchev (titulaires), Chvernik, Beria (suppléants). Au Secrétariat, Jdanov est chargé de l'agitprop, G. Malenkov de la Direction des cadres.

☐ **1er sept.** Loi sur l'obligation militaire générale ; abaissement de l'âge de l'incorporation (19 ans ; 18 ans pour les diplômés) et allongement de la durée du service (3 ans ; 5 dans la marine).

☐ **21 déc.** Le 60e anniversaire de Staline est fêté avec emphase.

1940

☐ **13 août** Les commissaires politiques dans l'armée sont remplacés par des commandants adjoints aux questions politiques.

1941

☐ **3 févr.** Les fonctions de sécurité du NKVD passent à un nouvel organe, le NKGB (Commissariat du peuple pour la sécurité d'État).

☐ **15-20 févr.** XVIIIe Conférence du parti communiste. Entrée au bureau politique comme membres suppléants de N. Voznessenski, G. Malenkov, A. Chtcherbakov.

☐ **6 mai** Staline devient président du Conseil des commissaires du peuple (où il remplace Molotov, qui reste vice-président du Conseil et commissaire aux Affaires étrangères) ; Staline cumule cette fonction avec celle de secrétaire général du parti.

☐ **30 juin** Création d'un Comité d'État pour la défense (GKO). Présidé par Staline, avec V. Molotov, L. Beria, G. Malenkov, K. Vorochilov, il exerce une autorité absolue sur les organisations du parti, du gouvernement et de l'armée.

☐ **3 juill.** Premier discours radiodiffusé de Staline qui restait silencieux depuis le 22 juin. Il adopte un ton nouveau et fait appel au patriotisme de la population.

☐ **16 juill.** Réintroduction des commissaires politiques dans l'armée.

☐ **19 juill.** Staline devient commissaire du peuple à la Défense.

☐ **8 août** Staline devient commandant suprême des forces armées.

☐ **28 août** Décret ordonnant la déportation vers l'est des Allemands de la Volga, dont la République autonome sera dissoute.

☐ **19 oct.** Devant la menace allemande, l'état de siège est déclaré à Moscou. Le gouvernement et le corps diplomatique sont évacués sur Kouïbychev. Staline reste au Kremlin.

☐ **7 nov.** Discours de Staline à l'occasion du défilé militaire sur la place Rouge. Appel au nationalisme russe.

1942

☐ **26 août** Le général G. Joukov devient adjoint au commandant suprême.

☐ **9 oct.** Retour à l'unité de commandement dans l'armée : les commissaires politiques sont à nouveau remplacés par des commandants adjoints aux questions politiques.

1943

☐ **7 mars** Staline est nommé maréchal par le Soviet suprême.

☐ **Nov.** Staline met à nouveau l'accent sur le rôle du parti, organisateur de la lutte armée et inspirateur de la victoire future.

Fin 1943-début 1944
Déportation des Karatchaïs et des Kalmouks, accusés d'avoir collaboré avec l'ennemi. Suppression de la Région autonome des Karatchaïs et de la République autonome des Kalmouks.

1944

☐ **28 janv.-1er févr.** Session du Soviet suprême. Création dans chaque République d'un commissariat du peuple à la Défense et d'un commissariat du peuple aux Affaires étrangères.

☐ **23 févr.** Déportation collective des Tchétchènes et des Ingouches, accusés de collaboration avec l'ennemi. Suppression de leur République autonome.

☐ **8 mars** Déportation collective des Balkars.

☐ **17-18 mai** Accusés de collaboration avec l'ennemi, les Tatars de Crimée sont déportés au Kazakhstan et en Asie centrale. Suppression de leur République autonome.

☐ **15 nov.** Déportation collective des Meskhets.

1945

☐ **24 juin** Grande parade de la victoire à Moscou. Hommage appuyé à la nation russe.

☐ **28 juin** Staline est nommé généralissime par le Soviet suprême.

Économie et société

1939

Construction du grand canal du Ferghana.

☐ **Janv.** Recensement de la population. Les résultats (170,6 millions d'habitants, dont 33 % en zone urbaine), sans doute exagérés, témoignent cependant d'une véritable catastrophe démographique.

☐ **10-21 mars** Adoption du IIIe plan quinquennal par le XVIIIe Congrès du parti. L'achèvement de l'édification de la société socialiste doit permettre le passage graduel du socialisme au communisme.

☐ **1er août** Inauguration à Moscou de l'Exposition agricole pansoviétique.

1940

☐ **7 mai** Rétablissement des grades de général et d'amiral et des titres des diplomates.

☐ **26 juin** Décret allongeant la durée du travail : journée de 8 heures, semaine de travail de 6 jours. L'absence injustifiée est punie de travail correctif (de 2 à 4 mois d'emprisonnement), l'ouvrier ne peut changer librement d'entreprise et la baisse de qualité de la production est sanctionnée par les tribunaux.

☐ **Début sept.** Les autorités soviétiques menacent de suspendre leurs livraisons de matières premières à l'Allemagne si celle-ci n'accélère pas ses propres transports de biens industriels vers l'U.R.S.S.

☐ **2 oct.** Suppression de l'exemption de frais scolaires dans les établissements supérieurs.

1941

Relâchement de la lutte antireligieuse.

☐ **15-20 févr.** XVIIIe Conférence du parti : modification du IIIe plan quinquennal pour accélérer l'effort militaire.

☐ **22 juin** Le jour même de l'invasion

allemande, le métropolite Serge adresse un message patriotique à toutes les paroisses.

☐ **24 juin** Création d'un Conseil de l'évacuation. De juillet à novembre 1941, plus de 1 500 entreprises sont transférées des régions occidentales vers l'Oural, l'Ouest sibérien, l'Asie centrale et le Kazakhstan. En 1942, l'Oural produit 40 % de l'armement.

☐ **Juill.** Introduction de cartes de rationnement à Moscou et à Leningrad.

☐ **16 août** Élaboration d'un plan d'économie de guerre pour le 4e trimestre 1941 et l'année 1942.

☐ **Nov.** La production industrielle représente 52 % de celle de novembre 1940. Avec l'occupation allemande, perte de 63 % du charbon, 68 % de la fonte, 58 % de l'acier, 41 % des chemins de fer, 38 % des céréales.

1942

☐ **13 févr.** Mobilisation de la population urbaine au service de la production et de la construction.

☐ **13 avr.** Mobilisation de la population non agricole pour les récoltes.

☐ **Juin** Un congrès musulman réuni à Oufa appelle à la lutte contre le fascisme.

1943

☐ **6 févr.** Achèvement de la construction du combinat métallurgique de Tcheliabinsk.

☐ **26 mai** Décision du Comité d'État pour la défense sur la reconstruction des chemins de fer dans les territoires libérés.

☐ **5 juin** Décret du Conseil des commissaires du peuple lançant un emprunt de 12 milliards de roubles.

☐ **4 sept.** Staline donne audience à Mgr Serge. Il approuve la réunion d'un concile qui élit Serge au siège vacant du patriarcat. Création d'un Conseil pour les Affaires de l'Église orthodoxe russe.

☐ **22 déc.** Approbation par le Conseil des commissaires du peuple d'un nouvel hymne national patriotique, qui remplacera *l'Internationale*.

1944

☐ **5 mai** Nouvel emprunt de guerre (25 milliards de roubles).

☐ **15 mai** Mort du patriarche Serge ; funérailles nationales le 18.

☐ **19 mai** Création d'un Conseil pour les Affaires des cultes non orthodoxes.

☐ **8 juill.** Nouvelle législation de la famille : divorce plus difficile et plus coûteux, rétablissement de la notion de naissance illégitime, augmentation des allocations familiales, impôt sur les célibataires.

1945

Reprise du pèlerinage à La Mecque.

☐ **2 févr.** Élection au patriarcat de Mgr Alexis de Leningrad. Le concile approuve le *Règlement pour l'administration de l'Église* élaboré par le Conseil pour les Affaires de l'Église orthodoxe.

☐ **23 juin** Loi sur la démobilisation des plus anciennes classes d'âge.

☐ **Août** Les Églises sont autorisées à acquérir des bâtiments et des objets de culte.

☐ **19 août** Le Gosplan est chargé d'élaborer le IVe plan quinquennal de relèvement de l'économie nationale (1946-1950).
Bilan du conflit : les pertes humaines globales sont estimées à 20 millions de morts dont près de la moitié de civils (ce chiffre vient d'être officiellement porté à 27 millions). Destruction d'une grande partie des infrastructures économiques. Chute des indices de production (indice 100 en 1940) : production agricole 60, pétrole 62, minerai de fer 52, fonte 59, ciment 31. On compte 25 millions de sans-abri.

Relations extérieures et faits de guerre

1939

☐ **10 mars** Déclaration de Staline au XVIIIe Congrès du parti : l'U.R.S.S. ne se laissera pas entraîner dans un conflit dont bénéficieraient les grandes puissances capitalistes.

☐ **17 avr.** L'U.R.S.S. propose à l'Angleterre et à la France la conclusion d'un pacte tripartite d'assistance mutuelle, assorti d'une garantie sur tous les États d'Europe orientale qui lui sont frontaliers. Négociations jusqu'en août.

☐ **3 mai** Le commissaire du peuple aux Affaires étrangères M. Litvinov est remplacé par V. Molotov. Fin de la recherche d'un système de sécurité collective.

☐ **11 mai-16 sept.** Combats soviéto-japonais en Mongolie. Victoire de G. Joukov sur la rivière Khalkhine-Gol, le 20 août.

☐ **20 mai** V. Molotov reçoit l'ambassadeur allemand von Schulenburg et lui exprime le désir soviétique d'améliorer les relations politiques entre les deux pays.

☐ **24 juill.** Anglais et Français acceptent de discuter d'une convention militaire avec l'U.R.S.S. Au même moment, négociations commerciales germano-soviétiques à Berlin.

☐ **5 août** Départ pour Leningrad, par bateau, des délégations militaires française et britannique qui négocient à Moscou du 12 au 23 août. Échec des pourparlers, l'U.R.S.S. posant comme préalable à un accord le libre passage de l'Armée rouge sur le territoire polonais en cas de conflit.

☐ **19 août** Signature à Berlin d'un accord commercial et de crédit germano-soviétique.

☐ **22 août** Le gouvernement français fait connaître son accord pour le passage de l'Armée rouge par la Pologne, malgré les objections polonaises. Le commissaire à la Défense K. Vorochilov refuse d'en tenir compte.

☐ **23 août** Arrivée à Moscou de Ribbentrop, muni de pleins pouvoirs extraordinaires. Aux premières heures du 24, signature par Molotov et Ribbentrop d'un pacte germano-soviétique de non-agression qui est publié le même jour et prend effet immédiatement (pour une durée théorique de 10 ans). Il est assorti d'un protocole secret (dont l'U.R.S.S. niera l'existence pendant 50 ans). Celui-ci partage l'Europe orientale en sphères d'influence : Pologne de l'Ouest et Lituanie à l'Allemagne, Finlande, Estonie, Lettonie, Pologne orientale à l'U.R.S.S., qui affirme en outre son intérêt pour la Bessarabie.

☐ **3 sept.** La France et la Grande-Bretagne déclarent la guerre à l'Allemagne, tandis que l'U.R.S.S., malgré sa déclaration de neutralité du 17 novembre, adopte au fil des mois une politique de soutien logistique à l'Allemagne.

☐ **15 sept.** Armistice entre l'U.R.S.S. et le Japon en Mongolie.

☐ **17 sept.** Invasion de la Pologne orientale par l'Armée rouge.

☐ **28 sept.** Signature à Moscou par Molotov et Ribbentrop d'un traité germano-soviétique de délimitation des frontières et d'amitié. Protocoles secrets : la ligne de démarcation entre les zones d'intérêt soviétique et allemande en Pologne est repoussée vers l'est sur le Boug, la Lituanie entre dans la sphère d'influence de l'U.R.S.S., les deux États coordonneront leur lutte contre la résistance polonaise.
Conclusion sous la pression soviétique d'un « pacte d'assistance » avec l'Estonie, qui cède à l'U.R.S.S. des bases militaires. Des pactes semblables sont signés le 5 octobre avec la Lettonie, le 10 octobre avec la Lituanie.

☐ **12 oct.** L'U.R.S.S. fait connaître ses

exigences à la Finlande : report de la frontière à 70 km de Leningrad, cession de la base militaire de Hanko, qui commande l'entrée du golfe de Finlande, et de territoires dans l'extrême Nord, autour de Petsamo.

☐ **24 oct.** Accord pour la fourniture par l'U.R.S.S. de céréales, de pétrole et autres matières premières à l'Allemagne.

☐ **27 oct.** Les Soviétiques cèdent Wilno aux Lituaniens.

☐ **1er nov.** Le Soviet suprême approuve le rattachement à l'U.R.S.S. de l'Ukraine occidentale (et de la Biélorussie occidentale le 2). Les autorités soviétiques organisent la déportation systématique vers l'est des élites polonaises (ainsi que de certains Ukrainiens et Biélorusses). Aux 230 000 prisonniers de guerre polonais s'ajouteront, d'octobre 1939 à juin 1941, plus d'un million de déportés civils.

☐ **30 nov.** Agression soviétique contre la Finlande qui refuse de se plier aux exigences formulées en octobre. Début de la « guerre d'hiver ». Soutien de l'U.R.S.S. à une « République populaire de Finlande » présidée par le communiste O. Kuusinen.

☐ **14 déc.** L'U.R.S.S. est exclue de la S.D.N. pour son agression contre la Finlande. Bombardement d'Helsinki.

1940

☐ **11 févr.** Accord commercial germano-soviétique. De 1939 à 1940, la valeur des exportations soviétiques vers le Reich passe de 61,6 à 736,5 millions de roubles.

☐ **12 mars** Signature à Moscou d'un traité de paix soviéto-finlandais. La Finlande cède à l'U.R.S.S. l'isthme de Carélie et Vyborg ; elle lui loue pour 30 ans la base de Hanko. Le 31 mars, la République autonome de Carélie devient la République socialiste soviétique carélo-finnoise.

☐ **10 mai** À l'annonce de l'attaque par Hitler de la Hollande, de la Belgique et du Luxembourg, Molotov proclame sa confiance dans les succès allemands.

☐ **14-16 juin** Ultimatum de l'U.R.S.S. aux trois États baltes exigeant le renforcement de sa présence militaire et la formation de gouvernements prosoviétiques qui sont imposés du 17 au 21 juin par l'envoi de troupes et de commissaires soviétiques.

☐ **24 juin** Établissement de relations diplomatiques avec la Yougoslavie.

☐ **26 juin** Ultimatum soviétique à la Roumanie, réclamant l'abandon de la Bessarabie et de la Bukovine du Nord, occupées le 28 juin par l'Armée rouge.

☐ **21 juill.** Transformation des États baltes en Républiques socialistes soviétiques de Lettonie, de Lituanie et d'Estonie.

☐ **31 juill.** Hitler, décidé à attaquer l'U.R.S.S., demande la préparation de plans d'invasion.

☐ **2 août** Création d'une République socialiste soviétique de Moldavie par le rattachement à la République socialiste soviétique autonome de Moldavie d'une grande partie de la Bessarabie.

☐ **3-6 août** Annexion par l'U.R.S.S. des Républiques socialistes soviétiques de Lituanie (3 août), de Lettonie (5 août) et d'Estonie (6 août).
Les annexions de 1939-1940 augmentent de plus de 23 millions d'habitants la population de l'U.R.S.S.

☐ **20 août** Trotski est mortellement blessé à Mexico par un agent de Staline, Ramon Mercader. Il décède le 21.

☐ **27 sept.** Molotov déclare que le pacte d'assistance militaire signé la veille par l'Allemagne, l'Italie et le Japon n'affecte pas leurs relations avec l'U.R.S.S.

☐ **12-13 nov.** Entretiens Molotov-Hitler à Berlin. Ribbentrop propose à l'U.R.S.S. d'adhérer à ce pacte tripartite.

□ **25 nov.** Note du gouvernement soviétique au gouvernement allemand. L'U.R.S.S. pose des conditions à son adhésion au pacte tripartite.

□ **18 déc.** « Directive n° 21 » d'Hitler, fixant au 15 mai 1941 le début de l'opération Barbarossa (attaque surprise contre l'U.R.S.S).

1941

□ **10 janv.** Large accord de coopération économique entre l'U.R.S.S. et l'Allemagne.

□ **3 févr.** Le haut commandement allemand décrète la mise au point d'un effort de guerre massif en direction de l'Est.

□ **5 avr.** Traité de non-agression et d'amitié avec la Yougoslavie (attaquée par l'Allemagne le 6 avril).

□ **13 avr.** Traité de neutralité avec le Japon garantissant les frontières extrême-orientales.

□ **30 avr.** L'engagement des forces allemandes en Yougoslavie et en Grèce oblige Hitler à retarder de cinq semaines l'offensive contre l'U.R.S.S.

□ **Mai-juin** Multiplication des informations sur l'imminence d'une attaque allemande.

□ **6 juin** « Décret des commissaires » : préparant l'invasion de l'U.R.S.S., les autorités allemandes prévoient l'exécution immédiate des commissaires politiques capturés. De leur côté, les autorités soviétiques déportent à l'Est une grande partie des élites de Lituanie (puis de Lettonie et d'Estonie à partir du 14 juin).

□ **14 juin** Publication d'une déclaration de l'agence TASS dénonçant les « rumeurs » sur la possibilité d'une attaque allemande contre l'U.R.S.S.

□ **21 juin** Protestation de l'ambassadeur soviétique à Berlin contre 180 violations par l'aviation allemande de l'espace aérien de l'U.R.S.S.

□ **22 juin** Peu après 3 heures du matin, invasion du territoire soviétique par la Wehrmacht (opération Barbarossa). Bénéficiant de l'effet de surprise et de leur supériorité en hommes et en armement, l'Allemagne et ses alliés occupent en trois semaines la Lettonie, la Lituanie, la Biélorussie, l'ouest de l'Ukraine jusqu'à Jitomir, et font plusieurs centaines de milliers de prisonniers.

Discours radiodiffusé du Premier ministre britannique W. Churchill, offrant l'aide de l'Angleterre à l'U.R.S.S.

□ **22-27 juin** Entrée en guerre contre l'U.R.S.S. de la Roumanie, de l'Italie, de la Slovaquie, de la Finlande et de la Hongrie.

□ **24 juin** Le président américain Roosevelt évoque la possibilité d'une aide américaine.

□ **30 juin** Rupture des relations diplomatiques entre la France de Vichy et l'U.R.S.S.

□ **12 juill.** Accord soviéto-britannique de coopération, interdisant aux deux parties de conclure un armistice ou une paix séparés.

□ **16 juill.** Les Allemands atteignent Smolensk.

□ **17 juill.** Création d'un ministère du Reich pour les territoires occupés de l'Est (confié à A. Rosenberg). Ils seront organisés en 2 commissariats : Ostland et Ukraine. Les populations civiles sont durement touchées par l'occupation nazie : arrestations, exécutions, destructions de villages, travail forcé et déportation de main-d'œuvre.

Reprise des relations diplomatiques avec le gouvernement yougoslave en exil à Londres.

□ **18 juill.** Signature à Londres d'un traité d'assistance mutuelle avec le gouvernement tchécoslovaque en exil.

□ **30 juill.** Établissement de relations

diplomatiques avec le gouvernement polonais en exil à Londres. Traité de coopération, complété, le 14 août, par une convention militaire qui permettra l'organisation d'une armée polonaise formée des déportés de guerre en U.R.S.S. (armée Anders).

☐ **Début août** Les offensives allemandes se développent en direction du nord (objectif : Leningrad), du centre (objectif : Moscou) et du sud-est (objectifs : la Crimée et le bassin du Donets).

☐ **10 août** Début des opérations allemandes contre Odessa (qui sera évacuée par l'Armée rouge le 16 octobre).

☐ **16 août** Accord de commerce et de crédit avec l'Angleterre.

☐ **25 août** Entrée de troupes soviétiques et britanniques en Iran (partagé en septembre en deux zones d'occupation).

☐ **8 sept.** L'Armée rouge perd Schlüsselbourg. Début du blocus de Leningrad (qui dure jusqu'en janvier 1944).

☐ **19 sept.** Perte de Kiev.

☐ **24 sept.** Adhésion de l'U.R.S.S. aux principes de la Charte de l'Atlantique.

☐ **29-30 sept.** Massacre par les « groupes d'intervention » allemands de plus de 33 000 Juifs à Babi Iar, près de Kiev.

☐ **29 sept.-1er oct.** Conférence de Moscou entre l'U.R.S.S., la Grande-Bretagne et les États-Unis. Accord tripartite sur les fournitures livrées à l'U.R.S.S. jusqu'au 30 juin 1942. Octroi par les États-Unis d'un crédit de 1 milliard de dollars pour 1942.

☐ **30 sept.** Début de la bataille de Moscou. L'offensive allemande (opération Typhon) lancée le 2 octobre menace la ville avant de marquer le pas.

☐ **24 oct.** Perte de Kharkov.

☐ **30 oct.** Début du siège de Sébastopol (la ville tombera le 4 juillet 1942).

☐ **15 nov.** Début de la seconde offensive allemande contre Moscou.

☐ **17-21 nov.** Perte de Rostov-sur-le Don. La reprise de la ville par l'Armée rouge le 29 novembre ferme provisoirement aux Allemands l'accès au Caucase.

☐ **5-6 déc.** Début de la contre-offensive soviétique devant Moscou.

☐ **16-17 déc.** Entretiens soviéto-britanniques à Moscou (mission Eden).

☐ **Déc.** À la fin de l'année 1941, on compte déjà plus de 2 millions de prisonniers de guerre soviétiques.

1942

☐ **1er janv.** L'U.R.S.S. signe à Washington la Déclaration des Nations unies qui reprend les principes de la Charte de l'Atlantique.

☐ **29 janv.** Traité d'alliance anglo-soviéto-iranien.

☐ **Janv.** Poursuite de la contre-offensive soviétique qui libère la région de Moscou.

☐ **5 avr.** Directive d'Hitler sur les offensives de l'été 1942. Objectif premier : le pétrole du Caucase.

☐ **8 mai** Début d'une offensive allemande en Crimée.

☐ **9-28 mai** Échec d'une offensive soviétique pour reprendre Kharkov.

☐ **26 mai** V. Molotov à Londres. Conclusion d'un traité d'alliance et d'amitié pour 20 ans avec l'Angleterre. L'U.R.S.S. réclame avec insistance l'ouverture d'un second front.

☐ **30 mai** Création d'un état-major central pour les partisans. Le mouvement de résistance est particulièrement actif en Biélorussie depuis l'automne 1941 et se développe, de 1942 à 1944, sur une grande partie du territoire occupé.

☐ **11 juin** Accord à Washington entre l'U.R.S.S. et les États-Unis (aide mutuelle durant le conflit et coopération après la guerre).

☐ **28 juin** Début de la grande offensive

allemande d'été. Elle se développe vers deux objectifs : la Volga (bataille de Stalingrad, 17 juillet 1942 - 2 février 1943) et les puits de pétrole du Caucase.

☐ **28 juill.** Ordre du haut commandement soviétique : « Plus un pas en arrière ! ».

☐ **21 août** La croix gammée flotte sur l'Elbrouz (point culminant du Caucase).

☐ **25 août** Proclamation de l'état de siège à Stalingrad. Après des combats de rue acharnés, la VIe armée du général von Paulus est maîtresse à la mi-novembre d'une grande partie de la ville, sans avoir pu franchir la Volga.

☐ **19 nov.** Début de la contre-offensive soviétique à Stalingrad. Venues du nord, les forces du général K. Rokossovski et du général N. Vatoutine convergent sur le Don avec celles du général A. Ieremenko (venues du sud) et encerclent le 22 novembre la VIe armée allemande.

☐ **Déc.** Échec de la contre-offensive allemande menée par le maréchal von Manstein pour dégager Stalingrad.

1943

☐ **Janv.** Retraite des armées allemandes du Caucase. À Stalingrad, Hitler interdit la capitulation de l'armée de von Paulus, peu à peu réduite par les attaques soviétiques et par la famine.

☐ **12-18 janv.** Desserrement du blocus de Leningrad, avec la reprise par les Soviétiques de Schlüsselbourg le 18 janvier.

☐ **31 janv.-2 févr.** Capitulation du maréchal von Paulus, puis du général Strecker à Stalingrad. 91 000 soldats, 24 généraux et 2 500 officiers sont faits prisonniers. Énorme retentissement à l'étranger.

☐ **9 févr.** Churchill informe Staline que l'ouverture d'un second front en Europe est reportée à l'été 1943. Les relations entre l'U.R.S.S. et ses alliés occidentaux traversent une période de crise.

☐ **Févr.** Prise par les Soviétiques de Koursk (le 8), de Rostov (le 14) et de Kharkov (le 16), mais une contre-offensive allemande reprend la ville le 14 mars.

☐ **13 avr.** Annonce par l'Allemagne de la découverte à Katyn, près de Smolensk, d'un charnier renfermant les corps de plus de 4 000 officiers polonais, exécutés par le NKVD en 1940. L'U.R.S.S. accuse l'Allemagne du massacre et profite de l'occasion pour rompre ses relations diplomatiques avec le gouvernement polonais en exil.

☐ **15 mai** Dissolution de l'Internationale communiste (Komintern), pour rassurer les Alliés occidentaux sur la nouvelle politique soviétique. Moscou continue cependant à soutenir les communistes d'Europe centrale et orientale.

☐ **5-13 juill.** Bataille de Koursk (opération Citadelle).

☐ **Juill.-déc.** Une série d'offensives mène l'Armée rouge jusqu'au Dniepr.

☐ **26 août** Reconnaissance par l'U.R.S.S. du Comité français de libération nationale.

☐ **19-30 oct.** Conférence de Moscou. Les trois ministres des Affaires étrangères Molotov, Eden et Hull s'accordent pour mener la guerre jusqu'à la capitulation de l'Allemagne.

☐ **28 nov.-1er déc.** Conférence de Téhéran, réunissant Roosevelt, Churchill et Staline. Confirmation de la décision d'ouvrir un second front en France en mai 1944. Discussions sur la création de l'Organisation des Nations unies, l'avenir d'une Allemagne éventuellement démembrée, le déplacement vers l'ouest des frontières polonaises.

☐ **12 déc.** Signature à Moscou d'un traité d'assistance mutuelle et de coopération soviéto-tchécoslovaque.

☐ **15 déc.** L'U.R.S.S. rompt avec le gouvernement yougoslave en exil et reconnaît le Comité national de libération de Tito.

1944

□ **4 janv.** L'Armée rouge atteint l'ancienne frontière polonaise de 1939 à Sarny.

□ **20 janv.** Reprise de Novgorod.

□ **27 janv.** Fin du siège de Leningrad.

□ **Févr.-mars** Offensive soviétique de printemps. L'Armée rouge libère l'Ukraine de la rive droite du Dniepr, franchit le Dniestr et le Prout et prend Tchernovtsy le 30 mars.

□ **7 avr.-12 mai** Reprise de la Crimée.

□ **10 avr.** Libération d'Odessa.

□ **9 juin** Début d'une offensive soviétique en Carélie (prise de Vyborg le 20 juin).

□ **22 juin** Offensive soviétique en Biélorussie (prise de Minsk le 3 juillet).

□ **Juill.** Prise de Vilnius (le 13), de Bialystok (le 18) et de Lublin (les 22-24), où s'installe un Comité polonais de libération nationale patronné par Moscou. Dans les régions polonaises libérées de l'occupation allemande, les résistants de l'Armée de l'intérieur commencent à être systématiquement arrêtés, déportés ou incorporés dans l'armée Berling sous contrôle soviétique.

□ **1er août-2 oct.** Insurrection de Varsovie. Le soulèvement, dirigé par la résistance intérieure non communiste, est écrasé par les Allemands. Les Soviétiques, arrivés à la mi-septembre dans les faubourgs de la rive droite de la Vistule, ne viennent pas en aide aux insurgés.

□ **20 août** Offensive soviétique en Roumanie. Le 23, le roi Michel fait arrêter le dictateur Antonescu. Formation d'un gouvernement de coalition, entrée en guerre contre l'Allemagne. L'Armée rouge entre à Bucarest le 31 août.

□ **21 août-28 sept.** Participation de l'U.R.S.S. aux entretiens de Dumbarton Oaks, destinés à préparer la future Organisation des Nations unies.

□ **5 sept.** Déclaration de guerre de l'U.R.S.S. à la Bulgarie.

□ **12 sept.** La Roumanie signe à Moscou une convention d'armistice avec l'U.R.S.S., l'Angleterre et les États-Unis.

□ **16 sept.** Entrée des troupes soviétiques à Sofia.

□ **19 sept.** La Finlande signe à Moscou une convention d'armistice avec l'U.R.S.S. et l'Angleterre. Elle s'engage à céder Petsamo à l'U.R.S.S. et à lui verser des dédommagements de guerre.

□ **9-18 oct.** Rencontre entre Staline et Churchill à Moscou. Répartition des influences en Europe danubienne et balkanique. Pour l'U.R.S.S. : 90 % en Roumanie, 75 % en Bulgarie, 50 % en Yougoslavie et en Hongrie, 10 % en Grèce.

□ **11-13 oct.** Annexion par l'U.R.S.S. de la région de Touva.

□ **13 oct.** Reprise de Riga.

□ **20 oct.** Libération de Belgrade par les partisans de Tito et par des unités soviétiques.

□ **23 oct.** L'U.R.S.S. reconnaît avec les États-Unis et la Grande-Bretagne le Gouvernement provisoire de la République française.

□ **25 oct.** Reprise des relations diplomatiques avec l'Italie.

□ **28 oct.** La Bulgarie signe à Moscou un armistice avec l'U.R.S.S., les États-Unis et la Grande-Bretagne.

□ **14 nov.** « Manifeste de Prague » : le général A. Vlassov, ayant accepté après sa capture en 1942 de collaborer avec l'Allemagne, lance un appel à la lutte contre la « tyrannie stalinienne » et organise une Armée de libération russe.

□ **10 déc.** Signature à Moscou d'un traité d'alliance et de coopération franco-soviétique valable 20 ans.

□ **Déc.** Offensive soviétique en Hongrie, encerclement de Budapest.

1945

☐ **4 janv.** Reconnaissance par l'U.R.S.S. du Gouvernement provisoire de la République de Pologne, dominé par les communistes et hostile au gouvernement en exil de Londres.

☐ **12 janv.** Début de la grande offensive soviétique d'hiver (vers la Prusse-Orientale, la Pologne occidentale et la Silésie).

☐ **17 janv.** Prise de Varsovie.

☐ **20 janv.** Signature d'un armistice avec la Hongrie.

☐ **4-11 févr.** Conférence de Yalta entre Staline, Roosevelt et Churchill. Questions discutées : l'occupation de l'Allemagne, le glissement vers l'ouest des frontières polonaises, l'installation de gouvernements provisoires et l'organisation d'élections libres en Europe orientale, la réunion d'une Conférence des Nations unies à San Francisco, l'entrée en guerre de l'U.R.S.S. contre le Japon.

☐ **13 févr.** Entrée de l'Armée rouge à Budapest.

☐ **30 mars** Prise de Dantzig (Gdansk).

☐ **5 avr.** L'U.R.S.S. annule le traité de neutralité signé avec le Japon en 1941.

☐ **9 avr.** Capitulation de Koenigsberg.

☐ **11 avr.** Traité d'amitié et d'assistance mutuelle avec la Yougoslavie.

☐ **13 avr.** Prise de Vienne.

☐ **21 avr.** Signature à Moscou d'un traité d'amitié, d'assistance mutuelle et de coopération avec le Gouvernement provisoire polonais de Varsovie.

☐ **25 avr.** Encerclement de Berlin. Le même jour, jonction des troupes américaines et soviétiques sur l'Elbe à Torgau.

☐ **2 mai** Capitulation de Berlin.

☐ **8 mai** Prise de Breslau (Wroclaw).

☐ **9 mai** À 0 h 16, signature à Karlshorst de la capitulation militaire sans condition de l'Allemagne hitlérienne par le maréchal Keitel, l'amiral von Friedeburg et le général Stumpff.
Les Soviétiques entrent dans Prague.

☐ **5 juin** Déclaration quadripartite de Berlin sur l'administration de l'Allemagne (É.-U., G.-B., Fr., U.R.S.S.).

☐ **26 juin** Signature de la Charte de San Francisco (création de l'Organisation des Nations unies). L'U.R.S.S. dispose à l'Assemblée de 3 voix (avec l'Ukraine et la Biélorussie), et fait partie du Conseil de sécurité en qualité de membre permanent.

☐ **29 juin** La Tchécoslovaquie cède à l'U.R.S.S. la Ruthénie subcarpatique (rattachée à l'Ukraine).

☐ **17 juill.-2 août** Conférence de Potsdam entre Staline, Truman et Churchill (puis Attlee). Tension grandissante entre les 3 « alliés ». Questions discutées : le statut de l'Allemagne, les réparations, le transfert des populations allemandes, les territoires placés sous administration soviétique et polonaise. Ultimatum au Japon.

☐ **6 août** Reprise des relations diplomatiques avec la Roumanie et la Finlande.

☐ **8 août** Déclaration de guerre de l'U.R.S.S. au Japon. Les opérations commencées le 9 août mènent les forces soviétiques en Mandchourie, en Corée du Nord, dans le sud de Sakhaline et aux îles Kouriles.

☐ **14 août** Annonce de la capitulation du Japon. Rétablissement des relations diplomatiques avec la Bulgarie. Traité d'amitié et d'alliance avec la Chine.

☐ **16 août** Accord polono-soviétique sur les frontières orientales de la Pologne, qui suivent approximativement la « ligne Curzon ».

☐ **21 août** Les États-Unis mettent fin au « prêt-bail ». Protestations de l'U.R.S.S.

☐ **2 sept.** Signature de la capitulation du Japon.

Civilisation et culture

1939 *Chtchors,* film d'A. Dovjenko. □ Arrestation du metteur en scène V. Meyerhold (il est exécuté en 1940) ; incarcération de l'écrivain I. Babel, qui est fusillé en 1940.

□ **27 janv.** L'opéra de Glinka, *la Vie pour le tsar,* est repris sous le nom d'*Ivan Soussanine.*

1940 A. Akhmatova commence son *Poème sans héros.* □ M. Boulgakov achève, l'année de sa mort, *le Maître et Marguerite.* □ S. Eisenstein met en scène *la Walkyrie* de Wagner.

1941 Suicide de la poétesse Marina Tsvétaïeva, rentrée d'émigration en 1939. □ *La Chute de Paris,* roman d'I. Ehrenbourg (1941-1942). □ *La Guerre sacrée,* composition chorale d'A. Alexandrov. □ *Banlieue de Moscou, novembre 1941,* peinture d'A. Deïneka. □ D. Chostakovitch compose dans Leningrad assiégée sa 7e Symphonie (dite « de Leningrad »).

1942 *L'École de la haine,* récit de M. Cholokhov. □ Grand succès du poème-feuilleton *Vassili Tiorkine,* d'A. Tvardovski (1942-1945).

1943 *Les Jours et les Nuits,* évocation de la bataille de Stalingrad par C. Simonov (1943-1944). □ Publication d'*Avant le lever du soleil,* de M. Zochtchenko. □ *La Mère du partisan,* peinture de S. Guerassimov.

1945 *La Jeune Garde,* roman de K. Fadeïev. □ 1re partie du film *Ivan le Terrible,* de S. Eisenstein.

Bibliographie

Joukov, Georges Konstantinovitch (1896-1974). Né dans une modeste famille paysanne, il s'engage, après divers métiers, dans la cavalerie durant la Première Guerre mondiale, gagnant par sa bravoure la croix de Saint-Georges. Rallié à la révolution, il participe aux campagnes de l'Armée rouge contre Dénikine, les Polonais et Wrangel. Joukov exerce divers commandements en Europe avant d'être envoyé en 1939 en Extrême-Orient, où il remporte la bataille de Khalkhine-Gol. Nommé général d'armée en 1940, il dirige l'occupation de la Bessarabie et de la Bukovine. Chef d'état-major et vice-commissaire à la Défense en 1941, il joue un rôle important dans la réorganisation de l'Armée rouge. Le nom de Joukov (nommé maréchal en 1943) est ensuite associé à la plupart des grandes batailles contre l'Allemagne nazie : défense de Moscou, de Stalingrad, offensives de 1944-1945 jusqu'à la prise de Berlin, où il reçoit, au nom de l'U.R.S.S., la capitulation de l'Allemagne. Sa popularité à la fin de la guerre fait de l'ombre à Staline, qui le relègue bientôt dans le commandement du district militaire d'Odessa puis du district militaire de l'Oural. À la mort de Staline, Joukov revient en force sur la scène publique : ministre adjoint (1953), puis ministre de la Défense (1955), il participe à l'élimination de Beria et accorde un soutien décisif à Khrouchtchev jusqu'en 1957 : soupçonné alors de vouloir donner aux militaires un pouvoir excessif, il est à nouveau démis de ses fonctions et retombe dans l'obscurité. Il n'en émergera qu'en 1965, retrouvant à l'occasion du 20e anniversaire de la victoire une nouvelle considération.

Bibliographie

A. Nekritch, *l'Armée rouge assassinée, 22 juin 1941* (Paris, 1968).

A. Werth, *la Russie en guerre,* 2 vol. (Paris, 1964-1965).

Chapitre 29 — 1945-1953

Le stalinisme d'après-guerre

> *Le Comité central a l'intention d'aligner le front idéologique sur tous les autres secteurs de notre travail.*
>
> Jdanov, *Sur la littérature, la philosophie et la musique*

Le bilan de la guerre est très lourd pour l'U.R.S.S., dont les pertes militaires et civiles sont alors estimées à 20 millions de personnes (aujourd'hui 27 millions), et qui retrouve des territoires occidentaux dévastés par le conflit (mais considérablement agrandis par les annexions). La reconstruction, lancée avec le IVe plan (1946-1950), se fait à un rythme très rapide dans l'industrie où la priorité est toujours donnée aux secteurs de base. L'agriculture connaît en revanche des difficultés, les paysans résistant à de nouvelles mesures de contrainte – restitution de parcelles accaparées durant la guerre, accélération du regroupement des kolkhozes, projets « d'agro-villes » de Khrouchtchev, collectivisation forcée des régions de l'Ouest. Le niveau de vie ne s'améliore que lentement, et la vie des Soviétiques est marquée par un durcissement du contrôle politique et social. La centralisation s'est encore renforcée avec la guerre, et Staline, bénéficiant du véritable culte organisé autour de lui, exerce un pouvoir de plus en plus personnel tant sur le parti que sur l'administration du pays. Les méthodes de ce pouvoir restent essentiellement répressives, touchant avant même la fin du conflit les peuples accusés de collaboration avec l'ennemi et collectivement déportés. Des purges et des procès frappent à nouveau le parti, en même temps que sont attaqués les cadres des démocraties populaires d'Europe centrale et orientale, remplacés par des dirigeants parfaitement dociles aux ordres du « grand frère ». Les contraintes idéologiques se font plus lourdes, débusquant dans toutes les activités culturelles ou scientifiques les déviations coupables de freiner le chemin vers le communisme. La tension intérieure se nourrit des tensions extérieures et de l'aggravation des divergences entre Occidentaux et Soviétiques, menant à la « guerre froide ». Dès 1947, la création du Kominform donne l'occasion d'affirmer bien haut la division insurmontable entre les camps capitaliste et socialiste et la nécessité, pour les démocraties populaires comme pour l'ensemble des partis communistes, de s'aligner sans faille sur l'U.R.S.S. Quand le maître du Kremlin disparaît, le 5 mars 1953, dans l'atmosphère tendue du prétendu « complot des blouses blanches », le désarroi se mêle aux manifestations d'une affliction souvent sincère.

Vie politique et institutionnelle

1945

☐ **4 sept.** Dissolution du Comité d'État pour la défense (GKO).

1946

☐ **Janv.** L. Beria cède le NKVD au général S. Krouglov, mais son protégé, V. Abakoumov, détient la Sécurité d'État (NKGB).

☐ **Févr.** Élections au Soviet suprême.

☐ **25 févr.** L'Armée rouge prend le nom d'Armée soviétique.

☐ **Mars** L. Beria et G. Malenkov sont élus membres titulaires du Bureau politique, N. Boulganine et A. Kossyguine membres suppléants ; M. Souslov deviendra responsable de l'agit-prop au Comité central.

☐ **15 mars** Transformation du Conseil des commissaires du peuple en Conseil des ministres de l'U.R.S.S. Il est présidé par Staline qui reste également chargé des forces armées.

☐ **19 mars** M. Kalinine, malade, quitte la présidence du Présidium du Soviet suprême. Il est remplacé par N. Chvernik.

1947

☐ **Févr.** N. Voznessenski devient membre titulaire du Bureau politique.

☐ **Mars** N. Boulganine devient ministre de la Défense.

☐ **Mars-déc.** N. Khrouchtchev est temporairement remplacé par L. Kaganovitch à la tête du P.C. d'Ukraine.

☐ **26 mai** Suppression de la peine de mort.

1948

Révolte des détenus dans les camps de Petchora. La population des camps augmente rapidement après la guerre, avec la déportation des anciens prisonniers soviétiques en Allemagne et de nombreux habitants des territoires annexés (Baltes, Polonais, Ukrainiens) où des mouvements de résistance armée durent jusqu'en 1950.

☐ **13 janv.** Assassinat à Minsk de S. Mikhoels, président du Comité antifasciste juif, par des agents des services spéciaux.

☐ **Févr.** N. Boulganine et A. Kossyguine deviennent membres titulaires du Bureau politique.

☐ **31 août** Mort d'A. Jdanov. G. Malenkov et ses partisans semblent l'emporter dans la lutte pour le contrôle de l'appareil.

1949

☐ **Mars** Remaniements ministériels : A. Mikoyan perd le Commerce extérieur, V. Molotov est remplacé par A. Vychinski aux Affaires étrangères, N. Boulganine cède le ministère de la Défense au maréchal A. Vassilevski. Début de « l'affaire de Leningrad », qui permet au groupe de G. Malenkov d'affirmer son pouvoir. Des purges suivies d'exécutions font disparaître entre autres N. Voznessenski (membre du Bureau politique, président du Gosplan), A. Kouznetsov (secrétaire du Comité central), P. Popkov (secrétaire du parti à Leningrad), M. Rodionov (président du Conseil des ministres de la RSFSR).

Déc. N. Khrouchtchev devient secrétaire du Comité central et Premier secrétaire du parti de Moscou.

☐ **21 déc.** Avec le 70e anniversaire de Staline, le culte de la personnalité atteint un sommet.

1950

☐ **12 janv.** Rétablissement de la peine de mort pour les espions, les traîtres et les saboteurs.

1951

☐ **Nov.** Début de « l'affaire mingrélienne » : l'arrestation en Géorgie d'un groupe de cadres mingréliens semble dirigée contre L. Beria.

1952

Déchaînement de la campagne lancée contre le « cosmopolitisme » ; exécution de nombreuses personnalités d'origine juive.

☐ **5-14 oct.** XIXe Congrès du parti communiste qui revendique 6 882 000 membres et candidats. Le Bureau politique est remplacé par un Présidium de 25 titulaires et 11 suppléants, l'Orgburo est supprimé, le Secrétariat du Comité central passe de 5 à 10 membres.

1953

☐ **13 janv.** Annonce de la découverte du « complot des blouses blanches » : 9 médecins du Kremlin, en majorité d'origine juive, sont accusés de la mort de Jdanov, de tentative d'assassinat contre des dirigeants du parti et de l'armée, et de complot sioniste.

☐ **5 mars** Mort de Staline.

Politique extérieure

1945

L'U.R.S.S. prélève à titre de réparations des installations industrielles en Allemagne et dans ses anciens satellites. Début de la « soviétisation » des pays d'Europe centrale et orientale, qui seront pour l'essentiel contrôlés par les communistes en 1947.

☐ **11 sept.-2 oct.** Participation de l'U.R.S.S. à la Conférence des ministres des Affaires étrangères de Londres.

☐ **25 sept.** Rétablissement des relations diplomatiques avec la Hongrie.

☐ **10 nov.** Rétablissement des relations diplomatiques avec l'Albanie.

☐ **16-26 déc.** Conférence des ministres des Affaires étrangères de Moscou.

1946

☐ **27 févr.** Pacte d'amitié et d'assistance mutuelle avec la Mongolie.

☐ **26 mars** L'U.R.S.S. accepte de retirer ses troupes du nord de l'Iran.

☐ **25 avr.-15 mai, 15 juin-12 juill.** Participation de l'U.R.S.S. à la Conférence des ministres des Affaires étrangères de Paris.

☐ **29 juill.-15 oct.** Conférence de la Paix à Paris. Elle décide des conditions imposées à l'Italie, la Roumanie, la Bulgarie, la Hongrie et la Finlande.

☐ **Août** L'U.R.S.S. demande à participer avec la Turquie au contrôle des Détroits. Refus turc appuyé par les Anglo-Saxons.

☐ **4 nov.-12 déc.** Participation de l'U.R.S.S. à la Conférence des ministres des Affaires étrangères de New York.

1947

☐ **10 févr.** Signature à Paris des traités de paix avec les anciens alliés de l'Allemagne nazie (Italie, Roumanie, Bulgarie, Hongrie, Finlande). La Roumanie et la Finlande reconnaissent leurs nouvelles frontières avec l'U.R.S.S.

☐ **10 mars-24 avr.** Conférence des ministres des Affaires étrangères à Moscou. Le clivage s'accentue entre l'Est et l'Ouest : le président américain Truman évoque, le 12 mars, la nécessité d'endiguer la progression communiste en Europe et de venir en aide à la Grèce et à la Turquie.

☐ **5 juin** Le secrétaire d'État américain G. Marshall propose son plan d'aide aux États européens. Le « plan Marshall » sera critiqué, puis refusé par l'U.R.S.S. (Conférence de Paris, 27 juin-2 juillet), qui entraîne avec elle les États d'Europe centrale et orientale et oblige la Tchécoslovaquie à revenir sur son consentement initial.

☐ **22-27 sept.** Fondation du Kominform (Bureau d'information des partis communistes) à Szklarska Poreba (Pologne) par des représentants des partis d'U.R.S.S., d'Europe centrale et orientale, de France et d'Italie. A. Jdanov affirme la divison du monde en deux camps : le camp impérialiste mené par les États-Unis, et le camp anti-impérialiste conduit par l'U.R.S.S.

☐ **25 nov.-15 déc.** Échec de la Conférence des ministres des Affaires étrangères de Londres (« Conférence de la dernière chance »). La rupture est complète entre l'Est et l'Ouest.

1948

☐ **25 févr.** « Coup de Prague » : les communistes prennent le pouvoir en Tchécoslovaquie.

☐ **Févr.-mars** Accords d'amitié, d'assistance et de coopération avec la Roumanie (4 février), la Hongrie (18 février) et la Bulgarie (18 mars).

☐ **20 mars** Le maréchal soviétique V. Sokolovski quitte le Conseil de contrôle interallié de Berlin pour protester contre les projets occidentaux sur l'avenir de l'Allemagne.

☐ **6 avr.** Traité d'amitié et d'assistance avec la Finlande.

☐ **15-18 mai** Reconnaissance par l'U.R.S.S. de l'État d'Israël.

☐ **24 juin** L'U.R.S.S. impose un blocus total sur les relations terrestres avec les secteurs occidentaux de Berlin, qui doivent être ravitaillés par un pont aérien jusqu'en mai 1949.

☐ **28 juin** La rupture entre l'U.R.S.S. et la Yougoslavie est rendue publique avec la condamnation par le Kominform des communistes yougoslaves pour antisoviétisme et déviationnisme.

☐ **Sept.** Reconnaissance par l'U.R.S.S. de la République populaire de Corée du Nord.

1949

☐ **25 janv.** Communiqué annonçant la fondation du Conseil d'aide économique mutuelle (Comecon), à la suite d'une conférence économique réunissant du 5 au 8 janvier à Moscou l'U.R.S.S., la Bulgarie, la Hongrie, la Pologne, la Roumanie et la Tchécoslovaquie.

☐ **31 mars** Note soviétique protestant contre le projet de pacte Atlantique (qui sera signé le 4 avril).

☐ **12 mai** Levée du blocus de Berlin.

☐ **23 mai-20 juin** Conférence des ministres des Affaires étrangères à Paris. Échec des discussions sur l'Allemagne. Naissance de la République fédérale d'Allemagne (le 23 mai) et de la République démocratique allemande (le 7 octobre).

☐ **6 sept.** Le maréchal soviétique K. Rokossovski devient ministre de la Défense de Pologne. Les purges frappent, dans les pays satellites, les cadres communistes « nationaux ».

☐ **28 sept.** Rupture par l'U.R.S.S. du pacte d'amitié et d'assistance soviéto-yougoslave.

☐ **1er oct.** L'U.R.S.S. reconnaît dès sa fondation la République populaire de Chine (et rompt avec Tchang Kaï-chek).

1950

☐ **14 févr.** Conclusion pour 30 ans d'un traité d'amitié et d'assistance mutuelle avec la Chine, à qui l'U.R.S.S. restituera d'ici 1952 la base navale de Port-Arthur. Octroi d'un crédit de 300 millions de dollars.

☐ **25 juin** Les armées nord-coréennes franchissent le 38e parallèle. Début de la guerre de Corée. Le Conseil de sécurité de l'O.N.U. (boycotté depuis janvier par l'U.R.S.S. qui exige la représentation de la Chine communiste) condamnera l'agression et votera l'envoi de forces des Nations unies en Corée.

☐ **1er août** L'U.R.S.S. réintègre le Conseil de sécurité de l'O.N.U.

1951

☐ **23 juin** Le délégué soviétique à l'O.N.U., J. Malik, propose un armistice en Corée. Les négociations commencent le 10 juillet.

1952

☐ **10 mars** Note soviétique proposant une réunification de l'Allemagne (afin de dissuader la R.F.A. de participer à la Communauté européenne de défense).

1953

☐ **11 févr.** Après un attentat contre la légation soviétique de Tel Aviv, rupture des relations diplomatiques avec Israël (jusqu'en juillet).

Économie et société

1945

Mise à l'étude du IVe plan quinquennal.

1946

Mauvais résultats économiques de l'année 1946 : baisse de la production industrielle, récolte de céréales catastrophique en raison de la sécheresse.

☐ **8 mars** Un synode de l'Église uniate proclame à Lvov la fin de l'union avec Rome et le retour à l'orthodoxie des gréco-catholiques.

☐ **18 mars** Adoption du IVe plan quinquennal de « relèvement et de développement de l'économie de l'U.R.S.S. » pour la période 1946-1950. Objectifs : retrouver et dépasser le niveau de production de 1940.

☐ **19 sept.** Création d'un Conseil pour les Affaires kolkhoziennes, présidé par A. Andreïev. Renforcement du contrôle sur les lopins individuels dont la surface est strictement limitée.

1947

☐ **15 févr.** Interdiction des mariages entre citoyens soviétiques et étrangers.

☐ **28 févr.** Nouvelles mesures de relèvement et de réorganisation de l'agriculture.

☐ **Mars** Remise en service de la 1re turbine du Dnieproguès.

☐ **21 mai** Résolution du Comité central sur la collectivisation de l'agriculture dans les pays Baltes annexés. La résistance paysanne à l'introduction des kolkhozes est brisée en 3 ans.

☐ **14 déc.** Suppression du rationnement des produits alimentaires et industriels. Réforme monétaire donnant un coup d'arrêt à l'inflation et à la spéculation par l'échange des billets.

1948

☐ **Oct.** Adoption d'un « plan de transformation de la nature », prévoyant en particulier le creusement de canaux et la plantation de rideaux forestiers dans les steppes méridionales.

1949

Le bassin houiller du Donets retrouve son niveau de production d'avant-guerre.

☐ **25 sept.** L'agence TASS reconnaît la 1re expérience de bombe atomique soviétique. L'explosion a eu lieu le 29 août.

1950

☐ **19 févr.** Publication par la *Pravda* d'un article dirigé contre la politique agraire d'A. Andreïev qui privilégiait dans les kolkhozes le travail en groupes restreints par opposition à la brigade.

☐ **1er mars** Réévaluation du rouble, détaché du dollar et fixé à 0,222 g d'or.

☐ **30 mai** Décision du Comité central sur la fusion des kolkhozes et les tâches des organisations du parti dans ce domaine. Avec le regroupement, le nombre de kolkhozes tombe en un an de 250 000 à 121 000 (94 000 en 1953).

☐ **21 sept.** La construction du grand canal de Turkménie est décidée.

1951

☐ **1er janv.** Décision sur la construction du canal Don – Volga (inauguré le 27 juillet 1952).

☐ **4 mars** Publication par la *Pravda* d'un projet de Khrouchtchev prévoyant la disparition progressive des villages traditionnels et la création de vastes « agrovilles ».

1952

☐ **5-14 oct.** Le XIXe Congrès approuve les directives du Ve plan quinquennal déjà engagé depuis plus d'un an (1951 1955). La production doit augmenter de 80 % pour l'industrie lourde, 60 % pour les biens de consommation, 40 à 50 % pour les céréales.

Civilisation et culture

1946

☐ **14 août** Le Comité central condamne les revues littéraires *Leningrad* et *Zviezda* (« l'Étoile »). Début de la dictature exercée par A. Jdanov sur toute la vie culturelle soviétique.

☐ **4 sept.** Attaque du Comité central contre le film *Une grande vie* de L. Loukov. La deuxième partie d'*Ivan le Terrible* de S. Eisenstein, achevée en 1946, ne sortira qu'en 1958.

1948

☐ **10 févr.** Résolution du Comité central sur « les tendances décadentes de la musique soviétique ».

☐ **Août** Le botaniste T. Lyssenko impose ses vues sur l'influence du milieu et l'hérédité des caractères acquis.

1949 Vaste entreprise de dénonciation du « cosmopolitisme » dans la culture et la science soviétiques.

1950

☐ **20 juin** Publication par la *Pravda* de l'article de Staline, *À propos du marxisme en linguistique.*

1951 Découverte à Novgorod d'inscriptions sur écorce de bouleau remontant jusqu'au XIe siècle.

1951-1952 Attaques systématiques contre les épopées nationales des peuples musulmans.

Biographie

Jdanov, André Alexandrovitch (1896-1948). Né à Marioupol, il rejoint les bolcheviks durant la Première Guerre mondiale et participe à l'établissement du pouvoir communiste dans l'Oural. Après la mort de Lénine, il appuie Staline et remplace Kirov à la tête de l'organisation du parti de Leningrad. Il y dirige la purge systématique qui élimine les anciens partisans de Kirov au profit de fidèles staliniens, et devient membre titulaire du Bureau politique en 1939. Durant la guerre, Jdanov joue un rôle important dans la défense de Leningrad assiégée. Après la victoire, il est chargé par Staline de restaurer un strict contrôle idéologique sur la société soviétique, et se fait en même temps le théoricien de la confrontation avec l'Occident à la réunion constitutive du Kominform en septembre 1947. Annoncée dès 1946 par de violentes attaques contre les milieux littéraires de Leningrad, une grande campagne impose à tous les domaines de la culture le respect absolu du réalisme socialiste. Cette « jdanovchtchina », caractéristique des années de guerre froide, s'étendra aux pays d'Europe centrale et orientale, et marquera profondément le mouvement communiste international.

Bibliographie

L. Marcou, *le Kominform. Le communisme de guerre froide* (Paris, 1977).

R. Medvedev, *le Stalinisme* (Paris, 1972).

Chapitre 30 **1953-1964**

La déstalinisation de l'U.R.S.S. et l'amorce du dégel

> *Je me permets de vous rappeler que chaque membre du Présidium a le droit de parler au Congrès et d'exprimer son propre point de vue, même s'il n'est pas conforme à la ligne tracée par le Rapport général.*
>
> Khrouchtchev, *Mémoires.*

La mort de Staline entraîne en U.R.S.S. des changements rapides et brutaux. Ils révèlent la présence, au sein du parti, de tendances réformatrices importantes dont Khrouchtchev se fait le porte-parole. Sa lutte pour la conquête du pouvoir s'appuie sur la condamnation d'abord prudente des excès du stalinisme, qui met en cause ses principaux adversaires. Cependant, les premières dénonciations de l'arbitraire stalinien visent surtout au rétablissement d'un consensus politique avec l'ensemble de la société ; Khrouchtchev en sera le maître d'œuvre, unanimement reconnu comme tel après le XXe Congrès où il dénonce, dans son fameux rapport secret, certains crimes et déviations du régime stalinien. Cet événement marque le début de la détente intérieure. Les dirigeants en attendent une nouvelle mobilisation sociale, capable de permettre un réel développement du pays. Ces changements politiques ont également une importance décisive pour les relations internationales. Après dix ans de guerre froide, le parti entreprend de sortir l'U.R.S.S. de son isolement : le concept de « coexistence pacifique » avec les États capitalistes, redéfini au XXe Congrès, justifie les démarches de Khrouchtchev pour l'amorce du dialogue Est-Ouest. Mais les orientations radicales de Khrouchtchev suscitent l'opposition de l'aile conservatrice du parti qui, dès 1957, menace le premier secrétaire. L'échec de ses réformes économiques développe cette opposition au sein même de la société. Par ailleurs, la déstalinisation demeurée partielle entraîne la défection de l'intelligentsia au carrefour des années 60. Dès lors, la politique de Khrouchtchev subit de sérieux revers. À l'extérieur, l'édification du mur de Berlin et surtout la crise de Cuba marquent un nouveau durcissement des relations internationales, tandis que la Chine rompt son alliance avec l'U.R.S.S. À l'intérieur, la situation difficile de l'économie facilite la montée des clivages au sein d'un parti dont la réforme des statuts remet en cause la hiérarchie. Aussi la destitution de Krouchtchev en octobre 1964 est-elle décidée à l'unanimité du Présidium. Les Soviétiques l'accueilleront avec indifférence, voire satisfaction.

Vie politique et institutionnelle

1953

☐ **6 mars** G. Malenkov, secrétaire au Comité central et président du Conseil des ministres, apparaît comme le successeur de Staline.

☐ **14 mars** G. Malenkov abandonne ses fonctions au secrétariat du Comité central et garde la présidence du Conseil des ministres, assisté de 4 vice-présidents dont V. Molotov et L. Beria. Face à ce « triumvirat », N. Khrouchtchev prend de l'importance au secrétariat du Comité central.

☐ **27 mars** Amnistie pour les délits administratifs et économiques mineurs ; annulation des condamnations de moins de 5 ans de prison ; libération des prisonniers âgés ou malades, des adolescents de moins de 18 ans, des mères de famille.

☐ **4 avr.** Un communiqué du ministère des Affaires intérieures innocente les médecins accusés de complot contre Staline en janvier 1953.

☐ **10 avr.** Résolution du Comité central condamnant « la violation de la légalité par les organes de la sécurité d'État ». Elle vise L. Beria.

☐ **26 juin** Arrestation de L. Beria en pleine séance du Présidium du Comité central (son procès et son exécution seront annoncés officiellement en décembre). Formation d'un 2e « triumvirat » Malenkov-Molotov-Khrouchtchev.

☐ **Été** Révolte des détenus du camp de Vorkouta.

☐ **Sept.** Début de la réhabilitation des victimes de la terreur stalinienne.

☐ **13 sept.** Khrouchtchev devient premier secrétaire du Comité central.

1954

☐ **19 févr.** La Crimée, rattachée jusqu'alors à la R.S.F.S.R., est incorporée à la République d'Ukraine.

☐ **Mars** Le ministère de la Sécurité d'État (MGB) est réorganisé sous le nom de Comité de la Sécurité d'État (KGB) avec à sa tête le général I. Serov, proche de Khrouchtchev.

☐ **Avr.-Juin** Soulèvement des détenus du camp de Kinguir.

☐ **Juill.** Procès de Rioumine, ancien ministre-adjoint de la Sécurité d'État. Accusé d'avoir monté le faux « complot des blouses blanches », il est condamné à mort et exécuté.

☐ **Déc.** L'exécution de V. Abakoumov, ancien ministre de la Sécurité d'État, tenu pour responsable de « l'affaire de Leningrad », menace la position de G. Malenkov.

1955

☐ **25 janv.** Réunion du plénum du Comité central qui condamne la politique de G. Malenkov.

☐ **8 févr.** Démission de G. Malenkov qui reconnaît ses erreurs de gestion. N. Boulganine lui succède à la tête du Conseil des ministres et cède la Défense au maréchal Joukov.

☐ **Mars** L. Kaganovitch, allié de G. Malenkov, est écarté de la direction de la planification industrielle.

☐ **Juill.** V. Molotov, hostile à la réconciliation avec la Yougoslavie et à la signature du traité d'État autrichien, doit reconnaître ses erreurs.

☐ **Oct.** Autocritique publique de V. Molotov pour avoir déclaré que l'U.R.S.S. n'avait fait que « poser les bases » d'une société socialiste.

1956

☐ **14-25 févr.** XXe Congrès du parti communiste. Khrouchtchev souligne l'importance de la détente internationale et la pluralité des voies dans l'édification du socialisme. Renforcement des positions du premier secrétaire qui fait entrer ses partisans parmi les suppléants du Présidium, notamment L. Brejnev, D. Chépilov et le maréchal G. Joukov.

☐ **Nuit du 24 au 25 févr.** Présentation du rapport secret de Khrouchtchev devant les seuls délégués soviétiques du Congrès : révélation des crimes de Staline et dénonciation du culte de la personnalité, mais Khrouchtchev ne remet pas en cause l'essentiel de l'action économique des 30 dernières années. Le rapport secret sera publié le 4 juin par le gouvernement américain.
À la suite du XXe Congrès, multiplication des réhabilitations et des libérations de détenus politiques.

☐ **30 juin** Résolution du Comité central sur « l'élimination du culte de la personnalité et de ses conséquences ».

☐ **16 juill.** La République socialiste soviétique carélo-finnoise devient République autonome de Carélie (au sein de la R.S.F.S.R.).

☐ **Nov.** V. Molotov revient au gouvernement en qualité de ministre du Contrôle d'État.

1957

☐ **Févr.** Réhabilitation de certaines nationalités déportées par Staline (Tchétchènes, Ingouches, Balkars, Karatchaïs et Kalmouks) qui reviennent dans leur région d'origine.

☐ **22 mai** Après avoir fait adopter la loi sur la décentralisation de la gestion des industries contre l'avis des conservateurs (10 mai), Khrouchtchev accroît les tensions dans le parti en déclarant que l'U.R.S.S. doit rattraper la production américaine de viande, de lait et de beurre dans les 4 années à venir.

☐ **19 juin** Convocation impromptue de Khrouchtchev à une séance du Présidium qui vote, par 7 voix sur 11, sa destitution du poste de premier secrétaire. Khrouchtchev refuse d'entériner la décision et exige la réunion d'une session plénière du Comité central.

☐ **22-29 juin** Session plénière du Comité central qui confirme Khrouchtchev dans ses fonctions de premier secrétaire et condamne l'activité fractionnelle du « groupe anti-parti » : V. Molotov, G. Malenkov, L. Kaganovitch et D. Chepilov sont exclus du Présidium et du Comité central. Constitution d'un nouveau Présidium qui comprend non plus 11 membres mais 15 (dont L. Brejnev, F. Kozlov et G. Joukov, qui comptent parmi les 9 partisans sûrs de Khrouchtchev). A. Kossyguine devient membre suppléant.

☐ **26 oct.** Le maréchal Joukov est remplacé par Malinovski sur décision de Khrouchtchev qui craint sa popularité.

1958

Le général I. Serov cède la présidence du KGB au premier secrétaire du Komsomol A. Chelepine.

L'académicien A. Sakharov s'adresse pour la première fois à Khrouchtchev pour lui demander de mettre fin aux expériences de la bombe H.

☐ **27 mars** Démission du président du Conseil des ministres N. Boulganine. Khrouchtchev le remplace, restaurant à son profit le cumul des fonctions exercées par Staline après 1941.

☐ **Août** Troubles ethniques à Grozny (entre Tchétchènes et Russes).

☐ **25 déc.** Loi sur les « fondements du droit pénal en U.R.S.S. et dans les Républiques fédérées » : diminution des peines, suppression de l'expression « ennemi du peuple », relèvement de l'âge de la responsabilité pénale de 14 à 16 ans, affirmation du caractère exceptionnel et provisoire de la peine capitale ; la privation de liberté ne peut plus dépasser 15 ans (au lieu de 25). Les camps sont remplacés par des « colonies de redressement et de travail » (au Goulag succède le Gouitk).

1959

☐ **27 janv.-5 févr.** XXIe Congrès extraordinaire du parti. Khrouchtchev déclare que l'U.R.S.S. aborde maintenant l'édification du communisme.

☐ **Oct.** Accusé d'être responsable de grandes pertes dans les récoltes, A. Kiritchenko, principal collaborateur de Khrouchtchev, est éloigné du Présidium du Comité central, remanié au profit de Kossyguine, Podgorny et Polianski, promus titulaires.

1960

☐ **14 janv.** Dissolution du ministère fédéral de l'Intérieur (MVD) dont les fonctions seront exercées par les ministères de l'Intérieur des 15 Républiques fédérées.

☐ **5 mai** F. Kozlov entre au secrétariat du Comité central, A. Kossyguine le remplace comme premier vice-président du Conseil des ministres.

☐ **7 mai** K. Vorochilov est remplacé à la présidence du Présidium du Soviet suprême par L. Brejnev.

1961

☐ **Mai** Élargissement de la peine de mort à certains crimes économiques.

☐ **17-31 oct.** XXIIe Congrès du parti. Khrouchtchev révèle de nouveaux crimes de Staline, et annonce pour 1980 la réalisation du communisme. Adoption d'un nouveau programme et de nouveaux statuts du parti (lors de chaque élection, les organes dirigeants devront être renouvelés par tiers).

☐ **31 oct.** Le corps de Staline est retiré du mausolée de la place Rouge. La ville de Stalingrad sera rebaptisée Volgograd.

1962

☐ **2 juin** Émeutes ouvrières à Novotcherkassk pour protester contre la baisse des salaires. L'armée réprime la révolte dans le sang. L'agitation sociale se poursuit en 1962-1963 dans plusieurs villes d'U.R.S.S.

☐ **19-23 nov.** Plénum du Comité central : forte opposition à Khrouchtchev dont les réformes économiques mécontentent l'appareil. Khrouchtchev fait adopter par le plénum la division des instances du parti en 2 secteurs, agricole et industriel, à tous les échelons.

1963

L. Brejnev et N. Podgorny (adversaires de Khrouchtchev) entrent au Secrétariat du Comité central.

☐ **Févr.-mars** Khrouchtchev repousse de justesse une attaque conduite par F. Kozlov.

☐ **Avr.** À la suite d'une maladie, F. Kozlov est écarté de la vie publique.

☐ **Juin** Au plénum du Comité central, un débat réaffirme la nécessité de maintenir l'orthodoxie marxiste.

1964

☐ **17 avr.** Célébration fastueuse du 70e anniversaire de Khrouchtchev ; nouveau culte de la personnalité.

☐ **Juill.** L. Brejnev cède à A. Mikoyan la présidence du Présidium du Soviet suprême pour se consacrer entièrement au secrétariat du Comité central.

☐ **29 août** Réhabilitation des Allemands de la Volga.

☐ **12 oct.** En l'absence de Khrouchtchev, en villégiature sur les bords de la mer Noire, le Présidium du Comité central se réunit pour préparer la destitution du premier secrétaire.

☐ **13 oct.** Le Présidium convoque un plénum du Comité central et rappelle Khrouchtchev à Moscou pour exiger sa démission.

☐ **Nuit du 13 au 14 oct.** Le plénum du Comité central libère Khrouchtchev de toutes ses fonctions dans le parti et dans l'État. L. Brejnev le remplacera comme premier secrétaire, A. Kossyguine comme président du Conseil des ministres.

☐ **15 oct.** Annonce officielle par l'agence TASS du départ de Khrouchtchev « pour raisons de santé ».

Politique extérieure

1953

□ **26 mars** Accord commercial avec la Chine.

□ **17 juin** Insurrection populaire à Berlin-Est, réprimée avec l'aide des chars soviétiques.

□ **27 juill.** Armistice de Panmunjom : fin de la guerre de Corée.

□ **20 août** L'U.R.S.S. annonce officiellement l'explosion de sa 1re bombe à hydrogène.

1954

□ **25 mars** Reconnaissance par l'U.R.S.S. de la souveraineté de la R.D.A.

□ **26 avr.-21 juill.** Participation de l'U.R.S.S. à la conférence de Genève ; fin de la guerre d'Indochine.

□ **29 sept.-12 oct.** Visite de Khrouchtchev en Chine. Nouvel accord sino-soviétique (évacuation de Port Arthur).

1955

□ **7 mars** Adhésion de l'U.R.S.S. aux conventions de La Haye.

□ **14 mai** En réaction à l'entrée de la R.F.A. dans l'O.T.A.N., l'U.R.S.S. annonce la création du pacte de Varsovie, nouvel organe de coopération politique et militaire qui regroupe autour d'elle 7 États (Albanie, Bulgarie, Hongrie, Pologne, R.D.A., Roumanie, Tchécoslovaquie).

□ **15 mai** L'U.R.S.S. signe avec les Occidentaux le traité d'État qui restitue à l'Autriche sa souveraineté.

□ **27 mai-2 juin** Voyage de N. Khrouchtchev, N. Boulganine et A. Mikoyan à Belgrade : réconciliation soviéto-yougoslave.

□ **18-23 juill.** La rencontre de Genève entre D. Eisenhower, N. Khrouchtchev, E. Faure et A. Eden consacre la détente internationale.

□ **9-13 sept.** Visite à Moscou du chancelier K. Adenauer. Début des relations diplomatiques entre l'U.R.S.S. et la R.F.A.

□ **20 sept.** Traité d'amitié et de coopération entre l'U.R.S.S. et la R.D.A., précisant les conditions du stationnement des troupes soviétiques en Allemagne.

□ **18 nov.-19 déc.** Khrouchtchev et N. Boulganine en Inde, en Birmanie et en Afghanistan, où ils réaffirment le bien-fondé du neutralisme.

1956

□ **Janv.** Création d'une Commission permanente au sein du pacte de Varsovie chargée de préparer les recommandations en matière de politique extérieure. Décision d'intégrer l'armée de la R.D.A. dans les forces du pacte.

□ **14-25 févr.** Au XXe Congrès du parti, Khrouchtchev s'engage à ne plus exporter la révolution par les armes afin de garantir la coexistence pacifique.

□ **17 avr.** Dissolution du Kominform.

□ **1er-23 juin** Visite officielle de Tito en U.R.S.S.

□ **19 oct.** Arrivée surprise à Varsovie de N. Khrouchtchev, V. Molotov, A. Mikoyan et L. Kaganovitch, pour faire pression sur le Comité central polonais qui s'apprête à élire W. Gomulka à la tête du parti. Devant la fermeté des dirigeants et de la population, les Soviétiques acceptent « la voie polonaise vers le socialisme ».

□ **23 oct.** Insurrection à Budapest qui provoque une 1re intervention de l'armée soviétique (26 octobre).

□ **30 oct.** L'U.R.S.S. proclame son intention de redéfinir ses relations avec les démocraties populaires sur la base d'une pleine égalité qu'elle reconnaît ne pas avoir toujours respectée.

□ **4 nov.** Début d'une seconde intervention soviétique en Hongrie qui écrase l'insurrection.

□ **5 nov.** L'U.R.S.S. condamne devant

le Conseil de sécurité l'intervention franco-anglaise à Suez.

☐ **17 déc.** L'U.R.S.S. propose un pacte de non-agression entre l'O.T.A.N. et le pacte de Varsovie.

1957

☐ **15 févr.** A. Gromyko devient ministre des Affaires étrangères.

☐ **28 mars** Accords de Moscou légalisant le stationnement des troupes soviétiques en Hongrie.

☐ **14-16 nov.** Conférence des partis communistes des pays socialistes à Moscou : condamnation du dogmatisme et du révisionnisme. L'unité du camp socialiste est hautement réaffirmée après les événements de 1956.

1958

☐ **10 mai** L'U.R.S.S. exige de la Yougoslavie qu'elle se soumette à la discipline du camp socialiste.

☐ **Juill.** Coup d'État en Iraq : le général prosoviétique Kassem prend le pouvoir.

☐ **27 nov.** Ultimatum de Khrouchtchev aux États-Unis, à la France et à la Grande-Bretagne sur le statut de Berlin. Il veut en faire une ville libre et démilitarisée et propose des négociations dans les 6 mois à venir, faute de quoi il prendrait des mesures unilatérales.

1959

☐ **6 avr.** L'U.R.S.S. propose la création d'une zone démilitarisée en Asie et dans le Pacifique.

☐ **Été** L'U.R.S.S. met fin à sa coopération nucléaire avec la Chine.

☐ **13 juill.-3 août** La conférence de Genève sur la question de Berlin est un échec mais A. Gromyko assouplit les exigences de l'U.R.S.S.

☐ **15-27 sept.** Premier voyage d'un chef d'État soviétique aux États-Unis. Khrouchtchev présente un plan de désarmement devant l'O.N.U. et rencontre le président Eisenhower à Camp David.

☐ **30 sept.-1er oct.** Visite de Khrouchtchev à Pékin où il prêche la détente devant Mao Tsé-toung.

1960

☐ **4-13 févr.** Visite d'A. Mikoyan à La Havane, où Castro a pris le pouvoir en 1959. Accords commerciaux et annonce d'une aide économique.

☐ **23 mars-3 avr.** Voyage de Khrouchtchev en France ; accords de coopération scientifique et technique.

☐ **Avr.** *Le Quotidien du peuple* (organe du parti communiste chinois) publie un long réquisitoire contre le révisionnisme yougoslave qui vise également l'U.R.S.S.

☐ **1er mai** Un avion espion américain U2 est abattu au-dessus de l'U.R.S.S. Khrouchtchev en profite pour torpiller dès son ouverture, le 16 mai à Paris, la Conférence des 4 grands vainqueurs de la Seconde Guerre mondiale sur la sécurité européenne et sur Berlin.

☐ **20-25 juin** Congrès du parti communiste roumain à Bucarest. Khrouchtchev y dénonce la politique chinoise.

☐ **Juill.** À la suite de l'embargo économique américain contre Cuba, l'U.R.S.S. s'engage à acheter le sucre cubain ; Khrouchtchev laisse planer des menaces de guerre en cas d'agression armée contre Cuba.

☐ **15 juill.** Khrouchtchev se fait le défenseur du régime de Patrice Lumumba au Congo Belge.

☐ **18 août** Rappel de tous les techniciens et spécialistes soviétiques présents en Chine.

☐ **23 sept.** Devant l'Assemblée des Nations unies, Khrouchtchev aborde la question du Congo et propose de remplacer le secrétaire général de l'O.N.U. par un triumvirat composé d'un représentant des puissances occidentales, d'un représentant des États communistes et d'un représentant des pays neutres.

☐ **10 nov.-3 déc.** Conférence mondiale de 81 partis communistes à Moscou. Malgré l'ampleur des divergences entre les Soviétiques et les Chinois (appuyés par les Albanais), Khrouchtchev fait adopter ses thèses par la Conférence, au nom de la nécessaire unité du mouvement communiste international.

1961

☐ **18 avr.** Après le débarquement anticastriste de la baie des Cochons, à Cuba, Khrouchtchev adresse un message de protestation au président Kennedy.

☐ **26 avr.** L'U.R.S.S. rompt ses accords de crédit avec l'Albanie.

☐ **3-4 juin** Rencontre entre Khrouchtchev et Kennedy à Vienne : le problème de Berlin reste sans solution.

☐ **13 août** Début de la construction du mur de Berlin.

☐ **17-31 oct.** Le XXIIe Congrès du parti communiste de l'Union soviétique consacre la rupture des relations sino-soviétiques.

1962

☐ **11 avr.** Première expression du soutien politique des Soviétiques à Castro.

☐ **Printemps** Incidents de frontière sino-soviétiques.

☐ **19 mars** Reconnaissance de jure du gouvernement provisoire algérien.

☐ **22 oct.** Les États-Unis ayant découvert les travaux d'installation de missiles soviétiques à Cuba, Kennedy annonce le blocus naval de l'île et exige leur retrait dans les plus brefs délais, sous la menace d'un affrontement armé.

☐ **26 oct.** Khrouchtchev s'engage à retirer les missiles soviétiques de Cuba en échange de la promesse américaine de ne pas envahir l'île.

☐ **Déc.** Dans un discours prononcé devant le Soviet suprême en présence de Mao Tsé-toung, Khrouchtchev dénonce dans le dogmatisme le danger principal pour le communisme.

1963

☐ **Mars** Durcissement des relations sino-soviétiques. Les dirigeants chinois qualifient la politique de Khrouchtchev d'« aventuriste » et de « capitularde » et remettent en question les frontières imposées par les « traités inégaux » du temps des tsars.

☐ **14 juin** Pékin envoie à Moscou un réquisitoire en 25 points contre la politique soviétique (justification du recours éventuel à la guerre, refus du rôle dirigeant de l'U.R.S.S. au sein du bloc).

☐ **20 juin** Accord américano-soviétique sur l'installation d'un « téléphone rouge » reliant directement la Maison-Blanche et le Kremlin.

☐ **14 juill.** Lettre ouverte du parti communiste soviétique répondant à la note chinoise en 25 points du 14 juin : rupture idéologique entre les deux États.

☐ **25-26 juill.** Réunion à Moscou des représentants des pays membres du Comecon. Devant la forte opposition de la Roumanie, les Soviétiques renoncent à spécialiser de façon autoritaire la production de chaque État membre.

☐ **5 août** Signature à Moscou par l'U.R.S.S., les États-Unis et la Grande-Bretagne d'un traité sur l'interdiction des essais nucléaires dans l'atmosphère et en milieu marin.

1964

☐ **Avr.** Déclaration du Comité central du parti communiste roumain affirmant l'indépendance de la Roumanie face à l'U.R.S.S.

☐ **12 juin** Traité d'amitié, d'aide mutuelle et de coopération avec la R.D.A.

☐ **28 juill.** La Chine refuse de participer à la Conférence mondiale des partis communistes proposée par Khrouchtchev.

Économie, progrès technique et société

1953

☐ **3-7 sept.** Plénum du Comité central consacré aux questions agricoles, où Khrouchtchev apparaît comme le véritable patron de l'agriculture. Critique des insuffisances passées, relèvement des prix à la production, réduction des livraisons obligatoires, suppression des dettes des kolkhozes, renforcement du rôle des MTS.

1954

☐ **23 févr.-2 mars** Plénum du Comité central : résolution sur le développement de la production de blé et la mise en valeur des terres vierges et en friche. Gigantesque opération de mise en culture de 13 millions d'hectares (35 en 1956) au Kazakhstan et en Sibérie méridionale.

☐ **27 juin** Mise en marche de la 1re centrale atomique soviétique.

☐ **Été** Départ de 300 000 volontaires vers les terres vierges du nord du Kazakhstan, de l'Altaï, du sud de la Sibérie et de l'Oural.

1955

☐ **Janv.** Grande campagne de Khrouchtchev en faveur du maïs.

☐ **9 mars** Réforme de la planification dans l'agriculture, donnant plus d'autonomie aux kolkhozes : le plan fixe les obligations de livraison et non celles de production.

☐ **Nov.** Interdit depuis 1936, l'avortement est à nouveau autorisé.

1956

☐ **14-25 févr.** Approbation par le XXe Congrès du VIe plan quinquennal. La priorité reste l'industrie lourde et l'énergie, mais un effort sensible est prévu pour l'agriculture, les biens de consommation, la construction.

☐ **25 avr.** Abrogation de la loi « anti-ouvrière » de 1940 : l'absentéisme cesse d'être réprimé comme un délit.

☐ **14 juill.** Loi sur les retraites : augmentation des pensions et extension aux kolkhoziens du droit à la retraite, sous certaines conditions.

☐ **31 juill.** Décision du Comité central et du Conseil des ministres sur le développement de la construction locative.

☐ **8 sept.** Instauration d'un salaire minimum.

1957

☐ **13-14 févr.** Un plénum du Comité central décide une réforme décentralisatrice de la gestion des entreprises : les grands ministères industriels sont dissous au profit d'une centaine de sovnarkhozes gérant les entreprises sur une base régionale.

☐ **3 mai** Arrêté sur la transformation des kolkhozes en sovkhozes.

☐ **4 oct.** Lancement du premier satellite artificiel de la terre, le Spoutnik.

1958

☐ **31 mars** Suppression des MTS.

☐ **24 déc.** Réforme de l'enseignement : obligation scolaire portée à 8 ans, renforcement des liens entre l'éducation et la production.

1959

Vaste offensive antireligieuse.
Création des *droujiny,* milices populaires recrutées dans les entreprises pour le maintien de l'ordre public.

☐ **Janv.** Recensement de la population soviétique : 208 800 000 habitants, dont 48 % de population urbaine.

☐ **2 janv.** Lancement de Lounik 1, première sonde spatiale à frôler la lune.

☐ **27 janv.-5 févr.** XXIe Congrès extraordinaire du parti. Adoption d'un plan septennal (1959-1965) qui modifie le VIe plan en cours. Augmentation de la production de pétrole et de gaz naturel ; mise en valeur des nouvelles ressources de Sibérie et d'Asie centrale ; développement de l'industrie chimique ; électrification et dieselisation des chemins de fer.

1960

☐ **7 mai** Loi sur la journée de travail de 7 heures.

Fin 1960 – début 1961
Regroupement des sovnarkhozes dont le nombre passe de 100 à 47 en 1963. Création, pour remplacer les ministères économiques supprimés, de Comités d'État chargés des questions de production et d'organisation.

1961

☐ **1er janv.** Entrée en vigueur de la réforme monétaire : le nouveau rouble vaut à l'intérieur de l'U.R.S.S. 10 roubles anciens, mais l'évolution de sa parité-or révèle une forte dévaluation.

☐ **12 avr.** Premier vol dans l'espace du Soviétique Iouri Gagarine.

☐ **4 mai** Décret du Présidium du Soviet suprême de la R.S.F.S.R. sur la lutte contre les « éléments parasites ».

☐ **18 juill.** Un concile de l'Église orthodoxe tenu à Zagorsk doit reconnaître le renforcement du contrôle de l'État sur les associations paroissiales. La campagne antireligieuse se poursuit.

1962

☐ **Juin** Forte hausse des prix agricoles.

☐ **9 sept.** Article de E. Liberman dans la *Pravda :* il recommande davantage de souplesse dans la planification, plus d'autonomie pour les entreprises et le retour à une certaine concurrence.

1963

Très grave crise agricole.

Premières grandes catastrophes écologiques provoquées par l'érosion éolienne dans les Terres vierges.

Les autorités reconnaissent officiellement une baisse importante du taux de croissance de l'économie soviétique en 1963-1964.

1964

☐ **Été** Khrouchtchev adresse au Présidium un nouveau projet de réforme de l'administration de l'agriculture qui prévoit la création de Comités d'État chargés de diriger chaque branche de la production agricole. Ce projet est utilisé comme prétexte à la réunion du Présidium qui, en octobre, destitue Khrouchtchev.

Civilisation et culture

1953 Article du critique V. Pomerantsev : « De la sincérité en littérature ».

1954 Publication du *Dégel,* d'I. Ehrenbourg, l'un des livres phares de la déstalinisation.

☐ **15-26 déc.** IIe Congrès des écrivains : relative détente dans le contrôle exercé sur la littérature. Début des réhabilitations d'écrivains.

1956 Publication du roman de V. Doudintsev, *l'Homme ne vit pas seulement de pain.* ☐ *Le Quarante et unième,* film de G. Tchoukhraï. ☐ Attribution du prix Nobel de chimie à N. Semenov. ☐ T. Lyssenko est destitué de son poste de président de l'Académie des sciences agricoles sous la pression des milieux scientifiques.

☐ **13 mai** Après les révélations du XXe Congrès, suicide d'A. Fadeïev, secrétaire de l'Union des écrivains.

1957 *Quand passent les cigognes,* film de M. Kalatozov. ☐ **Nov.** Parution en Italie du *Docteur Jivago,* de B. Pasternak.

1958 Retour du libéral A. Tvardovski à la tête de la revue *Novy Mir.*

☐ Prix Nobel de physique à P. Tcherenkov, I. Frank et I. Tamm. Attribution du prix Nobel de littérature à B. Pasternak. Il le refuse sous la pression des autorités.

1959 C. Fedine est porté à la tête de l'Union des écrivains.

1960 Ouverture à Moscou de l'Université de l'Amitié des Peuples (devenue en 1961 Université Patrice Lumumba). ☐ *La Dame au petit chien,* film de J. Kheïfits.

☐ **30 mai** Mort de Boris Pasternak.

1961 *Kira Gueorguievna,* roman de V. Nekrassov.

1962 *Le Silence,* roman de Iou. Bondarev sur le culte de la personnalité. ☐ Attribution du prix Nobel de physique à L. Landau.

☐ **21 oct.** Publication dans la *Pravda* du poème d'E. Evtouchenko : « les Héritiers de Staline ».

☐ **Nov.** Parution de la nouvelle d'A. Soljenitsyne, *Une journée d'Ivan Denissovitch,* peinture sans concession des camps staliniens.

☐ **1er déc.** Khrouchtchev sort indigné d'une exposition d'art moderne. Condamnation de l'art abstrait et durcissement du contrôle idéologique sur les artistes et les intellectuels.

1963 A. Tvardovski publie *Tiorkine dans l'au-delà.*

☐ **Mars** Khrouchtchev réaffirme la nécessité de se plier aux règles du réalisme socialiste et refuse toute « coexistence idéologique ».

1964 *Le Joyeux Tambour,* recueil de poèmes de B. Okoudjava. ☐ Attribution du prix Nobel de physique à N. Bassov et A. Prokhorov.

☐ **Févr.** Procès du poète J. Brodski qui sera condamné pour « parasitisme social » à 5 ans de camp de travail.

Biographie

Khrouchtchev, Nikita Sergueievitch (1894-1971). N. Khrouchtchev est fils d'un paysan pauvre engagé dans les mines du Donbass. Il y travaille dès l'âge de quinze ans et adhère au parti bolchevik pendant la Révolution. Commissaire politique durant la guerre civile, il assiste au XIVe Congrès en tant que délégué régional et prend parti pour Staline. Devenu le protégé de Kaganovitch, il est nommé, au début des années trente, deuxième secrétaire de la capitale. En 1935, il prend la tête de toute la région et y dirige les grandes constructions. Après l'épuration des dirigeants ukrainiens, qu'il approuve publiquement, Khrouchtchev est chargé, en 1938, de réorganiser le pouvoir à Kiev. Lorsque la guerre éclate, il préside à l'intégration de l'Ukraine occidentale dans la République soviétique d'Ukraine. En 1949, Khrouchtchev revient à Moscou au secrétariat du Comité central où il se montre très prudent jusqu'à la mort de Staline. Dès 1953, il cumule rapidement les fonctions exercées par Staline, évinçant – provisoirement – l'aile conservatrice du parti. L'homme dont le nom est irrémédiablement associé à l'entreprise de déstalinisation, définit les grandes orientations du régime jusqu'à sa destitution. Les difficultés économiques du début des années 60 et les revers de la détente à l'extérieur sont habilement exploités par les conservateurs pour démettre Khrouchtchev de ses fonctions en 1964. Il meurt à Moscou en 1971.

Bibliographie

H. Carrère d'Encausse, *1956, la déstalinisation commence* (Paris, 1984).

R. et J. Medvedev, *Khrouchtchev, les années du pouvoir* (Paris, 1977).

Chapitre 31 **1964-1982**

L'U.R.S.S. sous Brejnev

> *Les autorités souhaitent me voir enfermé pour que je ne me déplace plus et que je ne parle plus. Je parle en me servant de la plume et du papier, ce qui, visiblement, les dérange doublement.*
>
> Lettre du dessinateur Viatcheslav Syssoïev, août 1979.

Après les bouleversements politiques de l'ère Khrouchtchev, l'arrivée de Brejnev au poste de secrétaire général marque un retour à la normalisation de la vie politique. Elle s'exprime notamment par l'extrême stabilité du personnel dirigeant, qui offre ainsi un contraste majeur avec la période antérieure. Durant ces dix-huit années de pouvoir brejnevien, le gouvernement soviétique prône une politique réaliste qui entraîne l'abandon des pronostics de Khrouchtchev sur l'avènement du communisme au profit du concept apparemment plus modeste de « socialisme développé », lequel définit, selon les dirigeants, le stade auquel est parvenue l'U.R.S.S. Foncièrement conservatrice dans sa ligne politique, l'équipe brejnevienne met d'abord l'accent sur le développement économique du pays, en engageant, dès 1965, de nouvelles réformes qui affirment un début d'autonomie dans la gestion des entreprises. Ces réformes permettent une certaine amélioration du niveau de vie des Soviétiques, surtout sensible dans la population rurale. Cependant, après une première période de croissance réelle, l'économie du pays montre des signes de stagnation dès le milieu des années soixante-dix, et l'immobilisme du personnel politique favorise le développement d'une *nomenklatoura* surtout préoccupée de préserver ses prérogatives et ses privilèges. La prétention du parti à diriger toute la vie du pays se traduit par un contrôle obsessionnel de l'intelligentsia. L'image d'un régime tout puissant est brisée par l'apparition du phénomène de la dissidence qui, tout en étant minoritaire, symbolise le fossé creusé entre la société et l'État. Sur le plan extérieur, Brejnev confirme l'ouverture du dialogue Est-Ouest inauguré par Khrouchtchev. Le règlement du statut de Berlin, la reconnaissance des frontières en Europe orientale et surtout les premiers accords relatifs au désarmement bilatéral constituent des résultats significatifs de la détente internationale, qui culmine avec la signature des accords d'Helsinki. Cependant, ces succès sont largement compromis par les menées de l'U.R.S.S. en Afrique, puis par l'invasion de l'Afghanistan qui marque, en 1979, un nouveau durcissement dans les relations internationales.

Vie politique et institutionnelle

1964

☐ **14 oct.** L. Brejnev succède à Khrouchtchev comme premier secrétaire du Comité central. A. Kossyguine devient président du Conseil des ministres.

☐ **16 nov.** Un plénum du Comité central prononce l'éviction de V. Poliakov, secrétaire pour les questions agricoles, et attribue à N. Podgorny la direction des cadres. P. Chelest est titularisé au Présidium, A. Chelepine y entre comme titulaire. Le Comité central abandonne la réforme de 1962 (division entre un secteur industriel et un secteur agricole).

1965

☐ **9 déc.** N. Podgorny remplace A. Mikoyan à la présidence du Présidium.

1966

Rétablissement d'un ministère fédéral du maintien de l'ordre public.

☐ **10-14 févr.** Les écrivains A. Siniavski et Iou. Daniel, accusés « d'agitation et de propagande » sont condamnés à des peines de 7 et 5 ans de travail correctif.

☐ **29 mars-8 avr.** XXIIIe Congrès du parti qui donne à Brejnev le titre de secrétaire général porté jadis par Staline. Nouveaux statuts qui rendent moins contraignante la rotation des cadres imposée par Khrouchtchev.

☐ **16 sept.** Amendements au Code pénal qui facilitent la persécution des dissidents.

1967

☐ **12 avr.** Le maréchal A. Gretchko devient ministre de la Défense après la mort du maréchal R. Malinovski.

☐ **18 mai** V. Semitchastny perd la présidence du KGB. Il est remplacé par Iou. Andropov.

☐ **15 sept.** Décret réhabilitant les Tatars de Crimée.

1968

☐ **8-12 janv** Procès des quatre dissidents, Iou. Galanskov, A. Dobrovolski, V. Lachkova et A. Guinzbourg.

☐ **30 avr.** Premier numéro de la *Chronique des événements en cours,* publication clandestine *(samizdat)* dénonçant les atteintes à la liberté.

☐ **Juin** Parution (en *samizdat*) des *Réflexions sur le progrès, la coexistence et la liberté intellectuelle* d'A. Sakharov.

☐ **25 août** Manifestation de dissidents sur la place Rouge contre l'intervention soviétique en Tchécoslovaquie. Ils seront condamnés à des peines d'exil ou de camp.

1969

☐ **Mai** Création du « Groupe d'initiative pour la défense des droits civiques en U.R.S.S. » avec P. Iakir et L. Pliouchtch.

1970

☐ **19 mars** Lettre ouverte d'A. Sakharov, V. Tourtchine et R. Medvedev à Brejnev, Kossyguine et Podgorny pour la démocratisation du régime.

☐ **4 nov.** Fondation du Comité des droits de l'homme par A. Sakharov, V. Tchalidzé et A. Tverdokhlebov.

1971

☐ **14 mars** Résolution du Comité central sur le renforcement des pouvoirs des soviets.

☐ **30 mars-9 avr.** XXIVe Congrès du parti communiste. Brejnev annonce « la formation d'une nouvelle communauté historique, le peuple soviétique ».

☐ **11 sept.** Mort de Khrouchtchev. Il est enterré à Novodievitchi.

1972

☐ **5 janv.** Procès de V. Boukovski,

condamné à 2 ans de prison, 5 ans de camp et 5 ans de relégation.

□ **11-15 janv.** Perquisitions et arrestations massives à Moscou et en Ukraine, afin d'empêcher la parution de publications clandestines.

□ **14 mai** Suicide par le feu du jeune Lituanien R. Kalanta à Kaunas, pour dénoncer les persécutions contre l'Église catholique de Lituanie.

□ **20 mai** P. Chelest perd ses fonctions de premier secrétaire du parti d'Ukraine. Il sera remplacé par V. Chtcherbitski.

□ **Oct.** Les responsables de la revue *Chronique des événements en cours* sont pour la plupart emprisonnés.

1973

□ **3 févr.** D. Polianski remplace V. Matskevitch au ministère de l'Agriculture.

□ **26-27 avr.** Plénum du Comité central. P. Chelest quitte le Bureau politique, Iou. Andropov, A. Gromyko et A. Gretchko en deviennent membres titulaires.

□ **11 juill.** Brejnev reçoit le prix international Lénine pour sa contribution à l'amitié entre les peuples et à la paix.

□ **Août** Procès des dissidents P. Iakir et V. Krassine.

1974

□ **12-13 févr.** Arrestation et expulsion d'U.R.S.S. d'A. Soljenitsyne.

1975

□ **22 mai** A. Chelepine, déjà évincé du Bureau politique le 16 avril, quitte la présidence du Conseil central des syndicats.

□ **9 oct.** Le prix Nobel de la paix est décerné à A. Sakharov.

1976

□ **24 févr.-5 mars** XXVe Congrès du parti communiste.

□ **26 avr.** Mort du maréchal A. Gretchko, ministre de la Défense, remplacé par D. Oustinov.

□ **13 mai** Création d'un Groupe de surveillance de l'application des accords d'Helsinki, à l'initiative de Iou. Orlov.

□ **18 déc.** V. Boukovski est libéré et échangé contre L. Corvalan, secrétaire général du parti communiste chilien.

□ **19 déc.** Célébration fastueuse du 70e anniversaire de Brejnev.

1977

□ **8 janv.** Attentat dans le métro de Moscou, pour lequel 3 Arméniens seront jugés à huis clos et exécutés.

□ **9 janv.** Le maréchal V. Koulikov succède au maréchal Iakoubovski au commandement en chef des forces du pacte de Varsovie. Le général N. Ogarkov devient chef de l'état-major général des forces soviétiques.

□ **Févr.-mars** Grande vague d'arrestations : A. Guinzbourg, Iou. Orlov et A. Chtcharanski.

□ **16 juin** N. Podgorny est relevé de ses fonctions de président du Présidium du Soviet suprême au profit de Brejnev.

□ **7 oct.** Adoption de la nouvelle Constitution soviétique. Elle consacre la notion « d'État du peuple tout entier » qui se substitue à la « dictature du prolétariat ».

1978

□ **14 avr.** À Tbilissi, manifestation de plusieurs milliers d'habitants pour la reconnaissance du géorgien comme langue officielle de la République.

□ **6 juill.** Loi spéciale sur « la collégialité dans le travail du Conseil des ministres de l'U.R.S.S. », qui ne laisse en fait à A. Kossyguine qu'une place nominale.

1979

Cinq prisonniers politiques (dont A. Guinzbourg, E. Kouznetsov et V. Moroz) sont échangés avec les États-Unis contre deux espions soviétiques.

1980

☐ **22 janv.** A. Sakharov est assigné à résidence à Gorki.

☐ **Juin** Le père D. Doudko, figure du mouvement orthodoxe contestataire, est libéré après avoir renié publiquement ses activités.

☐ **Août** Condamnation du père G. Iakounine, fondateur du Comité de défense des croyants.

☐ **21 oct.** M. Gorbatchev devient membre titulaire du Bureau politique.

☐ **22-23 oct.** Annonce de la démission du président du Conseil des ministres, A. Kossyguine (gravement malade, il meurt le 18 décembre). Il est remplacé par N. Tikhonov.

1981

☐ **23 févr.-3 mars** XXVIe Congrès du parti communiste. Aucune modification à la composition des organes dirigeants.

1982

☐ **19 janv.** La mort du général S. Tsvigoun, premier vice-président du KGB et beau-frère de Brejnev, est attribuée par la rumeur à un suicide. Des bruits circulent à Moscou sur l'implication des proches de Brejnev (sa fille Galina, son gendre I. Tchourbanov) dans de vastes affaires de corruption.

☐ **25 janv.** Décès de M. Souslov, « idéologue » du parti, âgé de 79 ans.

☐ **24 mai** Plénum du Comité central. Iou. Andropov entre au secrétariat.

☐ **8 sept.** Sabordage du Groupe moscovite de surveillance de l'application des accords d'Helsinki, laminé par les arrestations.

☐ **10 nov.** Décès de Brejnev.

Politique extérieure

1964

☐ **Nov.** Chou En lai à Moscou. Légère détente sino-soviétique.

1965

☐ **1er-5 mars** Conférence internationale des partis communistes à Moscou. Déclaration de solidarité avec le Viêt-nam.

☐ **5 avr.** L'U.R.S.S. fournit au Nord-Viêt-nam des fusées sol-air pour contrer les bombardements américains.

1966

☐ **29 mars** Ouverture du XXIIIe Congrès du parti communiste soviétique en l'absence de délégation chinoise.

☐ **27 avr.** Le pape Paul VI accorde, pour la première fois, une audience privée à un membre du gouvernement soviétique (A. Gromyko).

☐ **20 juin-1er juill.** Après le retrait de la France des structures militaires de l'O.T.A.N., accueil triomphal du général de Gaulle à Moscou.

1967

☐ **27 janv.** Signature à Moscou, Washington et Londres d'un accord international sur l'utilisation pacifique de l'espace.

☐ **10 juin** Rupture des relations diplomatiques avec Israël après la « guerre des 6 jours ». L'U.R.S.S. renforce son aide militaire à l'Égypte et à la Syrie.

1968

☐ **1er juill.** Signature à Moscou, Washington et Londres d'un traité de non-prolifération des armes nucléaires.

☐ **15 juill.** Réunion à Varsovie des représentants de 5 États membres du pacte de Varsovie (U.R.S.S., Bulgarie, Hongrie, Pologne et R.D.A.). Sévère avertissement à la Tchécoslovaquie, menacée par la « contre-révolution ».

☐ **29 juill.-1er août** Entretiens soviéto-tchécoslovaques de Cierna nad Tisou. L'U.R.S.S. demande aux dirigeants tchèques la fin du « printemps de Prague ».

☐ **21 août** Intervention militaire de

5 États du pacte de Varsovie en Tchécoslovaquie (U.R.S.S., Bulgarie, Hongrie, Pologne, R.D.A.). Protestations de la Roumanie, de la Yougoslavie, de la Chine et de l'Albanie (qui quitte officiellement le pacte le 13 septembre). Il faudra plus d'un an de pressions soviétiques pour que l'U.R.S.S. obtienne une « normalisation » à sa convenance.

☐ **26 sept.** Formulation par la *Pravda* de la « doctrine Brejnev » sur la « souveraineté limitée » des États socialistes en cas de danger pour le système socialiste mondial.

☐ **16 oct.** Signature à Prague d'un traité soviéto-tchécoslovaque sur le « stationnement temporaire » des troupes étrangères dans le pays.

1969

☐ **2 mars** Début de sanglants incidents frontaliers avec la Chine sur le fleuve Oussouri.

☐ **5-17 juin** Conférence mondiale des partis communistes à Moscou. Nombreuses divergences au sein du mouvement communiste international.

☐ **11 sept.** Rencontre à Pékin entre A. Kossyguine et Chou En lai. Décision d'ouvrir des négociations sur les frontières.

☐ **17 nov.** Ouverture à Helsinki des pourparlers soviéto-américains sur la limitation des armements stratégiques.

1970

☐ **6 mai** Nouveau traité d'amitié, de coopération et d'assistance mutuelle entre l'U.R.S.S. et la Tchécoslovaquie.

☐ **1er juill.** L'U.R.S.S. renoue des relations diplomatiques avec Pékin.

☐ **7 juill.** Nouveau traité d'amitié, de coopération et d'aide mutuelle avec la Roumanie : relative normalisation des relations soviéto-roumaines, ébranlées par l'intervention en Tchécoslovaquie.

☐ **12 août** « Traité de Moscou » : la R.F.A. accepte les frontières de l'après-guerre (*Ostpolitik* de Willy Brandt).

☐ **6-13 oct.** Voyage du président français G. Pompidou en U.R.S.S.

1971

☐ **11 févr.** Signature à Moscou, Washington et Londres d'un traité de dénucléarisation des fonds marins.

☐ **27 mai** Traité d'amitié et de coopération entre l'Égypte et l'U.R.S.S.

☐ **27-29 juill.** XXVe session du Comecon à Bucarest : renforcement de l'intégration.

☐ **9 août** Traité d'amitié et de coopération avec l'Inde.

☐ **3 sept.** Les 4 puissances occupantes annoncent la conclusion d'un accord sur le statut de Berlin. L'U.R.S.S. garantit le libre accès à Berlin-Ouest.

☐ **24 sept.** La Grande-Bretagne expulse 105 diplomates soviétiques accusés d'espionnage.

☐ **25-30 oct.** Brejnev en France.

1972

☐ **9 avr.** Traité d'amitié et de coopération soviéto-irakien.

☐ **10 avr.** Signature à Moscou, Washington et Londres d'une convention sur l'interdiction des armes bactériologiques.

☐ **22-30 mai** Visite du président Nixon à Moscou. 26 mai : signature des accords SALT 1, limitant les systèmes de missiles anti-missiles balistiques.

☐ **18 juill.** Devant la « passivité » de l'U.R.S.S. dans le conflit égypto-israélien, Sadate annonce le renvoi de tous les conseillers soviétiques en Égypte.

☐ **18 oct.** Accord commercial américano-soviétique.

☐ **22 nov.** Ouverture des entretiens préliminaires d'Helsinki pour la préparation de la conférence sur la sécurité et la coopération en Europe (C.S.C.E.).

1973

☐ **18-22 mai** Brejnev en R.F.A.

☐ **18-25 juin** Visite de Brejnev aux États-Unis.

☐ **3 juill.** Ouverture à Helsinki de la C.S.C.E.

☐ **Oct.** Dans le conflit israélo-arabe, l'U.R.S.S. condamne Israël et se pose en défenseur des intérêts arabes.

☐ **30 oct.** À Vienne, ouverture des négociations sur la réduction des forces entre le pacte de Varsovie et l'O.T.A.N.

1974

☐ **28 janv.-3 févr.** Visite de Brejnev à Cuba ; il réaffirme son soutien à Castro.

☐ **12-13 mars** Rencontre entre Brejnev et G. Pompidou à Pitsounda.

☐ **3 juill.** À l'occasion de la visite du président Nixon en U.R.S.S., accord américano-soviétique sur la limitation des essais souterrains d'armes nucléaires.

☐ **23-24 nov.** Rencontre entre Brejnev et le président américain G. Ford à Vladivostok. Accord de principe sur la limitation des armements stratégiques.

1975

☐ **15 janv.** L'U.R.S.S. dénonce l'accord commercial passé avec les États-Unis pour protester contre l'ingérence du Congrès dans la question de l'émigration des juifs soviétiques.

☐ **1er août** Signature à Helsinki par 35 États (dont l'U.R.S.S.) de l'Acte final de la C.S.C.E.

☐ **7 oct.** Traité d'amitié, de coopération et d'aide mutuelle avec la R.D.A.

☐ **14-18 oct.** Voyage du président V. Giscard d'Estaing en U.R.S.S.

☐ **Nov.** Aide soviétique au Mouvement Populaire de Libération de l'Angola.

1976

☐ **15 mars** L'Égypte rompt le traité d'amitié conclu avec l'U.R.S.S. en 1971.

☐ **28 mai** Traité américano-soviétique interdisant les essais nucléaires souterrains à des fins pacifiques d'une puissance supérieure à 150 kilotonnes.

☐ **8-13 juin** Visite du Premier ministre indien Indira Gandhi en U.R.S.S.

☐ **16 juill.** Accord franco-soviétique sur la prévention du déclenchement accidentel d'armes nucléaires.

☐ **8 oct.** À Moscou, traité d'amitié et de coopération avec l'Angola.

☐ **15-17 nov.** Visite officielle de Brejnev en Yougoslavie.

1977

☐ **16-24 août** Visite en U.R.S.S. du maréchal Tito.

☐ **2 oct.** Déclaration américano-soviétique se prononçant pour le retrait d'Israël des territoires occupés depuis 1967.

☐ **4 oct.** Ouverture de la conférence de Belgrade pour l'examen de l'application des accords d'Helsinki (signature de l'Acte final le 8 mars 1978).

☐ **13 nov.** La Somalie rompt le traité d'amitié signé en 1974 avec l'U.R.S.S.

1978

☐ **27 avr.** Coup d'État prosoviétique en Afghanistan, qui porte au pouvoir N. M. Taraki et le parti communiste afghan Khalq. Envoi massif de conseillers soviétiques.

☐ **21-25 juin** Visite en U.R.S.S. du Premier ministre turc B. Ecevit.

☐ **5 déc.** Traité d'amitié et de coopération avec l'Afghanistan.

1979

☐ **18 juin** Le président américain J. Carter et Brejnev signent à Vienne les accords SALT 2 sur les armes stratégiques offensives.

☐ **16 sept.** En Afghanistan, un coup d'État porte au pouvoir Hafizullah Amin. L'U.R.S.S. maintient son appui.

☐ **6 oct.** Brejnev annonce le retrait

unilatéral de 1 000 chars et de 20 000 soldats soviétiques de R.D.A.

□ **12 déc.** En réponse à l'installation depuis 1977 de missiles soviétiques SS 20, l'Alliance Atlantique prévoit le déploiement en Europe de Pershing 2 et de missiles de croisière.

□ **26-27 déc.** Intervention militaire soviétique en Afghanistan. Assassinat d'Hafizullah Amin, installation au pouvoir de Babrak Karmal et envoi massif de soldats et de matériel.

1980

□ **Janv.** Effets immédiats de l'intervention en Afghanistan : le Congrès américain repousse *sine die* la ratification des accords SALT 2, Carter annonce l'embargo sur les céréales et la technologie moderne à destination de l'U.R.S.S. (4 janvier) et lance un appel au boycott des jeux Olympiques de Moscou.

□ **14 janv.** L'Assemblée générale de l'O.N.U. demande le retrait des « troupes étrangères » d'Afghanistan.

□ **19 mars** Accord de coopération entre le parti communiste soviétique et le Front sandiniste de libération nationale du Nicaragua.

□ **30 juin-1er juill.** Visite à Moscou du chancelier allemand H. Schmidt.

□ **31 août** En Pologne, accords de Gdansk entre les autorités et les grévistes qui fondent le syndicat indépendant Solidarité. L'U.R.S.S. multiplie les pressions sur la Pologne.

□ **9-11 sept.** À Tachkent, conférence réunissant des représentants musulmans d'une trentaine de pays.

□ **8 oct.** Traité soviéto-syrien d'amitié et de coopération.

□ **11 nov.** Ouverture à Madrid de la IIe Conférence sur l'application des accords d'Helsinki (C.S.C.E.).

□ **8-11 déc.** Brejnev en Inde.

1981

□ **24 avr.** R. Reagan lève l'embargo céréalier à l'encontre de l'U.R.S.S.

□ **19-20 oct.** Visite à Moscou de Yasser Arafat : l'U.R.S.S. accorde à la représentation de l'O.L.P. le statut diplomatique.

□ **18 nov.** Le président Reagan propose de renoncer à l'installation en Europe de Pershing 2 et de missiles de croisière en échange du démantèlement par les Soviétiques des SS 20, SS 4 et SS 5 (« option zéro »).

□ **20 nov.** Contrat avec la R.F.A. sur la livraison de gaz sibérien.

□ **22-25 nov.** Brejnev en R.F.A.

□ **30 nov.** À Genève, début des négociation soviéto-américaines sur les armements nucléaires à portée intermédiaire (FNI).

□ **29 déc.** Après l'instauration de l'état de guerre en Pologne (13 décembre), Reagan met en cause la « responsabilité directe » de l'U.R.S.S. dans la crise polonaise et annonce des sanctions.

1982

□ **23 janv.** Contrat avec la France sur la livraison de gaz sibérien.

□ **29 juin** Ouverture à Genève de nouvelles conversations soviéto-américaines sur la réduction des armements stratégiques (START).

Économie, technologie et société

1965

□ **24-26 mars** Assouplissement de la tutelle sur les kolkhozes.

□ **27-29 sept.** Plénum du Comité central consacré à la grande réforme industrielle (inspirée des idées de E. Liberman). Suppression des sovnarkhozes. Assouplissement de la tutelle sur les entreprises, création de « fonds de stimulation » destinés aux primes, aux mesures sociales et à l'autofinancement de techniques nouvelles.

1966

□ **1er juill.** Introduction du salaire mensuel dans les kolkhozes.

1967

☐ **12 avr.** Arrêté sur l'autonomie financière des sovkhozes.

☐ **16 sept.** Arrêté autorisant les entreprises artisanales dans les kolkhozes.

1968

☐ **27 juin** Loi fondamentale sur le mariage et la famille. Elle souligne la nécessité du mariage enregistré.

1969

☐ **25-27 nov.** IIIe Congrès des kolkhoziens. Création de Conseils de kolkhozes, élus aux divers échelons de la hiérarchie administrative.

☐ **28 nov.** Adoption d'un nouveau statut-type du kolkhoze.

1970

☐ **Janv.** Recensement général de la population : 241 700 000 habitants.

☐ **14-15 juill.** Loi sur les fondements de la législation du travail.

1971

☐ **30 mars-9 avr.** XXIVe Congrès du parti communiste : approbation du IXe plan quinquennal (1971-1975) qui a pour objectif « d'élever sensiblement le bien-être des travailleurs ».

☐ **Juin** Mgr Pimène succède, à la tête de l'Église orthodoxe, au patriarche Alexis, récemment décédé.

1972

☐ **30 juill.** Mise en service de la centrale hydroélectrique de Krasnoïarsk.

☐ **13 déc.** Gigantesque projet de canal reliant le fleuve Irtych à la mer d'Aral.

1973

☐ **29 janv.** Gigantesque projet d'irrigation d'une zone de 200 000 km² au nord de la mer Caspienne.

☐ **2 mars** Arrêté sur « le perfectionnement de la gestion de l'industrie ». Publication du « statut des unions industrielles », qui doivent théoriquement alléger la tutelle des ministères sur les entreprises.

1974

Lancement d'un vaste projet de bonification des sols dans la zone sans terres noires de Russie d'Europe.

☐ **27 mars** Regroupement des entreprises en « unions de production ». On renonce aux fusions gigantesques et on leur conserve une certaine autonomie, pour utiliser au mieux les fonds de stimulation et rationaliser la gestion.

1975

Récolte catastrophique : 140 millions de tonnes de céréales.

☐ **8 mai** Achèvement d'un premier tronçon du B.A.M. (voie ferrée Baïkal-Amour).

☐ **30 déc.** Pour stimuler la recherche, il est décidé de créer des « unions scientifico-industrielles », associant laboratoires et usines.

1976

☐ **24 févr.-5 mars** XXVe Congrès du parti communiste : Brejnev insiste sur la nécessité d'élever le niveau de vie des citoyens soviétiques lors du Xe plan (1976-1980).

1977

☐ **14 avr.** Statut de « l'entreprise interentreprises » dans l'agriculture : création par les kolkhozes et les sovkhozes de services communs (construction, conditionnement et première transformation des produits, commercialisation).

☐ **6 sept.** Des habitants de Gorki exigent la réouverture des églises.

1978

Récolte record : 237 millions de tonnes de céréales.

☐ **1er févr.** Création à Moscou (dans l'illégalité) d'un « syndicat libre des travailleurs soviétiques » (SMOT).

□ **1er nov.** Arrêt de l'exploitation du Tupolev TU 144 (défauts techniques).

□ **7 déc.** Adoption du statut-type de « l'union de production » dans l'agriculture : regroupement des unités de base en unions de production qui peuvent englober des entreprises de l'industrie alimentaire et des laboratoires.

1979

□ **Janv.** Recensement de la population : 262 400 000 habitants.

□ **12 juill.** Décret renforçant le contrôle sur les entreprises.

□ **30 nov.** Adoption de la loi « sur le contrôle populaire ».

1980

□ **14 avr.** Conférence du Comité central sur l'accélération des grands travaux relatifs au complexe pétrolier et gazier de Sibérie occidentale.

1981

□ **8 janv.** Arrêté sur les mesures destinées à augmenter la production agricole dans les exploitations auxiliaires.

□ **23 févr.-3 mars** XXVIe Congrès du parti. Définition des objectifs du XIe plan (1981-1985) au cours duquel il est décidé de réduire les investissements.

1982

□ **1er janv.** Entrée en vigueur de la réforme des prix de gros industriels.

Civilisation et culture

1964 Fondation du théâtre de la Taganka, à Moscou, par Iou. Lioubimov. □ *Le Soleil des Incas,* de E. Denissov.

1965 Le prix Nobel de littérature est attribué à M. Cholokhov. □ Cinéma : *Guerre et Paix* (S. Bondartchouk, 1965-1967) ; *les Chevaux de feu* (S. Paradjanov) ; *le Premier Maître* (A. Mikhalkov-Kontchalovski).

1966 Les *Récits de Kolyma,* de V. Chalamov, en *samizdat.* □ *Phénix 66,* publié en *samizdat* par I. Galanskov. □ *Babi Yar,* roman d'A. Kouznetsov.

1967 *Mon témoignage,* ouvrage en *samizdat* d'A. Martchenko. □ *Andreï Roublev,* film d'A. Tarkovski, qui ne sortira qu'en 1971. □ I. Ozerov commence son film *Libération* (1967-1971).

1968 A. Soljenitsyne publie à l'étranger *le Pavillon des cancéreux* et *le Premier Cercle.*

1969 Émigration de l'écrivain A. Kouznetsov. □ *L'Union soviétique survivra-t-elle en 1984 ?,* essai d'A. Amalrik (en *samizdat*). □ Films : *Sayat Nova,* de S. Paradjanov, *Un nid de gentilshommes,* d'A. Mikhalkov-Kontchalovski.

1970 V. Erofeïev achève *Moskva-Pitouchki,* qui circulera en *samizdat.* □ Publication à l'Ouest des *Mémoires* de N. Khrouchtchev. □ Films : *Il était une fois un merle chanteur,* du Géorgien O. Iosseliani ; *le Roi Lear,* de G. Kozintsev.

□ **Févr.** A. Tvardovski perd la direction de la revue *Novy Mir.*

□ **8 oct.** Attribution du prix Nobel de littérature à A. Soljenitsyne.

1971 Publication par V. Ossipov d'une revue clandestine nationaliste, *Vietché.* □ Publication à l'Ouest d'*Août 1914,* d'A. Soljenitsyne, et des *Sept jours de la création,* de V. Maximov.

1972 Mort en détention du poète Iou. Galanskov, émigration forcée du poète J. Brodski.

□ **25 janv.** Le Comité central affirme la nécessité d'une guerre idéologique contre les tendances non conformistes.

1973 Parution à l'Ouest du premier volume de *l'Archipel du Goulag,* d'A. Soljenitsyne. □ Émigration des écrivains A. Siniavski et J. Medvedev. *L'Obier rouge,* film de V. Choukchine.

1974 Émigration des écrivains V. Nekrassov et V. Maximov, du poète et chanteur A. Galitch.

1975 Publication à l'Ouest du roman de V. Voïnovitch : *la Vie et les aventures extraordinaires du soldat Ivan Tchonkine.* □ Films : *la Prime,* de S. Mikaëlian, *Agonia,* d'E. Klimov.
□ **17 oct.** Attribution du prix Nobel d'économie à L. Kantorovitch.

1976 Succès de *l'Adieu à Matiora,* de V. Raspoutine. □ Publication à l'Ouest de *la Maison du quai,* de Iou. Trifonov, et des *Hauteurs béantes,* d'A. Zinoviev. □ Films : *Je demande la parole* (G. Panfilov), *Vingt jours sans guerre* (A. Guerman). □ Émigration de l'historien A. Amalrik et du mathématicien L. Pliouchtch. Expulsion du sculpteur E. Neizvestny.

1978 Émigration forcée d'A. Zinoviev. □ Publication à l'Ouest de *la Maison Pouchkine* (A. Bitov) et de *la Faculté de l'inutile* (Iou. Dombrovski). □ *Sibériade,* film d'A. Mikhalkov-Kontchalovski.

1979 Films : *Stalker,* d'A. Tarkovski, *Quelques jours de la vie d'Oblomov,* de N. Mikhalkov.

1980 Parution à l'Ouest du roman de V. Grossman, *Vie et Destin.*
□ **Déc.** Les écrivains V. Voïnovitch, V. Axionov et L. Kopelev sont contraints à l'exil.

1982
□ **30 juill.** Arrêté du Comité central sur « les revues culturelles et l'édification du socialisme ».

Biographie

Brejnev, Leonide Ilitch (1906-1982). Né en 1906 à Kamenskoïe (aujourd'hui Dnieprodzerjinsk), il étudie à l'école agronomique de Koursk, puis, de 1931 à 1935, à l'institut de métallurgie de Dnieprodzerjinsk. Il commence rapidement une carrière de permanent du parti, où il est entré en 1931, et devient secrétaire du district de Dniepropetrovsk en 1938. Colonel puis général-major durant la Seconde Guerre mondiale, Brejnev assure la direction politique du front sud, et poursuit à la libération son ascension : responsable de district en Ukraine, puis premier secrétaire de la République de Moldavie (1950), il entre en 1952 au Comité central et y devient membre du Présidium. La mort de Staline l'écarte un moment des organes centraux. Il y négocie un retour rapide, après avoir été Premier secrétaire du Kazakhstan : réélu au Comité central en 1956, membre titulaire du Présidium du Comité central en 1957, il remplace Vorochilov à la tête de l'État en 1960. Ayant participé au complot qui renversa Khrouchtchev, il prend la tête du parti en 1964 et joue un rôle de premier plan dans la nouvelle politique collégiale de l'U.R.S.S. Garant de stabilité à l'intérieur, partageant avec A. Kossyguine la responsabilité des réformes économiques et avec M. Souslov la définition de la « juste » ligne idéologique, Brejnev marque de sa personnalité la politique extérieure soviétique. L'intervention d'août 1968 en Tchécoslovaquie est suivie de la recherche d'une détente avec l'Occident, avant que la désastreuse intervention en Afghanistan ne révèle le vrai visage d'un régime vieillissant et crispé. Flatté par une parodie de culte de la personnalité, il meurt en 1982 dans une atmosphère de scandale.

Bibliographie

M. Heller et A. Nekrich, *l'Utopie au pouvoir* (Paris, 1982).
B. Kerblay, *la Société soviétique contemporaine* (Paris, 1977).
M. Tatu, *le Pouvoir en U.R.S.S., du déclin de Khrouchtchev à la direction collégiale* (Paris, 1967).

Chapitre 32 **1982-1985**

L'interrègne Andropov-Tchernenko

> *Nous sommes entrés dans les années 80 avec la pensée théorique des années 30 (...).*
>
> Extrait du discours d'Alexandre Iakovlev, membre du Bureau politique, le 17 avril 1987.

L'élection de Iouri Andropov au secrétariat général en 1982 ne modifie pas fondamentalement la ligne politique adoptée par Leonide Brejnev, même si les apparences ont pu, un temps, le faire croire. En effet, l'ancien chef du KGB promu à la tête de l'État s'attache à changer l'image de la direction, se montrant soucieux d'affirmer une discipline au sein du parti que les dernières années du mandat de Brejnev ont compromise par de nombreux scandales. Si le nouveau secrétaire parle souvent de réformes, il n'engage pas de modifications structurelles, tant sur le plan institutionnel qu'économique. Les nouvelles mesures de son gouvernement consistent essentiellement à renforcer la discipline du travail. Ainsi, il s'agit plus d'un changement de style que d'un changement de politique. Andropov, tout en se présentant comme un chef d'État moderne, maintient la ligne idéologique de son prédécesseur et durcit même la répression, engagée en particulier contre les dissidents et les mouvements religieux. À sa mort, en février 1984, c'est C. Tchernenko, l'ancien dauphin de Brejnev, qui est désigné pour lui succéder, mais cette nomination est vite perçue comme une solution transitoire : contrairement à la règle du silence toujours observée dans ce domaine, la grave maladie du chef de l'État est rappelée publiquement pour justifier ses absences. Derrière sa place souvent vacante se profile M. Gorbatchev, déjà pressenti pour succéder à Andropov. L'importance de ses prérogatives sera vite confirmée par son rôle dans la campagne électorale pour le renouvellement du Soviet suprême, puis par sa nomination à la tête de la commission des Affaires étrangères du Soviet de l'Union. Aussi, lorsque Tchernenko meurt le 10 mars 1985, la rapidité de la nomination de Gorbatchev à la tête de l'État surprend seuls les observateurs occidentaux.

Vie politique et institutionnelle

1982

☐ **12 nov.** Un plénum du Comité central élit à l'unanimité Iouri Andropov au poste de Secrétaire général.

☐ **22 nov.** Plénum du Comité central : N. Ryjkov entre au Secrétariat, G. Aliev (jusqu'alors premier secrétaire d'Azerbaïdjan) est promu membre titulaire du Bureau politique, A. Kirilenko est libéré de ses fonctions au Secrétariat et au Bureau politique. On donne le nom de Brejnev à la ville de Naberejnye Tchelny.

☐ **24 nov.** G. Aliev devient premier vice-président du Conseil des ministres.

☐ **8 déc.** Attaque de la *Literatournaïa Gazeta* contre le « groupe pour l'établissement de la confiance entre l'U.R.S.S. et les États-Unis ».

☐ **17 déc.** N. Chtchelokov, ministre de l'Intérieur, est remplacé par V. Fedortchouk, jusqu'alors président du KGB. Nomination de V. Tchebrikov à la tête du KGB. Le régime affiche, avec Andropov, sa volonté de lutter contre la corruption et d'assainir la vie publique, tout en réprimant systématiquement les diverses formes de dissidence.

☐ **21-22 déc.** Réunion commune du Soviet suprême et du Comité central pour commémorer le 60e anniversaire de la fondation de l'U.R.S.S. Andropov réaffirme à cette occasion la politique soviétique en matière de nationalités : « il s'agit non seulement de rapprocher les nations, mais aussi de réaliser leur fusion ».

1983

☐ **26 janv.** Arrestation en Lituanie d'A. Svarinskas, prêtre et membre du Comité de défense des droits des croyants. La lutte antireligieuse se renforce.

☐ **18 févr.** Arrestation à Borovsk (dans la région de Moscou) de S. Grigoriants, spécialiste de littérature russe, accusé d'avoir participé à la publication du bulletin d'information clandestin *V.*

☐ **24 mars** A. Gromyko, ministre des Affaires étrangères, devient également premier vice-président du Conseil des ministres (plus spécialement chargé de la coordination de la politique extérieure).

☐ **12 avr.** V. Guerchouni, membre du SMOT (syndicat libre) et ancien rédacteur de la revue *samizdat Poïski,* est envoyé en hôpital psychiatrique.

☐ **Nuit du 31 mai au 1er juin** Dispersion d'une manifestation de pacifistes organisée dans un parc de Moscou.

☐ **14-15 juin** Plénum du Comité central : rapport de C. Tchernenko sur « les problèmes actuels du travail idéologique et politique auprès des masses ». Intervention de Iou. Andropov sur la nouvelle rédaction du programme du parti. G. Romanov, jusqu'alors Premier secrétaire du parti de la région de Leningrad, entre au Secrétariat du Comité central.

☐ **16 juin** Iou. Andropov est élu président du Présidium du Soviet suprême.

☐ **24 oct.** Arrestation du philologue et journaliste ukrainien V. Martchenko, inculpé pour « propagande antisoviétique ».

1984

☐ **9 févr.** Décès de Iou. Andropov, dont la maladie aura été officiellement niée jusqu'à la fin.

☐ **13 févr.** C. Tchernenko est élu à l'unanimité Secrétaire général par le plénum du Comité central.

☐ **4 mars** Élections au Soviet suprême. Participation : 99,99 % des électeurs inscrits. Les candidats (uniques) au Soviet de l'Union obtiennent 99,94 % des suffrages exprimés, les candidats au Soviet des Nationalités 99,95 %.

☐ **15 mars** Le nom d'Andropov est donné à la ville de Rybinsk.

☐ **10 avr.** Plénum du Comité central :

résolution sur l'amélioration de l'autorité des soviets et sur les grandes orientations de la réforme de l'enseignement.

□ **11 avr.** Élection de C. Tchernenko à la présidence du Présidium du Soviet suprême.

□ **2 mai** A. Sakharov entame une grève de la faim pour obtenir que son épouse, E. Bonner, puisse être soignée à l'étranger.

□ **Juill.** V. Molotov est réintégré au sein du parti communiste.

□ **17 août** E. Bonner est condamnée à 5 ans d'assignation à résidence à Gorki pour « calomnies contre l'État ».

□ **7 sept.** Limogeage du maréchal N. Ogarkov, chef de l'état-major général de l'armée depuis 1977. Il est remplacé par le maréchal S. Akhromeïev.

□ **10 déc.** Conférence nationale « sur le perfectionnement du socialisme avancé et le travail idéologique du parti ».

□ **20 déc.** Décès du maréchal D. Oustinov, ministre de la Défense, remplacé le 22 par le maréchal S. Sokolov.

1985

□ **24 févr.** Élections aux soviets locaux et aux soviets des républiques. Le fils de Brejnev et son gendre, I. Tchourbanov (ancien premier vice-ministre de l'Intérieur) ne sont pas réélus députés de la Fédération de Russie.

□ **10 mars** Décès de C. Tchernenko, dont la maladie était reconnue par de hauts responsables depuis janvier.

Politique extérieure

1982

□ **13 nov.** Le président Reagan lève les sanctions prises contre l'U.R.S.S. après l'instauration de l'état de guerre en Pologne.

□ **3 déc.** Entretiens à Moscou entre Iou. Andropov et une délégation de pays arabes conduite par le roi Hussein de Jordanie. Réaffirmation de la position soviétique sur le Proche-Orient, condamnation de « l'agression israélienne » au Liban.

1983

□ **1er janv.** Déclaration de l'agence TASS sur l'Afghanistan : elle réaffirme que « le contingent limité de forces soviétiques ne sera évacué que lorsque l'intervention étrangère aura cessé » et récuse l'accusation du président Reagan selon laquelle l'U.R.S.S. utiliserait l'arme chimique en Afghanistan.

□ **4-5 janv.** Réunion à Prague du Comité politique consultatif des États membres du pacte de Varsovie. La grande affaire de l'année 1983, pour l'U.R.S.S., est d'empêcher le déploiement en Europe des Pershing 2 et des missiles de croisière américains.

□ **16-19 janv.** Visite en R.F.A. de A. Gromyko.

□ **27 janv.** Reprise à Genève des négociations sur la réduction des armements nucléaires en Europe.

□ **2 févr.** Reprise à Genève des négociations sur la limitation des armements stratégiques (START).

□ **16-21 févr.** Visite à Moscou du ministre français des Relations extérieures, C. Cheysson.

□ **1er-15 mars** À Moscou, consultations sino-soviétiques sur la normalisation des relations entre la Chine et l'U.R.S.S.

□ **5 avr.** Expulsion de France de 47 diplomates et résidents soviétiques accusés d'espionnage.

□ **28 mai** Déclaration du gouvernement soviétique sur le déploiement des euromissiles. L'U.R.S.S. annonce qu'elle sera amenée à prendre des « contre-mesures ».

□ **4-6 juill.** Visite à Moscou du chancelier ouest-allemand H. Kohl.

□ **25 août** Signature à Moscou d'un nouvel accord d'achat de céréales aux États-Unis (minimum : 9 millions de tonnes par an).

□ **Nuit du 31 août au 1er sept.** La chasse soviétique abat un Boeing civil sud-coréen au-dessus de Sakhaline. L'U.R.S.S. accuse les États-Unis d'avoir délibérément détourné l'appareil de sa route normale pour une mission d'espionnage.

□ **7-8 sept.** Réunion finale de la Conférence de Madrid sur la Sécurité et la Coopération en Europe.

□ **7-15 sept.** Visite à Pékin du vice-ministre soviétique des Affaires Étrangères M. Kapitsa.

□ **9 sept.** Visite à Paris du ministre soviétique des Affaires étrangères A. Gromyko.

□ **6-20 oct.** Poursuite à Pékin des consultations politiques sino-soviétiques.

□ **18-20 oct.** Réunion à Berlin des chefs de gouvernement des États membres du Comecon. Élaboration d'un programme de coopération jusqu'à l'an 2 000, déclaration sur les euromissiles.

□ **25 oct.** Condamnation, par la voie de l'agence TASS, de l'intervention américaine à la Grenade.

□ **24 nov.** Déclaration de Iou. Andropov après le déploiement des premiers Pershing 2 en Europe : l'U.R.S.S. rompt les négociations de Genève, met fin au moratoire sur le déploiement des armements nucléaires à moyenne portée et accélère l'installation de missiles tactiques en R.D.A. et en Tchécoslovaquie.

1984

□ **17 janv.** Ouverture de la Conférence de Stockholm sur le désarmement en Europe (CDE).

□ **8 mai** Déclaration du comité national olympique de l'U.R.S.S. : les sportifs soviétiques ne participeront pas aux XXIIIe jeux Olympiques de Los Angeles.

□ **23 mai** Visite à Moscou du maréchal Kim Il-Sung, président de la République populaire de Corée.

□ **26-30 mai** Visite en U.R.S.S., du ministre australien des Affaires étrangères W. Hayden, la première à ce niveau depuis 20 ans.

□ **12-14 juin** Réunion à Moscou d'une Conférence au sommet des pays du Comecon.

□ **21-23 juin** Visite en U.R.S.S. du président de la République française F. Mitterrand. Divergences sur les euromissiles, l'Afghanistan, le Cambodge, la Pologne et les droits de l'homme.

□ **29 juin** Déclaration du gouvernement soviétique au gouvernement américain sur la nécessité de prendre d'urgence des mesures pour empêcher la militarisation de l'espace (inquiétude de l'U.R.S.S. devant le programme américain IDS : Initiative de Défense Stratégique, ou « guerre des étoiles »).

□ **30 juin** Propositions de l'U.R.S.S. pour un règlement de paix au Proche-Orient.

□ **17 sept.** Capture en Afghanistan du journaliste français J. Abouchar. Condamné à 18 ans de réclusion, il sera libéré le 25 octobre, après intervention française auprès des autorités soviétiques.

□ **28 sept.** Réception par le président Reagan du ministre des Affaires étrangères A. Gromyko. Reprise du dialogue soviéto-américain.

□ **Sept.** Sous la pression soviétique, le chef de l'État et du parti est-allemand E. Honecker annule une visite prévue en R.F.A.

□ **9 oct.** Signature d'un traité d'amitié et de coopération avec la république arabe du Yémen.

□ **23 nov.** Annonce de la reprise en janvier 1985 des négociations de Genève sur les armements stratégiques.

☐ **15-21 déc.** Visite en Grande-Bretagne de M. Gorbatchev.

☐ **21-28 déc.** Visite en Chine du premier vice-président du Conseil des ministres I. Arkhipov. Signature de plusieurs accords de coopération.

1985

☐ **7-8 janv.** Rencontre à Genève entre A. Gromyko et son homologue américain G. Schultz. Annonce de la reprise des négociations sur les armements nucléaires (elles s'ouvrent le 12 mars à Genève).

☐ **11-14 févr.** Visite à Moscou du Premier ministre grec A. Papandréou.

☐ **25 févr.-1er mars** Visite officielle de A. Gromyko en Italie (où il rencontre le pape Jean-Paul II le 27 février) et en Espagne.

☐ **3-13 mars** Visite en U.R.S.S. d'une délégation parlementaire chinoise.

Économie et société

1982

L'émigration juive atteint en 1982 son niveau le plus bas depuis 1970 (2 670 départs, contre 9 460 en 1981 et 51 300 en 1979).

☐ **10 déc.** Publication du statut-type des « unions agro-industrielles ».

1983

☐ **7 janv.** Conférence du Comité central sur « le renforcement de la discipline du travail ». Dès son arrivée au pouvoir, Iou. Andropov lance une grande campagne associant les organisations du parti, les administrations, les syndicats et le Komsomol dans la lutte contre l'absentéisme et le « parasitisme social ».

☐ **9 févr.** Critiquée pour son usage abusif des internements psychiatriques en matière politique, l'U.R.S.S. se retire de l'Association mondiale de psychiatrie.

☐ **17 juin** Adoption de la loi sur « les collectifs de travail et l'accroissement de leur rôle dans la direction des entreprises ». Ils participent à l'élaboration et à la discussion des projets de plan, des conventions collectives, des mesures prises pour élever la productivité du travail, mais servent également à renforcer les contraintes.

☐ **26 juill.** Arrêté sur « les mesures complémentaires propres à élargir les droits des unions de production et entreprises en matière de planification et d'activité économique et à accroître leur responsabilité envers les résultats de leur travail ». Une autonomie plus grande est laissée aux entreprises dans la gestion des affaires courantes. Expérience lancée dans quelques branches avant d'être étendue à l'ensemble de l'industrie en 1987.

☐ **7 août** Arrêtés sur « le renforcement de la discipline socialiste du travail ». Prise en compte des résultats du travail individuel dans le calcul des jours de congé, retenues sur salaire pour la production jugée défectueuse, lutte contre l'alcoolisme dans les entreprises.

1984

Pour la première fois depuis la Seconde Guerre mondiale, baisse de la production soviétique de pétrole. Le grand programme de développement énergétique en cours est sérieusement compromis par les difficultés d'exploitation, les insuffisances techniques et les retards.

☐ **26-27 mars** Conférence nationale sur les problèmes du complexe agro-industriel. Depuis 1981, l'U.R.S.S. ne publie plus de chiffres de production céréalière, les résultats étant très inférieurs aux prévisions du plan.

☐ **12 avr.** Loi sur « les grandes orientations de la réforme de l'école d'enseignement général et professionnel » : renforcement des filières techniques (qui devraient, dans les 10 ans, accueillir 70 % des effectifs), amélioration du niveau des écoles rurales, revalorisation de la condition enseignante. L'école doit contribuer davantage à la formation « idéologique et patriotique » de la jeunesse.

□ **13 juill.** Annonce de l'exécution pour crime économique de l'ancien directeur du plus célèbre magasin d'alimentation de Moscou.

□ **30 sept.** Jonction entre les équipes est et ouest de construction du B.-A.M. (voie ferrée Baïkal - Amour). Il faudra encore plus de 5 ans pour que la ligne devienne réellement opérationnelle.

□ **23 oct.** Plénum du Comité central consacré aux problèmes de l'agriculture. Discussion d'un programme à long terme de bonification des terres. Il prévoit, entre autres, le détournement vers le sud de fleuves sibériens.

Civilisation et culture

1983

□ **8 févr.** Arrestation du caricaturiste V. Syssoïev.

1984 Émigration du cinéaste A. Tarkovski.

□ **Mars** Iou. Lioubimov perd la direction du théâtre de la Taganka et se voit déchu de la citoyenneté soviétique en juillet.

Biographie

Andropov, Iouri Vladimirovitch (1914-1984). Né en 1914 dans une famille ouvrière de la région de Stavropol, Iou. Andropov commence sa carrière politique dans le Komsomol de Rybinsk où il achève des études techniques en 1936. Membre du parti depuis la Seconde Guerre mondiale, il entre dans l'appareil du Comité central en 1951. Dès cette date, son ascension ne connaît plus d'obstacles. Nommé ambassadeur en Hongrie en 1954, il fait habilement face à la révolution hongroise de 1956 et, rappelé à Moscou en 1957, il est chargé des relations avec l'ensemble du bloc socialiste. L'accroissement de ses responsabilités le conduit au Comité central. Il est élu au secrétariat en 1962. En 1967, L. Brejnev le nomme à la tête du KGB où il restera 15 ans. Cette promotion peut alors paraître ambiguë : outre les réformes qui limitent depuis peu les prérogatives du KGB, le discrédit porté sur les organes de sécurité est devenu général après les révélations sur la terreur stalinienne. Mais Iou. Andropov sait exploiter sa position pour renforcer sa réputation de probité et d'efficacité. Il fait du KGB un instrument de maintien de l'ordre qui prouve sa détermination – notamment dans le démantèlement des réseaux de la dissidence –, et son désir de devenir un instrument de la légalité : à la fin de l'ère Brejnev, Andropov fait intervenir le KGB pour condamner la corruption de l'entourage des dirigeants. Cette volonté d'assainissement des organes explique partiellement son élection à la succession de Brejnev, contre le dauphin de l'ancien secrétaire, C. Tchernenko. Malgré son âge avancé (69 ans), les ambitions d'Andropov restent importantes, comme en témoigne son cumul, dès 1983, des fonctions de chef de l'État et du Parti. Mais, gravement malade, il n'aura pratiquement pas l'occasion de les exercer, et son passage au secrétariat général ne couronne que très brièvement une ascension continue vers les sommets du pouvoir.

Bibliographie

J. Medvedev, *Andropov au pouvoir* (Paris, 1983).

Chapitre 33 **1985-1990**

Gorbatchev et la *perestroïka*

> *Pour ma part, voyant qu'après 70 ans de marche vers le socialisme (...), nous avons en 1988 un système de rationnement, voyant que 35 ans après la mort de Staline, nous n'en sommes encore qu'à « apprendre la démocratie », comme des adolescents de quinze ans (...), je n'oserai pas parler de « déformations » le long d'une route, invariablement glorieuse.*
>
> Lettre de Iouri Afanassiev, directeur de l'Institut des archives historiques, à la *Pravda,* 26 juillet 1988.

Dès son arrivée au pouvoir en 1985, M. Gorbatchev engage une politique de réformes dont les développements, singulièrement accélérés depuis 1989, entraînent l'U.R.S.S. sur la voie de changements radicaux. Face aux blocages du système, il affirme la nécessité d'une nouvelle légitimité fondée sur l'assentiment de la société civile à un pouvoir capable de sortir le pays de sa « stagnation ». Avec les mots-clefs de *glasnost* (le fait de rendre public) et de *perestroïka* (restructuration), il lance un programme de réformes politiques et économiques dont les limites initiales se trouvent bien vite dépassées. La création d'un « État de droit », la démocratisation des institutions, la prise en compte d'une opinion publique consciente conduisent à une véritable redistribution des pouvoirs. Le parti abandonne son rôle dirigeant, les soviets et le nouveau Congrès des députés du peuple se voient investis d'une réelle légitimité populaire, un régime présidentiel confère au chef de l'État une puissance sans précédent. Mais les pesanteurs restent et prennent leur revanche dans le domaine économique, où les projets viennent se briser sur les hésitations et les tâtonnements, la résistance des appareils, les habitudes ancrées dans des décennies de gestion administrative. Le passage annoncé à une économie de marché aux contours imprécis provoque plus d'inquiétude que d'adhésion au sein d'une population déjà confrontée aux pénuries du quotidien. Cette révolution « d'en haut » trouve néanmoins un écho réel dans une société dont les mutations, longtemps occultées, éclatent aujourd'hui au grand jour. Celles-ci s'accompagnent d'un spectaculaire réveil des questions nationales, dont la complexité multiplie les défis dans un climat de tension et d'urgence. D'autres défis, extérieurs ceux-là, leur font écho : le bouleversement brutal du paysage centre et est-européen – sur fond de détente internationale – impose une redéfinition de la place même de l'U.R.S.S. dans cette « maison commune européenne » chère au discours gorbatchévien.

Vie politique et institutionnelle

1985

☐ **11 mars** M. Gorbatchev succède à C. Tchernenko au poste de secrétaire général. En un an, il va profondément renouveler le personnel politique (70 % des ministres, 50 % des cadres des Républiques).

☐ **23 avr.** Plénum du Comité central. Discours-programme de M. Gorbatchev. Modification des instances dirigeantes : V. Tchebrikov (président du KGB), E. Ligatchev (secrétaire du Comité central, responsable de l'idéologie et des cadres) et N. Ryjkov (secrétaire du Comité central, chargé de l'économie) deviennent membres titulaires du Bureau politique.

☐ **1er juill.** Plénum du Comité central : G. Romanov quitte le Bureau politique, E. Chevardnadze en devient membre titulaire, B. Eltsine et L. Zaïkov entrent au Secrétariat du Comité central.

☐ **2 juill.** E. Chevardnadze devient ministre des Affaires étrangères, en remplacement de A. Gromyko (élu président du Présidium du Soviet suprême).

☐ **21 juill.** Un proche de M. Gorbatchev, A. Iakovlev, devient chef du département de la propagande au Comité central.

☐ **27 sept.** N. Ryjkov remplace N. Tikhonov à la présidence du Conseil des ministres.

☐ **14 oct.** N. Talyzine remplace N. Baïbakov à la tête du Gosplan.

☐ **2 déc.** E. Bonner reçoit l'autorisation de se faire soigner aux États-Unis.

1986

☐ **11 févr.** Libération du dissident juif A. Chtcharanski, échangé à Berlin contre des agents secrets de l'Est.

☐ **25 févr.-6 mars** XXVIIe Congrès du parti communiste. Dénonçant la « stagnation » de l'ère Brejnev, M. Gorbatchev insiste sur la nécessité de réformer en profondeur la gestion de l'économie et de procéder à une démocratisation de la société. Nouvelle rédaction du programme du parti et nouveaux statuts.

☐ **26 avr.** Explosion dans la centrale nucléaire de Tchernobyl, à 130 km au nord de Kiev, suivie d'une fuite de gaz radioactifs. Moscou ne reconnaît l'accident que le 28 avril. Évacuation de près de 100 000 habitants.

☐ **28 août** Arrêté du Conseil des ministres précisant les conditions d'octroi de visas d'entrée et de sortie d'U.R.S.S.

☐ **5 oct.** Arrivée à New York de Iou. Orlov, fondateur du Comité pour la surveillance des accords d'Helsinki, exilé depuis 1984 en Sibérie.

☐ **30 nov.** Arrêté du Comité central sur « le renforcement de la légalité socialiste et la protection des droits et intérêts légitimes des citoyens ».

☐ **9 déc.** Décès en prison du dissident A. Martchenko.

☐ **16 déc.** M. Gorbatchev annonce personnellement à A. Sakharov qu'il est autorisé à regagner Moscou.

1987

☐ **27-28 janv.** Plénum du Comité central sur la politique des cadres. M. Gorbatchev propose que les élections aux soviets se fassent désormais à bulletin secret avec introduction de candidatures multiples.

☐ **3 févr.** Arrestation de Iou. Tchourbanov, gendre de Brejnev, accusé de corruption.

☐ **9 févr.** Annonce de la libération d'une centaine de dissidents.

☐ **14-16 févr.** Gorbatchev affirme, en présence de A. Sakharov, le caractère « irréversible » de la *perestroïka*.

☐ **6 mai** Manifestation à Moscou de l'organisation *Pamiat*. Elle se distinguera de plus en plus par son nationalisme agressif et son antisémitisme.

□ **28 mai** Atterrissage sur la place Rouge, à Moscou, d'un avion de tourisme piloté par l'Allemand de l'Ouest M. Rust. Le 30 mai, le maréchal S. Sokolov (ministre de la Défense) et le maréchal A. Koldounov (commandant en chef de la défense antiaérienne) sont démis de leurs fonctions. Le général D. Iazov prend la tête du ministère de la Défense.

□ **21 juin** Élections aux soviets locaux. Candidatures multiples dans environ 4 % des circonscriptions.

□ **25-26 juin** Un plénum du Comité central renforce la position de M. Gorbatchev. Nouveaux membres titulaires du Bureau politique : N. Sliounkov, A. Iakovlev, V. Nikonov ; nouveau membre suppléant : D. Iazov.

□ **7-29 juill.** Procès de trois « responsables » de l'accident nucléaire de Tchernobyl. Ils sont condamnés à des peines de 10 ans de camp.

□ **20-23 août** 47 « groupes d'initiative socio-politique » se réunissent à Moscou.

□ **4 sept.** Condamnation du pilote ouest-allemand M. Rust à 4 ans de camp (il sera libéré le 4 août 1988).

□ **29 sept.** Réapparition à Moscou de M. Gorbatchev qui n'avait pas été vu en public depuis 7 semaines.

□ **12-13 oct.** M. Gorbatchev défend avec vigueur sa politique de « restructuration » et menace de « balayer » les dirigeants locaux qui ne l'appliquent pas.

□ **21 oct.** Plénum du Comité central. G. Aliev démissionne du Bureau politique pour raisons de santé. B. Eltsine critique les lenteurs de la « restructuration » et s'en prend à E. Ligatchev.

□ **2 nov.** M. Gorbatchev se prononce pour un « socialisme débarrassé des scories du dogmatisme et ayant fait ses preuves économiques ». Annonce de la création d'une commission d'enquête sur les victimes de Staline.

□ **11 nov.** B. Eltsine perd son poste de Premier secrétaire du parti pour Moscou au profit de L. Zaïkov.

1988

□ **8 janv.** Discours de M. Gorbatchev qui préconise un juste milieu entre la « droite » et la « gauche », entre les « conservateurs » et les « impatients ».

□ **4 févr.** La Cour suprême réhabilite 10 condammnés du 3e procès de Moscou (mars 1938) : parmi eux, N. Boukharine, A. Rykov et C. Rakovski.

□ **5 févr.** N. Talyzine est remplacé par Iou. Maslioukov à la présidence du Gosplan.

□ **17-18 févr.** Plénum du Comité central. B. Eltsine est écarté du Bureau politique, où entrent I. Maslioukov et G. Razoumovski comme membres suppléants.

□ **13 mars** Publication dans la revue *Sovietskaïa Rossia* d'un article signé N. Andreïeva, très critique à l'égard de la politique de M. Gorbatchev. Il est considéré comme le manifeste des forces hostiles à la *perestroïka*.

□ **7-9 mai** Réunion constitutive, à Moscou, de « l'Union démocratique », qui se définit comme un parti et sera à ce titre condamnée en juin par la Conférence du parti communiste.

□ **3 juin** Conférence de presse de A. Sakharov. Il fait le point sur les progrès réalisés en U.R.S.S. dans le domaine des droits de l'homme.

□ **13 juin** Annonce de la réhabilitation par la Cour suprême de G. Zinoviev, L. Kamenev, Iou. Piatakov et K. Radek.

□ **21 juin** N. Boukharine et A. Rykov sont réintégrés à titre posthume dans les rangs du parti communiste.

□ **28 juin-1er juill.** La XIXe Conférence du parti communiste réunit 5 000 délégués à Moscou (pour la 1re fois depuis 1941). Adoption de plusieurs résolutions sur la réforme institutionnelle, sur la *glasnost,* sur la lutte contre la bureaucratie, sur la *perestroïka,* sur la réforme juridique et sur les nationalités. Le parti approuve l'érection d'un monument aux victimes de Staline.

☐ **30 sept.** Un plénum du Comité central approuve une vaste réforme des structures du parti avec la réorganisation de l'appareil du Comité central. Mise à l'écart de la vieille garde conservatrice : A. Gromyko est déchargé de ses fonctions de chef de l'État et de membre du Bureau politique ; M. Solomentsev, V. Dolghikh, P. Demitchev quittent le Bureau politique. V. Medvedev devient responsable de l'idéologie, E. Ligatchev de l'agriculture.

☐ **1er oct.** Réunion extraordinaire du Soviet suprême. M. Gorbatchev est élu président du Présidium en remplacement d'A. Gromyko et annonce une accélération du programme de réformes. V. Krioutchkov remplace V. Tchebrikov à la présidence du KGB.

☐ **20 oct.** A. Sakharov est élu au Présidium de l'Académie des sciences.

☐ **1er déc.** Adoption par le Soviet suprême de la réforme de la Constitution et de la nouvelle loi sur l'élection des députés du peuple. Création d'un Congrès des députés du peuple de 2 250 membres, institution d'une véritable fonction présidentielle (le président du Soviet suprême, élu par le Congrès) et introduction de la pluralité des candidatures à tous les niveaux.

☐ **17 déc.** Publication du projet de nouveaux fondements de la législation pénale : diminution de la durée des peines, restriction du champ d'application de la peine de mort, fin de l'exil intérieur.

1989

☐ **15-16 mars** Le Comité central ouvre une « enquête » sur B. Eltsine pour ses propos sur le pluripartisme.

☐ **18 mars** À Moscou, 10 000 personnes manifestent leur soutien à B. Eltsine.

☐ **26 mars** 1er tour des élections au Congrès des députés du peuple. Succès de nombreux réformateurs et nationalistes. B. Eltsine est plébiscité par les électeurs moscovites.

☐ **9 avr.** Le 2e tour des élections législatives confirme la victoire des réformateurs.

☐ **25 avr.** Démission de 110 membres et suppléants du Comité central et de la Commission de révision du parti. Renforcement de la position de M. Gorbatchev face aux conservateurs.

☐ **25 mai.** Ouverture du Congrès des députés du peuple. M. Gorbatchev est élu chef de l'État par 2 123 voix contre 87, mais les réformateurs sont mis en minorité le 26, lors des élections au Soviet suprême.

☐ **8 juin** Le Congrès ratifie la candidature de N. Ryjkov à la présidence du Conseil des ministres.

☐ **2 juill.** Mort de A. Gromyko.

☐ **30 juill.** Constitution d'un groupe parlementaire interrégional de 388 membres (dont Iou. Afanassiev, B. Eltsine, A. Sakharov, G. Popov). Il se propose d'accélérer le cours des réformes.

☐ **31 juill.** Décret sur la responsabilité pénale pour « crime contre l'État ».

☐ **20-21 sept.** Plénum du Comité central consacré au problème des nationalités. 5 membres du Bureau politique sont démissionnés, dont le dernier brejnévien, l'Ukrainien V. Chtcherbitski. Un parti communiste de Russie sera recréé.

☐ **7 nov.** L'anniversaire de la révolution d'Octobre est marqué par des contre-manifestations.

☐ **12-24 déc.** IIe session du Congrès des députés du peuple. M. Gorbatchev obtient que le Congrès refuse, par 1 138 voix contre 839, de discuter de l'abolition du rôle dirigeant du parti.

☐ **14 déc.** Mort de A. Sakharov, à qui des dizaines de milliers de Moscovites rendent hommage.

1990

☐ **20-21 janv.** Création à Moscou d'une « plate-forme démocratique » par les communistes les plus réformateurs.

☐ **4 févr.** 200 000 personnes réunies à Moscou pour une manifestation de soutien à la *perestroïka.*

☐ **5-7 févr.** Un plénum élargi du Comité central adopte la plate-forme qui sera officiellement proposée au XXVIIIe Congrès : abolition du rôle dirigeant du parti, instauration du multipartisme, création d'un véritable régime présidentiel, séparation accrue des pouvoirs.

☐ **25 févr.** Nouvelles manifestations de masse à Moscou et dans les grandes villes en faveur des réformes.

☐ **4 mars** Les réformateurs et les radicaux remportent d'importants succès au 1er tour des élections locales en Russie, en Ukraine et en Biélorussie.

☐ **11, 14, 16 mars** Plénum du Comité central. M. Gorbatchev propose la modification des articles de la Constitution sur le rôle dirigeant du parti.

☐ **12-15 mars** Réunion extraordinaire du Congrès des députés du peuple. Il approuve les amendements constitutionnels introduisant le pluripartisme (avec abandon du rôle dirigeant du parti communiste) et l'instauration d'un régime présidentiel. Le 14 mars, M. Gorbatchev est élu Président pour 5 ans, malgré l'opposition du « groupe interrégional », qui dénonce le pouvoir excessif confié au chef de l'État.

☐ **23 mars** Création d'un Conseil présidentiel.

☐ **11 avr.** « Lettre ouverte aux communistes » : le Comité central y réclame l'exclusion des réformateurs les plus radicaux.

☐ **16 avr.** Le réformateur G. Popov est élu maire de Moscou.

☐ **1er mai** M. Gorbatchev est hué par des milliers de manifestants à l'issue de la célébration officielle du 1er-Mai.

☐ **23 mai** Le réformateur A. Sobtchak est élu maire de Leningrad.

☐ **29 mai** B. Eltsine, leader des radicaux, est élu président du Parlement de la Fédération de Russie.

☐ **20-23 juin** Congrès de reconstitution du parti communiste de la Fédération de Russie (disparu en 1925). La politique de M. Gorbatchev est très violemment attaquée par les conservateurs, qui élisent I. Polozkov à la tête du nouveau parti.

☐ **2-13 juill.** XXVIIIe Congrès du parti communiste. La politique de M. Gorbatchev est vivement contestée ; mais, réélu Secrétaire général du parti, il réussit à faire élire comme Secrétaire général adjoint l'Ukrainien V. Ivachko contre le chef de file des conservateurs E. Ligatchev. Élaboration de nouveaux statuts, qui autorisent la constitution de « plates-formes » tout en maintenant le principe du centralisme démocratique. Réforme du Bureau politique, vidé d'une grande partie de ses pouvoirs.

☐ **12 juill.** B. Eltsine annonce sa démission du parti communiste. Il sera suivi par les maires de Moscou et de Leningrad, G. Popov et A. Sobtchak.

☐ **15 juill.** Un décret met fin au contrôle du parti communiste sur la radio et la télévision.
40 000 personnes manifestent à Moscou contre le parti communiste.

Politique extérieure

1985

☐ **12 mars** Ouverture à Genève des négociations soviéto-américaines sur les armements nucléaires et spatiaux.

☐ **26 avr.** Réunion à Varsovie des États membres du pacte de Varsovie. Reconduction du traité pour 20 ans.

☐ **28-30 avr.** Visite à Moscou de D. Ortega, président du Nicaragua. L'U.R.S.S. réaffirme son soutien à la révolution sandiniste.

☐ **30 juill.** Conclusion entre l'U.R.S.S., les États-Unis et le Japon, d'un accord de sécurité aérienne civile dans le Pacifique.

☐ **2-5 oct.** Visite de M. Gorbatchev en France.

☐ **19-21 nov.** Sommet américano-soviétique à Genève : entretiens entre M. Gorbatchev et R. Reagan sur les problèmes du désarmement.

1986

☐ **15-19 janv.** Visite du ministre soviétique des Affaires étrangères E. Chevardnadze au Japon. Désaccord persistant sur les îles Kouriles.

☐ **15 avr.** Condamnation « catégorique » du raid américain contre la Libye.

☐ **27 mai** L'U.R.S.S. expulse 119 ressortissants américains.

☐ **10 juin** Réunion à Budapest du Comité politique consultatif des États membres du Pacte de Varsovie. Proposition d'un programme de réduction des forces armées et des armements classiques en Europe.

☐ **7-10 juill.** Visite en U.R.S.S. du président français F. Mitterrand.

☐ **28 juill.** À Vladivostok, M. Gorbatchev annonce le développement de nouvelles relations avec la Chine et les pays asiatiques et le retrait dans l'année de 6 régiments d'Afghanistan.

☐ **28 juill.-1er août** Visite en U.R.S.S. du Premier ministre turc T. Ozal.

☐ **22 sept.** Fin de la Conférence de Stockholm sur le désarmement en Europe (CDE). Accord sur des mesures de confiance, vérification des activités militaires de l'Atlantique à l'Oural par des inspections terrestres et aériennes.

☐ **29 sept.** N. Daniloff, journaliste américain arrêté le 30 août à Moscou, est échangé contre G. Zakharov, fonctionnaire soviétique de l'ONU arrêté à New York pour espionnage le 23 août.

☐ **11-12 oct.** Sommet américano-soviétique à Reykjavik. R. Reagan et M. Gorbatchev font le bilan des relations entre les deux pays et élaborent une plate-forme de propositions pour la réduction des armements.

☐ **4 nov.** Ouverture à Vienne de la 3e Conférence sur la Sécurité et la Coopération en Europe (CSCE).

☐ **25-28 nov.** Visite de M. Gorbatchev en Inde, alliée privilégiée en Asie.

1987

☐ **15 janv.** Annonce du retrait entre avril et juillet d'une partie des troupes soviétiques stationnées en Mongolie.

☐ **9 févr.** Reprise des négociations soviéto-chinoises sur le conflit frontalier.

☐ **28 mars-1er avr.** Visite en U.R.S.S. du Premier ministre britannique M. Thatcher.

☐ **9-11 avr.** Visite de M. Gorbatchev en Tchécoslovaquie.

☐ **14-16 mai** Voyage du Premier ministre français J. Chirac à Moscou.

☐ **25-27 mai** Visite de M. Gorbatchev en Roumanie.

☐ **7-10 déc.** Visite officielle de M. Gorbatchev à Washington. Il signe le 8 avec le président R. Reagan un traité sur le démantèlement des forces nucléaires intermédiaires (FNI).

1988

☐ **8 févr.** M. Gorbatchev annonce que les troupes soviétiques pourraient se retirer d'Afghanistan à compter du 15 mai 1988, si un accord est signé à Genève avant le 15 mars.

☐ **14-18 mars** Visite en Yougoslavie de M. Gorbatchev.

☐ **14 avr.** Accords de Genève sur l'Afghanistan. L'U.R.S.S. s'engage à retirer ses troupes (estimées par les Occidentaux à 115 000 hommes) en 9 mois à partir du 15 mai 1988. La résistance afghane rejette les accords.

☐ **15 mai** Début du retrait des troupes soviétiques d'Afghanistan. Le 25 mai, premier bilan officiel de l'intervention : 13 310 tués et 35 478 blessés.

☐ **29 mai-2 juin** Sommet Reagan-Gorbatchev à Moscou. Entretiens sur les négociations START sur la limitation des armements stratégiques, les conflits régionaux et les droits de l'homme.

☐ **11-16 juill.** Visite de M. Gorbatchev en Pologne. Il évoque publiquement les « blancs » dans l'histoire commune des deux pays.

☐ **4-6 oct.** Visite du président Ceausescu à Moscou. M. Gorbatchev insiste en sa présence sur la nécessité de respecter les droits de l'homme.

☐ **24-27 oct.** Première visite officielle en U.R.S.S. du chancelier ouest-allemand H. Kohl.

☐ **18-20 nov.** Voyage de M. Gorbatchev en Inde.

☐ **25-26 nov.** Voyage en U.R.S.S. du président français F. Mitterrand.

☐ **1er-3 déc.** Visite à Moscou du ministre chinois des Affaires étrangères Qian Qichen.

☐ **6-8 déc.** Séjour à New York de M. Gorbatchev. Il expose à l'O.N.U. les « nouveaux principes » de la politique extérieure soviétique et annonce une réduction des forces armées (500 000 hommes en 2 ans) ainsi que le retrait de troupes et de matériel d'Europe centrale et de Mongolie.

1989

☐ **17-19 janv.** Clôture à Vienne de la Conférence sur la Sécurité et la Coopération en Europe (CSCE).

☐ **2 févr.** Fin des négociations MBFR à Vienne (sans résultat).

☐ **2-4 févr.** Voyage en Chine d'E. Chevardnadze.

☐ **15 févr.** Fin du retrait des troupes soviétiques d'Afghanistan.

☐ **6 mars** Ouverture à Vienne des négociations sur les forces conventionnelles en Europe.

☐ **2-4 avr.** Visite officielle de M. Gorbatchev à Cuba. Le Secrétaire général réaffirme avec F. Castro « le caractère fraternel et irréductible » de l'amitié entre les deux peuples.

☐ **5-7 avr.** Visite officielle de M. Gorbatchev en Grande-Bretagne.

☐ **11 mai** M. Gorbatchev reçoit à Moscou le Secrétaire d'État américain J. Baker et annonce le retrait unilatéral d'Europe orientale de 500 ogives nucléaires tactiques.

☐ **15-18 mai** Visite en Chine de M. Gorbatchev (au moment du « mai de Pékin »). Rencontre historique avec Deng Xiaoping.

☐ **12-15 juin** Gorbatchev en R.F.A.

☐ **20-23 juin** Visite du président du Parlement iranien à Moscou. H. Rafsandjani signe avec l'U.R.S.S. plusieurs accords bilatéraux de coopération.

☐ **4-6 juill.** Visite de M. Gorbatchev en France, où le président F. Mitterrand appelle l'Occident à soutenir la *perestroïka*. Le Secrétaire général précise au Conseil de l'Europe son idée de la « maison commune européenne ».

☐ **22-23 sept.** L'U.R.S.S. renonce à lier la conclusion de l'accord (START) à l'abandon par les États-Unis du projet de « guerre des étoiles ».

☐ **6-7 oct.** Visite à Berlin de M. Gorbatchev pour le 40e anniversaire de la R.D.A. Il réaffirme que le statu quo doit être maintenu en Europe, mais encourage les réformes en Allemagne de l'Est.

☐ **Nov.** L'U.R.S.S. affirme ne pas vouloir s'ingérer dans les affaires intérieures des « pays frères » : ouverture du mur de Berlin (9 novembre), éviction de T. Jivkov en Bulgarie (10 novembre), démission en bloc du Bureau politique du parti communiste tchécoslovaque (24 novembre), victoire de l'opposition aux élections législatives hongroises (26 novembre).

□ **23-27 nov.** Visite en U.R.S.S. du Premier ministre polonais T. Mazowiecki. Il s'accorde avec M. Gorbatchev sur la nécessité de maintenir les frontières et les systèmes d'alliance existant en Europe, et se rend à Katyn.

□ **27 nov.** Accord de commerce et de coopération avec la C.E.E.

□ **1er déc.** Rencontre historique entre Jean-Paul II et M. Gorbatchev au Vatican. Annonce du prochain établissement de relations diplomatiques entre Moscou et le Saint-Siège.

□ **2-3 déc.** Sommet Bush – Gorbatchev à Malte. Discussions sur les conflits régionaux, le désarmement, les relations économiques et l'avenir de l'Europe.

□ **4 déc.** Réunion à Moscou des dirigeants du Pacte de Varsovie. Ils insistent sur la nécessité de maintenir les frontières et les alliances, et « condamnent » l'entrée des troupes du Pacte en Tchécoslovaquie en 1968.

□ **6 déc.** Entretiens à Kiev entre M. Gorbatchev et le président français F. Mitterrand. Gorbatchev estime prématurée la réunification de l'Allemagne.

□ **24 déc.** Le gouvernement soviétique soutient le Front de salut national roumain et offre une aide humanitaire à la Roumanie.

1990

□ **9-10 janv.** Réunion à Sofia des 10 chefs de gouvernement des États membres du Comecon. Ils constatent la nécessité d'une réforme radicale de l'organisation.

□ **15 janv.** Prague entame avec l'U.R.S.S. des négociations sur le retrait des 95 000 soldats soviétiques stationnés en Tchécoslovaquie.

□ **23 janv.** Budapest annonce que Moscou a donné son accord pour le retrait, avant fin 1991, des 52 000 soldats soviétiques stationnés en Hongrie.

□ **30 janv.** Visite à Moscou du Premier ministre de R.D.A., H. Modrow. M. Gorbatchev accepte l'idée de l'unification des deux États allemands.

□ **10 févr.** Entretiens à Moscou entre M. Gorbatchev et le chancelier H. Kohl sur la question allemande.

□ **26-27 févr.** Visite à Moscou du président de la République tchécoslovaque V. Havel. Accord sur le retrait des troupes soviétiques de Tchécoslovaquie.

□ **11-14 avr.** Visite en U.R.S.S. du président polonais, le général W. Jaruzelski. Les Soviétiques reconnaissent officiellement leur responsabilité dans le massacre de Katyn.

□ **23-26 avr.** Visite en U.R.S.S. du Premier ministre chinois Li Peng.

□ **28-29 avr.** Visite à Moscou du Premier ministre est-allemand L. de Maizière. M. Gorbatchev s'oppose à l'appartenance de la future Allemagne unifiée à l'OTAN.

□ **5 mai** Participation de l'U.R.S.S. à la première réunion ministérielle sur les aspects extérieurs de l'unification allemande (Conférence 2 + 4). L'U.R.S.S. réaffirme son opposition à l'appartenance de l'Allemagne unie à l'OTAN. M. Gorbatchev réclame, le 8 mai à Moscou, la signature d'un traité de paix, et le retrait des troupes soviétiques de R.D.A. (380 000 hommes) est suspendu le 17 mai.

□ **25 mai** Visite de F. Mitterrand à Moscou.

□ **30 mai-3 juin** Deuxième sommet Bush – Gorbatchev aux États-Unis. Signature, le 1er juin, d'un traité de désarmement chimique et d'une déclaration sur la réduction des armements stratégiques ; conclusion d'un accord de commerce. M. Gorbatchev refuse toute concession sur la question lituanienne et sur le statut militaire de l'Allemagne.

☐ **7 juin** Réunion à Moscou des 7 États membres du Pacte de Varsovie. Ils décident de réviser le caractère et les fonctions de l'alliance, qui devrait jouer un rôle plus politique que militaire. La Hongrie annonce sa volonté de quitter le Pacte d'ici la fin de 1991.

☐ **14-16 juill.** Visite en U.R.S.S. de H. Kohl. L'U.R.S.S. accepte l'appartenance à l'OTAN de l'Allemagne unifiée.

Économie et société

1985

☐ **17 mai** Arrêté du Comité central sur les mesures destinées à éliminer l'ivrognerie et l'alcoolisme.

☐ **23 nov.** Annonce de la création d'un Comité d'État pour l'industrie agro-alimentaire (Gosagroprom) qui hérite des compétences de tous les ministères à vocation agricole.

1986

☐ **1er févr.** Arrêté sur « les mesures destinées à développer les coopératives de consommation ».

☐ **5 mars** Adoption par le XXVIIe Congrès du parti des grandes orientations du plan de développement économique et social pour 1986-1990 et jusqu'en l'an 2000.

☐ **21 mars** Création d'un Comité d'État à l'informatique.

☐ **12 mai** Arrêté sur « les mesures visant à élever radicalement la qualité de la production ». Création de la Gospriomka pour le contrôle de la qualité.

☐ **14 août** Arrêté qui annule les grands projets de détournement des fleuves sibériens.

☐ **19 août** Arrêté sur l'amélioration de la gestion des relations économiques extérieures.

☐ **19 nov.** Loi sur l'exercice des activités individuelles (en vigueur le 1er mai 1987). Elles sont autorisées dans l'artisanat, le commerce et les services.

☐ **24 nov.** À Tachkent, M. Gorbatchev insiste sur la nécessité d'un combat résolu et impitoyable contre les manifestations religieuses.

1987

☐ **1er janv.** Mise en œuvre de la réforme des salaires. La rémunération dépend plus étroitement du travail accompli, avec une différenciation accrue.

☐ **13 janv.** Arrêtés sur les principes de création en U.R.S.S. d'entreprises mixtes avec des partenaires de pays capitalistes et de pays en voie de développement.

☐ **5 févr.** Trois arrêtés sur la création de coopératives pour la production de biens de consommation, pour la restauration et pour les services.

☐ **25-26 juin** Plénum du Comité central consacré à la « restructuration radicale de la conduite de l'économie ». Dix arrêtés sont publiés en juillet : redistribution des pouvoirs sur le plan vertical (organismes centraux – ministères – entreprises) et horizontal (décentralisation régionale), allègement de la planification, révision des prix et réforme de leur mécanisme de formation, substitution progressive d'un marché de gros des moyens de production au système d'allocation centralisée, réactivation du crédit et des activités bancaires.

☐ **30 juin** Loi sur l'entreprise d'État. En vigueur à partir du 1er janvier 1988, elle se substitue au statut de 1965. Élection du directeur, autonomie comptable réelle et autofinancement, possibilité de mise en faillite.

☐ **3 août** Annonce de l'introduction au 1er janvier 1988 des premiers carnets de chèques.

☐ **25 août** Décret prévoyant le dépistage systématique du sida pour les « personnes à risque » et pour les étrangers.

☐ **Déc.** Arrêté sur la création auprès des soviets locaux d'agences pour l'emploi. On prévoit d'ici à l'an 2000 16 millions de licenciements dans le secteur productif (75 millions de travailleurs).

1988

☐ **15 janv.** Création d'un ministère fédéral des Relations économiques extérieures.

☐ **11 févr.** Les « hôpitaux psychiatriques spéciaux » relèvent désormais du ministère de la Santé et non de celui de l'Intérieur. 2 millions de personnes (30 % du total) sont rayées des listes des malades mentaux.

☐ **28 avr.** Réception au Kremlin du patriarche de Moscou, Mgr Pimène. M. Gorbatchev annonce la restitution d'un certain nombre de lieux de culte et la prochaine promulgation d'une loi sur la liberté religieuse.

☐ **26 mai** Loi sur les coopératives qui développe encore davantage les possibilités d'activité individuelle.

☐ **6-11 juin** Célébration du millénaire de la conversion de la Russie au christianisme. Réunion à Zagorsk d'un concile orthodoxe russe, cérémonie solennelle au Kremlin.

☐ **28 juill.** Décret sur les réunions, meetings, défilés et manifestations. Il maintient de nombreuses restrictions.

☐ **30 sept.** Arrêté sur les mesures à prendre pour améliorer l'environnement de la région de la mer d'Aral, dont l'assèchement progressif constitue l'une des plus grandes catastrophes écologiques de l'U.R.S.S.

☐ **15 nov.** Lancement de la navette spatiale Bourane.

☐ **20-21 déc.** Congrès national des enseignants. Il est décidé d'éditer plusieurs manuels par discipline, les enseignants ayant le droit de choisir.

1989

Le déficit budgétaire s'élève en 1989 à 120 milliards de roubles.

☐ **12-19 janv.** Recensement de la population. Premiers résultats en avril : 286 717 000 habitants.

☐ **15-16 mars** Plénum du Comité central sur l'agriculture. M. Gorbatchev fait adopter le principe de réformes allant dans le sens d'une décollectivisation partielle.

☐ **3 juin** Catastrophe ferroviaire à l'ouest des Monts Oural (plusieurs centaines de morts).

☐ **10 juill.** Début d'une grève des mineurs du Kouzbass, qui s'étend progressivement aux centres du Donbass, de la Petchora et du Karaganda (plus de 180 000 grévistes). Les revendications prennent un caractère plus politique.

☐ **26 août** Annonce par le ministre de l'Intérieur d'une spectaculaire augmentation de la criminalité (+ 32 % en 1 an).

☐ **9 sept.** M. Gorbatchev détaille un programme d'assainissement de l'économie qui comportera des « mesures douloureuses et impopulaires ».

☐ **9 oct.** Loi sur les conflits du travail : elle légalise le droit de grève tout en le réglementant et en l'interdisant dans les secteurs-clefs de l'économie.

☐ **2 nov.** Loi sur les pensions et les retraites (augmentation de 40 %).

☐ **13 nov.** Institution d'un jury pour les délits passibles de la peine de mort.

☐ **23 nov.** Législation sur les baux de longue durée.

☐ **12-24 déc.** Le Congrès des députés du peuple adopte, après des débats houleux, le XIIIe plan quinquennal.

1990

☐ **28 févr.** Adoption par le Soviet suprême des fondements de la nouvelle législation foncière.

□ **6 mars** Nouvelle loi sur la propriété en U.R.S.S.

□ **23 mars** Création d'une Fédération indépendante des syndicats de la République de Russie.

□ **2 mai** Mort de Mgr Pimène, patriarche de Moscou.

□ **24 mai** Le Premier ministre N. Ryjkov présente devant le Soviet suprême un plan de réformes économiques qui prévoit le passage progressif à une « économie de marché planifiée ». Panique chez les consommateurs. Le Soviet suprême demande à N. Ryjkov de réviser son plan.

□ **7-8 juin** Un concile de l'Église orthodoxe russe élit le nouveau patriarche (Alexis, métropolite de Leningrad).

□ **12 juin** Loi sur la presse et les médias, qui interdit la censure.

□ **14 et 17 juin** Révoltes de détenus dans les prisons de Dniepropetrovsk et de Tcheliabinsk.

□ **11 juill.** Grève de 24 heures dans plus de 100 mines du Donbass. Les grévistes réclament une amélioration de leur situation matérielle, la démission du Premier ministre N. Ryjkov, la nationalisation des biens du parti et la suppression des cellules communistes dans les entreprises.

Questions nationales

1986

□ **16 déc.** Le Premier secrétaire du parti du Kazakhstan, D. Kounaïev, est remplacé par un Russe, ce qui entraîne des émeutes à Alma Ata (17-19 déc.).

1987

□ **24 juin** L'agence Tass fait état de manifestations de Tatars de Crimée sur la place Rouge. Création d'une commission d'enquête pour examiner leur situation et leurs revendications (elle refusera, en juin 1988, le rétablissement de leur République autonome).

□ **23 août** Manifestations nationalistes dans les trois Républiques baltes à l'occasion du 48e anniversaire du pacte germano-soviétique.

□ **17-19 oct.** Manifestations à Erevan, en Arménie.

1988

□ **11-26 févr.** Arménie : manifestations pour le rattachement à cette république de la région autonome du Haut-Karabakh, peuplée à 75 % d'Arméniens et dépendant depuis 1923 de l'Azerbaïdjan.

□ **28 févr.** Pogrom anti-arménien à Soumgaït (Azerbaïdjan) ; bilan officiel : 32 morts.

□ **17 mars** 75 000 Arméniens manifestent à Stepanakert, capitale du Haut-Karabakh. Le Comité régional du parti communiste se prononce pour le rattachement à l'Arménie (20 mars).

□ **23 mars** Le Présidium du Soviet suprême rejette la revendication arménienne sur le Haut-Karabakh.

□ **Avr.** Création en Estonie d'un « Front populaire pour la *perestroïka* ».

□ **21 mai** Destitution des premiers secrétaires des partis communistes d'Azerbaïdjan et d'Arménie.

□ **15 juin** Le Soviet suprême d'Arménie demande le rattachement du Haut-Karabakh à l'Arménie. Refus du Soviet suprême d'Azerbaïdjan.

□ **12 juill.** Le Soviet régional du Haut-Karabakh proclame son retrait unilatéral d'Azerbaïdjan et son rattachement à l'Arménie (décision rejetée le 18 juillet par le Présidium du Soviet suprême).

□ **Sept.** Constitution en Lituanie d'un Conseil central du mouvement nationaliste Sajudis.

□ **11 sept.** À Tallin, l'estonien devient langue d'État.

□ **18 sept.** Nouveaux heurts entre Arméniens et Azéris dans le Haut-Karabakh.

□ **16 nov.** Le Soviet suprême d'Estonie proclame la primauté de ses lois sur celles de l'U.R.S.S.

□ **19-24 nov.** Affrontements entre Arméniens et Azéris à Kirovabad, en Azerbaïdjan.

□ **22-23 nov.** Manifestations nationalistes à Tbilissi, Bakou et Erevan.

□ **26 nov.** Le Présidium du Soviet suprême rejette la déclaration de souveraineté de l'Estonie.

□ **7 déc.** Tremblement de terre en Arménie. Il détruit les villes de Spitak (à 100 %), de Leninakan (à 80 %) et endommage fortement Kirovakan.

□ **10 déc.** Arrestation en Arménie de la plupart des membres du Comité Karabakh.

1989

□ **12 janv.** L'administration du Haut-Karabakh est rattachée à Moscou.

□ **16 févr.** Le mouvement nationaliste lituanien Sajudis se prononce pour l'autodétermination de la République.

□ **10 mars** En accord avec les autorités soviétiques, le pape nomme deux archevêques et un évêque en Lituanie.

□ **9 avr.** Violente répression d'une manifestation pacifique à Tbilissi (Géorgie) : une vingtaine de morts.

□ **31 mai** Les membres du Comité Karabakh, emprisonnés depuis janvier à Moscou, sont autorisés à regagner l'Arménie.

□ **3 juin** Troubles interethniques en Ouzbékistan. Plus de 100 Meskhets sont victimes des conflits qui les opposent aux Ouzbeks.

□ **17 juin** Émeutes au Kazakhstan contre la minorité caucasienne.

□ **15 juill.** Des affrontements débutent dans la république autonome d'Abkhazie qui dépend de la Géorgie ; une vingtaine de morts.

□ **27 juill.** Le Soviet suprême se prononce en faveur d'une autonomie comptable des Républiques baltes dès 1990.

□ **23 août** Immense chaîne humaine de 560 km à travers la Lituanie, la Lettonie et l'Estonie pour dénoncer le pacte germano-soviétique de 1939.

□ **31 août** Après de nombreuses manifestations, le Soviet suprême de Moldavie proclame le moldave langue d'État.

□ **4 sept.** Début d'une grève générale en Azerbaïdjan. Un blocus routier et ferroviaire est imposé à l'Arménie (fin le 12 octobre).

□ **8 sept.** Ouverture du Congrès constitutif du Mouvement populaire d'Ukraine en faveur de la *perestroïka*.

□ **17 sept.** Manifestation à Lviv (Lvov) d'une centaine de milliers de gréco-catholiques qui réclament la légalisation de l'Église uniate, intégrée de force à l'orthodoxie sous Staline.

□ **19-20 sept.** Plénum du Comité central sur les nationalités. Il se prononce pour un nouveau pacte fédéral et pour le droit à l'autodétermination des républiques.

□ **5 oct.** Le Soviet suprême d'Azerbaïdjan affirme sa souveraineté sur tout le territoire et déclare l'azéri langue d'État.

□ **5 nov.** Constitution à Erevan du Mouvement national arménien, pour l'indépendance de l'Arménie.

□ **7 nov.** À l'occasion de l'anniversaire de la révolution d'octobre, contre-manifestations à Tbilissi (Géorgie), Erevan (Arménie) et Kichinev (Moldavie).

□ **28 nov.** Suppression du Comité spécial chargé de l'administration directe du Haut-Karabakh. L'agitation reprend en Arménie et en Azerbaïdjan.

□ **20 déc.** Le parti communiste lituanien proclame son autonomie par rapport au P.C.U.S.

□ **30 déc.** Manifestations de nationalistes azéris pour la liberté de circulation entre l'U.R.S.S. et l'Iran.

1990

□ **11-13 janv.** Visite de M. Gorbatchev en Lituanie. Le parti comuniste lituanien ne revient pas sur sa décision de proclamer son autonomie.

□ **19 janv.** À la suite de nouvelles violences antiarméniennes à Bakou, proclamation de l'état d'urgence. L'armée prend par la force le contrôle de la ville (bilan officiel : 125 morts).

□ **4 mars** En Lituanie, victoire du mouvement indépendantiste Sajudis aux élections locales.

□ **11 mars** Le Parlement lituanien vote, par 124 voix sur 133, la restauration de l'indépendance de la République et élit comme Président le leader du mouvement Sajudis, V. Landsbergis.

□ **12 mars** M. Gorbatchev affirme que la déclaration d'indépendance de la Lituanie « affecte les intérêts vitaux et l'avenir de l'État soviétique ».

□ **23 mars** Arrivée à Vilnius de troupes et de chars soviétiques.

□ **25 mars** Le parti communiste estonien déclare son autonomie par rapport au P.C.U.S.

□ **30 mars** Le nouveau Parlement estonien vote en faveur de l'indépendance de l'Estonie, mais laisse la porte ouverte à Moscou.

□ **3 avr.** Loi sur les modalités de sécession des Républiques soviétiques : elle accumule les conditions restrictives à la sortie de l'U.R.S.S.

□ **13 avr.** Ultimatum de M. Gorbatchev à la Lituanie, lui demandant d'abroger dans les 2 jours plusieurs lois votées par le Parlement lituanien, et menaçant la république de sanctions économiques.

□ **18 avr.** Début du blocus économique imposé par Moscou à la Lituanie.

□ **4 mai** Le Parlement letton vote en faveur de l'indépendance, tout en prévoyant une période de transition.

□ **14 mai** Les déclarations d'indépendance de l'Estonie et de la Lettonie rendues illégales par décret présidentiel.

□ **27 mai** Violents affrontements armés entre nationalistes arméniens et militaires soviétiques. Véritable climat de « guerre civile » dans une grande partie du Caucase.

□ **4 juin** Affrontements entre Kirghizes et Ouzbeks (bilan officiel : 186 morts).

□ **12 juin** Le Parlement de la Fédération de Russie proclame, par 907 voix contre 13, la souveraineté de la République.

M. Gorbatchev propose l'ouverture de négociations sur un nouveau traité d'Union.

□ **29 juin** Suspension par le Parlement lituanien de la déclaration d'indépendance. Levée des sanctions économiques.

□ **14 juill.** Reprises des affrontements interethniques en Kirghizie.

□ **16 juill.** Le Parlement ukrainien proclame la souveraineté de l'Ukraine.

Civilisation et culture

1985 *Mon ami Ivan Lapchine,* film d'A. Guerman, sort sur les écrans.

1986 Réhabilitation littéraire du poète N. Goumiliev (fusillé en 1921). □ Publication de *la Défense de Loujine,* de V. Nabokov (écrit en 1930). □ *La Dictature de la conscience,* pièce de M. Chatrov. □ *Est-il facile d'être jeune ?,* film du Letton J. Podnieks.

□ **13-15 mai** Ve Congrès de l'Union des cinéastes. Il élit à sa tête E. Klimov et décide de faire « libérer » des films longtemps interdits par la censure.

□ **5-6 déc.** Congrès constitutif de l'Union des sociétés théâtrales d'U.R.S.S., se fixant pour objectif de rénover le théâtre et d'en faire une « tribune de vérité ».

1987 *Les Enfants de l'Arbat,* roman d'A. Rybakov. ☐ Publication de *la Fouille,* d'A. Platonov, de *Cœur de chien,* de M. Boulgakov, de *la Maison Pouchkine,* d'A. Bitov. ☐ Films : Présentation à Moscou du *Repentir,* de T. Abouladzé. Sortie de *la Commissaire,* tournée en 1967 par A. Askoldov. ☐ Festival de musique rock à Moscou. ☐ Le prix Nobel de littérature est attribué au poète émigré J. Brodski.

1988 Publications : *le Docteur Jivago,* de B. Pasternak, *Vie et destin,* de V. Grossman, *Tchevengour,* de A. Platonov, *Récits de Kolyma* (extraits), de V. Chalamov, *la Faculté des choses inutiles,* de Iou. Dombrovski, *la Disparition,* de Iou. Trifonov, les *Mémoires,* de Nabokov. ☐ Films : *la Petite Véra,* de V. Pitchoul ; *le Pouvoir des Solovki,* de M. Goldovskaïa. ☐ Début d'une véritable relecture du passé de l'U.R.S.S.

1989 De profonds clivages traversent tous les domaines culturels, ressuscitant parfois les vieux débats sur la slavophilie ou l'occidentalisme. ☐ Exposition Malevitch à Moscou.

☐ **Août** Début de la publication de *l'Archipel du Goulag* dans la revue *Novy Mir,* du *Pavillon des cancéreux* et du *Premier Cercle.*

☐ **Oct.** Publication de *Tout passe,* roman de V. Grossman écrit en 1960.

1990 *Taxi blues,* film de P. Lounguine.

Biographie

Gorbatchev, Mikhaïl Sergueïevitch (1931). Né en 1931 dans une famille paysanne de la région de Stavropol, il achève en 1955 des études à la faculté de droit de l'Université de Moscou. Devenu responsable en 1952 du Komsomol étudiant de sa faculté, il fait son apprentissage de la vie politique dans les années du « dégel », ne se distinguant en rien du militant modèle. M. Gorbatchev choisit, à la sortie de l'université, de retourner dans sa province d'origine. Il y gravit avec régularité les échelons de la hiérarchie du Komsomol, puis du parti, jusqu'à sa nomination, en 1970, au poste de Secrétaire régional de Stavropol, tout en cultivant son image de spécialiste des questions agricoles. Propulsé en 1971 au Comité central, il en devient en 1978 le Secrétaire chargé de l'agriculture. Son accession au Bureau politique, comme membre postulant en 1979 et titulaire en 1980, couronne un parcours sans faute, et il sait profiter des chances que l'arrivée au pouvoir de Iou. Andropov donne à la jeune génération. Ses ambitions au Secrétariat se heurtent alors à celles de G. Romanov. Quand C. Tchernenko succède à Iou. Andropov, Gorbatchev isole son rival et apparaît bientôt comme le n° 2 du parti. Il est immédiatement élu Secrétaire général à la mort de Tchernenko en mars 1985, et s'affirme, à 54 ans, comme l'initiateur d'une nouvelle politique visant à sortir l'U.R.S.S. d'une « stagnation » que ses dirigeants ne cherchent plus à dissimuler. Démocratisation politique, restructuration économique, spectaculaire ouverture au monde extérieur, M. Gorbatchev a su jusqu'à présent jouer avec habileté la difficile partie engagée en 1985. Fort des pouvoirs présidentiels qui lui ont été octroyés en 1990, il doit cependant compter désormais avec toute la complexité d'une société en profonde mutation.

Bibliographie

B. Kerblay, *la Russie de Gorbatchev* (Lyon, 1989).

M. Lewin, *la grande Mutation soviétique* (Paris, 1988).

M. Tatu, *Gorbatchev* (Paris, 1987).

Chapitre 34 — 1990-1991

Quel avenir pour l'Union ?

Alors qu'un nouvel élan réformateur semble s'amorcer durant l'été 1990 avec la préparation d'une réforme économique dont l'urgence n'échappe plus à personne, c'est une véritable tentative de « restauration conservatrice » qu'annoncent à l'automne et à l'hiver l'enlisement des plans de passage à l'économie de marché, le retour en force du parti communiste, du KGB et de l'armée, les brutales provocations dans les Républiques frondeuses et les accrocs répétés dans la recherche de la détente internationale. L'image du président-secrétaire général, souvent désastreuse à l'intérieur de l'Union, s'en trouve ternie sur la scène mondiale, où l'on ne sait comment interpréter les gages, qu'otage ou complice, il donne aux éléments les plus conservateurs du pays. Mais les forces complexes à l'œuvre dans une société civile en pleine transformation rendent chaque jour plus illusoire le succès des méthodes d'antan face à la multiplication des moyens de communication indépendants et aux nouvelles légitimités nationales – en Russie avec Boris Eltsine comme dans les Républiques et les régions gagnées par la fièvre indépendantiste. Condition préalable à tout programme de redressement d'une économie à la dérive, la redéfinition même de la nature de l'Union impose ses priorités, obligeant sans doute au compromis les acteurs de l'une des plus difficiles transitions de notre siècle.

Vie politique et institutionnelle

1990

☐ **13 août** Décret présidentiel réhabilitant toutes les victimes des répressions politiques des années 1920 aux années 1930.
Le **15 août**, un autre décret restitue la citoyenneté soviétique à tous ceux qui en avaient été déchus entre 1966 et 1988.

☐ **15 oct.** L'attribution du prix Nobel de la paix à M. Gorbatchev est accueillie avec une certaine indifférence en URSS, où l'on s'interroge sur les signes d'un « virage conservateur » du président soviétique.

☐ **21 oct.** Création du mouvement Russie démocratique, coalition d'une cinquantaine de partis et de groupes de l'opposition libérale russe.

☐ **17 nov.** M. Gorbatchev fait approuver par le Soviet suprême une réorganisation du pouvoir central, plaçant l'exécutif sous l'autorité du président et lui associant le Conseil de la Fédération, organe consultatif composé des présidents des 15 Républiques.

□ **1er-2 déc.** Congrès du groupe parlementaire conservateur Soiouz, qui réclame la démission du ministre de l'Intérieur V. Bakatine. Celui-ci est remplacé le **2 déc.** par le conservateur B. Pougo.

□ **17-27 déc.** IVe session du Congrès des Députés du peuple. M. Gorbatchev, qui semble depuis plusieurs semaines donner des gages au KGB, à l'armée et au parti communiste, y affirme la nécessité de restaurer l'ordre dans le pays. Le **20 déc.**, E. Chevardnadze, ministre des Affaires étrangères depuis 1985, annonce sa démission au Congrès, évoquant « la dictature qui arrive ». Les **25-26 déc.**, le Congrès vote l'essentiel des pouvoirs réclamés par le président, assurant à M. Gorbatchev un contrôle total sur l'exécutif. Le **27 déc.**, le conservateur G. Ianaïev est élu au nouveau poste de vice-président.

1991

□ **14 janv.** V. Pavlov, ancien ministre des Finances, est nommé Premier ministre en remplacement de N. Ryjkov.

□ **25 janv.** Décret applicable à compter du 1er février sur la formation de patrouilles mixtes (milice-armée) dans les grandes villes.

□ **19 févr.** Le président de la Russie, B. Eltsine réclame en direct à la télévision centrale la démission immédiate de M. Gorbatchev.

□ **25 févr.** M. Gorbatchev, dans un discours à l'Académie des sciences de Biélorussie à Minsk, accuse l'opposition de mener le pays à la guerre civile et semble consacrer la rupture avec les réformateurs. Présentation du nouveau cabinet des ministres, peu différent du gouvernement précédent.

□ **5 mars** Loi sur les activités du KGB.

□ **7 mars** Après la dissolution de l'éphémère Conseil présidentiel, formation d'un nouveau Conseil de sécurité à majorité conservatrice.

□ **17 mars** Le référendum sur « le maintien d'une Union rénovée » est boycotté par 6 Républiques sur 15 (Arménie, Estonie, Géorgie, Lettonie, Lituanie, Moldavie). Avec un taux de participation de 80 %, le oui recueille 76 % des suffrages, en partie grâce au vote des régions rurales et de l'Asie centrale. En Russie, l'élection d'un président au suffrage universel est approuvée par 70 % des électeurs.

□ **20-21 avr.** IIe Congrès du groupe parlementaire conservateur Soiouz, qui préconise l'instauration de l'état d'urgence pour 6 mois.

□ **23 avr.** À Novo-Ogarevo près de Moscou, M. Gorbatchev conclut un accord avec les représentants des 9 Républiques prêtes au compromis avec le pouvoir central (« accords 9 + 1 »). Trêve politique entre B. Eltsine et M. Gorbatchev qui assouplit sa position sur le futur traité de l'Union, appel à l'arrêt des grèves qui paralysent une partie du pays.

□ **12 juin** Élection présidentielle au suffrage universel direct en République de Russie. Taux de participation : 75 %. Boris Eltsine est élu dès le 1er tour avec 57,3 % des suffrages exprimés. Les maires réformateurs de Moscou et de Leningrad, G. Popov et A. Sobtchak sont confirmés dans leurs fonctions par le suffrage universel. À Leningrad, 54 % des votants se prononcent en faveur du retour au vieux nom de Saint-Pétersbourg.

□ **17 juin** Dernière réunion du groupe « 9 + 1 » à Novo-Ogarevo. Accord sur un projet de traité de l'Union qui doit encore être approuvé par les Parlements des 9 Républiques et de l'URSS, mais des incertitudes demeurent sur le partage des compétences.
Le Premier ministre V. Pavlov lance une offensive conservatrice au Soviet suprême, appuyé par le « trio de l'ordre » : V. Krioutchkov, chef du KGB, D. Iazov, ministre de la Défense et

B. Pougo, ministre de l'Intérieur. Sa demande de pouvoirs spéciaux est écartée par les parlementaires le **21 juin.**

Politique extérieure

1990

☐ **30 juill.** Rétablissement des relations diplomatiques avec l'Albanie, rompues en 1961.

☐ **3 août** Rencontre entre le secrétaire d'État américain J. Baker et le ministre des Affaires étrangères soviétique E. Chevardnadze à Moscou. Déclaration commune exceptionnelle appelant la communauté internationale à « prendre des mesures pratiques » contre l'Irak, qui a envahi le Koweit le 2 août. Au Conseil de Sécurité de l'ONU, l'URSS vote l'embargo commercial, financier et militaire de l'Irak **(6 août)** et le recours éventuel à la force pour le faire respecter **(25 août).**

☐ **12 sept.** Le traité rétablissant la pleine souveraineté de l'Allemagne unie est paraphé à Moscou. Le **13,** l'URSS qui a obtenu une aide, au départ, de 12 milliards de marks, s'engage à retirer les 380 000 soldats soviétiques de l'ex-RDA avant la fin 1994.

☐ **17 sept.** Rétablissement des relations diplomatiques avec l'Arabie Saoudite.

☐ **30 sept.** Établissement de relations diplomatiques avec la Corée du Sud. Poursuite de la normalisation des relations soviéto-israéliennes : les missions consulaires de l'URSS à Tel Aviv et d'Israël à Moscou sont élevées au rang de consulats généraux. Afflux massif d'immigrants soviétiques en Israël (plus de 100 000 arrivées depuis **janv. 1990**).

☐ **26-28 oct.** Visite en Espagne de M. Gorbatchev qui obtient un accord de crédit de 7,5 milliards de francs.

☐ **28-29 oct.** Visite à Paris de M. Gorbatchev. Signature d'un traité d'entente et de coopération avec la France, qui accorde à l'URSS un crédit de 5 milliards de francs.

☐ **9-10 nov.** Visite de M. Gorbatchev en Allemagne. Signature de 3 traités de bon voisinage et de coopération.

☐ **19 nov.** À l'occasion du sommet de la CSCE à Paris, signature du traité sur la réduction des armements conventionnels en Europe (CFE). Dès le mois de **déc.**, les Américains reprochent à l'URSS le non-respect du traité (transfert massif en Asie soviétique de matériel militaire).

☐ **29 nov.** Dans la crise du Golfe, l'URSS vote au Conseil de sécurité de l'ONU la résolution 678 autorisant le recours à la force contre l'Irak après le **15 janv.**

☐ **Fin nov.** L'Allemagne et plusieurs pays occidentaux envoient en URSS une aide alimentaire d'urgence.

☐ **12 déc.** Crédit américain d'un milliard de dollars à l'URSS pour l'achat de produits agricoles.

☐ **14 déc.** Lors de la visite du président sud-coréen Roh Tae-Woo à Moscou, déclaration commune appelant à « la fin de la guerre froide en Asie ».

☐ **20 déc.** Le ministre des Affaires étrangères E. Chevardnadze annonce sa démission. Il est remplacé en **janv. 1991** par A. Bessmertnykh.

1991

☐ **janv.-mars** Dans la guerre du Golfe, l'URSS réaffirme son soutien aux résolutions de l'ONU tout en multipliant les manœuvres diplomatiques pour éviter l'escalade.

☐ **14 mars** Transfert à Moscou « pour raisons de santé » de l'ancien président est-allemand E. Honecker, malgré le mandat d'arrêt lancé contre lui par la justice allemande.

☐ **1er avr.** Dissolution officielle des structures militaires du pacte de Varsovie (décidée le **25 févr.** à Budapest).

☐ **15 avr.** Inauguration à Londres de la BERD (Banque européenne pour la reconstruction et le développement), avec participation de l'URSS.

☐ **16-19 avr.** M. Gorbatchev au Japon : première visite d'un dirigeant soviétique à Tokyo. Echec des négociations sur les îles Kouriles et sur l'octroi d'une aide économique japonaise à l'URSS. **15-19 mai** Visite en URSS du Secrétaire général du parti communiste chinois Jiang Zemin. Accord frontalier sino-soviétique.

☐ **1er juin** Accord américano-soviétique sur l'interprétation du traité de réduction des armements conventionnels en Europe. Déblocage des négociations sur le désarmement.

☐ **5 juin** M. Gorbatchev reçoit à Oslo son prix Nobel de la paix et demande à l'Occident un soutien massif pour garantir le succès de la perestroïka.

☐ **11 juin** Nouveau crédit américain de 1,5 milliard de dollars pour l'achat de produits agricoles.

☐ **28 juin** Dissolution officielle du Conseil d'Aide Economique Mutuelle (COMECON) à Budapest.

☐ **1er juill.** Dissolution officielle des structures politiques du Pacte de Varsovie à Prague. Les forces soviétiques ont achevé en juin leur retrait de Hongrie et de Tchécoslovaquie mais ralentissent leur départ d'Allemagne et de Pologne.

Économie et société

1990

☐ **Août** Annonce d'une récolte de blé exceptionnelle (240 millions de tonnes) dont une grande partie sera perdue en raison des déficits de stockage et de transport. Multiplication des pénuries au cours de l'automne et introduction du rationnement dans plusieurs grandes villes.

☐ **30 août** Discussion sur la réforme économique et le « passage au marché » : après une réunion du Conseil présidentiel et du Conseil de la Fédération, M. Gorbatchev marque sa préférence pour le projet radical également défendu par B. Eltsine (plan Chataline, dit « des 500 jours »). Il charge néanmoins A. Aganbegian d'en faire une « synthèse » avec le plan conservateur du premier ministre N. Ryjkov. La discussion s'enlise devant l'impossibilité de trouver un compromis, et les réformateurs demandent la démission de N. Ryjkov, refusée par M. Gorbatchev.

☐ **24 sept.** Pouvoirs exceptionnels à M. Gorbatchev pour la mise en œuvre du passage à l'économie de marché (droit de légiférer par décret durant 18 mois).

☐ **1er oct.** Adoption de la loi sur la liberté religieuse et la liberté de conscience.

☐ **19 oct.** Le Parlement soviétique adopte par 333 voix contre 12 et 34 abstentions le programme de réforme économique proposé par M. Gorbatchev. Cette synthèse, très en retrait par rapport au projet Chataline, déçoit les réformateurs et est rejetée par B. Eltsine.

☐ **26 oct.** Décret sur les investissements étrangers qui peuvent désormais représenter jusqu'à 12 % du capital des entreprises. Entrée en vigueur à compter du **1er nov.** d'un nouveau cours commercial du rouble. Augmentation des taux d'intérêt sur les placements en roubles.

☐ **31 oct.** Loi du Parlement russe transférant, du pouvoir central à la République de Russie, le contrôle de toutes ses ressources et d'une grande partie de son industrie.

☐ **2 nov.** Décret présidentiel stipulant que 40 % des bénéfices en devises des entreprises soviétiques devront être vendus à l'État au nouveau cours commercial du rouble.

□ **14 nov.** Le nombre de chômeurs est estimé à 2 millions sur les trois premiers trimestres de 1990.

□ **3 déc.** Légalisation de la propriété privée de la terre en République de Russie.

□ **10 déc.** Nouvelle loi sur les syndicats.

□ **12 déc.** Nouveau statut de la Gosbank (Banque d'Etat).

□ **29 déc.** Décret sur la création d'un fonds de stabilisation destiné à aider les entreprises mises en difficulté par le passage à l'économie de marché.

1991

□ **1er janv.** Le commerce avec les ex-pays communistes se fait dorénavant en devises. Début de la réforme des prix : doublement des prix de gros, non répercuté sur les prix de détail. Instauration d'une taxe à la consommation de 5 % sur tous les biens et les services (produits alimentaires exclus) ; elle sera annulée en avril.

□ **5 janv.** Décret sur la réforme agraire, autorisant la multiplication des exploitations en dehors du système collectivisé (sans rendre légale la propriété privée).

□ **11 janv.** Adoption du budget pour 1991. Aggravation du déficit ; plusieurs Républiques ne verseront qu'une partie de leur contribution au budget fédéral et entrent en conflit avec le pouvoir central sur la levée des impôts.

□ **22 janv.** V. Pavlov, nouveau Premier ministre, retire de la circulation les billets de 50 et de 100 roubles en prétendant lutter contre « l'économie de l'ombre ». Il accuse les banques occidentales d'introduire l'hyperinflation en URSS.

□ **26 janv.** Renforcement des pouvoirs d'enquête et de perquisition du KGB dans la lutte contre « la criminalité économique ».

□ **1er mars** Début d'un vaste mouvement de grève des mineurs qui dure plus de 2 mois et entraîne des grèves de solidarité dans plusieurs autres secteurs de l'économie.

□ **2 avr.** Réforme des prix : augmentation modulée selon les catégories.

□ **22 avr.** Le Premier ministre V. Pavlov présente au Soviet suprême le nouveau « plan anti-crise » de M. Gorbatchev, qui est aussitôt rejeté par plusieurs Républiques.

□ **23 avr.** Lors des accords de Novo-Ogarevo conclus entre M. Gorbatchev et les représentants de 9 Républiques, le « centre » se déclare prêt à transférer aux Républiques un certain nombre de pouvoirs économiques.

□ **6 mai** Le pouvoir central accepte de transférer à la Russie le contrôle des mines de charbon de Sibérie. Fin de la grève des mineurs.

□ **20 mai** Vote d'une nouvelle loi libérale sur l'émigration.

□ **17 juin** L'économiste G. Iavlinski présente aux participants à la réunion de Novo-Ogarevo un nouveau plan de réforme économique élaboré avec une équipe de Harvard.

Questions nationales

1990

□ **27 juill.** Déclaration de souveraineté de la Biélorussie.

□ **Août** Déclarations de souveraineté de la Turkménie et de l'Arménie (**23 août**), du Tadjikistan (**24 août**).

□ **24 oct.** Loi établissant la primauté des lois du pouvoir central sur celle de toutes les républiques jusqu'à l'adoption d'un nouveau traité de l'Union.

□ **26 oct.** Déclaration de souveraineté de la République du Kazakhstan. État d'urgence dans les régions de Moldavie habitées par la minorité turque Gagaouze qui a fait sécession en août.

☐ **12 déc.** État d'urgence à Tskhinvali, capitale de l'Ossétie du sud en rébellion contre la Géorgie.

1991

☐ **Nuit du 12 au 13 janv.** En Lituanie, coup de force de l'armée soviétique contre les locaux de la radio et de la télévision de Vilnius (14 morts). M. Gorbatchev nie sa responsabilité dans le massacre mais refuse de le condamner.

☐ **20 janv.** En Lettonie, coup de force des troupes du ministère de l'Intérieur (OMON) contre le ministère letton de l'Intérieur à Riga (5 morts).

☐ **9 févr.** Référendum en Lituanie sur l'indépendance de la république (84,4 % de participation ; 90,5 % de oui).

☐ **3 mars** Référendum sur l'indépendance en Lettonie (73,6 % de oui) et en Estonie (79 % de oui).

☐ **31 mars** Référendum sur l'indépendance en Géorgie (plus de 90 % de oui). La République déclare son indépendance le **9 avril**.

☐ **6 mai** M. Gorbatchev justifie l'intervention brutale des forces armées contre les villages arméniens à la frontière de l'Azerbaïdjan par la nécessité de désarmer les milices arméniennes.

☐ **17 juin** A Novo-Ogarevo, près de Moscou, les dirigeants de 9 Républiques (Russie, Ukraine, Biélorussie, Azerbaïdjan, Kazakhstan, Kirghizie, Turkménie, Ouzbékistan et Tadjikistan) s'entendent avec M. Gorbatchev sur un projet de traité de l'Union qui doit encore être ratifié par les Parlements.

Civilisation, culture et médias

1990

☐ **20 juill.** Mort du cinéaste S. Paradjanov.

☐ **1er août** Loi sur les moyens d'information qui libère les journaux de la censure du Glavlit.

☐ **23 août** Décret sur l'autonomie de l'Académie des sciences.

☐ **18 sept.** Publication par la *Komsomolskaïa Pravda,* de l'essai d'A. Soljenitsyne : « Comment réaménager notre Russie ? » L'écrivain préconise une union recentrée sur la Russie, l'Ukraine et la Biélorussie.

☐ **10 déc.** Lancement de la radio indépendante Radio Russie.

1991

☐ **4 janv.** Suspension de l'émission télévisée non-conformiste *Vzgliad.*

☐ **févr.** Nouveau statut du Comité d'État pour la radio et la télévision, transformé en Compagnie fédérale de radio-télévision dont le président L. Kravtchenko est responsable devant le seul chef de l'État.

☐ **31 mars** Lancement officiel de la télévision de la République de Russie.

☐ **19-22 août 1991**

Tentative de coup d'État à l'instigation des dirigeants conservateurs : le vice-président de l'U.R.S.S. G. Ianaev, le président du K.G.B. V. Krioutchkov, le ministre de l'Intérieur B. Pougo, le premier ministre V. Pavlov et le ministre de la Défense, le maréchal Iazov. Mise à l'écart de M. Gorbatchev et déclaration de l'état d'urgence. Boris Eltsine, président de la Russie, appelle à la résistance civile. Échec des putschistes et retour au pouvoir de Gorbatchev le **22 août.**

GLOSSAIRE

Apparatchik. Permanent ; membre de l'appareil du parti communiste ou de l'État.
Archimandrite. Rang le plus élevé pour les supérieurs de monastères.
Artel. Association d'artisans ou de gens de métiers (bateliers, pêcheurs...).
Ataman. Chef cosaque, mais aussi chef de brigands.
Barchtchina. Corvée ; travail gratuit que le paysan asservi devait rendre au seigneur.
Barine. Seigneur russe, généralement grand propriétaire ; le mot *barchtchina* en dérive.
Biezdorojié. Terme désignant l'« absence de route », qui caractérise les difficultés de communications en Russie, liées souvent à la saison de la fonte des neiges *(raspoutitsa).*
Boyard ou boïar. *Boïarin/boïare,* en russe ; dignitaire de premier rang dans la hiérarchie de l'aristocratie moscovite ; suivi par les *okolnitchi.*
Boïarskaia Douma. Assemblée des boïars.
Bund. Parti social-démocrate ouvrier juif au tournant du XXe siècle (1897-1921).
C.C. *TS.K.* en russe ; Comité Central *(Tsentralnyi Komitet).*
Cent-Noirs. *Tchernosotentsy ;* membres de l'extrême-droite.
Comecon. Sigle anglais équivalant au russe *S.E.V.* ; C.A.E.M. en français : Conseil d'aide économique mutuelle.
Diessiatine. Mesure de surface qui équivaut à 1,09 hectare.
Domostroï. Ménagier russe du XVIe siècle.
Doucha. Âme ; paysan astreint à la capitation.
Douma. Assemblée législative à la fin de l'époque tsariste (1905-1917).
Gosplan. *Gosoudarstvennaia planovaia komissiia pri Sovete ministrov SSSR ;* commission du plan instaurée en février 1921, chargée de la mise au point des plans d'État et de la vérification de leur exécution.
Goulag. *Glavnoe oupravlenie lagereï ;* direction principale de l'« archipel » des camps de travail : il est institué par les décrets du 5 septembre 1918 et du 15 avril 1919, pour atteindre son ampleur la plus tragique à l'époque stalinienne.
GPOU. *Glavnoe polititcheskoe oupravlenie ;* direction centrale de la police politique qui succède en février 1922 à la *Tcheka ;* devenue OGPOU à partir de juillet 1923, elle est l'équivalent d'un Commissariat du peuple et ne dépend plus du ministère de l'Intérieur, le NKVD.
Hégoumène. Prieur, supérieur d'un monastère d'importance moyenne.
Hetman. De l'allemand *Hauptmann ;* chef des cosaques.
Ispolkom. Comité exécutif d'un soviet.
Ispravnik. Chef de la police du district à l'époque tsariste.
K.D. Parti constitutionnel démocrate.
KGB. *Komitet gosoudartsvennoi bezopasnosti ;* comité de la sécurité d'État créé en tant que tel en 1954 (fonction rattachée au ministère de l'Intérieur de 1934 à 1941).
Kharakteristika. Appréciation personnelle, essentielle lors des nominations et promotions des cadres du parti et de l'État.
Kolkhoze. *Kollektivnoe khoziaïstvo ;* coopérative agricole.
Kombiedy. *Komitety bednoty ;* comités de paysans pauvres constitués en 1918.
Kominform. Bureau d'information des partis communistes (septembre 1947-avril 1956).
Komintern. Internationale communiste (mars 1919-mai 1943).
Komsomol. *Kommounistitcheskii soiouz molodëji ;* organisation de la jeunesse communiste (à partir de 14 ans).
Kopeck. Le centième du rouble.
Koulak. Dans le contexte russe d'avant 1917, paysan aisé accusé d'être un « accapareur » et un usurier ; à l'époque de la collectivisation agraire, c'est une étiquette

commode qui permet d'arrêter les paysans les plus indépendants (Staline décide de les « liquider en tant que classe » à partir de décembre 1929).

Maloziemlie. Manque de terre dont souffrent particulièrement les paysans après la réforme agraire de 1861.

Métropolite. Primat de l'Église orthodoxe (patriarche à partir de 1589) ; au XIXe siècle, un métropolite réside dans chacune des capitales historiques de l'empire – Kiev, Moscou, Saint-Pétersbourg ; actuellement, ce titre désigne l'évêque de la capitale d'une province.

Miestnitchestvo. Ordre des préséances dans la Russie moscovite ; « esprit de clocher » en U.R.S.S.

Mir. Assemblée rurale gérant une communauté agricole (qui ne correspondait pas toujours à un village) ; par extension, communauté rurale et ses habitants.

MTS. *Machino-traktornaia stantsiia ;* stations de machines agricoles et de tracteurs instituées par le décret du 5 juin 1929.

NKVD puis **MVD.** Ministère de l'Intérieur.

Narodniki. Populistes ; révolutionnaires qui se sont tournés vers le peuple *(narod)* dans les années 1860-1890.

Nepman. Entrepreneur assimilé à un profiteur à l'époque de la NEP.

Nomenklatoura. « Liste des fonctions les plus importantes pour lesquelles les candidatures sont préalablement examinées, recommandées et approuvées par le comité du parti compétent ».

Obrok. Redevance en argent, plus rarement en nature, due par le paysan à son maître.

Octobristes. Modérés qui s'appuyaient sur la charte d'octobre 1905.

Okhrana. Police politique à l'époque du tsarisme ; de *okhrana :* défense.

Opritchnina. Régime d'exception mis en œuvre par Ivan IV entre 1565 et 1584 (le terme *ziemchtchina* désignant la partie de la Russie qui n'y était pas soumise).

Oudiel. Apanage dans la Russie ancienne.

Oukase. Décret, ordre (terme utilisé sous les tsars comme à l'époque soviétique).

Oulojenie. Code des lois russes de 1649.

Ouravnilovka. Nivellement « gauchiste » dénoncé par Staline à partir de 1931-32.

Outchastok. Parcelle de terrain que le kolkhozien peut cultiver pour lui-même.

Patriarche. Titre conféré au chef de l'Église orthodoxe russe depuis l'indépendance de celle-ci (1589) jusqu'à l'époque de Pierre le Grand ; rétabli en novembre 1917 puis, après une éclipse, à partir de 1943.

Politburo. Bureau politique du Comité Central (appelé Présidium d'octobre 1952 à avril 1966 ; supplanté par le Conseil présidentiel à partir du printemps 1990).

Pomiechtchik. Propriétaire terrien (du mot *pomiestié :* la terre, le domaine accordés à partir de 1478 et jusqu'au XVIIe siècle pour service de guerre rendu au tsar).

POSDR. Parti ouvrier social-démocrate de Russie (fondé à Minsk en 1898 ; se divise dès 1903 en mencheviks et bolcheviks).

Possadnik. Chef de faubourg (*possad*) dans la Russie ancienne, en particulier à Novgorod et à Pskov ; premier magistrat civil.

Poud. Mesure de poids valant 16,38 kg.

Prikaz. Bureau administratif à l'époque moscovite.

Profintern. Internationale rouge des syndicats (juillet 1921-fin 1937).

Profsoiouzy. Syndicats conçus en U.R.S.S. comme une « courroie de transmission » du pouvoir vers les masses ; ils sont aussi chargés de distribuer les avantages sociaux.

Protopope. Archiprêtre (terme en usage jusqu'au XIXe siècle).

Rada. Assemblée générale des cosaques ; Assemblée de l'Ukraine indépendante.

Raskolniki ou **Staroobriadtsy.** « Vieux-croyants », partisans de l'Église orthodoxe traditionnelle qui s'opposèrent aux réformes du patriarche Nikon au milieu du XVIIe siècle.

Rousskaia Pravda. Code de lois de l'époque kiévienne.

Saint-Synode. Conseil créé par Pierre le Grand pour permettre à l'État de contrôler l'Église orthodoxe.

Skhod. Assemblée paysanne dirigeant la gestion de la commune ou/et du village ; elle était composée des chefs de familles et n'était donc pas élue.

Sloboda. Bourg franc.

Sokha. Araire en bois avec un simple soc en fer (qui s'oppose à *ploug,* la charrue en fer) ; unité d'imposition à l'époque ancienne.

Soudiebnik. Code de lois russe aux XVe et XVIe siècles.

Soviet. Conseil, organisation politique de masse (dès la révolution de 1905, puis à partir de février 1917).

Sovkhoze. *Sovietskoe khoziaïstvo ;* ferme d'État de grande taille où les agriculteurs sont des ouvriers salariés.

Sovnarkhoze. Conseil économique régional.

Sovnarkom. *Soviet narodnykh komissarov ;* Conseil des commissaires du peuple (important sous Lénine ; transformé en mars 1946 en Conseil des ministres de l'U.R.S.S.).

SR. Socialistes-révolutionnaires.

Stakhanovisme. Mouvement d'émulation au travail commencé en 1935 par le mineur A. Stakhanov.

Starchina. Maire de canton ; adjudant-chef.

Stariets. Guide spirituel.

Starosta. Maire de village élu.

Stoglav. Code en cent chapitres résultant des travaux du Concile convoqué en 1551 à Moscou par Ivan IV.

Strieltsy ou **streltsy.** « Arquebusiers » ; sorte de milice créée en 1550 ; réprimée puis supprimée par Pierre le Grand après la mutinerie de 1698.

Strigolniki. Secte hérétique des « tondeurs », active à Novgorod et à Pskov à partir du milieu du XIVe siècle et dans la première partie du XVe.

Taïga. Forêt sibérienne.

Tchéka. *Tchrezvytchainaia Komissiia ;* commission extraordinaire de lutte contre les contre-révolutionnaires et les saboteurs, organisée en réseau (*Vetcheka,* décembre 1917-février 1922).

Tchistka. Purge caractéristique de l'époque stalinienne.

Toundra. Régions marécageuses du nord de la Russie et de la Sibérie, couvertes d'une maigre végétation faite de mousses, de lichens et de rares arbustes.

Trododien. Paiement des kolkhoziens en fonction du critère de la « journée-travail », qui était diversifiée en fonction de la qualification (1931-1966).

Verste. Mesure de longueur (1,067 km).

Vietché. Assemblée municipale dans les villes de la Russie ancienne.

Voïévode. Chef de guerre, puis gouverneur de province en Moscovie.

VSNKH. *Vyschii soviet narodnogo khozïaistva ;* Conseil supérieur de l'économie nationale, créé en décembre 1917.

VTsIK. Comité Central Exécutif panrusse des Soviets.

Vykhod. Tribut payé aux Tatars.

Zemstvo. Assemblée locale, instaurée en 1864 dans chaque district et chaque gouvernement, responsable de l'administration locale.

Ziemlia i Volia. « Terre et Liberté » ; groupe terroriste tirant son origine des *narodniki.*

Ziemskii Sobor, ou **Zemski Sobor.** « Assemblée de la terre » ; sorte d'états généraux convoqués à titre consultatif par les premiers tsars, du milieu du XVIe siècle au milieu du XVIIe.

INDEX DES NOMS PROPRES

BIBLIOGRAPHIE GÉNÉRALE

M. Alpatov : *Histoire de l'art russe,* Paris, Flammarion, 1975.

A. Besançon : *Présent soviétique et passé russe.* Paris, Livre de poche, coll. Pluriel, 1980.

H. Carrère d'Encausse : *Lénine, la révolution et le pouvoir,* Paris, Flammarion, 1979.
– *Staline, l'ordre par la terreur,* Flammarion, 1979.
– *le Grand Défi. Bolcheviks et nations (1917-1930),* Flammarion, 1987.

F. Conte : *les Slaves. Aux origines des civilisations d'Europe centrale et orientale,* Paris, Albin Michel, coll. Évolution de l'Humanité, 1986.

F. Conte et J.-L. Martres : *l'Union soviétique dans les relations internationales,* Paris, Economica, 1982.

G. Duchêne : *l'Économie de l'U.R.S.S.,* Paris, La Découverte, 1987.

F. Dvornik : *les Slaves,* Paris, Le Seuil, 1970.

A. Eck : *le Moyen Âge russe,* Paris, Mouton, 1968 (édition complétée par M. Szeftel).

M. Ferro : *Des Soviets au communisme bureaucratique,* Paris, Gallimard-Julliard, 1980.

A. Grabar : *l'Art du Moyen Âge en Europe orientale,* Paris, Albin Michel, 1968.

B. Grekov et A. Iakoubovski : *la Horde d'Or et la Russie,* Paris, Payot, 1961.

B. Kerblay :*la Société soviétique contemporaine,* Paris, Armand Colin, coll. U, 1977.
Du mir aux agrovilles, Paris, IES, 1985.

B. Klutchevsky : *Histoire de Russie,* Paris, Gallimard, 1956.

A. Kriegel : *les Grands Procès dans les systèmes communistes,* Paris, Gallimard, 1972.

M. Laran et J. Saussay : *la Russie ancienne (IXᵉ-XVIIᵉ),* Paris, Masson, 1975.

M. Laran et J.-L. Van Regemorter : *Russie-U.R.S.S. (1970-1984).* Paris, Masson, 1986.

M. Lesage : *le Système politique de l'U.R.S.S.* Paris, Themis, 1987.

Modern Encyclopedia of Russian and Soviet History, Academic International Press, Gulf Breeze (USA), 1978.

S. de Mowbray : *Key facts in Soviet History,* vol. 1 : 1917-1941, Londres, 1990.

G. Nivat : *Vers la fin du mythe russe,* Lausanne, l'Âge d'Homme, 1982.

R. Philippot : *la Modernisation inachevée (1855-1900),* Paris, Hatier, 1974.

S. Platonov : *Histoire de la Russie des origines à 1918,* Paris, Payot, 1929.
– *la Russie moscovite,* Paris, De Boccard, 1932.

N. Riasanovsky : *Histoire de Russie,* Paris, Laffont, 1987.

B. Rybakov : *les Débuts de la Russie,* Moscou, éd. Progrès, 1966.

H. Shukman (ed.) : *Longman History of Russia,* London and New York, 6 vol., 1981-1983.
– *The Blackwell Encyclopedia of the Russian Revolution,* Oxford, B. Blackwell, 1988.

A. Siniavski : *la Civilisation soviétique,* Paris, Albin Michel, 1988.

J.-L. Van Regemorter : *la Russie. Le déclin du servage (1796-1855),* Paris, Hatier, 1971.

Zd. Vaña : *le Monde slave ancien,* Paris, éd. Cercle d'Art, 1983.

V. Vodoff : *Naissance de la chrétienté russe,* Paris, Fayard, 1988.

W. Weidlé : *la Russie absente et présente,* Paris, Gallimard, 1949.

N. Werth : *la Vie quotidienne des paysans russes de la révolution à la collectivisation (1917-1939),* Paris, Hachette, coll. La vie quotidienne, 1984.

Photocomposition Maury Malesherbes
Dépôt légal octobre 1991 - N° série éditeur 16282
N° d'imprimeur 55441
Imprimé en France *(Printed in France)* — 720262 — octobre 1991
Imprimerie Hérissey — Évreux